아는 만큼 보이고, 보이는 만큼 수익이 오르는
지적도의 비밀

당신은 언제나 옳습니다. 그대의 삶을 응원합니다. - 라의눈 출판그룹

아는 만큼 보이고, 보이는 만큼 수익이 오르는
지적도의 비밀

개정증보판 | 2025년 8월 29일

지은이 | 전종철
펴낸이 | 설응도   편집주간 | 안은주
편집장 | 심재진   영업책임 | 양경희
디자인 | 박성진

펴낸곳 | 라의눈

출판등록 | 2014년 1월 13일(제 2019-000228호)
주소 | 서울시 강남구 테헤란로 78 길 14-12(대치동) 동영빌딩 4층
전화 | 02-466-1283   팩스 | 02-466-1301

문의 (e-mail)
편집 | editor@eyeofra.co.kr
마케팅 | marketing@eyeofra.co.kr
경영지원 | management@eyeofra.co.kr

ISBN 979-11-94835-08-0   13320

이 책의 저작권은 저자와 출판사에 있습니다.
저작권법에 따라 보호를 받는 저작물이므로 무단전재와 복제를 금합니다.
이 책 내용의 일부 또는 전부를 이용하려면
반드시 저작권자와 출판사의 서면 허락을 받아야 합니다.
잘못 만들어진 책은 구입처에서 교환해드립니다.

전종철 지음

아는 만큼 보이고, 보이는 만큼 수익이 오르는

지적도의 비밀

| 2025 개정판을 내면서 |

 2010년「지적도의 비밀」초판이 출간된 지 벌써 15년이 되었고, 2021년 개정판이 나온지도 약 5년이 되었다. 5년을 주기로 대통령이 바뀌면 부동산 정책의 큰 틀이 바뀌게 되고, 그에 따라 개정된 법률을 너무 게으르지 않게 책에 반영해야 하는 것이 부동산공법을 다루는 작가의 사명이다.

 한국의 부동산 시장은 수요 측면에서 절대인구 감소와 경제활동인구 감소(고령화)라는 '더블 악재' 상황에 직면해 있다. 이러한 상황은 1960년대 산업화를 시작한 이후 상승 일변도를 걸어온 부동산 시장에 패러다임의 근본적인 변화를 수반할 것으로 전망이 되며, 투자가에게도 보다 긴 안목으로 부동시장을 바라 볼 것을 요구하고 있다.

 지난 5년간 토지시장 또는 부동산공법 분야에서 혁신적인 제도의 변화는 없었지만, 내적인 틀 안에서는 성장관리계획구역 제도가 난개발을 방지하고 국토를 효율적으로 관리하는 방안으로 전국적으로 자리잡게 되었다. 따라서 투자가들은 분석대상 토지에 지정된 성장관리계획을 이해하는 실력을 갖추어야 한다. 구체적으로는 '성장

 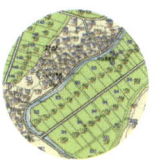 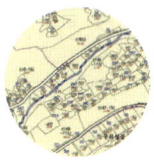

관리계획구역 도면'과 '성장관리계획 시행지침'을 찾아서 분석할 수 있어야 한다. 이 책에서는 Chapter 11 '용도지역의 심화'에서 성장관리계획에서 정한 개발행위허가 기준이나 건축제한등을 해석하는 방법을 소개하고 있다. 또한, 개정판에서는 토지시장의 주된 영역은 아니지만 주거지역, 상업지역, 공업지역에서의 건축제한에 대한 간략한 설명도 추가하였다. 이번 개정판의 하이라이트는 45쪽의 '이음지도'를 활용하는 방법이라고 할 수 있다. '토지이음'에서 분석 대상 토지의 지번으로 토지이용계획확인서를 열람한 후 확인도면을 클릭하여 '이음지도'로 넘어가서 지적도를 분석하는 방법을 소개하고 있다.

  시장이 어려울수록 옥석을 가리는 정교한 안목이 필요하며, 지적도의 비밀은 15년간 그래왔던 것처럼 앞으로도 늘 독자들에게 토지 물건을 분석하는 훌륭한 길잡이가 되어 줄 것을 확신한다. 투자가와 부동산 시장 종사자들을 응원합니다.

토지 대통령 전종철

머|리|글

『지적도의 비밀』은 2010년 7월 1일 초판이 출간된 뒤 YES24, 교보문고, 영풍문고, 인터파크, 알라딘, 리브로 등 주요 서점의 부동산·경매 분야 베스트셀러 순위에서 1위 자리를 오랜 기간 차지하는 과분한 사랑을 받아 왔다. 다소 늦은 감이 있지만, 독자들에게 그에 대한 감사의 인사를 개정판 서문을 통해 드린다.

개정판의 초점은 '지역·지구' 분석을 통해 대상 토지에서의 건축제한(또는 행위제한)을 도출해내는 데 맞춰져 있다. 건축제한(또는 행위제한)을 도출하는 것은 단지 부동산 관련 분야를 전공했다고 해서 쉽게 해결할 수 있는 수준의 문제가 결코 아니다. 이 책에서는 중복으로 지정되는 국토계획법 및 농지법, 산지관리법 등 상의 여러 가지 지역·지구를 체계적으로 적용해가면서 분석 대상 토지에서의 건축제한(또는 행위제한)을 도출해낼 수 있도록 단계적으로 설명하고 있다. 이 책은 전문서적이 아니고 투자지침서에 불과하지만, 필자가 제시하는 '지역·지구를 하나의 버리로 꿰어서 건축제한(또는 행위제한)을 도

  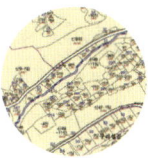

출해가는 분석방법'은 어느 전문서적에 견주어도 뒤지지 않는다고 자부할 수 있다. 다만 쪽수의 제한 때문에 독자들이 원하는 모든 사례를 다 담지는 못하였다.

책에서 사용하는 법령의 약칭

설명의 편의와 독자들의 이해를 높이기 위해 이 책에서는 길고 긴 법령의 명칭을 다음과 같이 줄여서 사용하였다.

- 국토의계획 및 이용에관한법률 → 국토계획법
- 공간정보의구축 및 관리등에관한법률 → 공간정보관리법
- 개발제한구역의지정 및 관리에관한특별조치법 → 개발제한구역특별법

책에서 사용하는 지적도

이 책에서 사용하는 도면은 엄격히 말하면 '지적도'가 아니며, 지적도에 지역·지구 등의 지정현황이 표시된 '지형도면'이다. 구체적으

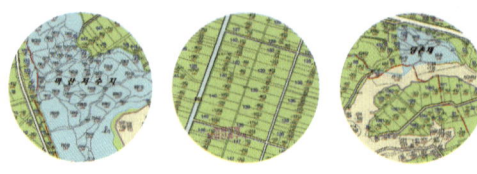

로는 토지이용계획확인서의 확인도면을 설명의 자료로 사용하고 있다. 다만 효율적인 '지적도 보는 법'에 대한 설명을 위해 '지적도'와 '지형도면'을 엄격히 구분하지 않고 편의상 '지적도'로 부르고 있을 뿐이다. 그리고 초판 서문에서도 밝혔듯이 정확한 정보의 전달을 위해서 지적도를 별도로 제작하지 않고 정부사이트에서 제공하는 화면을 사용하다보니 인쇄상태가 선명하지 않다. 이에 대해 다시 한 번 양해를 구하는 바이다.

토지투자분석표

독자들의 토지분석에 대한 이해를 최대한 쉽게 할 수 있도록 어느 토지에나 보편적으로 적용할 수 있는 토지투자분석표라는 표준적인 분석의 틀을 만들어 보았다. 사례 토지의 상당수가 토지투자분석표를 통해 분석이 이루어질 것이며 이 책의 편제도 토지투자분석표의 순서에 맞추어 이루어져 있다. 설명이 생략된 사례는 독자 여러분이 직접 분석표를 작성하여 분석해보기 바란다.

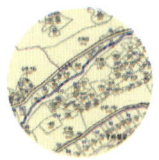

약 1년여의 집필 기간을 거쳐 개정판이 나오기까지 격려해주신 지인들에게 감사드린다. 필자의 책을 도맡아 출간해주시는 설응도 대표님과 라의눈 임직원 여러분께도 감사의 인사를 드린다. 그리고 디자인, 인쇄, 마케팅 등 드러나지 않는 자리에서 이 책이 출간될 수 있도록 도와주신 여러 관계자께도 깊이 감사를 드린다.

끝으로 이 책을 통해 받게 될 모든 영광은 부모님과 가족에게 바친다.

단국대학교 죽전캠퍼스에서
전종철

아는 만큼 보이고, 보이는 만큼
수익이 오르는 지적도의 비밀

차례

2025 개정판을 내면서 　　　　　　　　　　　004
머리글 　　　　　　　　　　　　　　　　　006

CHAPTER 1
'천의 얼굴' 토지의 가면을 벗겨라

지적도, '아는 만큼 보이고, 보이는 만큼 수익을 얻을 수 있다' 　020
지적제도와 등기제도 　　　　　　　　　　023
권리관계를 나타내는 '등기부등본' 　　　　025
사실관계를 표시하는 토지대장·임야대장 　025
사실관계를 표시하는 지적도·임야도 　　　028
토지대장 및 지적도에 등록된 임야 '토임' 　029
토지공부의 시작과 끝 '토지이용계획확인서' 　031
실전 4가지 문서 해석 　　　　　　　　　　032
토지전문가로 가는 길 　　　　　　　　　　034

CHAPTER 2
토지이용계획확인서를 분석하라

토지이용계획확인서란? 　　　　　　　　　038
토지이용계획확인서의 분석 　　　　　　　040
이음지도 활용법 　　　　　　　　　　　　045
　TIP 지적(임야) 도와 지형도면의 구분 　　046
비밀의 열쇠 '선' 　　　　　　　　　　　　048

토지투자 분석표   053

CHAPTER 3
'지목'으로 배우는 지적도의 비밀

지적 용어 배워보기   062
토지의 용도별 분류 '28가지 지목'   066
`실전사례` 전 전·답 답·과수원 과   069
`실전사례` '축사 등의 부지'인 목장용지 목   075
`실전사례` '초지'인 목장용지 목   078
`TIP` 초지의 전용이 허용되는 경우   082
`실전사례` 주택이 있는 목상용시 목   084
`실전사례` '산'번지 임야와 '토임' 임야 임   086
`실전사례` 광천지 광   092
`실전사례` 유지 유, 제방 제   094
`실전사례` 주유소용지 주 · 공장용지 장   096
`실전사례` 유원지 원   100
`실전사례` 구거 구 · 하천 천   102
`실전사례` 체육용지 체   107
`실전사례` 갈대밭 잡종지 잡   109
`실전사례` 자동차운전학원 잡종지 잡   112
기타 여러 가지 지목   115

CHAPTER 4
'용도지역'으로 배우는 지적도의 비밀

21개 용도지역	120
건축법상 용도별 건축물의 종류 29가지	127
용도지역에서 건축할 수 있는(또는 없는) 건축물	146
실전사례 제1종전용주거지역에서 건축할 수 있는 건축물	148
실전사례 제1종일반주거지역에서 건축할 수 있는 건축물	153
실전사례 제2종일반주거지역에서 건축할 수 있는 건축물	159
실전사례 제3종일반주거지역에서 건축할 수 있는 건축물	163
실전사례 준주거지역에서 건축할 수 없는 건축물	167
실전사례 중심상업지역에서 건축할 수 없는 건축물	171
실전사례 일반상업지역에서 건축할 수 없는 건축물	176
실전사례 근린상업지역에서 건축할 수 없는 건축물	180
실전사례 유통상업지역에서 건축할 수 없는 건축물	185
실전사례 전용공업지역에서 건축할 수 있는 건축물	189
실전사례 일반공업지역에서 건축할 수 있는 건축물	192
실전사례 준공업지역에서 건축할 수 없는 건축물	195
실전사례 보전녹지지역의 전	198
실전사례 보전녹지지역의 임야	205
실전사례 생산녹지지역의 답	208
실전사례 자연녹지지역의 전	214
실전사례 보전관리지역의 임야	221

실전사례	생산관리지역의(도로에 접한) 전	226
실전사례	계획관리지역의 임야	232
실전사례	농림지역의 임야	244
실전사례	자연환경보전지역의 임야	249
실전사례	자연환경보전지역의 잡종지	254

CHAPTER 5
'용도지구'로 배우는 지적도의 비밀

용도지구	258
실전사례 자연경관지구(제1종 일반주거지역 · 자연경관지구)	265
실전사례 고도지구	272
실전사례 자연취락지구(자연녹지지역 · 자연취락지구)	275
실전사례 주거개발진흥지구(계획관리지역 · 주거개발진흥지구)	282
실전사례 특정개발진흥지구(생산녹지지역 · 특정개발진흥지구)	287

CHAPTER 6
'용도구역'으로 배우는 지적도의 비밀

용도구역	292
시가화조정구역	295
실전사례 수산자원보호구역(자연환경보전지역 · 수산자원보호구역)	296
실전사례 도시자연공원구역(자연녹지지역 · 도시자연공원구역)	302

CHAPTER 7
'개발제한구역'으로 배우는 지적도의 비밀

개발제한구역	314
허가를 받아서 할 수 있는 행위	321
신고하고 할 수 있는 행위	323
허가나 신고 없이 할 수 있는 행위	325
허가 또는 신고의 세부 기준	328
개발제한구역의 해제	334
실전사례 개발제한구역 내 전	336
실전사례 개발제한구역 내 집단취락지구의 '대'	339
실전사례 개발제한구역 내 집단취락지구의 임야	341
실전사례 개발제한구역·집단취락지구에서 해제된 공장용지	343

CHAPTER 8
'농지와 산지'로 배우는 지적도의 비밀

'국토계획법' 제76조 제5항 제3호와 농지·산지	348
농지의 구분	349
농업진흥지역 농지의 구분	351
농업진흥지역 해제	353
실전사례 농림지역의 농업진흥구역 농지	356
실전사례 농림지역의 농업보호구역 농지	361

실전사례 생산녹지지역·농업진흥구역 농지	366
산지의 구분	369
보전산지의 구분	370
실전사례 농림지역의 공익용산지 중 산지전용 일시사용제한지역	373
실전사례 농림지역의 임업용산지	376
실전사례 농림지역의 공익용산지	384
산지 개발의 여러 가지 기준들	388

CHAPTER 9
'도로'로 배우는 지적도의 비밀

도로의 정의와 종류	398
실전사례 도시·군계획시설도로 소로1류에 접한 주거지역 대지	401
실전사례 건축법상 지정도로 사례	412
실전사례 맹지인 전	419
실전사례 현황도로에 접한 계획관리지역 임야	422
실전사례 도로구역에 포함된 계획관리지역 전	424
실전사례 접도구역에 저촉된 전	427
실전사례 도로구역에 일부 저촉된 생산관리지역 전	430
실전사례 전원주택부지와 진입로의 소유권	432
실전사례 전원주택부지와 7인 공유의 도로 모양 임야	435

| 실전사례 | 연결허가금지구간에 걸려서 인허가상 맹지가 된 계획관리지역 답 | 438 |

CHAPTER 10
군사시설보호구역과 토지거래허가구역

군사기지 및 군사시설 보호구역	446
실전사례 통제보호구역의 보전관리지역 농지	457
실전사례 제한보호구역·협의지역의 생산녹지지역·농업진흥구역 농지	459
실전사례 제한보호구역·위임지역의 계획관리지역 전	461
실전사례 비행안전구역 제3구역의 보전관리지역 임야	463
토지거래계약에 관한 허가제도	466
실전사례 토지거래계약에 관한 허가대상 도시지역 외 지역 농지	476

CHAPTER 11
용도지역의 심화

용도지역미분류와 용도지역의 중복	480
관리지역 세분화	481
실전사례 관리지역세분화된 보전관리지역과 계획관리지역	486
실전사례 관리지역세분화로 보전관리지역으로 분류된 공장용지	489
실전사례 도시지역미분류 토지	491

실전사례	농업진흥지역에서 해제된 관리지역미분류 창고용지 1	493
실전사례	농업진흥지역에서 해제된 관리지역미분류 창고용지 2	496
실전사례	보전산지에서 해제된 관리지역미분류 임야	498
실전사례	필지의 경계선과 용도지역선과의 관계	500
실전사례	1필지 복수의 용도지역: 계획관리지역 + 보전관리지역	502
실전사례	1필지 복수의 용도지역: 계획관리지역 + 농림지역(임업용보전산지)	506
실전사례	계획관리지역·성장관리계획구역으로 지정된 토지	509

CHAPTER 12
개발행위허가 기준

토지의 개발과 개발행위허가 기준   518

●●● 부록
개발제한구역의 지정 및 관리에 관한 특별조치법시행령 [별표1]   533

CHAPTER 1

'천의 얼굴' 토지의 가면을 벗겨라

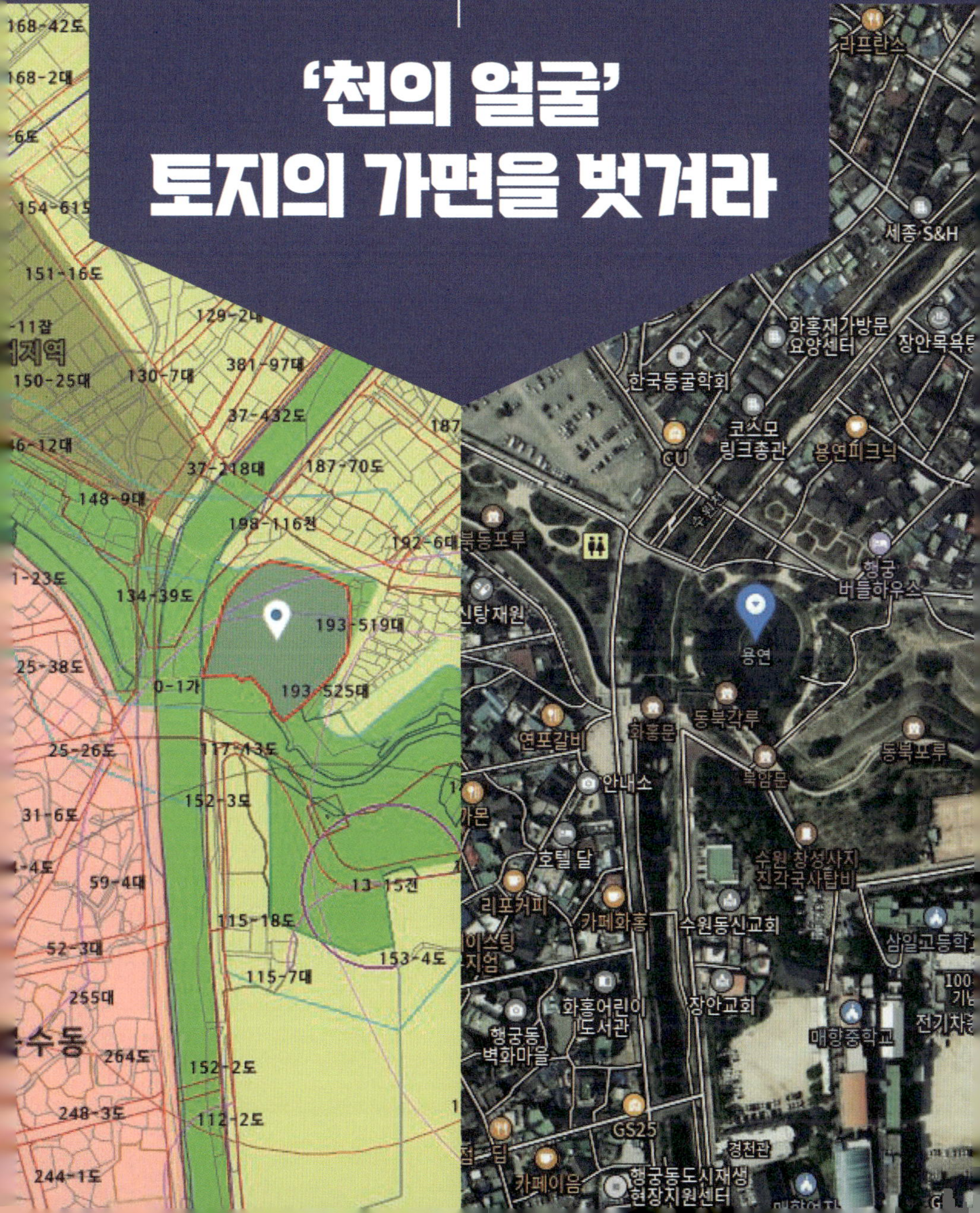

아는 만큼 보이고, 보이는 만큼
수익이 오르는 지적도의 비밀

지적도, '아는 만큼 보이고, 보이는 만큼 수익을 얻을 수 있다'

토지는 천 개의 얼굴을 가지고 있다. 즉, 토지의 외관은 하나지만 보는 사람의 실력에 따라 평가가 천차만별로 달라진다. 그에 따라 어떤 이는 제1차 경매에서 감정가를 웃도는 금액으로 단독 응찰하여 낙찰과 동시에 몇 십에서 몇 백%의 수익률을 올리는 경우가 있는가 하면, 어떤 이는 몇 십 대 일의 경쟁률을 뚫고 최고가 매수인이 되어 반값에 낙찰을 받았지만 수익은커녕 오히려 손실을 보는 경우도 있다. 이런 사례는 특수한 경우에만 나타나는 것이 아니라 토지투자시장에서 투자가 늘 부딪히는 문제다. 따라서 지적도의 올바른 해석 능력은 손실을 예방하고, 남보다 높은 수익을 올릴 수 있는 좋은 수단이 되어줄 것이다.

토지의 투자분석은 문서 분석부터 시작해서 현장 확인, 시·군·구청 방문 확인 순으로 이어진다. 따라서 토지뿐만 아니라 어떤 종류의 부동산이든 해당 부동산의 문서 발급이 투자분석의 출발점이 된다. 토지와 관련된 문서는 크게 ① 등기부등본 ② 대장 ③ 도면 ④ 토지이용계획확인서 4가지와 모든 부동산 문서상의 정보를 한데 모은 '부동산종합증명서'가 있다. 이 5가지의 문서는 모두 등기소나 시·군·구를 직접 방문하지 않고 인터넷에서 발급이 가능하며, 온라인 발급은 시간과 비용 측면에서 매우 효율적이다. 부동산에 문외한이거나 인터넷에 익숙하지 않은 세대를 위하여 온라인에서 문서를 발급할 수 있는 사이트를 소개하고자 한다.

대법원 인터넷등기소(www.iros.go.kr)

등기소에 가지 않고 온라인에서 등기부등본을 열람 또는 발급받을 수 있다.

| 참고 | **요약본 활용하기**

소유권이 지분구조로 되어 있으면서 소유권의 이동이 많은 토지를 만나면 최종 소유권과 지분을 파악하는 데 애를 먹을 수 있다. 대법원 인터넷등기소에서 등본을 열람할 때 요약본을 클릭하고 출력하면 쉽게 해결할 수 있다.

정부24(www.gov.kr)

정부24에서는 등기부등본을 제외한 대장과 도면, 토지이용계획확인서 3가지를 열람 또는 발급받을 수 있다. 또한 건축물대장도 무료로 열람할 수 있다. 토지에서 건축물대장은 왜 언급하느냐고 물을 수 있겠지만 건축물대장은 토지의 이력 추적이나 허가의 내용을 파악하는 데 가끔 유용한 정보를 제공한다.

토지이음(www.eum.go.kr)

토지이음에서 '토지이용계획'열람을 클릭하면 발급용이 아닌 토지이용계획확인서를 편리하게 열람해볼 수 있다. 법적 구속력이 없는 열람용이기 때문에 투자의사 결정의 경우 반드시 정부24 등에서 발급용 토지이용계획확인서를 발급받아 최종 확인을 해야 한다. 하단에는 지적도와 임야도를 합친 컬러 지적임야도가 함께 제공된다. 지적도와 임야도가 하나의 도면에 표시되고, 토지를 용도지역별로 컬러를 다르게 분류해 놓아 이해하기 쉬우며 도면의 축척을 사용자가 임의로 조정할 수 있어 투자분석을 하는 데도 매우 유용하다. 참고로 토지전문가가 가장 많이 이용하는 사이트가 토지이음이다. 모바일용 앱도 다운받아 사용하면 편리하다.

씨:리얼(https://seereal.lh.or.kr)

한국토지주택공사에서 운영하는 부동산정보 포털서비스로 '온나라 부동산정보' 통합포털이 씨:리얼로 재탄생되었다. 부동산종합정보란에 주소를 검색하면 토지정보, 소유권변동 및 공시지가, 개별주택가격, 토지이용계획, 토지이용계획도 등을 한 번에 조회할 수 있다.

일사편리(www.kras.go.kr): **부동산종합증명서**

부동산종합공부란 토지의 표시와 소유자에 관한 사항, 건축물의 표시와 소유자에 관한 사항, 토지의 이용 및 규제에 관한 사항, 부동산의 가격에 관한 사항 등 부동산에 관한 종합정보를 정보관리체계를 통하여 기록·저장한 것을 말한다. 부동산종합증명서는 지적공부, 건축물대장, 토지이용계획확인서, 개별공시지가확인서, 개별(공동)주택가격확인서 등 부동산공적장부 정보를 전자적으로 통합·발췌하여 작성된 것으로 개별 부동산공적장부의 항목 중 일부는 출력되지 않을 수 있다.

• 부동산종합증명서의 등록사항
1. 토지의 표시와 소유자에 관한 사항:「공간정보관리법」에 따른 지적공부의 내용
2. 건축물의 표시와 소유자에 관한 사항(토지에 건축물이 있는 경우에만 해당한다):「건축법」제38조에 따른 건축물대장의 내용
3. 토지의 이용 및 규제에 관한 사항:「토지이용규제기본법」제10조에 따른 토지이용계획확인서의 내용
4. 부동산의 가격에 관한 사항:「부동산가격공시에관한법률」제10조에 따른 개별공시지가, 같은 법 제16조, 제17조 및 제18조에 따른 개별주택가격 및 공동주택가격 공시내용
5.「부동산등기법」제48조에 따른 부동산의 권리에 관한 사항

지적제도와 등기제도

토지와 관련된 문서 ①등기부등본 ②대장 ③도면 ④토지이용계획확인서 4가지 중에서 대장과 도면을 '지적공부'라 한다. 부동산과 관련

된 사항을 등기부에 기록하는 것을 '등기한다'고 하고, 지적공부에 기록하는 것을 '등록한다'고 한다.

지적제도와 등기제도의 비교

구분	지적제도	등기제도
의의	토지의 물리적 현황 공시	권리관계 공시
담당	행정부	사법부
심사	실질적 심사주의	형식적 심사주의
신청	직권주의	신청주의
기능	등기부상의 토지 표시의 기초 제공	지적공부를 기초로 등기부의 토지 표시 작성

지적공부와 등기부의 이원화

지적공부(대장)는 부동산의 물리적 현황을 중심으로 공시하는 제도이고, 등기부는 부동산의 권리관계를 중심으로 공시하는 제도다. 우리나라의 경우 지적공부와 등기부의 이원화로 상호 간에 불일치 문제가 종종 발생하고 있다. 부동산의 지목이나 면적 등의 사실관계에 관한 변동사항은 대장을 중심으로 이루어지며, 변경된 대장에 기초하여 등기부의 변경이 이루어진다. 소유권 변동이 있는 경우 등기부에 소유권의 변동된 내용을 등기하면 변경된 등기부에 기초하여 대장의 소유자를 정리한다. 따라서 대장에 표시된 면적·지목 등과 등기부에 표시된 면적·지목 등이 서로 일치하지 않는 경우에는 대장을 기준으로 등기부를 변경해야 하고, 대장에 표시된 등기명의인의 표시가 등기부와 일치하지 않는 경우에는 등기부를 기준으로 대장을 변경해야 한다.

권리관계를 나타내는 '등기부등본'

등기부등본은 소유권, 저당권 등 권리관계를 나타내는 서류이며 토지경매에서 권리분석의 기초가 된다. 부동산의 투자나 매매는 소유권 이전의 안정성 확보가 무엇보다도 중요하므로 등기부등본의 중요성은 아무리 강조해도 지나치지 않다. 그러나 투자를 위한 토지의 가치평가와 관련해서는 재건축·재개발·경매 등의 분야와는 달리 등기부동본이 높은 비중을 차지하지 않는다. 토지이용계획확인서와 대장 및 도면을 활용한 분석을 통해 투자의사 결정을 하고 마지막으로 명의이전을 하는 데 지장이 없나 확인할 때 최종적으로 보는 서류가 등기부등본인 것이다.

사실관계를 표시하는 토지대장·임야대장

대장의 종류

대장에는 토지대장과 임야대장이 있으며, 28개 지목 중에서 번지 앞에 '산'번지 임야는 임야대장에 등록하고 '산'자가 없는 번지의 임야와 나머지 지목은 토지대장에 등록한다.

대장의 등록사항

대장은 조세의 부과징수와 행정 목적의 달성을 위해 부동산의 물리적인 현황과 소유자에 관한 사항을 행정부에서 직권으로 등록해 정리하도록 하고 있다. 토지대장 및 임야대장에는 ① 토지의 소재 ② 지번 ③ 지목 ④ 면적 ⑤ 소유자의 성명 또는 명칭, 주소 및 주민등록번호를 등록한다.

토지대장 해석하기

토지대장과 임야대장은 토지의 투자·개발과 관련하여 면적과 지목, 그리고 필지분할(합병) 시점, 지목변경 시점에 대한 정보를 제공해준다. 면적은 등기부에도 표시가 되지만 현장에서는 등기부와 대장의 면적이 상이한 경우가 종종 발생한다. 따라서 전문가들은 면적을 정확히 하기 위해 대장을 발급받는다.

고유번호	415902592-1087-XXXX			토지대장		도면번호	
토지소재	경기도 화성시 향남읍 •••					장번호	
지번	187-1	축척	1:1200			비고	
토지표시				소유권			
지목	면적(m²)	사 유		변동일자			
				변동일자			
(05) 임야	26,223	(10) 2005년 09월 14일 산 1020에서 등록 전환		2004년 01월 14일		수원시 권선구	
				(03) 소유권이전		김××	
(05) 임야	2,799	(20) 2005년 09월 14일 분할되어 본번에 -2 내지 -8을 부함		2006년 03월 17일		안산시 상록구	
				(03) 소유권이전		설××	
(05) 임야	2,799	(50) 2007년 01월 29일 향남면에서 행정구역 명칭 변경				—이하 여백	
(09) 공장용지	2,799	(40) 2007년 06월 11일 지목변경					
등급수정 년 월 일							
토지등급 (기준수확량등급)							
개별공시지가기준일	2006년 01월 01일	2007년 01월 01일	2007년 07월 01일	2008년 01월 01일		2009년 01월 01일	
개별공시지가(원/m²)	89,600	112,000	164,000	178,000		169,000	

① 지목과 지목변경

당초에 임야에서 2007년 6월 11일 자로 공장용지로 변경되었다.

② 면적

2,799㎡를 표시하고 있다.

③ 등록전환

2005년 9월 14일 산 102번지에서 등록전환되었다. 즉 임야대장·임야도에 등록되어 관리하던 것을 토지대장·지적도에 등록되어 관리하게 되었다. 따라서 이후부터는 임야이지만 임야대장이 아닌 토지대장으로 발급을 하게 된다.

④ 필지분할 시점

2005년 9월 14일 필지분할이 되었다. 187-2에서 187-8번까지의 토지가 분할되어 나가면서 사례 토지는 당초 26,223㎡에서 2,799㎡만 남게 되었다.

⑤ 공시지가

지목변경이 이루어진 시점 이후인 2007년 7월 1일 자 기준으로 약 46%의 공시지가 상승(112,000원/㎡ → 164,000원/㎡)이 있었다.

사실관계를 표시하는 지적도·임야도

도면의 종류

도면은 지적도와 임야도가 있다. '산'번지 임야는 임야도에 등록하고 '산'자가 없는 번지의 임야와 나머지 지목은 지적도에 등록한다.

① 도면의 등록사항

지적도 및 임야도에는 ① 토지의 소재 ② 지번 ③ 지목 ④ 경계사항을 등록한다.

② 도면에서 주는 정보

지적도 및 임야도는 토지의 투자와 관련하여 ① 토지의 형상 ② 경계 ③ 주변필지 현황 등에 대한 정보를 제공해준다. 지적도와 임야도가 분리되어 임야도는 '산'번지 토지만을 표시하고 지적도는 '산'번지 외의 토지만을 표시하기 때문에 투자가가 지적도와 임야도를 활용하여 투자가치판단을 위한 정보를 얻기에는 매우 불편하다. 따라서 실무에서는 지적도와 임야도를 합친 지적임야도가 더욱 유용하게 사용되고 있다.

지적도상 1cm는 실제로 12m

지적도는 보통 1,200분의 1 축척을 사용하고 임야도는 6,000분의 1 축척을 사용한다. 따라서 지적도상 1cm는 실제로는 12m이며, 임야도상 1cm 는 실제로 60m이다. 이러한 축척을 이용하여 도로의 폭이나 해당 필지의 폭, 그리고 도로에서 떨어진 거리 등을 추정해볼 수 있다.

토지대장 및 지적도에 등록된 임야 '토임'

번지 앞에 붙은 '산'자의 의미

임야 중에는 번지 앞에 '산'자가 붙은 임야가 있고, '산'자가 없이 그냥 번지 뒤에 '임'이라는 지목만 붙은 임야가 있다. 이렇듯 번지 앞에 '산'자가 붙지 않은 임야를 '토임'이라고 한다. 즉, 토지대장에 등록된 임야를 말한다.

등록전환된 임야

'토임'은 주로 면적이 넓은 '산'번지 임야가 공장용지, 전원주택부지 등으로 허가를 받아 분할되어 토지대장에 등록될 때 발생한다. 임야대장 및 임야도에 등록된 토지를 토지대장 및 지적도에 등록시키는 것을 등록전환이라고 앞에서 배웠다.

곤지암읍 곤지암리 산 77 임 → 곤지암읍 곤지암리 77-1 임

등록전환된 사례

사례 토지의 지목은 임야이지만 번지 앞에 '산'자가 없는 임야로 대장은 임야대장이 아닌 토지대장에 등록, 관리되고 있다. 지목은 그대로 임야로서 변동이 없지만 2006년 6월 27일 '산 61'에서 등록전환되었음이 표시되어 있다.

고유번호	4150034027-10506-XXXX			토지대장	
토지소재	경기도 이천시 마장면 ●●●				
지번	112-1	축척	1:1200		
토지표시				소유권	
지목	면적(m²)	사 유		변동일자	
				변동원인	
(05) 임야	6,984	(10) 2006년 06월 27일 산 61에서 등록전환		2006년 01월 27일	
				(03) 소유권 이전	
(05) 임야	6,325	(20) 2006년 06월 27일 분할되어 본번에 -2를 부함		2008년 01월 04일	
				(03) 소유권 이전	
(05) 임야	6,137	(50) 2007년 08월 08일 분할되어 본번에 -3을 부함			
		──이하 여백──			

가치평가에서 용도지역보다 하위개념

가끔 칼럼이나 입문서에서 '토임'이 마치 토지의 다이아몬드나 되는 것처럼 다소 과장되게 표현한 글을 볼 수 있는데 전혀 그렇지 않다. 토임이라고 해서 다른 임야에 비해 개발이 쉬운 것은 아니며, 물론 문제가 있는 것도 아니다. 개발허가를 받을 때 동일한 개발행위허가 기준을 적용받으며 용도지역을 기준으로 허용되는 4가지의 건축제한인 건폐율·용적률·건축물의 높이(층고)·건축물의 용도[건축할 수 있는(또는 없는) 건축물]를 적용하여 개발할 수 있는 것이다. 결국 다른 임야와 별반 차이가 없다.

토지공부의 시작과 끝 '토지이용계획확인서'

토지이용계획확인서는 도시·군관리계획 등의 내용을 확인해주는 것

① 도시·군기본계획

도시·군계획은 시·군의 관할 구역에 대하여 수립하는 공간 구조와 발전 방향에 대한 계획으로서 도시·군기본계획과 도시·군관리계획이 있다. 여기서 도시·군기본계획이란 도시의 기본적인 공간구조와 장기 발전 방향을 제시하는 종합계획으로서 20년 정도의 기간을 바라보고 수립하며 5년마다 재정비를 하고 있다.

② 도시·군관리계획

도시·군관리계획이란 도시·군기본계획을 기본으로 하여 수립하는 다음 각 목의 계획을 말한다.

  가. 용도지역·용도지구의 지정 또는 변경에 관한 계획
  나. 개발제한구역, 도시자연공원구역, 시가화조정구역, 수산자원보호구역의 지정 또는 변경에 관한 계획
  다. 기반시설의 설치·정비 또는 개량에 관한 계획
  라. 도시개발사업이나 정비사업에 관한 계획
  마. 지구단위계획구역의 지정 또는 변경에 관한 계획과 지구단위계획
  바~아. 지재 생략

도시·군관리계획은, 명칭은 계획이지만 법에 준한 외부 구속적 효력을 가지고 있으므로 토지를 개발하고자 할 때 도시·군관리계획에서 정한 용도에 적합하게 개발해야 한다. 도시·군관리계획으로 결정되어 고시된 사항 등을 확인해주는 서류가 토지이용계획확인서다. 도시지역 내 토지는 도시계획사실확인서, 비도시지역 토지는 국토이용계획확인서로 이원화해 서류가 발급되었으나, 1992년 9월 1일 자로 도시지역 내외 토지를 불문하고 토지이용계획확인서로 일원화해 발급하고 있다. 이 때문에 부동산업에 종사한 지 오래된 사람 중 일부는 아직도 도시계획확인원으로 부르기도 한다. 토지이용계획확인서에 대한 설명은 CHAPTER 2에서 설명할 예정이다.

실전 4가지 문서 해석

토지와 관련된 4가지 문서에는 소재·지번·지목·소유자·소유자 주소·면적 등 동일한 내용이 여러 서류에서 반복되고 있기 때문에 투자자는 문서마다 포인트를 찍어서 해석할 수 있는 실력을 갖추어야 한다.

전문가의 필수품, 토지이용계획확인서와 토지(임야)대장

토지전문가는 주로 토지이용계획확인서와 토지(임야)대장, 이 두 가지를 많이 참조한다. 토지이용계획확인서는 용도지역과 토지거래허가구역을 확인하기 위해서고, 토지(임야)대장은 면적을 확인하기 위해서다. 그리고 검토 후 투자하는 데 적합하다는 평가가 내려졌을 때 비로소 소유권을 이전해 오는데 문제가 없는지 확인하기 위해서 등기부등본을 발급받는다.

'면적'을 표시하는 토지대장·임야대장

대장은 면적과 지목, 그리고 필자분할 시점에 대한 정보를 제공해준다. 면적은 등기부에도 표시되지만 등기부와 대장의 면적이 상이한 경우가 종종 있다. 면적의 기준은 대장이 우선하기 때문에 전문가들은 면적을 정확히 하기 위해 대장을 발급받는다.

'형상과 경계'를 표시하는 지적도·임야도

토지의 형상과 경계·주변 도로 여건 및 개발현황 등을 파악하기 위해 사용한다. 실전에서는 지적도와 임야도가 이원화되어 있기 때문에 임야와 다른 지목들이 혼재된 지역에서는 현황을 파악하는 데 효율성이 떨어지므로 지적도와 임야도가 합쳐진 토지이용계획확인서에서 제공하는 확인도면이나 시중에서 판매되는 5,000분의 1 지적임야도(일명 '오천도')를 사용한다.

'용도지역'을 표시하는 토지이용계획확인서

토지이용계획확인서를 보고 해석하는 것이 부동산 공부의 시작이며 마지막이다. 토지이용계획확인서에서 가장 중요한 것이 용도지역이다. 용도지역을 보고 해당 토지에서의 4가지 건축제한(건폐율, 용적률, 건축물의 용도, 건축물의 높이)을 판단한다. 또한 해당 토지가 개발행위허가제한에 묶여 공장이나 창고 등으로 개발이 불가능한 상태에 있는지의 여부도 토지이용계획확인서를 통해 확인할 수 있다.

토지전문가로 가는 길

토지를 전문적으로 배우기 위해서는 우선 토지 공부에 들어가기에 앞서 반드시 전제해야 할 것 두 가지가 있다. 그것은 토지이용계획확인서와 용도지역 중심으로 마인드를 전환하라는 것이다. 이 두 가지는 필자가 어느 곳에서 강의하더라도 가장 중점을 두고 강조하는 사항 중 하나다.

증명서는 대장과 등본 중심에서 토지이용계획확인서 중심으로
토지 또는 부동산과 관련하여 가장 중요한 문서는 토지이용계획확인서다. 경매를 통해 부동산을 배우다 보면 권리관계 때문에 등본이 부동산투자에서는 가장 중요한 것 같고, 재개발 뉴타운에서는 지분이 등본에 표시되어 있으므로 마치 등본이 부동산투자에서 가장 중요한 것으로 여길 수도 있다. 현장 중심으로 토지를 시작한다면 대장과 도면이 가장 중요하다고 느낄 수도 있다. 그러나 토지 또는 부동산에서, 특히 개발이나 건축 측면에서 가장 중요한 문서는 토지이용계획확인서이며, 전문가일수록 토지이용계획확인서를 가장 중요하게 여긴다. 토지이용계획확인서에서 첫째로 확인하는 사항이 용도지역이다.

토지는 지목 중심에서 용도지역 중심으로

토지에 내공이 낮을수록 지목 중심으로 이야기를 한다. 즉 농지, 임야 또는 전·답·과·임 등으로 이야기한다. 그러나 지목은 토지의 현재 사용 용도를 설명해주는 껍데기일 뿐이며 해당 토지의 개발 가능성이나 건축제한 등에 대한 충분한 정보를 제공해주지 못한다. 용도지역이 언급되어야만 비로소 해당 토지에서의 4가지 건축제한(건폐율·용적률·건축물의 용도·건축물의 높이)이 판단되는 것이다. 용도지역은 토지 관련 부동산 문서 중 토지이용계획확인서에서만 확인할 수 있다.

CHAPTER 2

토지이용계획확인서를 분석하라

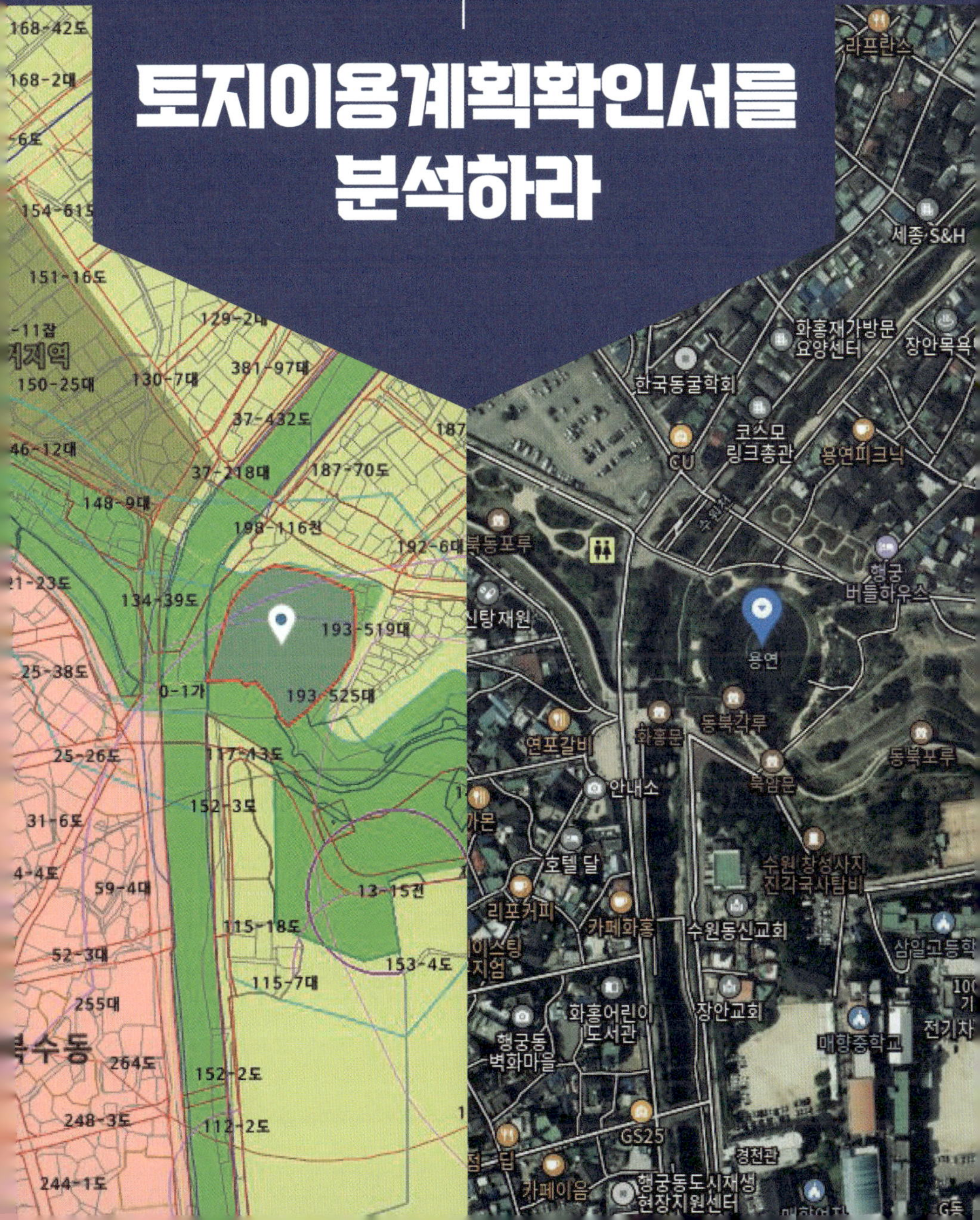

아는 만큼 보이고, 보이는 만큼
수익이 오르는 지적도의 비밀

토지이용계획
확인서란?

'지역·지구 등의 지정 내용' 및 '지역·지구 등에서의 행위제한 내용' 등에 대하여 민원인의 확인 신청이 있는 경우 시장·군수 또는 구청장이 발급해주는 서류를 말한다. 실무적으로는 어떤 토지 위에서 개발행위허가나 건축허가를 받고자 할 때 민원이 원하는 행위나 건축물을 허가받을 수 있는지를 판단해주는 첫 번째 문서가 토지이용계획확인서다.

토지이용계획확인서

토지이용계획확인서 발급을 통해 확인할 수 있는 사항은 다음과 같다.

- 지역·지구 등의 지정 내용
- 지역·지구 등에서의 행위제한 내용
- '국토계획법' 제117조에 따라 지정된 토지거래계약에 관한 허가구역
- '택지개발촉진법 시행령' 제5조 제2항 후단에 따른 열람기간
- '공공주택건설 등에 관한 특별법 시행령' 제8조 제2항에 따른 열

람기간
- '건축법' 제2조 제1항 제11호 나목에 따른 도로
- '국토계획법' 제25조에 따른 도시·군관리계획 입안사항
- '농지법 시행령' 제5조의 2 제1항에 따른 영농여건불리농지
- 지방자치단체가 도시·군계획조례로 정하는 토지 이용 관련 정보

☞ '지역·지구 등'이란 지역·지구·구역·권역·단지·도시·군계획시설 등 명칭과 관계없이 개발행위를 제한하거나 토지 이용과 관련된 인가·허가 등을 받도록 하는 등 토지의 이용 및 보전에 관한 제한을 하는 일단(一團)의 토지를 말한다. 즉, 토지의 입장에서는 분석대상 토지에 가해지는 제한 일체를 '지역·지구 등'이라고 보면 된다.

▣ 지역·지구 등 지정 현황(국토교통부 자료, 2015년 현재)

구분	소관부처	관계법령 수	지역·지구 등 수
합계		128	323
법률	18	98	237
대통령령	4	4	48
부령	2	2	2
조례	16개 시·도	24	36

※ 2023년 현재 115개 관계법령, 336개 지역·지구 등이 지정 및 운영되고 있음.

토지이용계획확인서의 분석

지목	임야		면적	4,396㎡
개별공시지가(㎡당)	45,700원 (2025/01)			
지역·지구 등 지정 여부	「국토의 계획 및 이용에 관한 법률」에 따른 지역·지구 등	계획관리지역		
	다른 법령 등에 따른 지역·지구 등	제한보호구역(전방지역: 25km)(08.12.30)〈군사기지 및 군사시설 보호법〉		
「토지이용규제기본법 시행령」 제9조 제4항 각 호에 해당되는 사항				

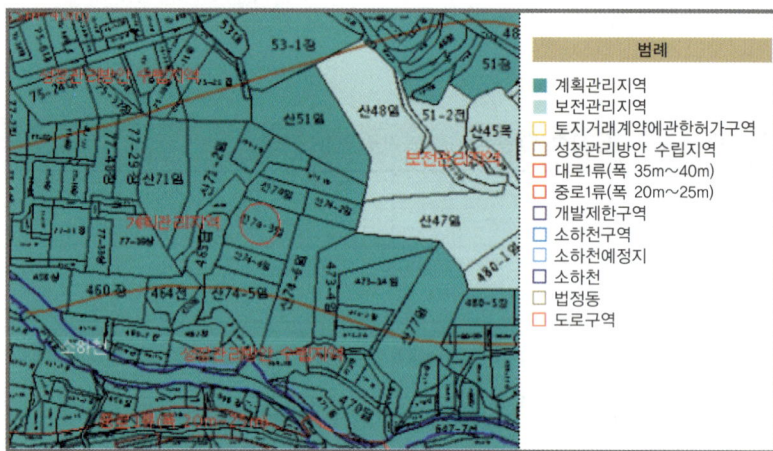

범례
- 계획관리지역
- 보전관리지역
- 토지거래계약에관한허가구역
- 성장관리방안 수립지역
- 대로1류(폭 35m~40m)
- 중로1류(폭 20m~25m)
- 개발제한구역
- 소하천구역
- 소하천예정지
- 소하천
- 법정동
- 도로구역

토지이용계획확인서의 구성

토지이용계획확인서는 크게 세 부분으로 구성되어 있다.

① 상단

토지이용계획확인서의 상단에는 토지(임야)대장에서 확인할 수 있는 '토지의 물리적 현황'(소재지, 지번, 지목, 면적 등)이 표시되어 있다.

② 중단

토지이용계획확인서의 중단 부분에는 '지역·지구 등 지정 현황'에 대한 정보가 제공되고 있다. 즉, 사례 토지에 대한 이용을 제한하는 여러 가지 명칭의 규제가 '국토계획법'과 '다른 법령 등'의 2가지로 구분하여 표시되어 있다.

- '국토계획법'에 따른 지역·지구 등

이 항목에는 '국토계획법'에 의한 용도지역을 필두로 해서 용도지구·용도구역 등이 표시된다. 다른 것은 모두 표시되지 않아도 적어도 용도지역에 대한 정보 한 가지만은 반드시 표시된다. 사례 토지의 '국토계획법'상 용도지역은 계획관리지역에 해당된다. 따라서 계획관리지역에 의한 건축제한을 받는다.

- '다른 법령 등'에 따른 지역·지구 등

이 항목에는 군사시설보호구역, '농지법'상 농업진흥지역, '산지관리법'상 보전산지, 특별대책1권역, 개발제한구역 등 '국토계획법'을 제외한 나머지 법령 등에 의한 지역·지구 등이 표시된다. 사례 토지는 '군사기지 및 군사시설 보호법'상의 저촉을 받는 군사시설보호구역에 해당하며, 구체적으로 제한보호구역에 해당한다고 표시하고 있다. 또한 해당 토지는 '농지법'상 농업진흥지역에는 해당되지 않기 때문에 표시되는 내용이 없으며, '산지관리법'상 보전산지에도 해당되지 않기 때문에 표시되는 내용이 없다.

- **'토지이용규제기본법 시행령' 제9조 제4항에 해당되는 사항**

이 항목에는 주로 '토지거래계약에 관한 허가구역'에 해당되는 토지인지 아닌지가 표시된다. 허가구역에 해당되지 않기 때문에 표시된 사항이 없다. 또한 다음 각 호의 사항이 표시된다. 독자들은 '영농여건불리농지'라고 표시된 토지를 가끔 만날 것이다.

- '택지개발촉진법 시행령' 제5조 제2항 후단에 따른 열람기간
- '공공주택건설등에관한특별법 시행령' 제8조 제2항에 따른 열람기간
- '건축법' 제2조 제1항 제11호 나목에 따른 도로
- '국토계획법' 제25조에 따른 도시·군관리계획 입안사항
- '농지법 시행령' 제5조의 2 제1항에 따른 영농여건불리농지
- 지방자치단체가 도시·군계획조례로 정하는 토지 이용 관련 정보

③ 하단

토지이용계획확인서의 하단은 위에서 설명한 '토지의 물리적 현황' 및 '지역·지구 등 지정 현황'을 도면을 통해 확인할 수 있도록 '확인도면'이 제시된다. 도면에는 여러 가지 선이 각기의 독립된 의미를 가지고 복잡하게 얽혀 있다. 도면의 우측 하단에는 축척 1/6,000이 표시되어 있다. 도면 우측의 '범례'는 도면상의 여러 가지 선과 색을 해석·구분하는 기준이 된다.

축척을 알면 길이나 면적이 보인다

축척은 토지의 실제 길이나 면적과 지도상의 길이나 면적과의 비율을 말한다.

① 임야도

임야도는 통상 1/6,000을 사용한다. '산'번지가 붙은 임야를 표시하며 도면상 1cm는 실제로는 60m가 된다.

② 지적도

지적도는 통상 1/1,200을 사용한다. '산'번지 임야 외의 토지를 표시하며 도면상 1cm는 실제로는 12m가 된다.

③ 1/5,000 지적임야도

지적도와 임야도를 합쳐서 28개 지목 모두를 표시해준다. 축척은 1/1,200과 1/6,000의 중간인 1/5,000을 사용하며 일명 '오천도'라고도 한다. 도면상 1cm는 실제로는 50m가 된다. 따라서 어느 토지가 도로에서 도면상 3cm 정도 떨어져 있다면 실제로는 3×50=150m 정도 떨어져 있는 것이다.

④ 온라인 지적임야도 확인도면

오천도와 마찬가지로 지적도와 임야도를 합쳐서 28개 지목 모두를 표시해준다. 열람자가 임의로 축척 조정이 가능하므로 해당 토지의 미시적 분석이나 주변 상황 분석에 용이하다. 토지이음(www.eum.go.kr)이나 씨:리얼(https://seereal.lh.or.kr) 등에서 제공되며 이 책에서 배우는 지적도는 모두 토지이음에서 제공하는 지적임야도 확인도면을 기본으로 하여 교육 목적으로 일부는 가공한 것이다.

```
1. 지적도: 축척 1/1,200 사용
   지적도상 1cm = 12m
2. 임야도: 축척 1/6,000 사용
   임야도상 1cm = 60m
3. 지적임야도: 1 + 2
   ① 오천도: 축척 1/5,000 사용
      오천도상 1cm = 50m
   ② 토지이용규제정보서비스 지적임야도 확인도면: 자유 축척
      축척을 자유로이 조절할 수 있음
```

⑤ 축척의 변경과 활용

온라인에서 제공되는 지적도는 축척을 사용자가 임의로 조정할 수 있다. 대상 필지를 크고 자세히 보고 싶으면 숫자를 낮추어 가면서 보면 되고, 대상 필지가 포함된 주변을 파악하고 싶다면 숫자를 높여가면서(최대 9999) 보면 된다.

이음지도 활용법

토지이음에서 지번으로 토지이용계획확인서를 열람한 후 하단의 '이음지도로 보기'를 클릭하면 이음지도로 넘어간다. 이음지도에서 '범례'에 나오는 여러 가지 '지역·지구 등'을 클릭하면 해당 '지역·지구 등'의 경계와 분석 대상 토지에서의 저촉 여부 등을 확인할 수 있다. 국토계획법에 따른 지역·지구, 개별법령에 따른 지역·지구, 도시계획시설(도로, 공원, 녹지 등)의 지정 현황 및 저촉 여부 등을 도면을 통해 확인해 볼 수 있다. 지적도의 비밀을 푸는 출발점이라고 할 수 있다.

<이음지도>

• • • TIP

지적(임야)도와 지형도면의 구분
(설명 및 도면 출처: 토지이용규제정보서비스의 용어사전)

1. 지적(임야)도
지적 공부 중의 하나로서 토지의 소재, 지번, 지목, 경계 그 밖의 사항을 등록한 도면을 말한다.

2. 지형도
지형도는 지표 측량에 따른 지형지물, 이와 관련된 행정구역, 경계, 지명 등과 같은 필요 사항을 축척 등에 따라 표현한 지도를 말한다.

3. 지형도면
① 지형도면의 정의
지적이 표시된 지형도에 지역·지구 등을 명시한 도면을 '지형도면'이라고 하며, 지형도면 또는 지적도 등에 지역·지구 등을 명시한 도면을 '지형도면등'이라 한다.

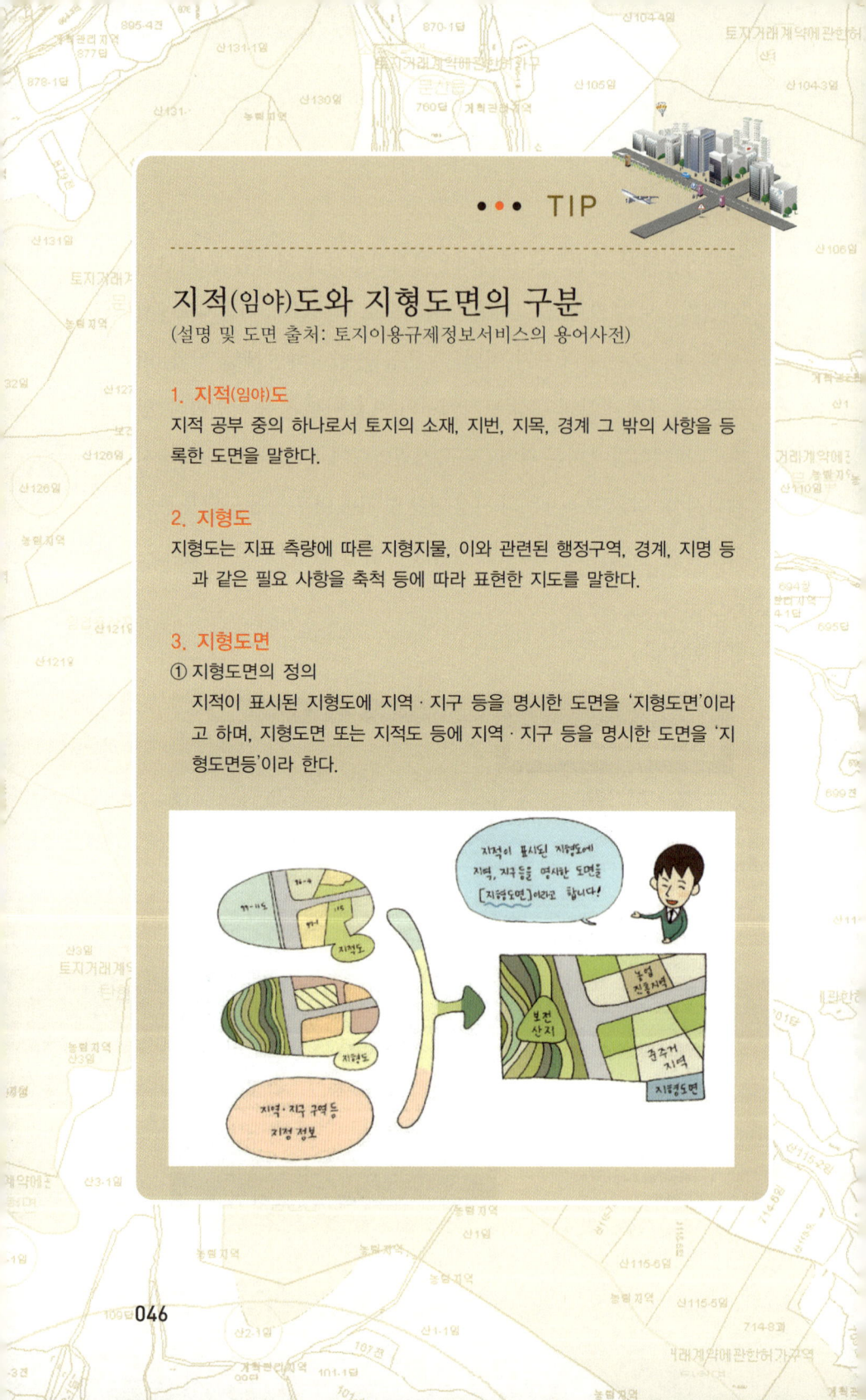

② 지형도면의 고시

지역·지구 등을 지정하는 경우에는 '토지이용규제기본법'에 따라 지형도면등을 작성하여 관보 또는 공보에 고시하여야 하며, 지역·지구 등의 지정효력은 지형도면등의 고시를 함으로써 발생한다.

③ 지형도면의 작성방법

지적이 표시된 지형도에 지역·지구 등을 명시한 지형도면을 작성할 때는 축척 1/500 이상 1/1,500 이하(녹지지역의 임야, 관리지역, 농림지역 및 자연환경보전지역은 축척 1/3,000 이상 1/6,000 이하로 작성 가능)로 작성하여야 한다.

비밀의 열쇠
'선'

규제와 지적도를 유기적으로 해석해야 토지의 내재가치가 보인다

지적도 해석 즉, 토지분석의 성패는 토지이용계획확인서의 중단에 있는 규제('지역·지구 등 지정 현황'을 말한다)와 하단 지적도의 유기적 해석에 달려 있다. 토지이용계획확인서상의 규제를 지적도에서 확인하고 해석해낼 수 있어야 하는 것이다. 그렇게 하려면 규제에 대한 실력과 지적도에 대한 실력 두 가지를 동시에 겸비하고 있어야 한다. 규제와 지적도의 유기적 해석이 가능하게 되었을 때 비로소 현장에서 토지를 제대로 볼 수 있는 안목을 갖게 된다. 전·답·임야 등의 외관을 보는 수준을 넘어 토지의 내재가치(개발가능성·성장성)가 보이는 것이다.

비밀의 열쇠는 선에 있다

지적도에서 제공되는 여러 가지 정보는 국민의 의사결정에 유용하도록, 온라인 시대 이전에는 상상도 할 수 없었던 많은 양이 제공되고 있다. 따라서 지적도에 제공되는 수많은 정보를 해석할 수 있는 수준에 따라 토지 투자의 성패가 좌우되는 시대가 되었다. 지적도에서 제공되는 정보는 큰 특징을 가지고 있다. 그것은 정보가 선으로 제공된다는 데 있다. 토지이용계획확인서에서 표시되는 여러 가지 규제는 모두 지역적·국지적인 규제다. 따라서 해당 규제를 받는 지역을 규제받지 않는 지역과 구분하기 위해서 반드시 선으로 표시해주어야 한다. 예를 들어 보면 도로구역, 하천구역, 근린공원, 상업지역, 계획관리지역, 개발제한구역 등 어느 것 하나도 전국토를 대상으로 규제하고 있지 않으며 지역의 일부분만을 규제하고 있음을 쉽게 이해할 수 있을 것이다. 따라서 지적도에서는 해당 필지를 가로지르는 여러 가지 선의 위치와 의미를 정확하게 판단할 수 있어야 한다. 선의 의미는 도면 오른쪽의 범례를 참조해가면서 해석할 수 있다.

① 필지경계선

지적도에서 제공되는 여러 가지 선 중에서 가장 기본이 되는 것이 해당 토지의 경계와 크기를 판단하게 해주는 경계선이다. 가장 기본이 되는 것이기 때문에 경계선은 지적도에서 누구나 어렵지 않게 판단할 수 있다. 필지의 경계선을 기준으로 하여 하나의 번지와 하나의 지목(1필지 1지목)이 주어진다. 문제는 필지의 경계선을 두서없이 종횡으로 가로지르는 나머지 여러 가지 선에서 발생한다는 것이다.

② 용도지역선

용도지역은 해당 토지의 건축제한을 결정하는 '토지의 계급장'이라 할 수 있으며, 입지여건을 제외하면 토지의 가치를 결정짓는 첫째 기준이 된다. 용도지역을 구분하는 선을 용도지역선이라 한다. 용도지역선이 필지의 경계선과 반드시 일치한다면 토지가 좀 더 쉬웠을 것이다. 그러나 용도지역선은 필지의 경계선과 무관하게 그어졌다. 이것이 토지를 어렵게 하고 전문가와 일반인을 구분하는 중요한 척도 중의 하나가 된다. 용도지역선이 필지의 어딘가를 가로지르지 않으면 하나의 필지에는 하나의 용도지역만이 표시되며, 대부분은 여기에 해당한다. 그러나 가끔 용도지역선이 필지의 일부분을 가로질러 감으로써 하나의 필지에 복수의 용도지역이 표시되어 토지의 가치분석을 어렵게 한다. 뒤에서 해석의 열쇠와 함께 상세히 설명할 것이다.

③ **도로구역선**

도로는 누구나 쉽게 알 수 있는, 토지의 가치를 결정짓는 중요한 요소다. 도로에 접해 있거나 저촉되어 있는 것도 중요하지만 누구 소유의 도로에 접해 있는가, 도로구역에 어느 정도 편입되어 있는가 또한 중요하다. 도로에 접하는 측면에서는 기왕이면 사도보다는 국가나 지방자치단체에서 관리하는 도로에 접하는 것이 훨씬 좋은 것이다. 도로구역에 저촉되는 것도 해당 토지가 도로부지로 적게 포함되는 것이 좋은 것이며, 기왕이면 내 토지가 이용할 수 있는 도로에 저촉되어 있는 것이 좋은 것이다. 이 모든 것도 지적도에서 선을 보고 판단할 수 있다.

④ **접도구역선**

접도구역은 도로의 양안에 도로 손괴방지 등을 목적으로 대개 5m 폭으로 하여 지정된다. 즉, 지적도에서는 도로구역선 외곽으로 도로구역선과 평행하게 띠 모양으로 나타난다. 접도구역에 저촉된 토지의 가치는 건축물의 신축은 불가능하지만 진입로로 사용하기에 지장이 없다는 데 있다. 역시 뒤에서 사례를 통해 설명할 것이다.

⑤ 완충녹지선

접도구역과 비슷하게 완충녹지는 철도의 외곽이나 도로의 외곽에 지정된 것을 알 수 있다. 지정되는 위치는 접도구역과 유사하지만, 해당 토지나 주변 토지에 미치는 영향은 크게 차이가 난다. 완충녹지는 건축물의 신축이 불가능하다는 점에서는 접도구역과 같지만, 진입로로 사용할 수 없다는 점에서는 접도구역과 다르다. 따라서 완충녹지에 저촉된 해당 토지뿐 아니라 완충녹지에 차단되어 도로로 나가지 못하는 주변 토지의 가치에도 악영향을 미치는 것이다.

⑥ 기타 여러 가지 선

그 외에도 토지의 가치에 영향을 미치는 철로선, 철로역사예정지선, 문화재보호구역선, 교육환경보호구역선 등의 여러 가지 선을 접하게 되며 비밀의 열쇠는 항상 선의 위치와 의미를 해석하는 데 있다.

⑦ 선의 보충적 역할을 하는 컬러

지적도에서 선이 모든 것을 구분해주지만 구분을 좀 더 명확히 하기 위해서 컬러가 사용되며, 용도지역은 대개 색깔을 다르게 해서 구분하고 있다.

도로의 열쇠 '도로의 규모별 구분'

지적도에서 선 못지않게 많이 나타나는 것 중 하나가 도로의 규모를 반영한 표현이다. 예를 들면 '소로3류 접합', '중로1류 저촉' 등의 표시다. 접합이란 서로 침범하지 않고 맞닿아 있는 상태를 말하며, 저촉이란 해당 토지의 일부가 도로에 포함된 상태를 말하는 것이다. 도로의 규모별 구분을 이해하고 있으면 해당 토지의 도로 관련 사항을 쉽게 파악할 수 있다. 도로의 규모별 구분은 '도시·군계획시설기준'이라는, 일반인들에게는 다소 생소한 법령에 의하여 아래와 같이 분류하고 있다.

① 광로
- 1류: 폭 70m 이상인 도로
- 2류: 폭 50m 이상 70m 미만인 도로
- 3류: 폭 40m 이상 50m 미만인 도로

② 대로
- 1류: 폭 35m 이상 40m 미만인 도로
- 2류: 폭 30m 이상 35m 미만인 도로
- 3류: 폭 25m 이상 30m 미만인 도로

③ 중로
- 1류: 폭 20m 이상 25m 미만인 도로
- 2류: 폭 15m 이상 20m 미만인 도로

- 3류: 폭 12m 이상 15m 미만인 도로

④ **소로**
- 1류: 폭 10m 이상 12m 미만인 도로
- 2류: 폭 8m 이상 10m 미만인 도로
- 3류: 폭 8m 미만인 도로

토지투자 분석표

독자들의 토지분석에 대한 이해를 최대한 쉽게 할 수 있도록 어느 토지에나 보편적으로 적용할 수 있는 표준적인 분석의 틀을 만들어 보았다. 이 책의 편제도 '토지투자 분석표'의 틀에 맞추어서 이루어져 있다. 모든 사례의 토지를 토지투자 분석표를 적용하여 설명할 필요까지는 없다고 보이며, 토지투자 분석표의 틀에 넣고 설명이 필요한 부분에서는 토지투자 분석표를 사용한 설명을 가미하였다. 설명이 생략된 사례는 독자 여러분이 토지투자 분석표에 넣고 분석해보기 바란다.

■ 토지투자 분석표

규제법령	항목	해당 유무
① 공간정보관리법	지목	전 · 답 · 과
② 국토계획법	용도지역	계획관리지역
	용도지구	–
	용도구역 등	–
③ 농지법, 산지관리법, 초지법	농지 · 산지 · 초지 여부	진흥지역 밖에 있는 농지
④ 개발제한구역특별법	그린벨트 여부	해당 없음
⑤ ③~④항 외 다른 법령 등에 따른 지역 · 지구 등	기타	배출시설 설치제한 지역

①~② 지목과 용도지역

대한민국의 전 국토를 대상으로 규제하는(또는 관리하는) 시스템은 '공간정보관리법'상의 '지목'과 '국토계획법'상의 '용도지역' 두 가지가 존재한다. 전 국토를 대상으로 한다는 것은 어느 토지든지 지목과 용도지역, 두 가지는 반드시 지정되어 있다는 것을 의미한다. 따라서 투자분석을 위해서는 어느 토지든지 해당 토지의 지목과 용도지역을 먼저 찾아내야 한다. 또한 토지를 개발 목적으로 사용하고자 할 때는 지목보다는 국토계획법에 의한 용도지역의 규제를 적용받는다. 용도지역은 해당 토지에서의 '4가지 건축제한'을 결정해주는 기준이 된다.

③ 농지와 산지 · 초지

대한민국 국토는 8할 이상(정확히는 82.0%, 2023년 말 현재)이 농지와 산지이고 투자가들이 투자하는 투자대상 토지 역시 8할은 농지 또는 산지다. 따라서 독자들은 접하는 토지가 먼저 농지 및 산지에 해당되는지 아니면 그 외의 토지에 해당되는지 여부를 구분하여야 한다. 그리고 간혹 농지 및 산지와 비슷한 반열의 토지로서 '초지법'에 의한 초지(지목은 '목장용지')를 접하기도 한다.

④ **개발제한구역(그린벨트)**

수도권을 비롯한 7대 대도시권에는 '개발제한구역특별법'에 의한 개발제한구역(일명 '그린벨트')이 지정되어 있으며, 개발제한구역 토지의 이용은 '개발제한구역특별법'에 의하여 특별한 제한을 받는다. 따라서 투자분석을 위해서는 대상 토지가 개발제한구역에 해당되는지 여부를 반드시 확인하여야 한다.

⑤ **③~④항 외 다른 법령 등에 따른 지역·지구 등**

토지이용계획확인서의 다른 법령 등에 따른 지역·지구 등에서 농지·산지·초지는 분석의 편의상 ③항으로, 개발제한구역은 ④항으로 독립하여 설명하고 있으므로 ③~④항 외의 다른 법령 등에 따른 지역·지구 등을 표시하고 있다. 표의 ①~④항에서 설명된 이외의 지역·지구 등에 대하여는 모두 다룰 수는 없지만 중요한 지역·지구 등에 대하여는 행위제한을 분석해낼 수 있어야 한다.

토지투자 분석표 연습

다음 토지의 토지투자 분석표를 만들어 보시오.

①

지목	잡종지	면적	1,281㎡
개별공시지가(㎡당)	181,100원 (2025/01)		
지역·지구 등 지정 여부	「국토의 계획 및 이용에 관한 법률」에 따른 지역·지구 등	보전관리지역	
	다른 법령 등에 따른 지역·지구 등		
「토지이용규제기본법 시행령」 제9조 제4항 각 호에 해당되는 사항	〈추가기재〉 하천구역은 재난안전과 방재부서(031-369-2461)로 확인바랍니다.		

②

지목	답	면적	283㎡
개별공시지가(㎡당)	85,900원 (2025/01)		
지역·지구 등 지정 여부	「국토의 계획 및 이용에 관한 법률」에 따른 지역·지구 등	생산관리지역	
	다른 법령 등에 따른 지역·지구 등	성장관리권역〈수도권정비계획법〉	
「토지이용규제기본법 시행령」 제9조 제4항 각 호에 해당되는 사항			

③

지목	임야	면적	1,785㎡
개별공시지가(㎡당)	35,800원 (2025/01)		
지역·지구 등 지정 여부	「국토의 계획 및 이용에 관한 법률」에 따른 지역·지구 등	계획관리지역	
	다른 법령 등에 따른 지역·지구 등	성장관리권역〈수도권정비계획법〉	
「토지이용규제기본법 시행령」 제9조 제4항 각 호에 해당되는 사항	〈추가기재〉 하천구역은 재난안전과 방재부서(031-369-2461)로 확인바랍니다.		

④

지목	답	면적	1,981㎡
개별공시지가(㎡당)	45,000원 (2025/01)		
지역·지구 등 지정 여부	「국토의 계획 및 이용에 관한 법률」에 따른 지역·지구 등	농림지역	
	다른 법령 등에 따른 지역·지구 등	농업진흥구역〈농지법〉, 성장관리권역〈수도권정비계획법〉	
	「토지이용규제기본법 시행령」 제9조 제4항 각 호에 해당되는 사항		

⑤

지목	임야	면적	39,258㎡
개별공시지가(㎡당)	30,100원 (2025/01)		
지역·지구 등 지정 여부	「국토의 계획 및 이용에 관한 법률」에 따른 지역·지구 등	농림지역	
	다른 법령 등에 따른 지역·지구 등	임업용산지〈산지관리법〉	
	「토지이용규제기본법 시행령」 제9조 제4항 각 호에 해당되는 사항		

⑥

지목	전	면적	6,176㎡
개별공시지가(㎡당)	386,600원 (2025/01)		
지역·지구 등 지정 여부	「국토의 계획 및 이용에 관한 법률」에 따른 지역·지구 등	도시지역, 자연녹지지역	
	다른 법령 등에 따른 지역·지구 등	개발제한구역〈개발제한구역의 지정 및 관리에 관한 특별조치법〉, 과밀억제권역〈수도권정비계획법〉	
	「토지이용규제기본법 시행령」 제9조 제4항 각 호에 해당되는 사항		

〈정답〉

①

규제법령	항목	해당 유무
① 공간정보관리법	지목	잡
② 국토계획법	용도지역	보전관리지역
	용도지구	-
	용도구역 등	-
③ 농지법, 산지관리법, 초지법	농지·산지·초지 여부	해당 없음
④ 개발제한구역특별법	그린벨트 여부	해당 없음
⑤ ③~④항 외 다른 법령 등에 따른 지역·지구 등	기타	-

②

규제법령	항목	해당 유무
① 공간정보관리법	지목	답
② 국토계획법	용도지역	생산관리지역
	용도지구	-
	용도구역 등	-
③ 농지법, 산지관리법, 초지법	농지·산지·초지 여부	진흥지역 밖에 있는 농지
④ 개발제한구역특별법	그린벨트 여부	해당 없음
⑤ ③~④항 외 다른 법령 등에 따른 지역·지구 등	기타	성장관리권역

③

규제법령	항목	해당 유무
① 공간정보관리법	지목	임
② 국토계획법	용도지역	계획관리지역
	용도지구	-
	용도구역 등	-
③ 농지법, 산지관리법, 초지법	농지·산지·초지 여부	준보전산지
④ 개발제한구역특별법	그린벨트 여부	해당 없음
⑤ ③~④항 외 다른 법령 등에 따른 지역·지구 등	기타	성장관리권역

④

규제법령	항목	해당 유무
① 공간정보관리법	지목	답
② 국토계획법	용도지역	농림지역
	용도지구	-
	용도구역 등	-
③ 농지법, 산지관리법, 초지법	농지·산지·초지 여부	농업진흥구역
④ 개발제한구역특별법	그린벨트 여부	해당 없음
⑤ ③~④항 외 다른 법령 등에 따른 지역·지구 등	기타	성장관리권역

⑤

규제법령	항목	해당 유무
① 공간정보관리법	지목	임
② 국토계획법	용도지역	농림지역
	용도지구	-
	용도구역 등	-
③ 농지법, 산지관리법, 초지법	농지·산지·초지 여부	보전산지/임업용산지
④ 개발제한구역특별법	그린벨트 여부	해당 없음
⑤ ③~④항 외 다른 법령 등에 따른 지역·지구 등	기타	-

⑥

규제법령	항목	해당 유무
① 공간정보관리법	지목	전
② 국토계획법	용도지역	자연녹지지역
	용도지구	-
	용도구역 등	-
③ 농지법, 산지관리법, 초지법	농지·산지·초지 여부	진흥지역 밖에 있는 농지
④ 개발제한구역특별법	그린벨트 여부	개발제한구역
⑤ ③~④항 외 다른 법령 등에 따른 지역·지구 등	기타	과밀억제권역

CHAPTER 3

'지목'으로 배우는
지적도의 비밀

아는 만큼 보이고, 보이는 만큼
수익이 오르는 지적도의 비밀

지적 용어 배워보기

지적이란 '공간정보관리법'을 기준으로 하여 관리하는 토지의 호적이라 할 수 있으며, 지목·면적·경계·필지분할시점 등의 물리적 현황을 판단하는 기준이 된다.

필지

필지란 법령이 정하는 바에 의하여 구획되는 토지의 등록단위를 말한다.

☞ 1필지로 정할 수 있는 기준: 소유자와 용도가 동일하고 지반이 연속된 토지는 이를 1필지로 할 수 있다.

지번

지번이란 필지에 부여하여 지적공부에 등록한 번호를 말한다. 지번은 아라비아 숫자로 표기하며, 임야대장 및 임야도에 등록하는 토지의 지번은 숫자 앞에 '산'자를 붙인다. 지번은 본번과 부번으로 구성하며 본번과 부번 사이에 '–' 표시로 연결하고 '의'라고 읽는다.

지번의 부여 방법

① **부여 원칙**

지번은 북서에서 남동으로 순차적으로 부여한다.

② **토지의 신규 등록 및 등록전환의 경우**

'지번부여지역'에서 인접토지의 본번에 부번을 붙여 지번을 부여한다. 다만 다음에 해당하는 경우에는 그 지번부여지역의 최종 본번의 다음 순번부터 본번으로 하여 순차적으로 지번을 부여할 수 있다.

- 대상 토지가 그 지번부여지역 안의 최종 지번의 토지에 인접하여 있는 경우
- 대상 토지가 이미 등록된 토지와 멀리 떨어져 있어서 등록된 토지의 본번에 부번을 부여하는 것이 불합리한 경우
- 대상 토지가 여러 필지로 되어 있는 경우

☞ 지번부여지역: 지번을 부여하는 단위 지역으로서 동·리 또는 이에 준하는 지역을 말한다.

③ 토지 분할의 경우

분할 후의 필지 중 1필지의 지번은 분할 전의 지번으로 하고, 나머지 필지의 지번은 본번의 최종 부번 다음 순번으로 부번을 부여한다. 이 경우 주거·사무실 등의 건축물이 있는 필지에 대하여는 분할 전의 지번을 우선하여 부여해야 한다.

④ 토지 합병의 경우

합병대상 지번 중 선순위의 지번을 그 지번으로 하며 본번으로 된 지번이 있을 때는 본번 중 선순위의 지번을 합병 후의 지번으로 한다. 이 경우 토지소유자가 합병 전의 필지에 주거·사무실 등의 건축물이 있어서 그 건축물이 위치한 지번을 합병 후의 지번으로 신청하는 때는 그 지번을 합병 후의 지번으로 부여해야 한다.

▣ 필지 구분법

예시	유형
토지지번	12, 100-77
산번지	산 12, 산 100-77
일반적인 가지번	가 7-7
일반적인 블록지번	BL 7-7
지역지구인 경우	2지구 BL 7-7

지목

지목이란 토지의 주된 용도에 따라 토지의 종류를 구분하여 지적공부에 등록한 것을 말한다. 28개로 구분하고 있다.

경계

경계란 필지별로 경계점들을 직선으로 연결하여 지적공부에 등록한 선을 말한다.

면적

면적이란 지적공부에 등록한 필지의 수평면상 넓이를 말하며, 면적의 단위는 제곱미터(m^2)로 한다.

등록전환

등록전환이란 임야대장 및 임야도에 등록된 토지를 토지대장 및 지적도에 옮겨 등록하는 것을 말한다. 등록전환 과정에서 임야의 지번 숫자 앞에 붙었던 '산'자는 떨어져 나간다.

토지의 분할

분할이란 지적공부에 등록된 1필지를 2필지 이상으로 나누어 등록하는 것을 말한다.

토지의 합병

합병이란 지적공부에 등록된 2필지 이상을 1필지로 합하여 등록하는 것을 말한다.

지목변경

지목변경이란 지적공부에 등록된 지목을 다른 지목으로 바꾸어 등록하는 것을 말하며, 지목변경을 신청할 수 있는 경우는 다음의 세 가지가 있다. ①이 가장 대표적인 신청사유에 해당한다.

① 토지의 형질변경 등의 공사가 준공된 경우
② 토지 또는 건축물의 용도가 변경된 경우
③ 도시개발사업 등의 원활한 사업추진을 위하여 사업시행자가 준공 전에 토지의 합병을 신청하는 경우

토지의 용도별 분류 '28가지 지목'

지목은 토지를 주된 '용도'에 따라 분류한 것이다. 용도에 따라 분류한 것이기 때문에 28가지 중 상당수를 생활에서 쉽게 접할 수 있고, 따라서 지목의 개념 자체를 이해하는 것은 비교적 쉬운 일이다. 지목은 해당 지목의 첫 글자를 따서 표기하지만 예외적으로 둘째 글자를 따서 표기하는 경우도 있다. 28개의 지목을 대장과 토지이용계획확인서에 표기할 때는 정식명칭을 사용하고 도면에 등록할 때는 다음의 부호로 표기한다. 따라서 우리가 배우고자 하는 지적도에는 지목이 모두 한 글자의 부호로 표시되어 있다.

지목의 표기

지목	부호	지목	부호
전	전	철도용지	철
답	답	제방	제
과수원	과	하천	천
목장용지	목	구거	구
임야	임	유지	유
광천지	광	양어장	양
염전	염	수도용지	수
대	대	공원	공
공장용지	장	체육용지	체
학교용지	학	유원지	원
주차장	차	종교용지	종
주유소용지	주	사적지	사
창고용지	창	묘지	묘
도로	도	잡종지	잡

지목의 설정방법 '1필지 1지목'

필지마다 하나의 지목을 설정한다. 필지가 두 가지 이상의 용도로 활용되는 경우에는 주된 용도에 따라 지목을 설정한다. 단, 토지가 일시적 또는 임시적인 용도로 사용되는 경우에는 지목을 변경하지 않는다.

지목의 3대 분류: 농지 임야 기타

구분		허가를 받아야 하는 면적
도시지역 외 지역	임야	1000㎡ 초과
	농지	500㎡ 초과
	기타	250㎡ 초과

28개 지목을 농지·임야·기타 지목의 3가지로 분류하는 기준은 토지

거래허가제도에서 사용하는 분류다. 허가를 받아야 하는 면적을 합리적으로 설정하기 위해서 '도시지역 외 지역'(비도시지역)에서는 허가를 받아야 하는 면적을 지목 기준으로 설정하고 있다. 즉, 면적이 넓은 임야는 1,000m², 농지는 500m², 소규모 필지 등이 주를 이루는 대지 등의 기타 지목은 250m²를 기준으로 허가대상을 설정하고 있다.

지목의 한계

지목은 토지의 기초적인 분류이며 누구나 이해하기 쉬운 내용으로 되어 있다. 그에 따라 토지에 입문하는 경우 지목부터 시작해서 배우게 되고, 그렇게 배우는 것이 올바른 순서다. 이 장에서는 학습의 효율성을 위해서 토지의 주된 사용용도인 지목에만 중점을 두고 지적도를 해석하였고, 토지의 가치를 평가하는 나머지 중요 요소인 용도지역·지구, 도로 등은 가벼운 수준으로만 언급하고 별도의 장에서 상세하게 배우게 된다. 그리고 지목은 토지의 외관에 불과하기 때문에 해당 토지의 '개발가능성'이나 '성장성'을 설명하는 데는 한계가 있으므로 반드시 건축제한을 결정하는 '용도지역' 중심으로 공부의 초점을 맞추어 가야 한다.

전 전 · 답 답 · 과수원 과

지목	답	면적	1,337㎡
개별공시지가(㎡당)	5,800 (2025/01)		
지역·지구 등 지정 여부	「국토의 계획 및 이용에 관한 법률」에 따른 지역·지구 등	계획관리지역	
	다른 법령 등에 따른 지역·지구 등	배출시설설치제한지역〈물환경보전법〉	
「토지이용규제기본법 시행령」 제9조 제4항 각 호에 해당되는 사항			

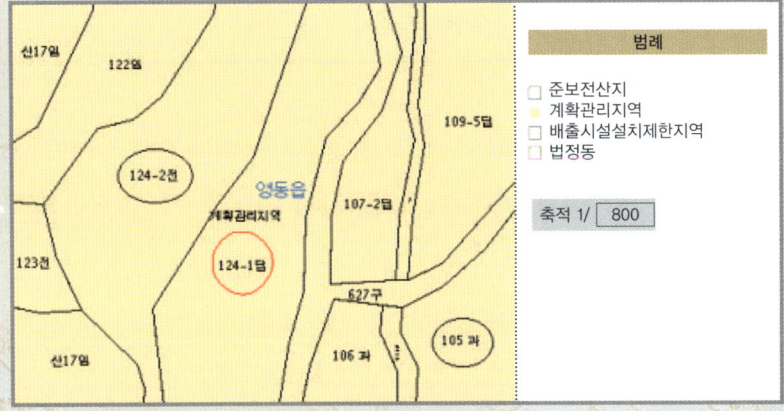

범례
□ 준보전산지
■ 계획관리지역
□ 배출시설설치제한지역
□ 법정동

축적 1/ 800

전·답·과

이번 사례의 지적도에서는 전·답·과수원 3개의 지목을 배울 수 있다.

① 전 田

'전'이란 "물을 상시적으로 이용하지 않고 곡물·원예작물(과수류는 제외)·약초·뽕나무·닥나무·묘목·관상수 등의 식물을 주로 재배하는 토지와 식용(食用)으로 죽순을 재배하는 토지"를 말한다.

② 답 畓

'답'이란 "물을 상시적으로 직접 이용하여 벼·연(蓮)·미나리·왕골 등의 식물을 주로 재배하는 토지"를 말한다.

③ 과수원 果

'과수원'이란 "사과·배·밤·호두·귤나무 등 과수류를 집단으로 재배하는 토지와 이에 접속된 저장고 등 부속시설물의 부지"를 말한다. 다만 주거용 건축물의 부지는 '대'로 한다.

지적도상 색과 선의 의미

① 색

도면의 색은 '지역·지구 등'을 구분하는 기능을 하는데 여러 가지 지역·지구 중에서 가장 대표적인 지역·지구는 '용도지역'이다. 사례의 지적도에서는 제시된 필지들이 모두 계획관리지역에 해당하므로 지적도의 오른쪽 범례에서 계획관리지역을 표시하는 색으로 동일하게 표시되고 있다.

② 경계선

지번과 지번 사이에 검은색으로 그어진 선이 토지의 경계선임은 초보자라도 지적도에서 쉽게 이해할 수 있을 것이다. 경계선을 보고 토지의 모양과 크기 등을 파악할 수 있다. 또한 주변 필지의 현황도 파악할 수 있다.

③ 나머지 여러 가지 선

'124-1답' 토지의 우측에는 '627구'로 표시된 구거가 존재하고 있음을 알 수 있다. 구거에 대한 설명은 뒤에서 나온다.

토지투자 분석표

앞의 토지이용계획확인서 장에서 배운 대로 토지투자분석표를 작성해보면 다음과 같다.

▶ 토지투자 분석표

규제법령	항목	해당 유무
① 공간정보관리법	지목	전, 답, 과수원
② 국토계획법	용도지역	계획관리지역
	용도지구	-
	용도구역 등	-
③ 농지법, 산지관리법, 초지법	농지·산지·초지 여부	농업진흥지역 밖에 있는 농지

| ④ 개발제한구역특별법 | 그린벨트 여부 | 해당 없음 |
| ⑤ ③~④항 외 다른 법령 등에 따른 지역·지구 등 | 기타 | 배출시설설치제한지역 |

① 사례 토지의 '공간정보관리법'상 지목은 전, 답, 과수원이다. 해당 토지의 주된 사용용도가 전과 답, 과수원이라는 의미다.

② 사례 토지의 '국토계획법'상 용도지역은 계획관리지역으로 지정되어 있다. 즉, 사례 토지를 가지고 개발을 하고자 할 때 계획관리지역에서의 건축제한을 적용받아야 한다는 의미다. 다음 장에서 자세하게 배우게 된다.

③ 농지 및 산지 구분과 관련하여 사례 토지 전, 답, 과 3필지는 모두 농지에 해당한다. 농지는 농업진흥지역 농지와 농업진흥지역 밖에 있는 농지로 구분하는데 사례 토지는 모두 농업진흥지역 밖에 있는 농지에 해당한다. CHAPTER 8 '농지와 산지로 배우는 지적도의 비밀'에서 자세하게 배우게 된다. 농지를 농업진흥지역 농지와 농업진흥지역 밖에 있는 농지로 구분하는 이유는 해당 토지를 개발목적 등으로 활용하고자 할 때 어느 법에 의한 행위제한(건축제한 포함)을 적용할 것인가와 관련이 있기 때문이다.

④ 그린벨트(개발제한구역) 토지 여부와 관련하여 사례 토지는 그린벨트 토지에 해당하지 않는다. 따라서 '개발제한구역특별법'의 적용 여

지는 전혀 발생하지 않는다.

⑤ ③~④항 외 다른 법령 등에 따른 지역·지구 등에 해당하는 사항으로는 '물환경보전법'에 의하여 배출시설설치제한지역으로 지정되어 있다. 즉, 해당 법에 의한 지역·지구에서의 행위제한이나 건축제한을 받아야 한다는 의미다.

'전·답·과수원'을 농업경영 외의 개발 목적으로 이용하고 싶다면?

농지를 농업 경영 목적으로 이용하고자 할 때는 농지법에서 정하는 바에 따르면 되고, 개발 목적으로 이용하고자 할 때는 농지법과 국토계획법의 규제를 모두 적용하여 두 법에서 정하는 바에 따라야 한다.

① '전·답·과수원'과 농지법

'공간정보관리법'에 의한 지목 '전·답·과수원'은 '농지법'에 의한 농지에 해당하는 토지다. '농지법'은 농지의 소유·이용 및 보전 등에 관한 사항을 규정하고 있다. 따라서 투자가들이 농지에 해당하는 '전·답·과수원'을 소유하거나 농업경영 목적으로 이용하고자 한다면 우선 '농지법'에서 정하는 바에 따라야 한다. 농지인 '전·답·과수원'을 개발 목적(예를 들면, 전원주택부지, 공장용지, 창고용지 등)으로 사용하고자 한다면 농지의 전용에 해당하므로 반드시 '농지법'에 의한 농지의 전용허가(협의, 신고)를 받아야 한다. 자세한 사항은 뒤에서 농지를 '농업진흥지역 농지'와 '농업진흥지역 밖에 있는 농지'로 구분하여 설명된다.

☞ 농지의 전용: '농지의 전용'이란 농지를 농작물의 경작이나 다년생식물의 재배 등 농업생산 또는 농지개량 외의 용도로 사용하는 것을 말한다. 전원주택부지, 공장용지, 창고용지 등으로 개발하는 것이 가장 대표적인 농지의 전용에 해당한다.

② '전·답·과수원'과 국토계획법상의 '용도지역'

지목은 토지의 '주된 사용용도'를 설명할 뿐 해당 토지에서의 '개발가능 여부' 및 '건축제한' 등을 설명해주지 못한다. 토지를 개발 목적으로 사용하고자 할 때는 '지목'보다는 국토계획법에 의한 '용도지역'의 규제를 적용받아야 한다. 용도지역은 해당 토지에서의 '건축제한'을 결정해주는 기준이 된다. '건축제한'은 크게 건폐율, 용적률, 건축물의 용도(건축할 수 있는 건축물), 건축물의 높이(층고) 4가지 요소로 구성되어 있다. 사례의 전·답·과수원 3가지 토지의 용도지역은 모두 계획관리지역이다. 따라서 해당 토지를 개발하고자 할 때는 계획관리지역에서 허용되는 건폐율, 용적률, 건축물의 용도(건축할 수 있는 건축물), 건축물의 높이(층고)의 건축제한을 적용받아야 한다. 또한 개발행위허가를 받기 위해서는 '국토계획법' 및 해당 시·군의 '도시·군계획조례'에서 정한 개발행위허가 기준도 반드시 충족하여야 한다. 자세한 사항은 용도지역을 21개로 구분하여 설명한 'CHAPTER 4 용도지역으로 배우는 지적도의 비밀'에서 알아볼 수 있다.

'축사 등의 부지'인 목장용지 목

지목	목장용지	면적	992㎡
개별공시지가(㎡당)	280,400 (2025/01)		

지역·지구 등 지정 여부	「국토의 계획 및 이용에 관한 법률」에 따른 지역·지구 등	도시지역, 자연녹지지역
	다른 법령 등에 따른 지역·지구	가축사육제한구역(2013-02-25)(전부제한지역)〈가축분뇨의 관리 및 이용에 관한 법률〉, 자연보전권역〈수도권정비계획법〉, 배출시설설치제한지역〈물환경보전법〉, 수질보전특별대책지역〈환경정책기본법〉
	「토지이용규제기본법 시행령」 제9조 제4항 각 호에 해당되는 사항	

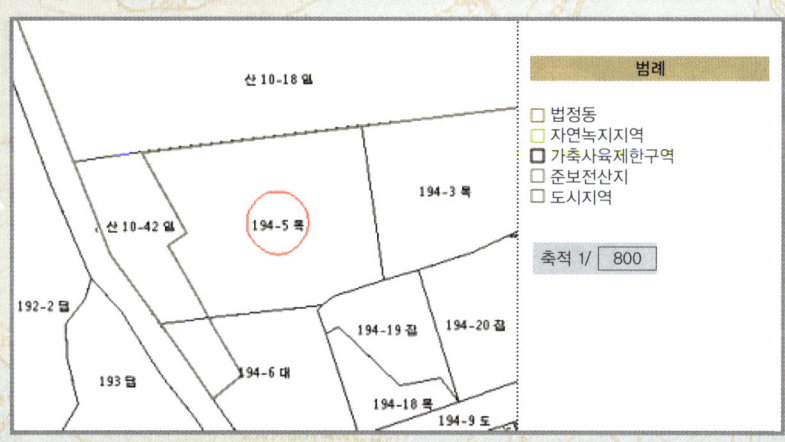

● 토지정보 (토지대장 2025년 09월 자료 기준)

지목	면적(㎡)	용도지역	용도지구	축척
목장용지	122.00	자연녹지지역	null	1 : 1200

● 일반건물정보 (토지대장 2025년 09월 자료 기준)

건물명	주용도	주구조	건축면적(㎡)	연면적(㎡)	대지면적(㎡)	허가일자	사용승인일자
44	축사	일반목구조	0.00	0.00	1,082.40	1985.05.10	1985.05.10

목장용지 목

이번 사례의 지적도에서는 지목 '목장용지'를 배울 수 있다. 다음 각 목의 토지는 '목장용지'로 한다. 다만 주거용 건축물의 부지는 '대'로 한다.

　가. 축산업 및 낙농업을 하기 위하여 초지를 조성한 토지
　나. 축산법의 규정에 의한 가축을 사육하는 축사 등의 부지
　다. 가목 및 나목의 토지와 접속된 부속시설물의 부지

목장용지의 구분

목장용지는 크게 '축사 등의 부지'인 목장용지와 '초지'인 목장용지의 두 가지로 구분할 수 있다. 지목은 '목'으로 동일하지만 전혀 다른 신분의 두 가지 토지가 존재하므로 독자들은 토지의 투자가치 평가를 위하여 이 두 가지 토지를 구분할 수 있어야 한다. 위의 설명 '나'항에 해당하는 토지가 '축사 등의 부지'인 목장용지이고 '가'항에 해당하는 토지가 '초지'인 목장용지다. 사례의 토지는 '축사 등의 부지'인 목장용지에 해당하는 토지다.

'축사 등의 부지' 목장용지 확인: 건축물의 용도

대개 '초지'인 목장용지는 면적이 크기 때문에 사례의 지적도는 면적 규모로 보아 우선 '축사 등의 부지'인 목장용지로 추정할 수 있다. 건축물의 용도 확인은 건축물대장을 열람해보거나 사례의 조회사항과 같이 씨:리얼(https://seereal.lh.or.kr)에서 조회하면 간단하게 확인할 수 있다. 건물의 주용도가 '축사'임을 확인할 수 있다.

토지투자분석표

토지투자 분석표를 작성해보면 다음과 같다.

▼ 토지투자 분석표

규제법령	항목	해당 유무
① 공간정보관리법	지목	목장용지
② 국토계획법	용도지역	자연녹지지역
	용도지구	-
	용도구역 등	-
③ 농지법, 산지관리법, 초지법	농지·산지·초지 여부	해당 없음
④ 개발제한구역특별법	그린벨트 여부	해당 없음
⑤ ③~④항 외 다른 법령 등에 따른 지역·지구 등	기타	배출시설설치제한지역 등

① 지목은 목장용지로서 '축사 등의 부지'에 해당하는 목장용지다.

② 사례 목장용지의 '국토계획법'상 용도지역은 자연녹지지역에 해당한다. 즉 자연녹지지역에서의 건축제한을 적용받아 해당 토지를 개발할 수 있다.

③ 농지·산지·초지에는 해당되지 않으므로 '농지법', '산지관리법', '초지법'은 적용받지 않는다.

④ 그린벨트(개발제한구역) 토지 여부와 관련하여 사례 토지는 그린벨트 토지에 해당하지 않는다.

⑤ ③~④항 외 다른 법령 등에 따른 지역·지구 등으로 배출시설설치제한지역, 수질보전특별대책지역 등이 지정되어 있다.

'초지'인 목장용지 목

지목	목장용지	면적	5,837m²
개별공시지가(m²당)	48,600 (2025/01)		
지역·지구 등 지정 여부	「국토의 계획 및 이용에 관한 법률」에 따른 지역·지구 등	보전관리지역	
	다른 법령 등에 따른 지역·지구 등	비행안전제3구역(전출)〈군사기지 및 군사시설 보호법〉, 성장관리지역〈수도권정비계획법〉, 초지〈초지법〉	
「토지이용규제기본법 시행령」 제9조 제4항 각 호에 해당되는 사항			

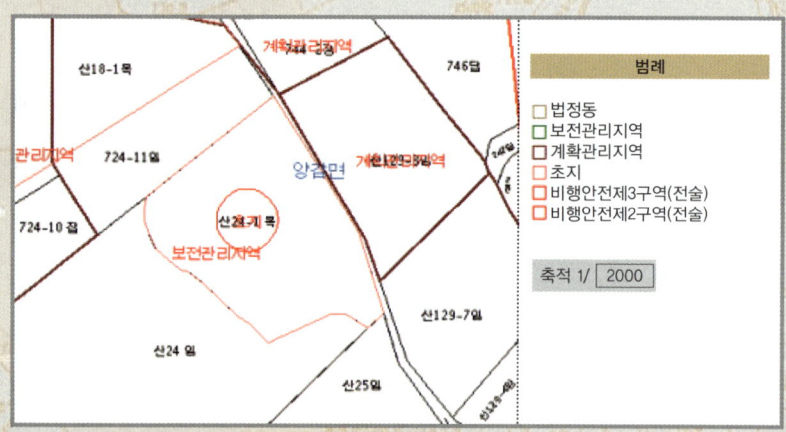

초지인 목장용지 목

사례 토지는 목장용지 중에서도 초지인 '목장용지'에 해당하는 토지다. 초지란 다년생 개량목초의 재배에 이용되는 토지 및 사료작물재배지와 목도·진입도로·축사 및 농림수산식품부령이 정하는 부대시설을 위한 토지를 말하며 '초지법'의 규제를 받는다. 따라서 해당 초지를 전용하여 개발하기 위해서는 '초지법'에 의한 '초지의 전용허가'를 받아야 한다.

☞ 초지의 확인

초지인 목장용지에 해당하는 토지는 사례의 지적도처럼 토지이용계획확인서의 '다른 법령 등에 따른 지역·지구 등'란에 굵은 네모박스 안에 표시된 것처럼 '초지<초지법>'이라고 명백히 표시되어 있다. 초지로 표시되지 않은 목장용지에 대하여 초지인지 아닌지를 확인하고 싶다면 해당 시·군의 초지 담당 부서에 전화에서 문의하면 초지 여부를 확인해준다. 또한 초지인 목장용지는 축사인 목장용지보다 대개의 경우 면적이 넓다.

토지투자 분석표

토지투자 분석표를 작성해보면 다음과 같다.

▼ 토지투자 분석표

규제법령	항목	해당 유무
① 공간정보관리법	지목	목장용지
② 국토계획법	용도지역	보전관리지역
	용도지구	-
	용도구역 등	-
③ 농지법, 산지관리법, 초지법	농지·산지·초지 여부	초지
④ 개발제한구역특별법	그린벨트 여부	해당 없음
⑤ ③~④항 외 다른 법령 등에 따른 지역·지구 등	기타	성장관리권역 등

① 지목은 목장용지로서 '초지'에 해당하는 목장용지다.

② 사례 목장용지의 '국토계획법'상 용도지역은 보전관리지역에 해당한다. 즉, 보전관리지역에서의 건축제한을 적용받아 해당 토지를 개발할 수 있는 것이다.

③ '초지법'상 초지에 해당하는 토지다. 토지이용계획확인서의 '다른 법령 등에 따른 지역·지구 등'란에 명백하게 '초지<초지법>'이라고 표시되어 있다.

④ 그린벨트(개발제한구역) 토지 여부와 관련하여 사례 토지는 그린벨트 토지에 해당하지 않는다.

⑤ ③~④항 외에 다른 법령 등에 따른 지역·지구 등으로 비행안전
제3구역, 성장관리권역이 지정되어 있다.

초지의 전용

'초지의 전용'이란 초지의 형질을 변경하거나 초지의 이용에 장해가 되는 시설 또는 구조물을 설치하는 등 초지를 초지 외의 목적으로 사용하는 것을 말한다. '초지법'에 의한 절차에 따라야 한다.

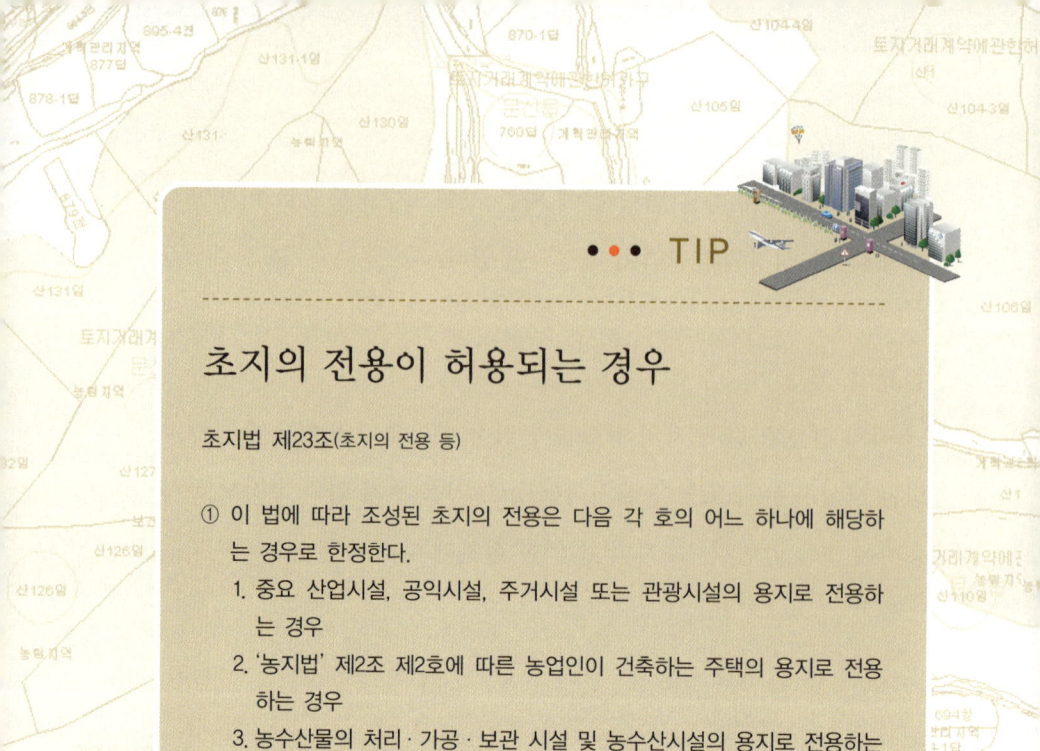

초지의 전용이 허용되는 경우

초지법 제23조(초지의 전용 등)

① 이 법에 따라 조성된 초지의 전용은 다음 각 호의 어느 하나에 해당하는 경우로 한정한다.
 1. 중요 산업시설, 공익시설, 주거시설 또는 관광시설의 용지로 전용하는 경우
 2. '농지법' 제2조 제2호에 따른 농업인이 건축하는 주택의 용지로 전용하는 경우
 3. 농수산물의 처리·가공·보관 시설 및 농수산시설의 용지로 전용하는 경우
 4. 농작물재배용지로 전용하는 경우. 다만 과수용지 외의 용지로 전용하는 경우에는 경사도 15도 이내의 초지만 해당한다.
 5. '제주특별자치도 설치 및 국제자유도시 조성을 위한 특별법' 제162조에 따라 제주투자진흥지구로 지정하기 위하여 전용하는 경우
 6. '경제자유구역의 지정 및 운영에 관한 특별법' 제4조에 따라 경제자유구역으로 지정하기 위하여 전용하는 경우
 7. '지역특화발전특구에 대한 규제특례법' 제9조 제1항에 따라 지역특화발전특구로 지정하기 위하여 전용하는 경우
 8. '중소기업창업 지원법' 제2조 제1호에 따른 창업을 위하여 전용하는 경우
 9. 그 밖에 시장·군수·구청장(특별자치시장 및 특별자치도지사 제외)이 특별시장·광역시장·도지사와의 협의를 거쳐 특히 필요하다고 인정하는 시설의 용지로 전용하는 경우 또는 특별자치시장·특별자치도지사가 특히 필요하다고 인정하는 시설의 용지로 전용하는 경우
② 제1항에 따른 초지전용을 하려는 자는 시장·군수·구청장의 허가를 받아야 한다. 허가받은 초지전용의 면적 또는 경계 등 대통령령으로 정하

는 중요한 사항을 변경하려는 경우에도 또한 같다.
③ 제2항에도 불구하고 초지 조성이 완료된 날부터 25년이 지난 초지를 전용하려는 경우에는 시장·군수·구청장에게 신고하여야 한다. 신고한 사항을 변경하려는 경우에도 또한 같다.
④ 국가 또는 지방자치단체가 초지를 공용 또는 공공용 시설의 용지로 사용하기 위하여 전용하려는 경우에는 제2항 및 제3항에 따른 허가 또는 신고를 갈음하여 시장·군수·구청장과 협의하여야 한다. 협의한 사항을 변경하려는 경우에도 또한 같다.
⑤ 제2항 및 제3항에도 불구하고 이 법에 따라 조성된 초지를 '축산법' 제2조 제1호에 따른 가축을 기르기 위한 축사(이 법 제2조 제1호에 따른 축사는 제외한다.)의 용지로 사용하려는 경우에는 초지전용의 허가를 받지 아니하거나 신고를 하지 아니하고 초지를 전용할 수 있다.

초지법 제24조의 2(초지로서의 관리가 불가능한 초지에 대한 조치)

① 시장·군수·구청장은 초지가 다음 각 호의 어느 하나에 해당하는 경우에는 이를 초지에서 제외할 수 있다.
  1. 제23조를 위반하여 허가받지 아니하거나 신고 또는 협의를 하지 아니하고 전용한 초지 또는 **부정한 방법으로** 전용허가를 받고 전용한 초지로서 그 보전이 불가능한 경우
  2. 다른 법령에 따른 사업시행으로 초지 이용의 여건이 변화하여 해당 초지를 관리하는 자가 그 관리를 포기한 경우
  3. 관리자가 없거나 있어도 분명하지 아니한 초지
  4. 초지 조성이 완료된 날부터 25년이 지난 초지로서 재해나 그 밖의 부득이한 사유 없이 2년 이상 계속하여 관리·이용되지 아니하는 초지
  5. 그 밖에 초지의 기능이 상실된 경우로서 대통령령으로 정하는 경우

주택이 있는 목장용지 목

지목	목장용지	면적	645m²
개별공시지가(m²당)	223,700 (2025/01)		
지역·지구 등 지정 여부	「국토의 계획 및 이용에 관한 법률」에 따른 지역·지구 등	도시지역, 자연녹지지역	
	다른 법령 등에 따른 지역·지구 등	가축사육제한구역(2013-02-25)(전부제한지역)〈가축분뇨의 관리 및 이용에 관한 법률〉, 자연보전권역〈수도권정비계획법〉	
「토지이용규제기본법 시행령」 제9조 제4항 각 호에 해당되는 사항			

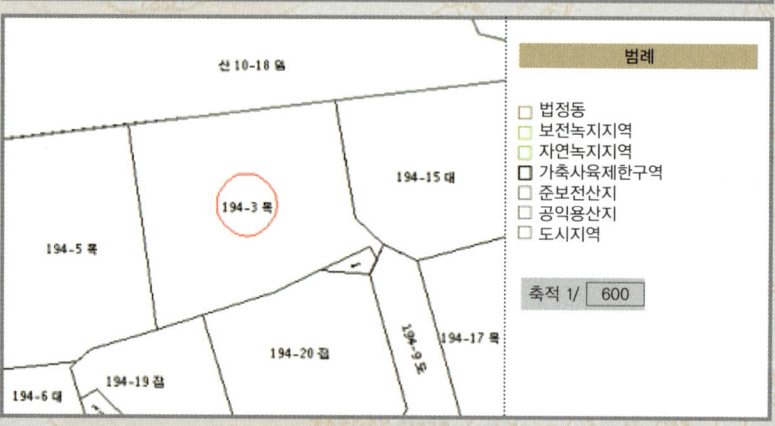

고유번호 010400-1-0194285	일반건축물대장			G4C접수번호 20090614-68642682			
대지위치	경기도 이천시 •••	지번	194-	명칭 및 번호		특이사항	
대지면적	992m²	연면적	73.66m²	지역	준농림지역	지구	구역
건축면적	73.66m²	용적률산정용 연면적	73.66m²	주구조	블럭조	주용도	주택	층수	지하0층/지상1층
건폐율	7.42%	용적률	7.42%	높이	0m	지붕	스레이트	부속건축물	

	건축물현황			소유자현황			
구분	층별	구조	용도	면적(m²)	성명(명칭) 주민등록번호 (부동산등기용등록번호)	면적(m²)	소유권지분	변동일자 변동원인
주1	1층	블럭조/스레이트	주택	73.66		경기도 이천시		1999.08.05 소유자등록
		-이하여백-						

주택의 부지로 사용 중인 목장용지

사례 토지의 지목도 '목장용지'다. '다른 법령 등에 따른 지역·지구 등' 란에 '초지<초지법>'이라고 표시되어 있지 않기 때문에 초지에는 해당하지 않는 목장용지다. 그러나 건축물대장을 발급받아 본 결과 건축물의 주용도가 축사가 아닌 주택으로 되어 있는, 드문 경우에 해당하는 지적도다.

☞ 지목변경은 가능할까?
'공간정보관리법'에 의한 목장용지의 정의에서 "주거용 건축물의 부지는 '대'로 한다"고 규정하고 있다. 따라서 해당 토지는 소유주의 신청에 의해서 대지로 지목 변경할 수 있는 것이다.

용도지역·지구 등

사례 토지는 토지투자 분석표가 특별히 필요하지 않을 것으로 보여 생략하였다.

① 자연녹지지역

사례 목장용지의 '국토계획법'상 용도지역은 자연녹지지역에 해당한다. 즉 자연녹지지역에서의 건축제한을 적용받아 해당 토지를 개발할 수 있는 것이다.

② 농지·산지·초지 및 그린벨트

사례 목장용지는 농지·산지·초지 및 그린벨트에 해당하지 않는다.

'산'번지 임야와 '토임' 임야 임

지목	임야	면적	1,252㎡
개별공시지가(㎡당)	59,200 (2025/01)		
지역·지구 등 지정 여부	「국토의 계획 및 이용에 관한 법률」에 따른 지역·지구 등	계획관리지역, 고도지구(공항고도제한높이 해발 52.0m-107.0m(1/20경사) 원추표면)	
	다른 법령 등에 따른 지역·지구 등	가축사육제한구역(2013-02-25)(전부제한지역)〈가축분뇨의 관리 및 이용에 관한 법률〉, 자연보전권역〈수도권정비계획법〉	
「토지이용규제기본법 시행령」 제9조 제4항 각 호에 해당되는 사항			

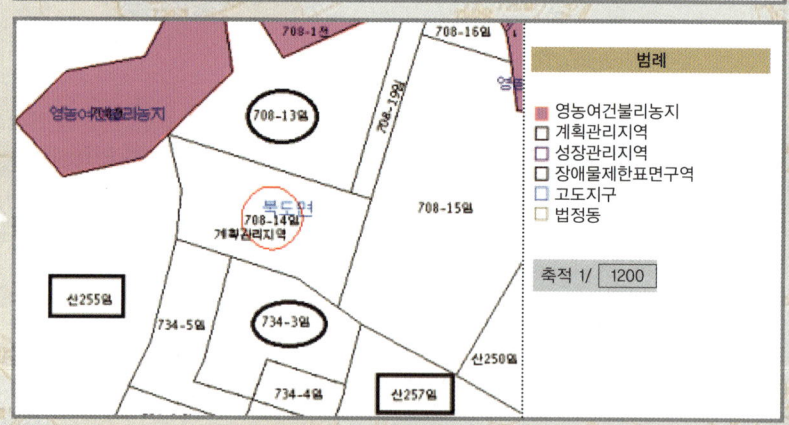

임야 임

사례 토지의 지목은 '임야'다. '공간정보관리법'상 산림 및 원야를 이루고 있는 수림지·죽림지·암석지·자갈땅·모래땅·습지·황무지 등의 토지는 '임야'로 한다. 다른 지목과 다르게 '임야'가 가지고 있는 특징 중의 하나는 지적도상의 네모 박스 안의 지번처럼 지번 앞에 '산'자가 붙은 임야가 있고, 동그라미 안의 지번처럼 지번 앞에 '산'자가 없는 임야가 있다는 것이다.

☞ 등록되는 대장과 도면의 차이

지목상 임야는 지번 앞에 '산'자가 붙은 임야와 '산'자가 붙지 않은 임야가 있다. 위의 지적도에서 볼 수 있듯이 '산225임'이나 '산227임'은 지번 앞에 '산'자가 붙어 있는 데 반해, '708-13임'이나 '708-14임'은 지번 앞에 '산'자가 붙어 있지 않다. 차이는 등록되는 대장과 도면의 차이에 있다. '산'번지 임야는 임야대장·임야도에 등록되어 관리되고, '산'자가 붙지 않은 임야는 토지대장·지적도에 등록되어 관리되는 것이다.

등록전환 된 '토임(土林)'의 개발 가능성

임야대장·임야도에 등록되어 관리되던 토지가 토지대장·지적도에 등록되어 관리되는 것을 등록전환이라고 한다. 대표적인 경우가 '산'번지 임야가 전원주택 허가 등을 받아 소규모로 필지로 분할되는 경우에 발생하는 경우다. 이처럼 지목은 임야이지만 토지대장·지적도에 등록되어 관리되는 임야를 속칭 '토임'이라고 한다. 토임이라고 해서 특별히 개발과 관련하여 유리한 점은 하나도 없다. '산지전용허가'를 받을 때 다른 임야와 동일하게 '산지관리법'의 규제를 받기는 마찬가지이며, 용도지역의 건축제한을 받는다. 사례 토지 '708-14임'은 계획관리지역 임야이므로, 계획관리지역에서의 건축제한을 적용받아 개발할 수 있다.

🔽 토지투자 분석표

규제법령	항목	해당 유무
① 공간정보관리법	지목	임야
② 국토계획법	용도지역	계획관리지역
	용도지구	고도지구
	용도구역 등	-
③ 농지법, 산지관리법, 초지법	농지·산지·초지 여부	준보전산지
④ 개발제한구역특별법	그린벨트 여부	해당 없음
⑤ ③~④항 외 다른 법령 등에 따른 지역·지구 등	기타	성장관리권역 등

① 사례 토지의 '공간정보관리법'상 지목은 임야다.

② 사례 토지의 '국토계획법'상 용도지역은 계획관리지역으로 지정되어 있다. 즉, 사례 토지를 가지고 개발을 하고자 할 때 계획관리지역에서의 건축제한을 적용받아야 한다는 의미다. 또한 고도지구로 지정되어 있다. 건축제한 중 건축물의 높이와 관련하여 추가규제를 받는다는 의미다.

③ 농지 및 산지 구분과 관련하여 사례 토지는 준보전산지에 해당한다. 산지는 보전산지와 준보전산지로 구분하는데 사례 토지는 준

보전산지에 해당한다. 보전산지는 토지이용계획확인서의 '다른 법령 등에 따른 지역·지구 등' 란에 명백하게 보전산지로 표시되어 있지만, 준보전산지는 해당란에 표시가 되기도 하고 표시가 되지 않기도 한다. 사례 토지처럼 산지 중 보전산지라는 표시가 없으면 준보전산지로 보아도 크게 문제가 없다. 'CHAPTER 8 농지와 산지로 배우는 지적도의 비밀'에서 자세하게 배우게 된다. 산지를 보전산지와 준보전산지로 구분하는 이유는 해당 토지를 개발목적 등으로 활용하고자 할 때 행위제한(건축제한 포함)의 적용과 관련이 있기 때문이다.

④ 사례 토지는 그린벨트 토지에 해당하지 않는다.

⑤ ③~④항 외 다른 법령 등에 따른 지역·지구 등에 해당하는 사항으로는 성장관리권역 등으로 지정되어 있다. 즉, 해당 법에 의한 지역·지구에서의 행위제한이나 건축제한을 받아야 한다는 의미다.

'임야'를 조림, 임업생산 외의 개발 목적으로 이용하고 싶다면?

산지를 조림, 임업생산 등의 목적으로 이용하고자 할 때는 '산지관리법'에서 정하는 바에 따르면 되고, 개발 목적으로 이용하고자 할 때는 '산지관리법'과 '국토계획법'의 규제를 모두 적용하여 두 법에서 정하는 바에 따라야 한다.

① '임야'와 산지관리법

'공간정보관리법'에 의한 지목 '임야'는 '산지관리법'에 의한 산지에 해당하는 토지다. '산지관리법'은 산지의 이용 및 보전 등에 관한 사항을 규정하고 있다. 따라서 투자가들이 산지에 해당하는 '임야'를 조림, 숲 가꾸기, 입목의 벌채·굴취, 토석 등 임산물 채취 등의 목적으로 이용하고자 한다면 우선 '산지관리법'에서 정하는 바에 따라야 한다. 산지인 '임야'를 개발 목적(예를 들면 전원주택부지, 공장용지, 창고용지 등)으로 사용하고자 한다면 산지의 전용에 해당하므로 반드시 '산지관리법'에 의한 산지의 전용허가(협의, 신고)를 받아야 한다. 자세한 사항은 뒤에서 산지를 '보전산지'와 '준보전산지'로 구분하여 설명된다.

☞ 산지의 전용

'산지의 전용'이란 산지를 조림, 숲 가꾸기, 입목의 벌채·굴취, 임산물 채취 등 외의 용도로 사용하는 것을 말한다. 전원주택부지, 공장용지, 창고용지 등으로 개발하는 것이 가장 대표적인 산지의 전용에 해당한다.

② '임야'와 국토계획법상의 '용도지역'

지목은 토지의 '주된 사용용도'를 설명할 뿐 해당 토지에서의 '개발가능 여부' 및 '건축제한' 등을 설명해주지 못한다. 토지를 개발 목적으로 사용하고자 할 때는 '지목'보다는 국토계획법에 의한 '용도지역'의 규제를 적용받아야 한다. 용도지역은 해당 토지에서의 '건축제한'을 결정해주는 기준이 된다. '건축제한'은 크게 건폐율, 용적률, 건축물의 용도(건축할 수 있는 건축물), 건축물의 높이(층고) 4가지 요소로 구성되어 있다. 사례 토지의 용도지역은 모두 계획관리지역이다. 따라서 해당 토지를 개발하고자 할 때는 계획관리지역에서 허용되는 건폐율, 용적률, 건축물의 용도(건축할 수 있는 건축물), 건축물의 높이(층고)의 건축제한을 적용받아야 한다. 또한 개발행위허가를 받기 위해서는 '국토계획법' 및 해당 시·군의 '도시·군계획조례'에서 정한 개발행위허가 기준도 반드시 충족하여야 한다. 자세한 사항은 용도지역을 21개로 구분하여 'CHAPTER 4 용도지역으로 배우는 지적도의 비밀'에서 설명된다.

광천지 광

지목	광천지	면적	3m²
개별공시지가(㎡당)	30,600,000 (2025/01)		
지역·지구 등 지정 여부	「국토의 계획 및 이용에 관한 법률」에 따른 지역·지구 등	도시지역, 일반상업지역, 방화지구, 고도지구, 지구단위계획구역 (봉명2지구)	
	다른 법령 등에 따른 지역·지구 등	가축사육제한구역〈가축분뇨의 관리 및 이용에 관한 법률〉, 관광특구〈관광진흥법〉, 온천원보호지구〈온천법〉	
「토지이용규제기본법 시행령」 제9조 제4항 각 호에 해당되는 사항			

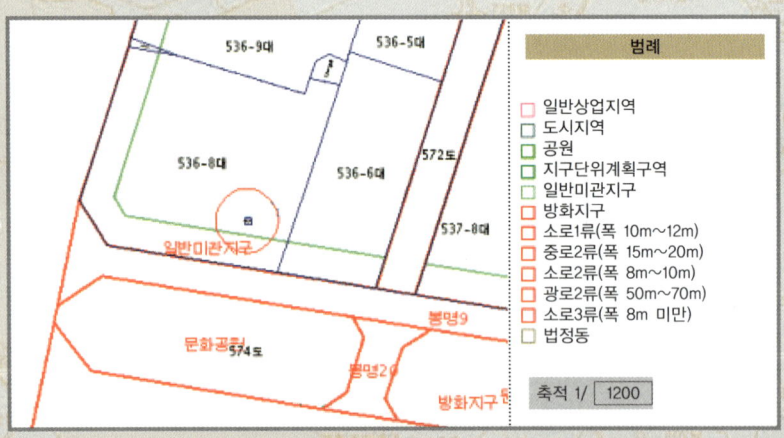

092

광천지 광

지하에서 온수·약수·석유류 등이 용출되는 용출구와 그 유지에 사용되는 부지를 말한다. 다만 온수·약수·석유류 등을 일정한 장소로 운송하는 송수관·송유관 및 저장시설의 부지를 제외한다. 광천지 중 가장 쉽게 볼 수 있는 것이 온천수가 나오는 곳이다. 지적도의 광천지는 국내 유명 온천관광특구에 소재하는 토지다.

용도지역·지구 등

사례 토지 광천지의 용도지역은 일반상업지역에 해당한다. 또한 지구단위계획구역, 고도지구 등으로 지정되어 있다. 따라서 일반상업지역, 지구단위계획구역, 고도지구 등에서의 건축제한을 적용받아 해당 토지를 건축 또는 개발할 수 있다.

유지 유, 제방 제

지목	유지	면적	9,347㎡
개별공시지가(㎡당)	158,800 (2025/01)		
지역·지구 등 지정 여부	「국토의 계획 및 이용에 관한 법률」에 따른 지역·지구 등	계획관리지역, 고도지구(공항고도제한높이 해발 52,0m ~ 107,0m) (1/0경사), 원추표면)	
	다른 법령 등에 따른 지역·지구 등	성장관리권역〈수도권정비계획법〉, 장애물제한표면구역(공항고도제한높이 해발 52,0m ~ 107,0m)(1/0경사), (원추표면)〈항공법〉	
	「토지이용규제기본법 시행령」 제9조 제4항 각 호에 해당되는 사항		

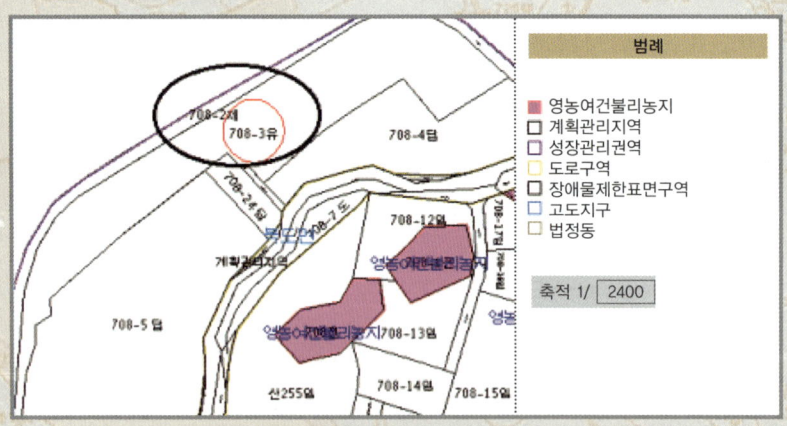

사례의 지적도에서는 유지, 제방 2개의 지목을 배울 수 있다.

유지 유

물이 고이거나 상시로 물을 저장하고 있는 댐·저수지·소류지·호수·연못 등의 토지와 연·왕골 등이 자생하는 배수가 잘되지 아니하는 토지를 말한다. 지적도에서는 동그라미 쳐진 '708-3유'가 유지에 해당하는 토지다. 유지는 주변에서 쉽게 볼 수 있는 토지다. 잠실 석촌호수, 의왕시 백운호수의 지목이 유지이며, 팔당댐의 물이 고여 있는 부분의 지목도 유지에 해당한다.

제방 제

조수·자연유수·모래·바람 등을 막기 위하여 설치된 방조제·방수제·방사세·방파제 등의 부지를 말한다. 지적도에서는 '708-3유'를 둘러싸고 있는 '708-2' 제방을 볼 수 있다. 참고로 현황은, 유지를 둘러싸고 있는 제방의 바깥은 바다에 해당한다.

주유소용지 주·공장용지 장

지목	공장용지		면적	4,540㎡
개별공시지가(㎡당)	304,500 (2025/01)			
지역·지구 등 지정 여부	「국토의 계획 및 이용에 관한 법률」에 따른 지역·지구 등	계획관리지역, 중로1류(폭 20m ~ 25m)(2013-03-08)(접합)		
	다른 법령 등에 따른 지역·지구 등	성장관리권역〈수도권정비계획법〉		
「토지이용규제기본법 시행령」 제9조 제4항 각 호에 해당되는 사항				

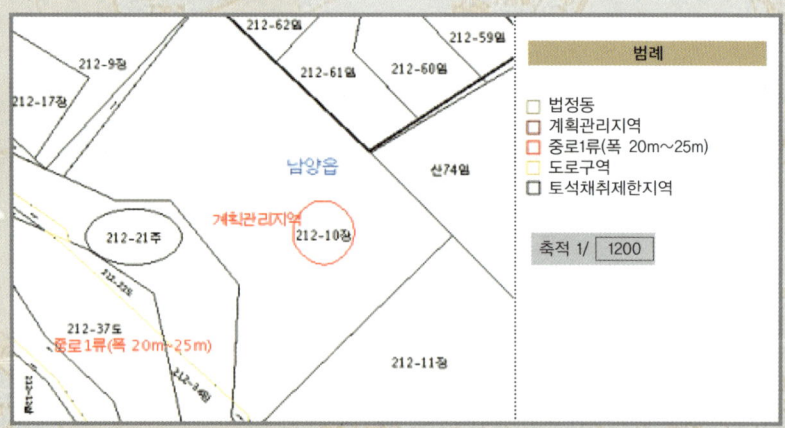

사례 토지의 지적도에서는 중로1류(20m~25m) 도로변 우측에 접한 주유소용지(212-21주)와 주유소용지 우측 뒤편의 공장용지(212-10장)를 배울 수 있다.

주유소용지 주

주유소용지는 다음 각목의 토지를 말한다. 다만 자동차·선박·기차 등의 제작 또는 정비공장 안에 설치된 급유·송유시설 등의 부지는 제외한다.

　가. 석유·석유제품 또는 액화석유가스, 전기 또는 수소 등의 판매를 위하여 일정한 설비를 갖춘 시설물의 부지
　나. 저유소(貯油所) 및 원유저장소의 부지와 이에 접속된 부속시설물의 부지

공장용지 장

공장용지는 다음 각목의 토지를 말한다.

　가. 제조업을 하고 있는 공장시설물의 부지
　나. '산업집적활성화 및 공장설립에 관한 법률' 등 관계 법령에 따른 공장부지 조성공사가 준공된 토지
　다. 가목 및 나목의 토지와 같은 구역에 있는 의료시설 등 부속시설물의 부지

공장용지와 제조업소

① 수도권과 공장용지개발

공장용지를 현장에서는 통상 '장'이라고 부른다. 수도권의 파주, 김포, 화성, 평택, 안성 그리고 그 밑의 당진 등에서 가장 대표적인 토지개발행위는 공장용지를 개발해서 분양하는 것이다. 따라서 토지를 개발하거나 컨설팅 하고자 하는 사람은 반드시 공장용지 개발 인·허가를 이해하고 있어야 한다. 사례의 토지는 계획관리지역 토지에 공장용지를 개발한 경우이며, 어떤 용도지역의 토지가 공장용지로 개발이 가능한 토지인가는 다음 CHAPTER에서 별도로 배우게 된다.

② 공장용지와 제조업소

제조업을 영위하는 것을 공장이라고 한다. 제조업의 입지에는 크게 두 가지가 있다. 사례의 경우처럼 공장용지에 입지하는 것이 가장 대표적인 것이다. 둘째 제2종 근린생활시설에 입지하는 경우다. 건축물면적 기준으로 500m^2 미만의 소규모 공장은 제2종 근린생활시설 '제조업소'라 한다. '제조업소'는 현장에서는 '근생제조' 또는 '제조장'이라 부른다.

| 건축법 시행령 별표1 |

용도별 건축물의 종류 제4호 제2종 근린생활시설의 '제조업소'

제조업소, 수리점 등 물품의 제조·가공·수리 등을 위한 시설로서 같은 건축물에 해당 용도로 쓰는 바닥면적의 합계가 500제곱미터 미만이고, 다음 요건 중 어느 하나에 해당하는 것

1) 「대기환경보전법」, 「물환경보전법」 또는 「소음·진동관리법」에 따른 배출시설의 설치 허가 또는 신고의 대상이 아닌 것
2) 「물환경보전법」 제33조제1항 본문에 따라 폐수배출시설의 설치 허가를 받거나 신고해야 하는 시설로서 발생되는 폐수를 전량 위탁 처리하는 것

중로1류 접함

공장용지는 주유소용지 좌측하단 옆으로 도로 폭 20m~25m의 중로1류와 접하고 있다. 위성지도를 보면 318번 지방도에 접한 공장용지와 주유소용지의 현황을 확인할 수 있다.

(자료출처: daum 위성지도)

유원지 원

지목	유원지	면적	302,730㎡
개별공시지가(㎡당)	69,000 (2025/01)		
지역·지구 등 지정 여부	「국토의 계획 및 이용에 관한 법률」에 따른 지역·지구 등	계획관리지역(계획), 보전관리지역(보전), 관광·휴양개발진흥지구 지구단위계획구역	
	다른 법령 등에 따른 지역·지구 등	하천구역〈하천법〉, 홍수관리구역〈하천법〉, (한강)수변구역〈한강수계 상수원수질개선 및 주민지원 등에 관한 법률〉	
「토지이용규제기본법 시행령」 제9조 제4항 각 호에 해당되는 사항			

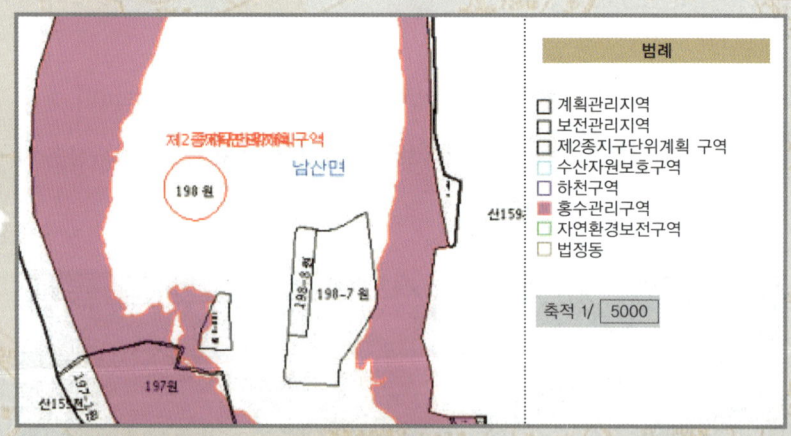

유원지 원

사례 토지는 강원도 춘천의 남이섬 유원지의 토지이용계획확인서다. 유원지는 다음의 토지를 말한다.

"일반 공중의 위락·휴양 등에 적합한 시설물을 종합적으로 갖춘 수영장·유선장(遊船場)·낚시터·어린이 놀이터·동물원·식물원·민속촌·경마장·야영장 등의 토지와 이에 접속된 부속시설물의 부지. 다만 이들 시설과의 거리 등으로 보아 독립적인 것으로 인정되는 숙식시설 및 유기장(遊技場)의 부지와 하천·구거 또는 유지[공유(公有)인 것으로 한정한다]로 분류되는 것은 제외한다."

관광·휴양개발진흥지구, 지구단위계획구역

계획관리지역 토지이지만 관광·휴양개발진흥지구로서 지구단위계획구역으로 지정되어 있다. 따라서 건축제한은 계획관리지역의 건축제한이 아닌 지구단위계획에서 정한 계획의 규제를 받아야 한다.

구거 구 · 하천 천

지목	답	면적	538㎡
개별공시지가(㎡당)	13,200 (2025/01)		
지역·지구 등 지정 여부	「국토의 계획 및 이용에 관한 법률」에 따른 지역·지구 등	농림지역(농림지역)	
	다른 법령 등에 따른 지역·지구 등	가축사육제한구역(가축사육제한구역: 전부제한지역)(가축분뇨의 관리 및 이용에 관한 법률), 농업진흥구역(농지법), (한강)폐기물매립시설 설치제한지역(한강수계 상수원수질개선 및 주민지원 등에 관한 법률)	
「토지이용규제기본법 시행령」 제9조 제4항 각 호에 해당되는 사항			

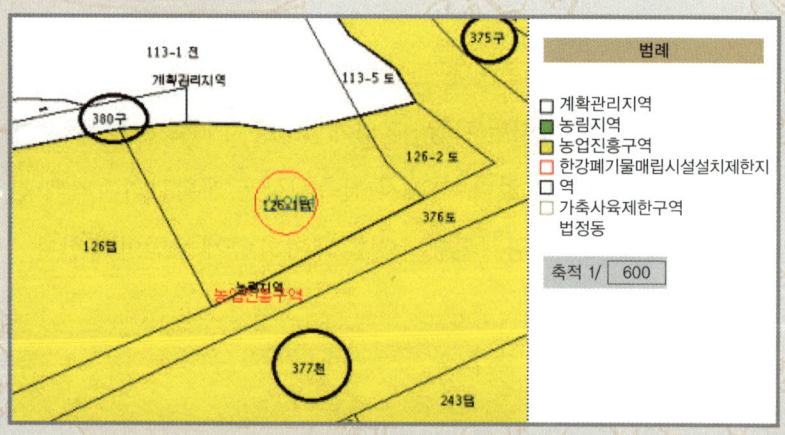

지목

이번 사례의 지적도에서는 구거와 하천용지 두 가지를 배울 수 있다.

① 구거 구

용수 또는 배수를 위하여 일정한 형태를 갖춘 인공적인 수로·둑 및 그 부속시설물의 부지와 자연의 유수가 있거나 있을 것으로 예상되는 소규모 수로부지는 '구거'로 한다. 흔히 하천보다는 크기가 작은 도랑을 구거라고 한다. 지적도에서 논에 물을 공급해주는 통로인 구거를 확인할 수 있다.

② 하천 천

자연의 유수(流水)가 있거나 있을 것으로 예상되는 토지는 '하천'으로 한다.

구거 하천의 점용·사용

구거나 하천을 점용·사용하려면 구거는 '공유수면 관리 및 매립에 관한 법률'(농업생산기반시설에 해당하는 경우에는 농어촌정비법)의 적용을 받아야 하고, 하천은 '하천법'이나 '소하천정비법'의 적용을 받아야 한다. 해당 법률을 적용해 통상 점용허가를 받아 진입로 등으로 많이 사용하기도 한다.

 **공유수면과 '공유수면 관리 및 매립에 관한 법률'**

① '공유수면'이란 다음 각 목의 것을 말한다.
　가. 바다
　나. 바닷가
　다. 하천·호소(湖沼)·구거(溝渠), 그 밖에 공공용으로 사용되는 수면 또는 수류(水流)로서 국유인 것
② 다음 각 호의 어느 하나에 해당하는 경우에는 공유수면의 점용·사용에 관한 이 법의 규정을 적용하지 아니한다.
　1. '하천법'이 적용되거나 준용되는 공유수면
　2. '소하천정비법'이 적용되거나 준용되는 공유수면
　3. '농어촌정비법' 제2조 제6호에 따른 농업생산기반시설 안의 공유수면
　4. '항만법' 제2조 제5호에 따른 항만시설에 해당하는 공유수면
　5. '어촌·어항법' 제2조 제5호에 따른 어항시설에 해당하는 공유수면

　☞ 포락지
　　'포락지'란 '지목'이나 '지역·지구'에 해당하지 않는다. '공유수면 관리 및 매립에 관한 법률'에 나오는 용어이며, 지적공부에 등록된 토지가 물에 침식되어 수면 밑으로 잠긴 토지를 말한다.

공유수면 관리 및 매립에 관한 법률 제8조
(공유수면의 점용·사용허가)

① 다음 각 호의 어느 하나에 해당하는 행위를 하려는 자는 대통령령으로 정하는 바에 따라 공유수면관리청으로부터 공유수면의 점용 또는 사용(이하 "점용·사용"이라 한다)의 허가(이하 "점용·사용허가"라 한다)를 받아야 한다. 다만, 「수상에서의 수색·구조 등에 관한 법률」 제19조에 따른 조난된 선박 등의 구난작업, 「재난 및 안전관리 기본법」 제37조에 따른 응급조치를 위하여 공유수면을 점용·사용하려는 경우 또는 제28조에 따라 매립면허를 받은 자가 매립면허를 받은 목적의 범위에서 해당 공유수면을 점용·사용하려는 경우에는 그러하지 아니하다.

1. 공유수면에 부두, 방파제, 교량, 수문, 신·재생에너지 설비(「신에너지 및 재생에너지 개발·이용·보급 촉진법」 제2조 제3호에 따른 신·재생에너지 설비를 말한다. 이하 이 장에서 같다), 건축물(「건축법」 제2조 제1항 제2호에 따른 건축물로서 공유수면에 토지를 조성하지 아니하고 설치한 건축물을 말한다. 이하 이 장에서 같다), 그 밖의 인공구조물을 신축·개축·증축 또는 변경하거나 제거하는 행위
2. 공유수면에 접한 토지를 공유수면 이하로 굴착(掘鑿)하는 행위
3. 공유수면의 바닥을 준설(浚渫)하거나 굴착하는 행위
4. 대통령령으로 정하는 포락지 또는 개인의 소유권이 인정되는 간석지를 토지로 조성하는 행위
5. 공유수면으로부터 물을 끌어들이거나 공유수면으로 물을 내보내는 행위. 다만, 해양수산부령으로 정하는 행위는 제외한다.
6. 공유수면에서 흙이나 모래 또는 돌을 채취하는 행위
7. 공유수면에서 식물을 재배하거나 베어내는 행위
8. 공유수면에 흙 또는 돌을 버리는 등 공유수면의 수심(水深)에 영향을 미치는 행위
9. 점용·사용허가를 받아 설치된 시설물로서 국가나 지방자치단체가 소유하는 시설물을 점용·사용하는 행위
10. 공유수면에서 「광업법」 제3조 제1호에 따른 광물을 채취하는 행위
11. 제1호부터 제10호까지에서 규정한 사항 외에 공유수면을 점용·사용하는 행위

하천법 제33조(하천의 점용허가 등)

① 하천구역 안에서 다음 각 호의 어느 하나에 해당하는 행위를 하려는 자는 대통령령으로 정하는 바에 따라 하천관리청의 허가를 받아야 한다.
  1. 토지의 점용
  2. 하천시설의 점용
  3. 공작물의 신축·개축·변경
  4. 토지의 굴착·성토·절토, 그 밖의 토지 형질 변경
  5. 토석·모래·자갈의 채취
  6. 그 밖에 하천의 보전·관리에 장애가 될 수 있는 행위로서 대통령령으로 정하는 행위

소하천정비법 제14조(소하천의 점용 등)

① 소하천 등(소하천 예정지는 제외한다)에서 다음 각 호의 어느 하나에 해당하는 행위를 하려는 자는 행정안전부령으로 정하는 바에 따라 관리청의 허가를 받아야 한다. 다만 대통령령으로 정하는 경우에는 그러하지 아니하다.
  1. 유수(流水)의 점용
  2. 토지의 점용
  3. 소하천 시설의 점용·신축·개축·변경 또는 제거
  4. 그 밖의 인공구조물의 신축·개축 또는 변경
  5. 토지의 굴착·성토(盛土) 또는 절토(切土), 그 밖에 토지의 형상 변경
  6. 토석(土石)·모래·자갈·죽목(竹木), 그 밖의 소하천 산출물의 채취
  7. 그 밖에 소하천의 형상과 기능에 지장을 줄 수 있는 행위

체육용지 체

지목	체육용지	면적	1,853㎡
개별공시지가(㎡당)	704,000 (2025/01)		
지역·지구 등 지정 여부	「국토의 계획 및 이용에 관한 법률」에 따른 지역·지구 등	준주거지역 (2014-10-01)(준주거지역), 지구단위계획구역(2015-07-22)	
	다른 법령 등에 따른 지역·지구 등	성장관리권역〈수도권정비계획법〉, 택지개발예정지구(2015-07-22)〈택지개발촉진법〉	
「토지이용규제기본법 시행령」 제9조 제4항 각 호에 해당되는 사항		〈추가기재〉 하천구역은 재난안전과 방재부서(031-369-2461)로 확인 바랍니다.	

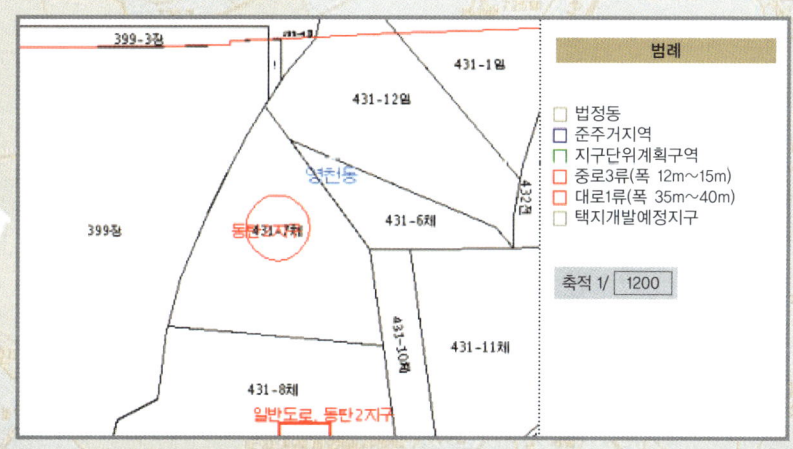

CHAPTER 3 • '지목'으로 배우는 지적도의 비밀

체육용지 체

이번 사례의 지적도에서는 골프장으로 개발된 체육용지를 배울 수 있다. 국민의 건강증진 등을 위한 체육활동에 적합한 시설과 형태를 갖춘 종합운동장·실내체육관·야구장·골프장·스키장·승마장·경륜장 등 체육시설의 토지와 이에 접속된 부속시설물의 부지는 '체육용지'로 한다. 다만 체육시설로서의 영속성과 독립성이 미흡한 정구장·골프연습장·실내수영장 및 체육도장·유수를 이용한 요트장 및 카누장 등의 토지를 제외한다.

용도지역

검토 대상 토지의 지목은 체육용지이지만 용도지역은 준주거지역이다. 즉, 준주거지역에서의 건축제한을 건축할 수 있는 건축물을 적용하여 건축 또는 개발할 수 있는 것이다. 다만 택지개발예정지구, 지구단위계획구역으로 지정되어 있으므로 용도지역에서의 건축제한은 배제되고 지구단위계획에서 규정한 건축제한을 우선 적용하여 개발이 가능하다고 할 수 있다.

갈대밭 잡종지 잡

지목	잡종지	면적	4,010㎡
개별공시지가(㎡당)	35,700 (2025/01)		
지역·지구 등 지정 여부	「국토의 계획 및 이용에 관한 법률」에 따른 지역·지구 등	농림지역	
	다른 법령 등에 따른 지역·지구 등	성장관리권역〈수도권정비계획법〉	
「토지이용규제기본법 시행령」 제9조 제4항 각 호에 해당되는 사항		도시관리계획 입안중 (2020-10-20)(도시관리계획 (재정비) 입안중) (담당자: 031-369-****)	

잡종지 잡

이번 사례의 지적도에서는 잡종지 중에서도 갈대밭인 '잡종지'를 배울 수 있다. 다음 각 목의 토지는 '잡종지'로 한다. 다만 원상회복을 조건으로 돌을 캐내는 곳 또는 흙을 파내는 곳으로 허가된 토지를 제외한다.

가. 갈대밭, 실외에 물건을 쌓아두는 곳, 돌을 캐내는 곳, 흙을 파내는 곳, 야외시장 및 공동우물
나. 변전소, 송신소, 수신소 및 송유시설 등의 부지
다. 여객자동차터미널, 자동차운전학원 및 폐차장 등 자동차와 관련된 독립적인 시설물을 갖춘 부지
라. 공항시설 및 항만시설 부지
마. 도축장, 쓰레기처리장 및 오물처리장 등의 부지
바. 그 밖에 다른 지목에 속하지 않는 토지

갈대밭 잡종지

이번 사례의 토지도 잡종지 지목의 특수한 사례에 해당하는 경우다. 검토대상 토지의 지목은 잡종지이지만 현황은 농지다. 논농사를 짓고 있으므로 지목이 '답'에 해당하지만 잡종지로 분류되어 있는 경우다. 해당 필지뿐 아니라 지적도에 보이는 9-23에서 9-26까지의 4필지 모두 현황은 농지이지만 지목은 잡종지다. 현장 답사 결과 해당 토지의 주변에 갈대밭인 잡종지가 많이 존재하였다. 해당 토지는 애초에 갈대밭 잡종지였던 것을 경지정리 작업을 통해 농지로 만들어 놓은 것으로 추정된다.

용도지역

사례 토지는 농림지역에 해당한다. 하지만 '도시관리계획 입안 중'이라고 표시되어 있다. 해당 토지의 용도지역이 변경되든지 또는 지구단위계획구역으로 지정되든지 등의 계획이 입안 중인 토지에 해당한다.

자동차운전학원 잡종지 잡

지목	잡종지	면적	3,551.5m²
개별공시지가(m²당)	1,211,000원 (2025/01)		
지역·지구 등 지정 여부	「국토의 계획 및 이용에 관한 법률」에 따른 지역·지구 등	도시지역, 준주거지역, 지구단위계획구역, 자동차 및 건설기계운전학원, 중로1류(폭20m~25m)(접합)	
	다른 법령 등에 따른 지역·지구 등	가축사육제한구역〈가축분뇨의 관리 및 이용에 관한 법률〉, 대기환경규제지역〈대기환경보전법〉, 도시교통정비지역〈도시교통정비촉진법〉, 생활소음진동규제지역〈소음진동규제법〉, 대기관리권역〈수도권 대기환경개선에 관한 특별법〉, 성장관리권역〈수도권정비계획법〉	
「토지이용규제기본법 시행령」 제9조 제4항 각 호에 해당되는 사항			

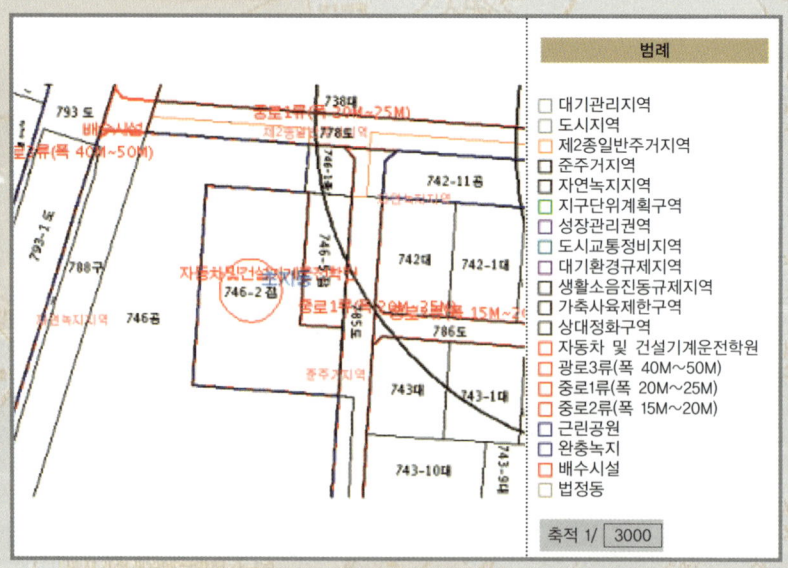

자동차운전학원 잡종지

자동차운전학원, 쓰레기 및 오물처리장 등의 부지는 건축물을 포함한 부지의 겉모습이 일반인의 눈에는 마치 대지나 공장용지처럼 보인다. 그러나 해당 시설 부지의 지목은 잡종지에 해당한다. 토지이용계획확인서에 '자동차 및 건설기계운전학원'이라고 표시되어 있다.

용도지역·용도구역

① 준주거지역

이런 종류의 토지는 해당 부지의 지목이 잡종지라 해도 대지나 공장용지와 차이가 거의 없다. 다른 규제가 없다면 기본적으로 용도지역의 건축제한을 받아 해당 부지의 용도지역에서 건축할 수 있는 건축물 중 다른 하나로 용도를 변경하여 개발할 수 있다. 해당 부지는 준주거지역에 해당하기 때문에 준주거지역의 건축제한을 받는다. 다만 용도지역규제에 우선하는 지구단위계획구역으로 지정되어 있기 때문에 지구단위계획의 규제를 받아야 하므로 별도의 검토가 필요한 토지다.

② 지구단위계획구역

해당 토지를 자동차운전학원이 다른 용도로 활용하고자 하는 경우에 지구단위계획구역이기 때문에 지구단위계획 내용에 위배되지 않아야 하므로 반드시 사전에 지구단위계획 내용을 시·군 도시계획과 등에서 확인해야 한다. 지구단위계획의 내용에 따라 다른 용도로의 전환이 불가능한 경우도 많이 있을 수 있으므로 용도지역인 준주거지역에만 너무 집착하지 말고 분석에 유의하여야 한다.

기타 여러 가지 지목

28개 지목 중에서 지적도로 설명되지 않은 것에는 다음의 지목들이 있다. 어려운 개념이 아니고 일상에서 쉽게 접할 수 있으므로 이해하는 데 특별히 어려움이 없을 것이다.

염전 염

바닷물을 끌어들여 소금을 채취하기 위하여 조성된 토지와 이에 접속된 제염장 등 부속시설물의 부지는 '염전'으로 한다. 다만 천일제염방식에 의하지 아니하고 동력에 의하여 바닷물을 끌어들여 소금을 제조하는 공장시설물의 부지는 제외한다.

대 대

가. 영구적 건축물 중 주거·사무실·점포와 박물관·극장·미술관 등 문화시설과 이에 접속된 정원 및 부속시설물의 부지

나. '국토계획법' 등 관계 법령에 따른 택지조성공사가 준공된 토지

학교용지 학

학교의 교사와 이에 접속된 체육장 등 부속시설물의 부지는 '학교용지'로 한다.

주차장 차

자동차 등의 주차에 필요한 독립적인 시설을 갖춘 부지와 주차전용 건축물 및 이에 접속된 부속시설물의 부지는 '주차장'으로 한다. 다만 다음에 해당하는 시설의 부지를 제외한다.

    가. 주차장법에 의한 노상주차장 및 부설주차장
    나. 자동차 등의 판매 목적으로 설치된 물류장 및 야외전시장

창고용지 창

물건 등을 보관 또는 저장하기 위하여 독립적으로 설치된 보관시설물의 부지와 이에 접속된 부속시설물의 부지는 '창고용지'로 한다.

도로 도

다음 각 목의 토지. 다만 아파트·공장 등 단일 용도의 일정한 단지 안에 설치된 통로 등은 제외한다.

    가. 일반 공중(公衆)의 교통 운수를 위하여 보행이나 차량운행에 필요한 일정한 설비 또는 형태를 갖추어 이용되는 토지
    나. '도로법' 등 관계 법령에 따라 도로로 개설된 토지
    다. 고속도로의 휴게소 부지
    라. 2필지 이상에 진입하는 통로로 이용되는 토지

철도용지 철

교통 운수를 위하여 일정한 궤도 등의 설비와 형태를 갖추어 이용되는 토지와 이에 접속된 역사(驛舍)·차고·발전시설 및 공작창(工作廠) 등 부속시설물의 부지는 '철도용지'로 한다.

양어장 양

육상에 인공으로 조성된 수산생물의 번식 또는 양식을 위한 시설을 갖춘 부지와 이에 접속된 부속시설물의 부지는 '양어장'으로 한다.

수도용지 수

물을 정수하여 공급하기 위한 취수·저수·도수·정수·송수 및 배수 시설의 부지 및 이에 접속된 부속시설물의 부지는 '수도용지'로 한다.

공원 공

일반 공중의 보건·휴양 및 정서 생활에 이용하기 위한 시설을 갖춘 토지로서 '국토계획법'에 의하여 공원 또는 녹지로 결정·고시된 토지는 '공원'으로 한다.

종교용지 종

일반 공중의 종교의식을 위하여 예배·법요·설교·제사 등을 하기 위한 교회·사찰·향교 등 건축물의 부지와 이에 접속된 부속시설물의 부지는 '종교용지'로 한다.

사적지 사

문화재로 지정된 역사적인 유적·고적·기념물 등을 보존하기 위하여 구획된 토지는 '사적지'로 한다. 다만 학교용지·공원·종교용지 등 다른 지목으로 된 토지 안에 있는 유적·고적·기념물 등을 보호하기 위하여 구획된 토지를 제외한다.

묘지 묘

사람의 시체나 유골이 매장된 토지, '도시공원 및 녹지 등에 관한 법률'에 따른 묘지공원으로 결정·고시된 토지 및 '장사 등에 관한 법률' 제2조 제9호에 따른 봉안시설과 이에 접속된 부속시설물의 부지는 '묘지'로 한다. 다만 묘지의 관리를 위한 건축물의 부지는 '대'로 한다.

CHAPTER 4

'용도지역'으로 배우는 지적도의 비밀

아는 만큼 보이고, 보이는 만큼
수익이 오르는 지적도의 비밀

21개 용도지역

'국토계획법'상 용도지역과 건축제한

용도지역이란 토지의 이용 및 건축물의 용도, 건폐율, 용적률, 높이 등을 제한함으로써 토지를 경제적·효율적으로 이용하고 공공복리의 증진을 도모하기 위하여 서로 중복되지 아니하게 도시·군관리계획으로 결정하는 지역을 말한다. 정리해서 말하면 용도지역에 의하여 해당 토지에서의 4가지 건축제한(건폐율, 용적률, 건축물의 용도, 건축물의 높이)이 결정된다. 그중 해당 토지에서 '건축할 수 있는 건축물(또는 건축물의 용도)'이 무엇이냐가 토지의 가치에 결정적인 영향을 미친다. 이번 장에서 배우는 지적도는 '21개 용도지역'을 중심으로 설명되며, 그중에서도 해당 용도지역에서 건축할 수 있는 건축물에 포인트가 맞추어져 있다.

투자대상 토지에서 개발 가능한 건축물을 판단하라

토지투자와 관련하여 투자가들이 궁금해하는 첫째 항목은 투자하고자 하는 토지에서는 어떤 건축물로 허가를 받을 수 있을까에 대한 문제일 것이다. 건축할 수 있는 건축물(또는 건축물의 용도)은 해당 토지의 용도지역이라는 것을 보고 판단하게 된다. 대한민국의 모든 토지는 21개 용도지역 중 하나로 분류되어 있으며, 용도지역은 마치 토지의 계급장과 같은 것이다. 용도지역은 여러 가지 부동산 문서 중에서 '토지이용계획확인서'에만 표시되어 있으며, 모든 시·군은 '도시·군계획조례'에서 용도지역별로 건축할 수 있는 건축물을 규정하여 열거하고 있다. 따라서 투자가는 먼저 검토대상 토지의 토지이용계획확인서를 열람하거나 발급받아서 해당 토지의 용도지역을 확인한 후, 국가법령정보센터의 자치법규에 접속해서 '도시·군계획조례'를 보고, 해당 용도지역에서 건축할 수 있는 건축물을 확인하면 해답을 얻을 수 있다. 이런 과정을 반복하다 보면 용도지역을 기준으로 토지를 볼 수 있는 안목을 가지게 되고, 토지를 분석할 수 있는 실력도 쑥쑥 향상됨을 피부로 느낄 수 있을 것이다.

☞ 도시·군계획조례 찾아 보기

국가법령정보센터 → 자치법규 → 자치법규명 검색
(www.law.go.kr)

※ '국토계획법' 제36조(용도지역의 지정)
① 국토교통부장관, 시·도지사 또는 대도시 시장은 다음 각 호의 어느 하나에 해당하는 용도지역의 지정 또는 변경을 도시·군관리계획으로 결정한다.
  1. 도시지역: 다음 각 목의 어느 하나로 구분하여 지정한다.
     가. 주거지역: 거주의 안녕과 건전한 생활환경의 보호를 위하여 필요한 지역
     나. 상업지역: 상업이나 그 밖의 업무의 편익을 증진하기 위하여 필요한 지역
     다. 공업지역: 공업의 편익을 증진하기 위하여 필요한 지역
     라. 녹지지역: 자연환경·농지 및 산림의 보호, 보건위생, 보안과 도시의 무질서한 확산을 방지하기 위하여 녹지의 보전이 필요한 지역
  2. 관리지역: 다음 각 목의 어느 하나로 구분하여 지정한다.
     가. 보전관리지역: 자연환경 보호, 산림 보호, 수질오염 방지, 녹지 공간 확보 및 생태계 보전 등을 위하여 보전이 필요하나, 주변 용도지역과의 관계 등을 고려할 때 자연환경보전지역으로 지정하여 관리하기가 곤란한 지역
     나. 생산관리지역: 농업·임업·어업 생산 등을 위하여 관리가 필요하나, 주변 용도지역과의 관계 등을 고려할 때 농림지역으로 지정하여 관리하기가 곤란한 지역
     다. 계획관리지역: 도시지역으로의 편입이 예상되는 지역이나 자연환경을 고려하여 제한적인 이용·개발을 하려는 지역으로 계획적·체계적인 관리가 필요한 지역
  3. 농림지역
  4. 자연환경보전지역
② 국토교통부장관, 시·도지사 또는 대도시 시장은 대통령령으로 정하는 바에 따라 제1항 각 호 및 같은 항 각 호 각 목의 용도지역을 도시·군관리계획 결정으로 다시 세분하여 지정하거나 변경할 수 있다.

토지투자의 기둥 21개 용도지역: 주상공녹관농자

📌 21개 용도지역과 건폐율 · 용적률 · 건축 가능한 건축물 · 높이

구분	용도지역		건폐율	용적률	건축 가능한 건축물	높이
1	제1종 전용주거지역	주	50% 이하	50% 이상 100% 이하	시군의 도시·군 계획조례 에서 결 정	
2	제2종 전용주거지역		50% 이하	50% 이상 150% 이하		
3	제1종 일반주거지역		60% 이하	100% 이상 200% 이하		
4	제2종 일반주거지역		60% 이하	100% 이상 250% 이하		
5	제3종 일반주거지역		50% 이하	100% 이상 300% 이하		
6	준주거지역		70% 이하	200% 이상 500% 이하		
7	중심상업지역	상	90% 이하	200% 이상 1,500% 이하		
8	일반상업지역		80% 이하	200% 이상 1,300% 이하		
9	근린상업지역		70% 이하	200% 이상 900% 이하		
10	유통상업지역		80% 이하	200% 이상 1,100% 이하		
11	전용공업지역	공	70% 이하	150% 이상 300% 이하		
12	일반공업지역		70% 이하	150% 이상 350% 이하		
13	준공업지역		70% 이하	150% 이상 400% 이하		
14	보전녹지지역	녹	20% 이하	50% 이상 80% 이하		4층 이하
15	생산녹지지역		20% 이하	50% 이상 100% 이하		
16	자연녹지지역		20% 이하	50% 이상 100% 이하		
17	보전관리지역	관	20% 이하	50% 이상 80% 이하		
18	생산관리지역		20% 이하	50% 이상 80% 이하		
19	계획관리지역		40% 이하	50% 이상 100% 이하		
20	농림지역	농	20% 이하	50% 이상 80% 이하		
21	자연환경보전지역	자	20% 이하	50% 이상 80% 이하		

① 전 국토의 토지를 규제하는 21개 용도지역

토지에는 336개의 지역·지구(2023년 현재)가 있으며 통·폐합이 진행중이다. 336개 지역·지구 중에서 21개 용도지역만이 전 국토를 규율하고 있으며, 나머지는 모두 지역적인 규제를 하고 있다. 따라서 토지이용계획확인서에 다른 사항은 모두 표시되지 않더라도 유일하게 용도지역만은 21개 중 하나로 반드시 표시된다. 토지투자에서 무엇보다도 21개 용도지역의 분석이 우선하는 이유 중의 하나가 여기에 있다.

② 토지의 중분류 주·상·공·녹·관·농·자

21개 용도지역을 주·상·공·녹·관·농·자의 7가지 중분류로 이해하면 암기하기도 쉽고 토지제도를 공부하기도 편하다.

③ 도시지역 '주·상·공·녹'

7가지 분류 중 주거지역, 상업지역, 공업지역, 녹지지역을 도시지역이라고 한다. 똑같은 도시지역이지만 주거지역, 상업지역, 공업지역은 해당 주거 및 상업, 공업시설을 건축하기 위해 배치된 개발목적의 공간이고, 녹지지역은 도시지역에 녹지를 공급하기 위해 배치된 보존 용도의 공간으로 나머지 3개 용도지역과 성격을 달리한다.

④ 도시지역 외 지역 '관·농·자'

관리지역, 농림지역, 자연환경보전지역을 도시지역 외 지역이라고 한다. 도시지역 외 지역은 전에는 비도시지역이라고 불리었으며 기본적으로 보존을 위한 목적의 공간이다. 따라서 도시지역의 녹지지역과 비도시지역인 관리지역, 농림지역, 자연환경보전지역은 보존용도의 공간이라는 측면에서 동질성을 가지고 있다.

⑤ 토지투자대상 '녹·관·농·자'

흔히 토지투자란 지목기준으로 농지나 임야에 투자하는 것을 말하는 것이지만, 용도지역기준으로 하면 보존용도인 123쪽의 표 14번부터 21번까지의 '녹·관·농·자'에 투자하는 것을 토지투자라고 한다. 토지거래허가구역이나 개발행위허가기준, 농지취득자격증명 등의 법규와 제도가 모두 '녹·관·농·자'를 중심으로 전개되는 것이다. 따라서 이 장에서 전개되는 분석이론은 '녹·관·농·자'를 중심으로 전개된다. 즉, 보전녹지지역, 생산녹지지역, 자연녹지지역, 보전관리지역, 생산관리지역, 계획관리지역, 농림지역, 자연환경보전지역의 8개 용도지역을 중심으로 하여 투자분석이론이 전개되는 것이다.

■ 국토계획법상 용도지역 체계(출처: 국토교통부)

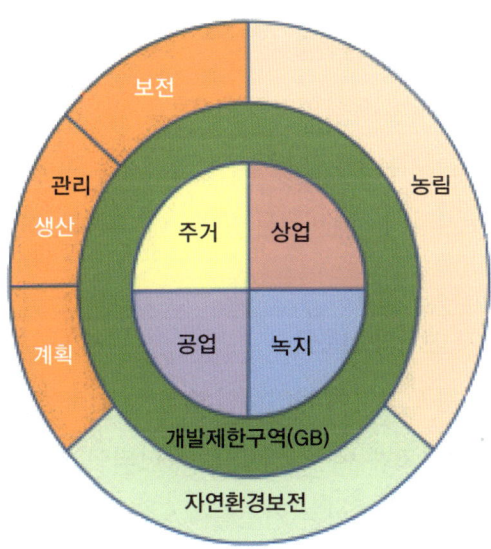

용도지역과 건폐율, 용적률, 건축물 용도, 높이

토지의 용도지역이 무엇이냐에 따라 건폐율·용적률·건축물의 용도(건축할 수 있는 건축물), 높이가 결정되며, 이 4가지가 개별필지의 토지가치에 결정적인 영향을 미친다.

① '녹·관·농·자'에서의 건폐율

토지투자대상인 '녹·관·농·자' 용도지역의 건폐율은 기본적으로 20% 이하다. 단 계획관리지역만이 군계일학으로 40% 이하를 적용받고 있다. 그것은 '녹·관·농·자'의 용도지역 중에서 계획관리지역만이 도시지역의 주거기능, 상업기능, 공업기능을 대체할 수 있는 기능을 부여받은 토지이기 때문이다. 따라서 일단 건폐율의 차이에 의해서 계획관리지역과 다른 용도지역 토지와의 가격 차이가 발생한다.

② '녹·관·농·자'에서의 용적률

최저 50% 이하에서 최대 100% 이하의 용적률을 적용받고 있다. '녹·관·농·자' 용도지역에서는 1층 구조의 건축물이 주를 이루고 있으므로 용적률 차이가 토지의 가격에 미치는 영향은 미미하다고 할 수 있다.

③ '녹·관·농·자'에서의 건축물

'녹·관·농·자' 용도지역에서 건축할 수 있는 건축물은 해당 시·군의 '도시·군계획조례'에서 [별표]로 정리되어 있다. 별표에는 용도지역별로 건축할 수 있는 건축물(또는 건축할 수 없는 건축물)이

열거되어 있다. 시·군에 따라서는 별표가 아닌 '도시·군계획조례' 조문으로 용도지역별로 건축할 수 있는 건축물(또는 건축할 수 없는 건축물)이 열거되어 있다. 용도지역에 따라 건축할 수 있는 건축물은 크게 차이가 나며 이러한 차이가 토지의 가격에 결정적인 영향을 미친다. 예를 들면 수도권 토지의 대표적인 개발행위인 공장과 창고 등의 개발 가능 여부가 용도지역의 차이에 따라 결정되는 것이다. 지적도 사례를 통해서 보다 구체적으로 배우게 된다.

④ '녹·관·농·자'에서의 건축물의 높이

모두 '4층 이하'를 적용받는다. 즉, 어떤 경우에도 5층 이상의 건축물은 지을 수 없다. 보존 성격이 더 강한 용도지역인 보전녹지지역, 보전관리지역, 자연환경보전지역 등은 시·군의 '도시·군계획조례'로 2~3층 이하를 적용받기도 한다.

건축법상 용도별 건축물의 종류 29가지

건축법(구체적으로는 '건축법시행령' 별표1)에서는 대한민국에 존재하는 건축물을 모두 망라하여 용도를 기준으로 다음과 같이 29가지로 분류하여 놓았다. 다음의 용도별 건축물의 종류를 배우는 목적은 '도시·군계획조례'의 [별표]에서 열거된 용도지역별로 허용되는 건축물을 구체적으로 확인하기 위해서다. 아래의 표를 읽을 때 숫자 번호

1, 2, 3 등은 제1호, 제2호, 제3호로 읽으며, 숫자 아래의 소항목 가, 나, 다 는 가목, 나목, 다목으로 읽는다. 예를 들면 별표에서 '제2호의 나목'이라고 하면 2번 공동주택의 나목 연립주택을 가리키는 것이고, '제4호의 자목'이라고 하면 4번 제2종 근린생활시설의 자목 일반음식점을 가리키는 것으로 해석할 수 있어야 한다.

1. 단독주택[단독주택의 형태를 갖춘 가정어린이집 · 공동생활가정 · 지역아동센터 · 공동육아나눔터 · 작은도서관 및 노인복지시설(노인복지주택은 제외) 포함]

    가. 단독주택

    나. 다중주택: 다음의 요건을 모두 갖춘 주택을 말한다.

    1) 학생 또는 직장인 등 여러 사람이 장기간 거주할 수 있는 구조로 되어 있는 것

    2) 독립된 주거의 형태를 갖추지 아니한 것(각 실별로 욕실은 설치할 수 있으나, 취사시설은 설치하지 아니한 것을 말한다.)

    3) 1개 동의 주택으로 쓰이는 바닥면적(부설 주차장 면적은 제외한다. 이하 같다)의 합계가 660m^2 이하이고 주택으로 쓰는 층수(지하층은 제외한다)가 3개 층 이하일 것. 다만, 1층의 전부 또는 일부를 필로티 구조로 하여 주차장으로 사용하고 나머지 부분을 주택(주거 목적으로 한정한다) 외의 용도로 쓰는 경우에는 해당 층을 주택의 층수에서 제외한다.

    4) 적정한 주거환경을 조성하기 위하여 건축조례로 정하는 실별 최소 면적, 창문의 설치 및 크기 등의 기준에 적합할 것

다. 다가구주택: 다음의 요건을 모두 갖춘 주택으로서 공동주택에 해당하지 아니하는 것을 말한다.
　1) 주택으로 쓰는 층수(지하층은 제외)가 3개 층 이하일 것. 다만 1층의 전부 또는 일부를 필로티 구조로 하여 주차장으로 사용하고 나머지 부분을 주택 외의 용도로 쓰는 경우에는 해당 층을 주택의 층수에서 제외한다.
　2) 1개 동의 주택으로 쓰이는 바닥면적의 합계가 660m² 이하일 것
　3) 19세대(대지 내 동별 세대수를 합한 세대를 말한다.) 이하가 거주할 수 있을 것
라. 공관(公館)

☞ 제1호 가목의 단독주택을 토지시장에서는 소위 '전원주택'이라고 하며, 단독주택과 다가구주택을 활용하여 민박사업자 신고를 하면 민박(소위 '민박펜션')이 된다.

2. 공동주택[공동주택의 형태를 갖춘 가정어린이집·공동생활가정·지역아동센터·공동육아나눔터·작은도서관·노인복지시설(노인복지주택은 제외한다) 및 「주택법 시행령」 제10조제1항제1호에 따른 아파트형 주택을 포함한다.]
다만, 가목이나 나목에서 층수를 산정할 때 1층 전부를 필로티 구조로 하여 주차장으로 사용하는 경우에는 필로티 부분을 층수에서 제외하고, 다목에서 층수를 산정할 때 1층의 전부 또는 일부를 필로티 구조로 하여 주차장으로 사용하고 나머지 부분을 주택(주

거 목적으로 한정한다) 외의 용도로 쓰는 경우에는 해당 층을 주택의 층수에서 제외하며, 가목부터 라목까지의 규정에서 층수를 산정할 때 지하층을 주택의 층수에서 제외한다.

가. 아파트: 주택으로 쓰는 층수가 5개 층 이상인 주택

나. 연립주택: 주택으로 쓰는 1개 동의 바닥면적(2개 이상의 동을 지하주차장으로 연결하는 경우에는 각각의 동으로 본다) 합계가 660m^{2}를 초과하고, 층수가 4개 층 이하인 주택

다. 다세대주택: 주택으로 쓰는 1개 동의 바닥면적 합계가 660m^2 이하이고, 층수가 4개 층 이하인 주택(2개 이상의 동을 지하주차장으로 연결하는 경우에는 각각의 동으로 본다)

라. 기숙사: 다음의 어느 하나에 해당하는 건축물로서 공간의 구성과 규모 등에 관하여 국토교통부장관이 정하여 고시하는 기준에 적합한 것. 다만, 구분소유된 개별 실(室)은 제외한다.

  1) 일반기숙사: 학교 또는 공장 등의 학생 또는 종업원 등을 위하여 사용하는 것으로서 해당 기숙사의 공동취사시설 이용 세대 수가 전체 세대 수(건축물의 일부를 기숙사로 사용하는 경우에는 기숙사로 사용하는 세대 수로 한다. 이하 같다)의 50% 이상인 것(「교육기본법」 제27조제2항에 따른 학생복지주택을 포함한다)

  2) 임대형기숙사: 「공공주택 특별법」 제4조에 따른 공공주택사업자 또는 「민간임대주택에 관한 특별법」 제2조제7호에 따른 임대사업자가 임대사업에 사용하는 것으로서 임대 목적으로 제공하는 실이 20실 이상이고 해당 기숙사의 공동취사시설

이용 세대 수가 전체 세대 수의 50% 이상인 것

3. 제1종 근린생활시설

가. 식품·잡화·의류·완구·서적·건축자재·의약품·의료기기 등 일용품을 판매하는 소매점으로서 같은 건축물(하나의 대지에 두 동 이상의 건축물이 있는 경우에는 이를 같은 건축물로 본다. 이하 같다.)에 해당 용도로 쓰는 바닥면적의 합계가 1,000㎡ 미만인 것

나. 휴게음식점, 제과점 등 음료·차(茶)·음식·빵·떡·과자 등을 조리하거나 제조하여 판매하는 시설(제4호 너목 또는 제17호에 해당하는 것은 제외)로서 같은 건축물에 해당 용도로 쓰는 바닥면적의 합계가 300㎡ 미만인 것

다. 이용원, 미용원, 목욕장, 세탁소 등 사람의 위생관리나 의류 등을 세탁·수선하는 시설(세탁소의 경우 공장에 부설되는 것과 '대기환경보전법', '물환경보전법' 또는 '소음·진동관리법'에 따른 배출시설의 설치 허가 또는 신고의 대상인 것은 제외)

라. 의원, 치과의원, 한의원, 침술원, 접골원(接骨院), 조산원, 안마원, 산후조리원 등 주민의 진료·치료 등을 위한 시설

마. 탁구장, 체육도장으로서 같은 건축물에 해당 용도로 쓰는 바닥면적의 합계가 500㎡ 미만인 것

바. 지역자치센터, 파출소, 지구대, 소방서, 우체국, 방송국, 보건소, 공공도서관, 건강보험공단 사무소 등 주민의 편의를 위하여 공공업무를 수행하는 시설로서 같은 건축물에 해당 용도로 쓰는 바닥면

적의 합계가 1,000m² 미만인 것

사. 마을회관, 마을공동작업소, 마을공동구판장, 공중화장실, 대피소, 지역아동센터(단독주택과 공동주택에 해당하는 것은 제외) 등 주민이 공동으로 이용하는 시설

아. 변전소, 도시가스배관시설, 통신용 시설(해당 용도로 쓰는 바닥면적의 합계가 1,000m² 미만인 것에 한정), 정수장, 양수장 등 주민의 생활에 필요한 에너지공급·통신서비스제공이나 급수·배수와 관련된 시설

자. 금융업소, 사무소, 부동산중개사무소, 결혼상담소 등 소개업소, 출판사 등 일반업무시설로서 같은 건축물에 해당 용도로 쓰는 바닥면적의 합계가 30m² 미만인 것

차. 전기자동차 충전소(해당 용도로 쓰는 바닥면적의 합계가 1,000m² 미만인 것으로 한정한다)

카. 동물병원, 동물미용실 및 「동물보호법」 제73조제1항제2호에 따른 동물위탁관리업을 위한 시설로서 같은 건축물에 해당 용도로 쓰는 바닥면적의 합계가 300m² 미만인 것

☞ 제1종 근린생활시설의 가장 대표적인 것이 '가'에 있는 소매점이며, '차'의 전기자동차충전소, '카'의 동물병원, 동물미용실, 동물위탁관리업시설 등이 신설되었다.

4. 제2종 근린생활시설

가. 공연장(극장, 영화관, 연회장, 음악당, 서커스장, 비디오물감상실, 비디오물소극

장, 그 밖에 이와 비슷한 것을 말한다. 이하 같다.)으로서 같은 건축물에 해당 용도로 쓰는 바닥면적의 합계가 500㎡ 미만인 것

나. 종교집회장[교회, 성당, 사찰, 기도원, 수도원, 수녀원, 제실(祭室), 사당, 그 밖에 이와 비슷한 것을 말한다. 이하 같다.]으로서 같은 건축물에 해당 용도로 쓰는 바닥면적의 합계가 500㎡ 미만인 것

다. 자동차영업소로서 같은 건축물에 해당 용도로 쓰는 바닥면적의 합계가 1,000㎡ 미만인 것

라. 서점(제1종 근린생활시설에 해당하지 않는 것)

마. 총포판매소

바. 사진관, 표구점

사. 청소년게임제공업소, 복합유통게임제공업소, 인터넷컴퓨터게임시설제공업소, 그 밖에 이와 비슷한 게임 관련 시설로서 같은 건축물에 해당 용도로 쓰는 바닥면적의 합계가 500㎡ 미만인 것

아. 휴게음식점, 제과점 등 음료·차(茶)·음식·빵·떡·과자 등을 조리하거나 제조하여 판매하는 시설(너목 또는 제17호에 해당하는 것은 제외)로서 같은 건축물에 해당 용도로 쓰는 바닥면적의 합계가 300㎡ 이상인 것

자. 일반음식점

차. 장의사, 동물병원, 동물미용실, 「동물보호법」 제32조에 따른 동물위탁관리업을 위한 시설, 그 밖에 이와 유사한 것(제1종근린생활시설에 해당하는 것은 제외한다.)

카. 학원(자동차학원·무도학원 및 정보통신기술을 활용하여 원격으로 교습하는 것

은 제외), 교습소(자동차교습·무도교습 및 정보통신기술을 활용하여 원격으로 교습하는 것은 제외), 직업훈련소(운전·정비 관련 직업훈련소는 제외)로서 같은 건축물에 해당 용도로 쓰는 바닥면적의 합계가 500m² 미만인 것

타. 독서실, 기원

파. 테니스장, 체력단련장, 에어로빅장, 볼링장, 당구장, 실내낚시터, 골프연습장, 놀이형시설('관광진흥법'에 따른 기타유원시설업의 시설을 말한다. 이하 같다.) 등 주민의 체육 활동을 위한 시설(제3호 마목의 시설은 제외)로서 같은 건축물에 해당 용도로 쓰는 바닥면적의 합계가 500m² 미만인 것

하. 금융업소, 사무소, 부동산중개사무소, 결혼상담소 등 소개업소, 출판사 등 일반업무시설로서 같은 건축물에 해당 용도로 쓰는 바닥면적의 합계가 500m² 미만인 것 (제1종 근린생활시설에 해당하는 것은 제외한다)

거. 다중생활시설('다중이용업소의 안전관리에 관한 특별법'에 따른 다중이용업 중 고시원업의 시설로서 국토부장관이 고시하는 기준과 그 기준에 위배되지 않는 범위에서 적정한 주거환경을 조성하기 위하여 건축조례로 정하는 실별 최소 면적, 창문의 설치 및 크기 등의 기준에 적합한 것을 말한다. 이하 같다.)로서 같은 건축물에 해당 용도로 쓰는 바닥면적의 합계가 500m² 미만인 것

너. 제조업소, 수리점 등 물품의 제조·가공·수리 등을 위한 시설로서 같은 건축물에 해당 용도로 쓰는 바닥면적의 합계가 500m² 미만이고, 다음 요건 중 어느 하나에 해당하는 것

1) '대기환경보전법', '물환경보전법' 또는 '소음·진동관리법'에 따

른 배출시설의 설치 허가 또는 신고의 대상이 아닌 것

2) '물환경보전법' 제33조 제1항 본문에 따라 배출시설의 설치 허가 또는 신고의 대상 시설로서 발생되는 폐수를 전량 위탁 처리하는 것

더. 단란주점으로서 같은 건축물에 해당 용도로 쓰는 바닥면적의 합계가 150㎡ 미만인 것

러. 안마시술소, 노래연습장

머. 「물류시설의 개발 및 운영에 관한 법률」 제2조제5호의2에 따른 주문배송시설로서 같은 건축물에 해당 용도로 쓰는 바닥면적의 합계가 500제곱미터 미만인 것(같은 법 제21조의2제1항에 따라 물류창고업 등록을 해야 하는 시설을 말한다)

☞ 제2종 근린생활시설의 가장 대표적인 것은 자목의 일반음식점과 너목의 제조업소다.

- 일반음식점과 휴게음식점의 차이는 술을 파는 데 있다. 음식과 함께 술을 팔 수 있는 소위 '가든이나 카페'를 건축법상은 일반음식점이라 한다.
- 제조업은 공장용지에 입지하는 것이 원칙이지만, 500㎡ 미만의 소규모 제조는 이처럼 제2종 근린생활시설에도 입지할 수 있으며 이것을 소위 '근생제조' 또는 '제조장'이라 한다.

5. 문화 및 집회시설

가. 공연장으로서 제2종 근린생활시설에 해당하지 아니하는 것

나. 집회장(예식장, 공회당, 회의장, 마권(馬券) 장외 발매소, 마권 전화투표소, 그 밖에 이와 비슷한 것을 말한다.)으로서 제2종 근린생활시설에 해당하지 아니하는 것

다. 관람장(경마장, 경륜장, 경정장, 자동차 경기장, 그 밖에 이와 비슷한 것과 체육관 및 운동장으로서 관람석의 바닥면적의 합계가 1,000m² 이상인 것을 말한다.)

라. 전시장(박물관, 미술관, 과학관, 문화관, 체험관, 기념관, 산업전시장, 박람회장, 그 밖에 이와 비슷한 것을 말한다.)

마. 동·식물원(동물원, 식물원, 수족관, 그 밖에 이와 비슷한 것을 말한다.)

6. 종교시설

가. 종교집회장으로서 제2종 근린생활시설에 해당하지 아니하는 것

나. 종교집회장(제2종 근린생활시설에 해당하지 아니하는 것을 말한다.)에 설치하는 봉안당(奉安堂)

7. 판매시설

가. 도매시장('농수산물유통 및 가격안정에 관한 법률'에 따른 농수산물도매시장, 농수산물공판장, 그 밖에 이와 비슷한 것을 말하며, 그 안에 있는 근린생활시설을 포함)

나. 소매시장('유통산업발전법' 제2조 제3호에 따른 대규모 점포, 그 밖에 이와 비슷한 것을 말하며, 그 안에 있는 근린생활시설을 포함)

다. 상점(그 안에 있는 근린생활시설을 포함)으로서 다음의 요건 중 어느 하나에 해당하는 것

   1) 제3호 가목에 해당하는 용도(서점은 제외)로서 제1종 근린생활시설에 해당하지 아니하는 것

   2) '게임산업진흥에 관한 법률' 제2조 제6호의 2 가목에 따른 청소년게임제공업의 시설, 같은 호 나목에 따른 일반게임제공업의 시설, 같은 조 제7호에 따른 인터넷컴퓨터게임시설제공업의 시설 및 같은 조 제8호에 따른 복합유통게임제공업의 시설로서 제2종 근린생활시설에 해당하지 아니하는 것

8. 운수시설

   가. 여객자동차터미널

   나. 철도시설

   다. 공항시설

   라. 항만시설

   마. 그 밖에 가목부터 라목까지의 규정에 따른 시설과 비슷한 시설

9. 의료시설

   가. 병원(종합병원, 병원, 치과병원, 한방병원, 정신병원 및 요양병원을 말한다.)

   나. 격리병원(전염병원, 마약진료소, 그 밖에 이와 비슷한 것을 말한다.)

10. 교육연구시설(제2종 근린생활시설에 해당하는 것은 제외)

가. 학교(유치원, 초등학교, 중학교, 고등학교, 전문대학, 대학, 대학교, 그 밖에 이에 준하는 각종 학교를 말한다.)

나. 교육원(연수원, 그 밖에 이와 비슷한 것을 포함한다.)

다. 직업훈련소(운전 및 정비 관련 직업훈련소는 제외한다.)

라. 학원(자동차학원·무도학원 및 정보통신기술을 활용하여 원격으로 교습하는 것은 제외한다.), 교습소(자동차교습·무도교습 및 정보통신기술을 활용하여 원격으로 교습하는 것은 제외한다)

마. 연구소(연구소에 준하는 시험소와 계측계량소를 포함한다.)

바. 도서관

11. 노유자시설

가. 아동 관련 시설(어린이집, 아동복지시설, 그 밖에 이와 비슷한 것으로서 단독주택, 공동주택 및 제1종 근린생활시설에 해당하지 아니하는 것을 말한다.)

나. 노인복지시설(단독주택과 공동주택에 해당하지 아니하는 것을 말한다.)

다. 그 밖에 다른 용도로 분류되지 아니한 사회복지시설 및 근로복지시설

12. 수련시설

가. 생활권 수련시설('청소년활동진흥법'에 따른 청소년수련관, 청소년문화의집, 청소년특화시설, 그 밖에 이와 비슷한 것을 말한다.)

나. 자연권 수련시설('청소년활동진흥법'에 따른 청소년수련원, 청소년야영장, 그 밖에 이와 비슷한 것을 말한다.)

다. '청소년활동진흥법'에 따른 유스호스텔

라. 「관광진흥법」에 따른 야영장시설로서 제29호에 해당하지 아니하는 시설

13. 운동시설

가. 탁구장, 체육도장, 테니스장, 체력단련장, 에어로빅장, 볼링장, 당구장, 실내낚시터, 골프연습장, 놀이형시설, 그 밖에 이와 비슷한 것으로서 제1종 근린생활시설 및 제2종 근린생활시설에 해당하지 아니하는 것

나. 체육관으로서 관람석이 없거나 관람석의 바닥면적이 1,000m^2 미만인 것

다. 운동장(육상장, 구기장, 볼링장, 수영장, 스케이트장, 롤러스케이트장, 승마장, 사격장, 궁도장, 골프장 등과 이에 딸린 건축물을 말한다.)으로서 관람석이 없거나 관람석의 바닥면적이 1,000m^2 미만인 것

14. 업무시설

가. 공공업무시설: 국가 또는 지방자치단체의 청사와 외국공관의 건축물로서 제1종 근린생활시설에 해당하지 아니하는 것

나. 일반업무시설: 다음 요건을 갖춘 업무시설을 말한다.

1) 금융업소, 사무소, 결혼상담소 등 소개업소, 출판사, 신문사, 그 밖에 이와 비슷한 것으로서 제1종 근린생활시설 및 제2종 근린생활시설에 해당하지 않는 것

2) 오피스텔(업무를 주로 하며, 분양하거나 임대하는 구획 중 일부 구획에서 숙식을 할 수 있도록 한 건축물로서 국토교통부장관이 고시하는 기준에 적합한 것을 말한다.)

15. 숙박시설

가. 일반숙박시설 및 생활숙박시설

나. 관광숙박시설(관광호텔, 수상관광호텔, 한국전통호텔, 가족호텔, 호스텔, 소형호텔, 의료관광호텔 및 휴양 콘도미니엄)

다. 다중생활시설(제2종 근린생활시설에 해당하지 아니하는 것을 말한다.)

라. 그 밖에 가목부터 다목까지의 시설과 비슷한 것

16. 위락시설

가. 단란주점으로서 제2종 근린생활시설에 해당하지 아니하는 것

나. 유흥주점이나 그 밖에 이와 비슷한 것

다. '관광진흥법'에 따른 유원시설업의 시설, 그 밖에 이와 비슷한 시설(제2종 근린생활시설과 운동시설에 해당하는 것은 제외)

라. 삭제 <2010.2.18.>

마. 무도장, 무도학원

바. 카지노영업소

17. 공장

물품의 제조·가공(염색·도장(塗裝)·표백·재봉·건조·인쇄 등을 포함) 또는

수리에 계속적으로 이용되는 건축물로서 제1종 근린생활시설, 제2종 근린생활시설, 위험물저장 및 처리시설, 자동차 관련 시설, 자원순환 관련 시설 등으로 따로 분류되지 아니한 것

18. **창고시설**(제2종 근린생활시설에 해당하는 것과 위험물 저장 및 처리 시설 또는 그 부속용도에 해당하는 것은 제외)

　가. 창고(물품저장시설로서 '물류정책기본법'에 따른 일반창고와 냉장 및 냉동 창고를 포함)

　나. 하역장

　다. '물류시설의 개발 및 운영에 관한 법률'에 따른 물류터미널

　라. 집배송 시설

19. **위험물 저장 및 처리 시설**

　'위험물안전관리법', '석유 및 석유대체연료 사업법', '도시가스 사업법', '고압가스 안전관리법', '액화석유가스의 안전관리 및 사업법', '총포·도검·화약류 등 단속법', '화학물질 관리법' 등에 따라 설치 또는 영업의 허가를 받아야 하는 건축물로서 다음 각 목의 어느 하나에 해당하는 것. 다만 자가난방, 자가발전, 그 밖에 이와 비슷한 목적으로 쓰는 저장시설은 제외한다.

　가. 주유소(기계식 세차설비를 포함) 및 석유 판매소

　나. 액화석유가스 충전소·판매소·저장소(기계식 세차설비를 포함)

　다. 위험물 제조소·저장소·취급소

라. 액화가스 취급소·판매소

마. 유독물 보관·저장·판매시설

바. 고압가스 충전소·판매소·저장소

사. 도료류 판매소

아. 도시가스 제조시설

자. 화약류 저장소

차. 그 밖에 가목부터 자목까지의 시설과 비슷한 것

20. **자동차 관련 시설**(건설기계 관련 시설을 포함)

　가. 주차장

　나. 세차장

　다. 폐차장

　라. 검사장

　마. 매매장

　바. 정비공장

　사. 운전학원 및 정비학원(운전 및 정비 관련 직업훈련시설을 포함)

　아. '여객자동차 운수사업법', '화물자동차 운수사업법' 및 '건설기계관리법'에 따른 차고 및 주기장(駐機場)

　자. 전기자동차충전소로서 제1종근린생활시설에 해당하지 않는 것

☞ 자동차학원은 이름은 학원이지만 교육연구시설에 해당하지 않으며 자동차관련시설에 해당한다.

21. 동물 및 식물 관련 시설

가. 축사(양잠·양봉·양어·양돈·양계·곤충사육 시설 및 부화장 등을 포함)

나. 가축시설(가축용 운동시설, 인공수정센터, 관리사(管理舍), 가축용 창고, 가축시장, 동물검역소, 실험동물 사육시설, 그 밖에 이와 비슷한 것을 말한다.)

다. 도축장

라. 도계장

마. 작물 재배사

바. 종묘배양시설

사. 화초 및 분재 등의 온실

아. 동물 또는 식물과 관련된 가목부터 사목까지의 시설과 비슷한 것(동·식물원은 제외)

22. 자원순환 관련 시설

가. 하수 등 처리시설

나. 고물상

다. 폐기물 재활용시설

라. 폐기물 처분시설

마. 폐기물 감량화시설

23. 교정시설(제1종 근린생활시설에 해당하는 것은 제외)

가. 교정시설(보호감호소, 구치소 및 교도소를 말한다.)

나. 갱생보호시설, 그 밖에 범죄자의 갱생·보육·교육·보건 등

의 용도로 쓰는 시설

다. 소년원 및 소년분류심사원

라. 삭제<2023.5.15>

☞ 23의2. 국방·군사시설(제1종 근린생활시설에 해당하는 것은 제외)

「국방·군사시설 사업에 관한 법률」에 따른 국방·군사시설

24. 방송통신시설(제1종 근린생활시설에 해당하는 것은 제외)

가. 방송국(방송프로그램 제작시설 및 송신·수신·중계시설을 포함)

나. 전신전화국

다. 촬영소

라. 통신용 시설

마. 데이터센터

바. 그 밖에 가목부터 마목까지의 시설과 비슷한 것

25. 발전시설

발전소(집단에너지 공급시설을 포함)로 사용되는 건축물로서 제1종 근린생활시설에 해당하지 아니하는 것

26. 묘지 관련 시설

가. 화장시설

나. 봉안당(종교시설에 해당하는 것은 제외)

다. 묘지와 자연장지에 부수되는 건축물

라. 동물화장시설, 동물건조장시설 및 동물전용의 납골시설

☞ 납골당이 봉안당으로 명칭이 변경되었다.

27. 관광 휴게시설

가. 야외음악당

나. 야외극장

다. 어린이회관

라. 관망탑

마. 휴게소

바. 공원·유원지 또는 관광지에 부수되는 시설

28. 장례식장

가. 장례식장[의료시설의 부수시설('의료법' 제36조 제1호에 따른 의료기관의 종류에 따른 시설을 말한다.)에 해당하는 것은 제외]

나. 동물 전용의 장례식장

29. 야영장시설

「관광진흥법」에 따른 야영장 시설로서 관리동, 화장실, 샤워실, 대피소, 취사시설 등의 용도로 쓰는 바닥면적의 합계가 300제곱미터 미만인 것

용도지역에서
건축할 수 있는(또는 없는) 건축물

용도지역에서 건축할 수 있는(또는 없는) 건축물과 관련하여 허용행위 열거방식과 금지행위 열거방식의 두 가지를 적용하고 있다.

허용행위 열거방식(positive system)

용도지역에서 건축할 수 있는 건축물을 열거하는 방식이다. 따라서 열거된 건축물은 해당 용도지역에서 건축할 수 있지만, 열거되지 않은 건축물은 해당 용도지역에서 건축할 수 없다. 행정관청의 입장에서는 난개발을 방지하고 관리가 용이하다는 장점이 있다. 국토계획법에서는 21개 용도지역 중에서 준주거지역, 상업지역, 준공업지역, 계획관리지역의 7개 용도지역을 제외한 14개 용도지역에서 '허용행위열거방식'을 적용하고 있다.

금지행위 열거방식(negative system)

용도지역에서 건축할 수 없는 건축물을 열거하는 방식이다. 따라서 해당 용도지역에서는 금지대상으로 열거된 건축물을 제외한 모든 건축물을 건축할 수 있다. 2014년 7월 15일부터 규제완화 측면에서 국토계획법상 준주거지역, 상업지역, 준공업지역, 계획관리지역의 7개 용도지역에서 '금지행위열거방식'을 채택하여 적용하고 있다. 다만 과거에 준농림지역에서 이 방식을 채택하였다가 난개발이 심화

되면서 '허용행위열거방식'으로 전환했던 전례가 있다.

이 책에서는 토지투자 대상인 '녹·관·농·자'의 용도지역을 ①보전녹지지역 ②생산녹지지역 ③자연녹지지역 ④보전관리지역 ⑤생산관리지역 ⑥계획관리지역 ⑦농림지역 ⑧자연환경보전지역의 8개 용도지역 순으로 분석하였다. 다만 독자들의 이해와 설명의 편의를 위하여 금지행위 열거방식을 적용하는 계획관리지역은 허용행위 열거방식으로 설명을 병행하였다. 또한, 독자들의 용도지역에 대한 전반적인 이해도 향상에 도움을 주고자 주거지역, 상업지역, 공업지역에서의 건축할 수 있는(또는 없는) 건축물의 종류도 2025 개정판부터 설명을 첨부하였다.

제1종전용주거지역에서 건축할 수 있는 건축물

지목	대	면적	449㎡
개별공시지가(㎡당)	3,406,000원 (2025/01)		
지역·지구 등 지정 여부	「국토의 계획 및 이용에 관한 법률」에 따른 지역·지구 등	도시지역, 제1종전용주거지역	
	다른 법령 등에 따른 지역·지구 등	가축사육제한구역(가축분뇨의 관리 및 이용에 관한 법률), 절대보호구역(교육환경 보호에 관한 법률), 대공방어협조구역(위탁고도: 54-236m)(군사기지 및 군사시설 보호법), 과밀억제권역(수도권정비계획법), (한강)폐기물매립시설 설치제한지역(한강수계 상수원수질개선 및 주민지원 등에 관한 법률)	
	「토지이용규제기본법 시행령」 제9조 제4항 각 호에 해당되는 사항		

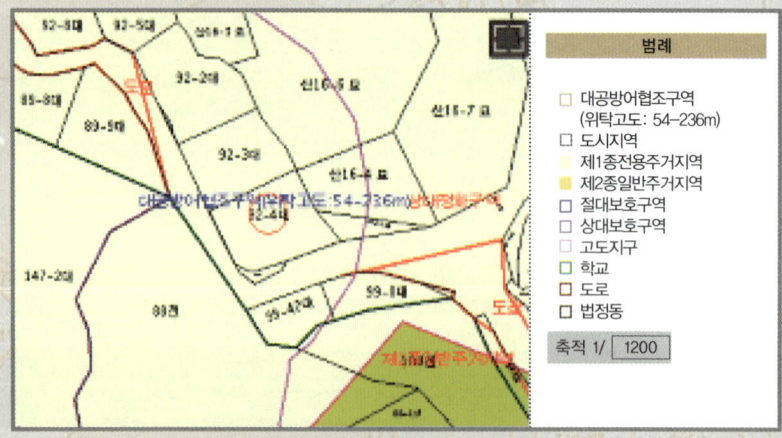

주거지역, 상업지역, 공업지역에서 건축할 수 있는(또는 없는) 건축물

제1종전용주거지역에서 건축할 수 있는 건축물
국토의 계획 및 이용에 관한 법률 시행령 [별표 2]

1. 건축할 수 있는 건축물

　가.「건축법 시행령」별표 1 제1호의 단독주택(다가구주택을 제외한다)

　나.「건축법 시행령」별표 1 제3호가목부터 바목까지 및 사목(공중화장실·대피소, 그 밖에 이와 비슷한 것 및 지역아동센터는 제외한다)의 제1종 근린생활시설로서 해당 용도에 쓰이는 바닥면적의 합계가 1,000㎡ 미만인 것

2. 도시·군계획조례가 정하는 바에 의하여 건축할 수 있는 건축물

　가.「건축법 시행령」별표 1 제1호의 단독주택 중 다가구주택

　나.「건축법 시행령」별표 1 제2호의 공동주택 중 연립주택 및 다세대주택

　다.「건축법 시행령」별표 1 제3호사목(공중화장실·대피소, 그 밖에 이와 비슷한 것 및 지역아동센터만 해당한다) 및 아목에 따른 제1종 근린생활시설로서 해당 용도에 쓰이는 바닥면적의 합계가 1,000㎡ 미만인 것

　라.「건축법 시행령」별표 1 제4호의 제2종 근린생활시설 중 종교집회장

마. 「건축법 시행령」 별표 1 제5호의 문화 및 집회시설 중 같은 호 라목[박물관, 미술관, 체험관(「건축법 시행령」 제2조제16호에 따른 한옥으로 건축하는 것만 해당한다) 및 기념관에 한정한다]에 해당하는 것으로서 그 용도에 쓰이는 바닥면적의 합계가 1,000㎡ 미만인 것

바. 「건축법 시행령」 별표 1 제6호의 종교시설에 해당하는 것으로서 그 용도에 쓰이는 바닥면적의 합계가 1,000㎡ 미만인 것

사. 「건축법 시행령」 별표 1 제10호의 교육연구시설 중 유치원·초등학교·중학교 및 고등학교

아. 「건축법 시행령」 별표 1 제11호의 노유자시설

자. 「건축법 시행령」 별표 1 제20호의 자동차관련시설 중 주차장

제1종전용주거지역은 단독주택 중심의 양호한 주거환경을 보호하기 위하여 지정된 용도지역을 말한다. 단독주택, 다가구주택, 공동주택 중 연립주택 및 다세대주택, 제1종근린생활시설 휴게음식점 등이 허용되고 있다. 공동주택 중 아파트와 제2종근린생활시설 일반음식점은 허용이 되지 않는다. 이러한 토지는 단독주택 주거환경이 양호한 서울의 평창동 등에 지정되어 있다. 또한, 신도시, 택지개발지구, 그린벨트의 취락지구에서 해제된 대지 등에도 많이 지정되어 있으며 이러한 경우에는 '지구단위계획구역'도 같이 지정되어 있다. 따라서 지구단위계획구역으로 지정된 토지에서 정확한 건축제한을 확인하려면 지구단위계획을 확인하여야 한다.

제2종전용주거지역에서 건축할 수 있는 건축물

국토의 계획 및 이용에 관한 법률 시행령 [별표 3]

1. 건축할 수 있는 건축물

　가. 「건축법 시행령」 별표 1 제1호의 단독주택

　나. 「건축법 시행령」 별표 1 제2호의 공동주택

　다. 「건축법 시행령」 별표 1 제3호의 제1종 근린생활시설로서 당해 용도에 쓰이는 바닥면적의 합계가 1,000㎡ 미만인 것

2. 도시·군계획조례가 정하는 바에 의하여 건축할 수 있는 건축물

　가. 「건축법 시행령」 별표 1 제4호의 제2종 근린생활시설 중 종교집회장

　나. 「건축법 시행령」 별표 1 제5호의 문화 및 집회시설 중 같은 호 라목[박물관, 미술관, 체험관(「건축법 시행령」 제2조제16호에 따른 한옥으로 건축하는 것만 해당한다) 및 기념관에 한정한다]에 해당하는 것으로서 그 용도에 쓰이는 바닥면적의 합계가 1,000㎡ 미만인 것

　다. 「건축법 시행령」 별표 1 제6호의 종교시설에 해당하는 것으로서 그 용도에 쓰이는 바닥면적의 합계가 1,000㎡ 미만인 것

　라. 「건축법 시행령」 별표 1 제10호의 교육연구시설 중 유치원·초등학교·중학교 및 고등학교

　마. 「건축법 시행령」 별표 1 제11호의 노유자시설

　바. 「건축법 시행령」 별표 1 제20호의 자동차관련시설 중 주차장

제2종전용주거지역은 공동주택 중심의 양호한 주거환경을 보호하기 위하여 지정된 용도지역을 말한다. 따라서 제2종전용주거지역은 제1종전용주거지역에 비하여 공동주택이 종류와 관계없이 허용된다. 제1종근린생활시설도 종류에 관계없이 모두 허용되고 있어서 휴게음식점 등을 할 수 있다. 제2종근린생활시설인 일반음식점은 허용되지 않는다. 제2종전용주거지역은 실무에서 지정된 사례를 찾아 보기가 쉽지 않다.

제1종일반주거지역에서 건축할 수 있는 건축물

지목	대	면적	1,376㎡
개별공시지가(㎡당)	3,353,000원 (2025/01)		
지역·지구 등 지정 여부	「국토의 계획 및 이용에 관한 법률」에 따른 지역·지구 등	도시지역, 제1종일반주거지역, 자연경관지구	
	다른 법령 등에 따른 지역·지구 등	가축사육제한구역(가축분뇨의 관리 및 이용에 관한 법률), 상대보호구역(서울시교육청 문의)(교육환경 보호에 관한 법률), 대공방어협조구역(위탁고도: 54-236m)(군사기지 및 군사시설 보호법), 과밀억제권역(수도권정비계획법), (한강)폐기물매립시설 설치제한지역(한강수계 상수원수질개선 및 주민지원 등에 관한 법률)	
	「토지이용규제기본법 시행령」 제9조 제4항 각 호에 해당되는 사항		

범례
- ☐ 대공방어협조구역 (위탁고도: 54-236m)
- ☐ 도시지역
- ☐ 제1종전용주거지역
- ■ 제1종일반주거지역
- ■ 제2종일반주거지역
- ☐ 지구단위계획구역
- ☐ 상대보호구역
- ☐ 자연경관지구
- ☐ 고도지구
- ☐ 문화시설
- ☐ 중로3류(폭 12m~15m)
- ☐ 소로3류(폭 8m 미만)

축적 1/ 1200

제1종일반주거지역에서 건축할 수 있는 건축물
국토의 계획 및 이용에 관한 법률 시행령 [별표 4]

1. 건축할 수 있는 건축물[4층 이하(「주택법 시행령」 제10조제1항제2호에 따른 단지형 연립주택 및 같은 항 제3호에 따른 단지형 다세대주택인 경우에는 5층 이하를 말하며, 단지형 연립주택의 1층 전부를 필로티 구조로 하여 주차장으로 사용하는 경우에는 필로티 부분을 층수에서 제외하고, 단지형 다세대주택의 1층 바닥면적의 2분의 1 이상을 필로티 구조로 하여 주차장으로 사용하고 나머지 부분을 주택 외의 용도로 쓰는 경우에는 해당 층을 층수에서 제외한다. 이하 이 호에서 같다)의 건축물만 해당한다. 다만, 4층 이하의 범위에서 도시·군계획조례로 따로 층수를 정하는 경우에는 그 층수 이하의 건축물만 해당한다]

    가.「건축법 시행령」별표 1 제1호의 단독주택

    나.「건축법 시행령」별표 1 제2호의 공동주택(아파트를 제외한다)

    다.「건축법 시행령」별표 1 제3호의 제1종 근린생활시설

    라.「건축법 시행령」별표 1 제10호의 교육연구시설 중 유치원·초등학교·중학교 및 고등학교

    마.「건축법 시행령」별표 1 제11호의 노유자시설

2. 도시·군계획조례가 정하는 바에 의하여 건축할 수 있는 건축물(4층 이하의 건축물에 한한다. 다만, 4층 이하의 범위안에서 도시·군계획조례로 따로 층수를 정하는 경우에는 그 층수 이하의 건축물에 한한다)

    가.「건축법 시행령」별표 1 제4호의 제2종 근린생활시설(단란주

점 및 안마시술소를 제외한다)

나. 「건축법 시행령」 별표 1 제5호의 문화 및 집회시설(공연장 및 관람장을 제외한다)

다. 「건축법 시행령」 별표 1 제6호의 종교시설

라. 「건축법 시행령」 별표 1 제7호의 판매시설 중 같은 호 나목 및 다목(일반게임제공업의 시설은 제외한다)에 해당하는 것으로서 해당용도에 쓰이는 바닥면적의 합계가 2,000m² 미만인 것(너비 15m 이상의 도로로서 도시·군계획조례가 정하는 너비 이상의 도로에 접한 대지에 건축하는 것에 한한다)과 기존의 도매시장 또는 소매시장을 재건축하는 경우로서 인근의 주거환경에 미치는 영향, 시장의 기능회복 등을 고려하여 도시·군계획조례가 정하는 경우에는 해당용도에 쓰이는 바닥면적의 합계의 4배 이하 또는 대지면적의 2배 이하인 것

마. 「건축법 시행령」 별표 1 제9호의 의료시설(격리병원을 제외한다)

바. 「건축법 시행령」 별표 1 제10호의 교육연구시설 중 제1호 라목에 해당하지 아니하는 것

사. 「건축법 시행령」 별표 1 제12호의 수련시설(유스호스텔의 경우 특별시 및 광역시 지역에서는 너비 15미터 이상의 도로에 20m 이상 접한 대지에 건축하는 것에 한하며, 그 밖의 지역에서는 너비 12m 이상의 도로에 접한 대지에 건축하는 것에 한한다)

아. 「건축법 시행령」 별표 1 제13호의 운동시설(옥외 철탑이 설치된 골프연습장을 제외한다)

자.「건축법 시행령」 별표 1 제14호의 업무시설 중 오피스텔로서 그 용도에 쓰이는 바닥면적의 합계가 3,000㎡ 미만인 것

차.「건축법 시행령」 별표 1 제17호의 공장 중 인쇄업, 기록매체복제업, 봉제업(의류편조업을 포함한다), 컴퓨터 및 주변기기제조업, 컴퓨터 관련 전자제품조립업, 두부제조업, 세탁업의 공장 및 지식산업센터로서 다음의 어느 하나에 해당하지 아니하는 것

(1)「대기환경보전법」 제2조제9호에 따른 특정대기유해물질이 같은 법 시행령 제11조제1항제1호에 따른 기준 이상으로 배출되는 것

(2)「대기환경보전법」 제2조제11호에 따른 대기오염물질배출시설에 해당하는 시설로서 같은 법 시행령 별표 1의3에 따른 1종사업장 내지 4종사업장에 해당하는 것

(3)「물환경보전법」 제2조제8호에 따른 특정수질유해물질이 같은 법 시행령 제31조제1항제1호에 따른 기준 이상으로 배출되는 것. 다만, 동법 제34조에 따라 폐수무방류배출시설의 설치허가를 받아 운영하는 경우를 제외한다.

(4)「물환경보전법」 제2조제10호에 따른 폐수배출시설에 해당하는 시설로서 같은 법 시행령 별표 13에 따른 제1종사업장부터 제4종사업장까지에 해당하는 것

(5)「폐기물관리법」 제2조제4호에 따른 지정폐기물을 배출하는 것

(6)「소음·진동관리법」 제7조에 따른 배출허용기준의 2배 이

상인 것

카. 「건축법 시행령」 별표 1 제17호의 공장 중 떡 제조업 및 빵 제조업(이에 딸린 과자 제조업을 포함한다. 이하 같다)의 공장으로서 다음 요건을 모두 갖춘 것

(1) 해당 용도에 쓰이는 바닥면적의 합계가 1,000m² 미만일 것

(2) 「악취방지법」에 따른 악취배출시설인 경우에는 악취방지시설 등 악취방지에 필요한 조치를 하였을 것

(3) 차목(1)부터 (6)까지의 어느 하나에 해당하지 아니할 것. 다만, 도시·군계획조례로 「대기환경보전법」, 「물환경보전법」 및 「소음·진동관리법」에 따른 설치 허가·신고 대상 시설의 건축을 제한한 경우에는 그 건축제한시설에도 해당하지 아니하여야 한다.

(4) 해당 특별시장·광역시장·특별자치시장·특별자치도지사·시장 또는 군수가 해당 지방도시계획위원회의 심의를 거쳐 인근의 주거환경 등에 미치는 영향 등이 적다고 인정하였을 것

타. 「건축법 시행령」 별표 1 제18호의 창고시설

파. 「건축법 시행령」 별표 1 제19호의 위험물저장 및 처리시설 중 주유소, 석유판매소, 액화가스 취급소·판매소, 도료류 판매소, 「대기환경보전법」에 따른 저공해자동차의 연료공급시설, 시내버스차고지에 설치하는 액화석유가스충전소 및 고압가스충전·저장소

하.「건축법 시행령」별표 1 제20호의 자동차관련시설 중 주차장 및 세차장

거.「건축법 시행령」별표 1 제21호의 동물 및 식물관련시설 중 화초 및 분재 등의 온실

너.「건축법 시행령」별표 1 제23호의 교정시설

더.「건축법 시행령」별표 1 제23호의2의 국방·군사시설

러.「건축법 시행령」별표 1 제24호의 방송통신시설

머.「건축법 시행령」별표 1 제25호의 발전시설

버.「건축법 시행령」별표 1 제29호의 야영장 시설

제1종일반주거지역은 저층주택을 중심으로 편리한 주거환경을 조성하기 위하여 지정된 용도지역을 말한다. 일반주거지역을 1종, 2종, 3종으로 세분화하면서 산쪽에 붙은 구릉지 등이 제1종일반주거지역으로 지정되었다. 그러나 도심이 고밀화 되면서 주거공급책으로 단독주택과 아파트를 제외한 공동주택이 혼재되어 있는 제1종일반주거지역이 대규모 재개발, 뉴타운 사업 등을 통해 용도지역이 상향되면서 아파트를 공급하는 토지로서의 역할을 수행하고 있다.

제2종일반주거지역에서 건축할 수 있는 건축물

지목	대	면적	11,228.5㎡
개별공시지가(㎡당)	3,371,000원 (2025/01)		
지역·지구 등 지정 여부	「국토의 계획 및 이용에 관한 법률」에 따른 지역·지구 등	도시지역, 제2종일반주거지역(7층이하), 고도지구(24m이하(완화시 28m 이하))	
	다른 법령 등에 따른 지역·지구 등	가축사육제한구역(가축분뇨의 관리 및 이용에 관한 법률), 상대보호구역(서울시교육청 문의)(교육환경 보호에 관한 법률), 대공방어협조구역(위탁고도: 54-236m)(군사기지 및 군사시설 보호법), 제한보호구역(후방지역: 500m)(군사기지 및 군사시설 보호법), 과밀억제권역(수도권정비계획법), (한강)폐기물매립시설 설치제한지역(한강수계 상수원수질개선 및 주민지원 등에 관한 법률)	
「토지이용규제기본법 시행령」 제9조 제4항 각 호에 해당되는 사항			

CHAPTER 4 · '용도지역'으로 배우는 지적도의 비밀 159

제2종일반주거지역에서 건축할 수 있는 건축물

국토의 계획 및 이용에 관한 법률 시행령 [별표 5]

1. 건축할 수 있는 건축물(경관관리 등을 위하여 도시·군계획조례로 건축물의 층수를 제한하는 경우에는 그 층수 이하의 건축물로 한정한다)

   가.「건축법 시행령」별표 1 제1호의 단독주택

   나.「건축법 시행령」별표 1 제2호의 공동주택

   다.「건축법 시행령」별표 1 제3호의 제1종 근린생활시설

   라.「건축법 시행령」별표 1 제6호의 종교시설

   마.「건축법 시행령」별표 1 제10호의 교육연구시설 중 유치원·초등학교·중학교 및 고등학교

   바.「건축법 시행령」별표 1 제11호의 노유자시설

2. 도시·군계획조례가 정하는 바에 따라 건축할 수 있는 건축물(경관관리 등을 위하여 도시·군계획조례로 건축물의 층수를 제한하는 경우에는 그 층수 이하의 건축물로 한정한다)

   가.「건축법 시행령」별표 1 제4호의 제2종 근린생활시설(단란주점 및 안마시술소를 제외한다)

   나.「건축법 시행령」별표 1 제5호의 문화 및 집회시설(관람장을 제외한다)

   다.「건축법 시행령」별표 제7호의 판매시설 중 같은 호 나목 및 다목(일반게임제공업의 시설은 제외한다)에 해당하는 것으로서 당

해 용도에 쓰이는 바닥면적의 합계가 2,000m² 미만인 것(너비 15m 이상의 도로로서 도시·군계획조례가 정하는 너비 이상의 도로에 접한 대지에 건축하는 것에 한한다)과 기존의 도매시장 또는 소매시장을 재건축하는 경우로서 인근의 주거환경에 미치는 영향, 시장의 기능회복 등을 고려하여 도시·군계획조례가 정하는 경우에는 당해 용도에 쓰이는 바닥면적의 합계의 4배 이하 또는 대지면적의 2배 이하인 것

라. 「건축법 시행령」 별표 1 제9호의 의료시설(격리병원을 제외한다)

마. 「건축법 시행령」 별표 1 제10호의 교육연구시설 중 제1호 마목에 해당하지 아니하는 것

바. 「건축법 시행령」 별표 1 제12호의 수련시설(유스호스텔의 경우 특별시 및 광역시 지역에서는 너비 15m 이상의 도로에 20m 이상 접한 대지에 건축하는 것에 한하며, 그 밖의 지역에서는 너비 12m 이상의 도로에 접한 대지에 건축하는 것에 한한다)

사. 「건축법 시행령」 별표 1 제13호의 운동시설

아. 「건축법 시행령」 별표 1 제14호의 업무시설 중 오피스텔·금융업소·사무소 및 동호 가목에 해당하는 것으로서 해당용도에 쓰이는 바닥면적의 합계가 3,000m² 미만인 것

자. 별표 4 제2호차목 및 카목의 공장

차. 「건축법 시행령」 별표 1 제18호의 창고시설

카. 「건축법 시행령」 별표 1 제19호의 위험물저장 및 처리시설 중 주유소, 석유판매소, 액화가스 취급소·판매소, 도료류 판

매소,「대기환경보전법」에 따른 저공해자동차의 연료공급시설, 시내버스차고지에 설치하는 액화석유가스충전소 및 고압가스충전·저장소

타.「건축법 시행령」별표 1 제20호의 자동차관련시설 중 동호 아목에 해당하는 것과 주차장 및 세차장

파.「건축법 시행령」별표 1 제21호마목부터 사목까지의 규정에 따른 시설 및 같은 호 아목에 따른 시설 중 식물과 관련된 마목부터 사목까지의 규정에 따른 시설과 비슷한 것

하.「건축법 시행령」별표 1 제23호의 교정시설

거.「건축법 시행령」별표 1 제23호의2의 국방·군사시설

너.「건축법 시행령」별표 1 제24호의 방송통신시설

더.「건축법 시행령」별표 1 제25호의 발전시설

러.「건축법 시행령」별표 1 제29호의 야영장 시설

제2종일반주거지역은 중층주택을 중심으로 편리한 주거환경을 조성하기 위하여 지정된 용도지역을 말한다. 대표적으로 아파트를 공급하는 토지가 제2종일반주거지역과 제3종일반주거지역이다. 오늘날은 2종이냐 3종이냐에 따라서 중층이냐 중고층이냐의 구분은 거의 유명무실해졌고, 다만 용적률의 차이가 50% 정도 있을 뿐이다.

제3종일반주거지역에서 건축할 수 있는 건축물

지목	대	면적	191,659.9㎡
개별공시지가(㎡당)	2,309,000원 (2025/01)		

지역·지구 등 지정 여부	「국토의 계획 및 이용에 관한 법률」에 따른 지역·지구 등	도시지역, 제3종일반주거지역, 소로2류(폭8m~10m), 소로3류(폭8m미만)(접합), 중로1류(폭20m~25m)(접합)
	다른 법령 등에 따른 지역·지구 등	가축사육제한구역(가축분뇨의 관리 및 이용에 관한 법률), 상대보호구역(경기과학고등학교(수원교육지원청 문의))(교육환경 보호에 관한 법률), 상대보호구역(송원초등학교(수원교육지원청 문의))(교육환경 보호에 관한 법률), 상대보호구역(수성초등학교(수원교육지원청문의))(교육환경 보호에 관한 법률), 상대보호구역(수일여자학교(수원교육지원청문의))(교육환경 보호에 관한 법률), 상대보호구역(조원고등학교(수원교육지원청문의))(교육환경 보호에 관한 법률), 상대보호구역(조은유치원(수원교육지원청문의))(교육환경 보호에 관한 법률), 상대보호구역(한일초등학교(수원교육지원청문의))(교육환경 보호에 관한 법률), 절대보호구역(송원초등학교(수원교육지원청문의))(교육환경 보호에 관한 법률), 절대보호구역(조은초등학교(수원교육지원청문의))(교육환경 보호에 관한 법률), 절대보호구역(한일초등학교(수원교육지원청문의))(교육환경 보호에 관한 법률), 도시교통정비지역(도시교통정비촉진법), 과밀억제권역(수도권정비계획법)
	「토지이용규제기본법 시행령」 제9조 제4항 각 호에 해당되는 사항	

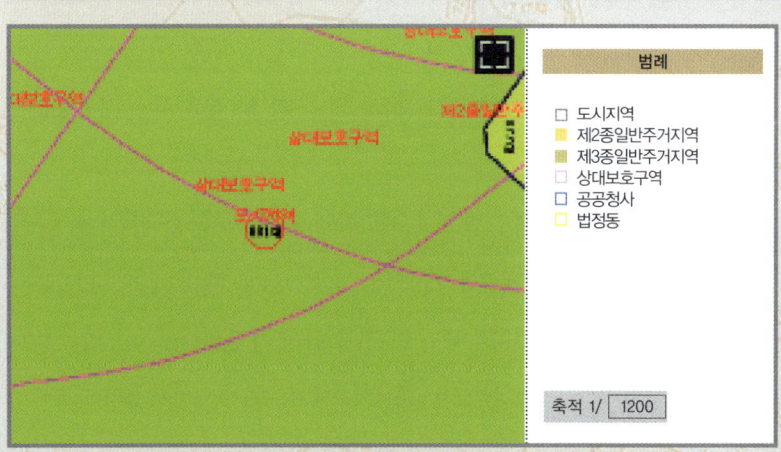

제3종일반주거지역에서 건축할 수 있는 건축물
국토의 계획 및 이용에 관한 법률 시행령 [별표 6]

1. 건축할 수 있는 건축물
　가.「건축법 시행령」별표 1 제1호의 단독주택
　나.「건축법 시행령」별표 1 제2호의 공동주택
　다.「건축법 시행령」별표 1 제3호의 제1종 근린생활시설
　라.「건축법 시행령」별표 1 제6호의 종교시설
　마.「건축법 시행령」별표 1 제10호의 교육연구시설 중 유치원·
　　　초등학교·중학교 및 고등학교
　바.「건축법 시행령」별표 1 제11호의 노유자시설

2. 도시·군계획조례가 정하는 바에 의하여 건축할 수 있는 건축물
　가.「건축법 시행령」별표 1 제4호의 제2종 근린생활시설(단란주
　　　점 및 안마시술소를 제외한다)
　나.「건축법 시행령」별표 1 제5호의 문화 및 집회시설(관람장을 제
　　　외한다)
　다.「건축법 시행령」별표 1 제7호의 판매시설 중 같은 호 나목
　　　및 다목(일반게임제공업의 시설은 제외한다)에 해당하는 것으로서
　　　당해 용도에 쓰이는 바닥면적의 합계가 2,000m² 미만인 것(너
　　　비 15m 이상의 도로로서 도시·군계획조례가 정하는 너비 이상의 도로에 접
　　　한 대지에 건축하는 것에 한한다)과 기존의 도매시장 또는 소매시장

을 재건축하는 경우로서 인근의 주거환경에 미치는 영향, 시장의 기능회복 등을 고려하여 도시·군계획조례가 정하는 경우에는 당해 용도에 쓰이는 바닥면적의 합계의 4배 이하 또는 대지면적의 2배 이하인 것

라. 「건축법 시행령」 별표 1 제9호의 의료시설(격리병원을 제외한다)

마. 「건축법 시행령」 별표 1 제10호의 교육연구시설 중 제1호 마목에 해당하지 아니하는 것

바. 「건축법 시행령」 별표 1 제12호의 수련시설(유스호스텔의 경우 특별시 및 광역시 지역에서는 너비 15m 이상의 도로에 20m 이상 접한 대지에 건축하는 것에 한하며, 그 밖의 지역에서는 너비 12m 이상의 도로에 접한 대지에 건축 하는 것에 한한다)

사. 「건축법 시행령」 별표 1 제13호의 운동시설

아. 「건축법 시행령」 별표 1 제14호의 업무시설로서 그 용도에 쓰이는 바닥면적의 합계가 3,000m^2 이하인 것

자. 별표 4 제2호차목 및 카목의 공장

차. 「건축법 시행령」 별표 1 제18호의 창고시설

카. 「건축법 시행령」 별표 1 제19호의 위험물저장 및 처리시설 중 주유소, 석유판매소, 액화가스 취급소·판매소, 도료류 판매소, 「대기환경보전법」에 따른 저공해자동차의 연료공급시설, 시내버스차고지에 설치하는 액화석유가스충전소 및 고압가스충전·저장소

타. 「건축법 시행령」 별표 1 제20호의 자동차관련시설 중 동호

아목에 해당하는 것과 주차장 및 세차장

파.「건축법 시행령」 별표 1 제21호마목부터 사목까지의 규정에 따른 시설 및 같은 호 아목에 따른 시설 중 식물과 관련된 마목부터 사목까지의 규정에 따른 시설과 비슷한 것

하.「건축법 시행령」 별표 1 제23호의 교정시설

거.「건축법 시행령」 별표 1 제23호의2의 국방·군사시설

너.「건축법 시행령」 별표 1 제24호의 방송통신시설

더.「건축법 시행령」 별표 1 제25호의 발전시설

러.「건축법 시행령」 별표 1 제29호의 야영장 시설

제3종일반주거지역은 중고층주택을 중심으로 편리한 주거환경을 조성하기 위하여 지정된 용도지역을 말한다. 앞에서 말한 것처럼 제2종일반주거지역과 함께 아파트를 공급하는 대표적인 토지이다. 아파트가 고층화 되면서 중고층의 의미는 유명무실해졌으며 제2종일반주거지역보다 약 50% 정도 용적률이 높다.

준주거지역에서
건축할 수 없는 건축물

지목	대		면적	601.6㎡
개별공시지가(㎡당)	2,067,000원 (2025/01)			
지역·지구 등 지정 여부	「국토의 계획 및 이용에 관한 법률」에 따른 지역·지구 등	도시지역, 준주거지역, 소로2류(폭8m~10m)		
	다른 법령 등에 따른 지역·지구 등	가축사육제한구역(가축분뇨의 관리 및 이용에 관한 법률), 상대보호구역(송죽초등학교(수원교육지원청문의))(교육환경 보호에 관한 법률), 도시교통정비지역(도시교통정비촉진법), 과밀억제권역(수도권정비계획법)		
「토지이용규제기본법 시행령」 제9조 제4항 각 호에 해당되는 사항				

CHAPTER 4 • '용도지역'으로 배우는 지적도의 비밀

준주거지역에서 건축할 수 없는 건축물

국토의 계획 및 이용에 관한 법률 시행령 [별표 7]

1. 건축할 수 없는 건축물

가. 「건축법 시행령」 별표 1 제4호의 제2종 근린생활시설 중 단란주점

나. 「건축법 시행령」 별표 1 제7호의 판매시설 중 같은 호 다목의 일반게임제공업의 시설

다. 「건축법 시행령」 별표 1 제9호의 의료시설 중 격리병원

라. 「건축법 시행령」 별표 1 제15호의 숙박시설[생활숙박시설로서 공원·녹지 또는 지형지물에 따라 주택 밀집지역과 차단되거나 주택 밀집지역으로부터 도시·군계획조례로 정하는 거리(건축물의 각 부분을 기준으로 한다) 밖에 건축하는 것은 제외한다]

마. 「건축법 시행령」 별표 1 제16호의 위락시설

바. 「건축법 시행령」 별표 1 제17호의 공장으로서 별표 4 제2호 차목(1)부터 (6)까지의 어느 하나에 해당하는 것

사. 「건축법 시행령」 별표 1 제19호의 위험물 저장 및 처리 시설 중 시내버스차고지 외의 지역에 설치하는 액화석유가스 충전소 및 고압가스 충전소·저장소(「환경친화적 자동차의 개발 및 보급 촉진에 관한 법률」 제2조제9호의 수소연료공급시설은 제외한다)

아. 「건축법 시행령」 별표 1 제20호의 자동차 관련 시설 중 폐차장

자. 「건축법 시행령」 별표 1 제21호의 가목·다목 및 라목에 따른

시설과 같은 호 아목에 따른 시설 중 같은 호 가목·다목 또는 라목에 따른 시설과 비슷한 것

차. 「건축법 시행령」 별표 1 제22호의 자원순환 관련 시설

카. 「건축법 시행령」 별표 1 제26호의 묘지 관련 시설

2. 지역 여건 등을 고려하여 도시·군계획조례로 정하는 바에 따라 건축할 수 없는 건축물

가. 「건축법 시행령」 별표 1 제4호의 제2종 근린생활시설 중 안마시술소

나. 「건축법 시행령」 별표 1 제5호의 문화 및 집회시설(공연장 및 전시장은 제외한다)

다. 「건축법 시행령」 별표 1 제7호의 판매시설

라. 「건축법 시행령」 별표 1 제8호의 운수시설

마. 「건축법 시행령」 별표 1 제15호의 숙박시설 중 생활숙박시설로서 공원·녹지 또는 지형지물에 의하여 주택 밀집지역과 차단되거나 주택 밀집지역으로부터 도시·군계획조례로 정하는 거리(건축물의 각 부분을 기준으로 한다) 밖에 건축하는 것

바. 「건축법 시행령」 별표 1 제17호의 공장(제1호바목에 해당하는 것은 제외한다.)

사. 「건축법 시행령」 별표 1 제18호의 창고시설

아. 「건축법 시행령」 별표 1 제19호의 위험물 저장 및 처리 시설(제1호사목에 해당하는 것은 제외한다)

자.「건축법 시행령」별표 1 제20호의 자동차 관련 시설(제1호아목에 해당하는 것은 제외한다)

차.「건축법 시행령」별표 1 제21호의 동물 및 식물 관련 시설(제1호자목에 해당하는 것은 제외한다)

카.「건축법 시행령」별표 1 제23호의 교정시설

타.「건축법 시행령」별표 1 제23호의2의 국방·군사시설

파.「건축법 시행령」별표 1 제25호의 발전시설

하.「건축법 시행령」별표 1 제27호의 관광 휴게시설

거.「건축법 시행령」별표 1 제28호의 장례시설

준주거지역은 주거기능을 위주로 이를 지원하는 일부 상업기능 및 업무기능을 보완하기 위하여 지정된 지역을 말한다. 주로 도로변에 띠모양으로 지정되어 있다. 건폐율이 70%, 용적률이 최대 500%까지 허용된다는 장점을 가지고 있다. 활용성이 높아서 토지의 시세도 일반주거지역에 비하여 상대적으로 높은 편이다. 건축물의 종류와 관련하여서는 금지행위열거방식(건축할 수 없는 건축물)을 채택하고 있다.

중심상업지역에서 건축할 수 없는 건축물

지목	대	면적	2,808.2㎡
개별공시지가(㎡당)	124,300,000원 (2025/01)		
지역·지구 등 지정 여부	「국토의 계획 및 이용에 관한 법률」에 따른 지역·지구 등	중심상업지역, 제1종지구단위계획구역, 도로(접함), 시장, 시장(도시계획시설(시장)폐지입안(입안일: 2013.11.19, 실효예정일: 2015.11.19))	
	다른 법령 등에 따른 지역·지구 등	가축사육제한구역(가축분뇨의 관리 및 이용에 관한 법률), 대공방어협조구역(위탁고도:77-257m)(군사기지 및 군사시설 보호법), 과밀억제권역(수도권정비계획법)	
「토지이용규제기본법 시행령」 제9조 제4항 각 호에 해당되는 사항		중점경관관리구역(2016-11-24), 서울도심(4대문안) (추가기재)건축법 제2조제1항제11호나목에 따른 도로(도로일부포함)	

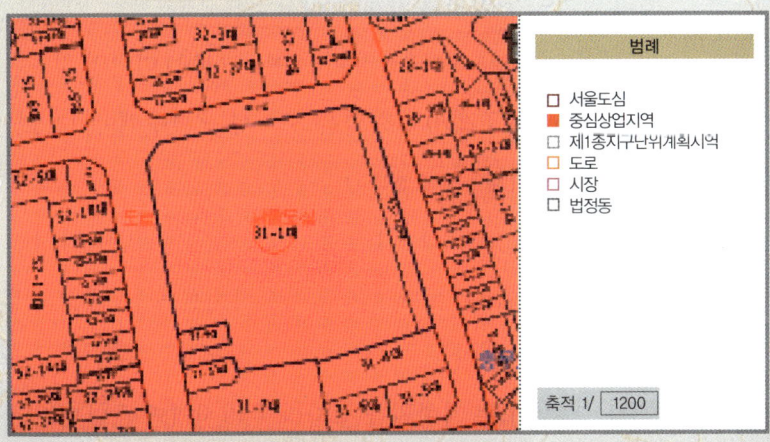

범례
- 서울도심
- 중심상업지역
- 제1종지구단위계획시역
- 도로
- 시장
- 법정동

축척 1/ 1200

중심상업지역에서 건축할 수 없는 건축물

국토의 계획 및 이용에 관한 법률 시행령 [별표 8]

1. 건축할 수 없는 건축물

가. 「건축법 시행령」 별표 1 제1호의 단독주택(다른 용도와 복합된 것은 제외한다)

나. 「건축법 시행령」 별표 1 제2호의 공동주택. 다만, 다음의 어느 하나에 해당하는 공동주택은 제외한다.

　(1) 공동주택과 주거용 외의 용도가 복합된 건축물(다수의 건축물이 일체적으로 연결된 하나의 건축물을 포함한다)로서 공동주택 부분의 면적이 연면적의 합계의 90%(도시·군계획조례로 90퍼센트 미만의 범위에서 별도로 비율을 정한 경우에는 그 비율) 미만인 것

　(2) 「주택법」 제2조제20호에 따른 도시형 생활주택(주거전용면적이 60m² 이하인 경우로 한정한다)

다. 「건축법 시행령」 별표 1 제15호의 숙박시설 중 일반숙박시설 및 생활숙박시설. 다만, 다음의 일반숙박시설 또는 생활숙박시설은 제외한다.

　(1) 공원·녹지 또는 지형지물에 따라 주거지역과 차단되거나 주거지역으로부터 도시·군계획조례로 정하는 거리(건축물의 각 부분을 기준으로 한다) 밖에 건축하는 일반숙박시설

　(2) 공원·녹지 또는 지형지물에 따라 준주거지역 내 주택 밀집지역, 전용주거지역 또는 일반주거지역과 차단되거나 준

주거지역 내 주택 밀집지역, 전용주거지역 또는 일반주거지역으로부터 도시·군계획조례로 정하는 거리(건축물의 각 부분을 기준으로 한다) 밖에 건축하는 생활숙박시설

라. 「건축법 시행령」 별표 1 제16호의 위락시설[공원·녹지 또는 지형지물에 따라 주거지역과 차단되거나 주거지역으로부터 도시·군계획조례로 정하는 거리(건축물의 각 부분을 기준으로 한다) 밖에 건축하는 것은 제외한다]

마. 「건축법 시행령」 별표 1 제17호의 공장(제2호바목에 해당하는 것은 제외한다)

바. 「건축법 시행령」 별표 1 제19호의 위험물 저장 및 처리 시설 중 시내버스차고지 외의 지역에 설치하는 액화석유가스 충전소 및 고압가스 충전소·저장소(「환경친화적 자동차의 개발 및 보급 촉진에 관한 법률」 제2조제9호의 수소연료공급시설은 제외한다)

사. 「건축법 시행령」 별표 1 제20호의 자동차 관련 시설 중 폐차장

아. 「건축법 시행령」 별표 1 제21호의 동물 및 식물 관련 시설

자. 「건축법 시행령」 별표 1 제22호의 자원순환 관련 시설

차. 「건축법 시행령」 별표 1 제26호의 묘지 관련 시설

2. 지역 여건 등을 고려하여 도시·군계획조례로 정하는 바에 따라 건축할 수 없는 건축물

가. 「건축법 시행령」 별표 1 제1호의 단독주택 중 다른 용도와 복합된 것

나.「건축법 시행령」 별표 1 제2호의 공동주택[제1호나목(1)에 해당하는 것은 제외한다]

다.「건축법 시행령」 별표 1 제9호의 의료시설 중 격리병원

라.「건축법 시행령」 별표 1 제10호의 교육연구시설 중 학교

마.「건축법 시행령」 별표 1 제12호의 수련시설

바.「건축법 시행령」 별표 1 제17호의 공장 중 출판업·인쇄업·금은세공업 및 기록매체복제업의 공장으로서 별표 4 제2호차목(1)부터 (6)까지의 어느 하나에 해당하지 않는 것

사.「건축법 시행령」 별표 1 제18호의 창고시설

아.「건축법 시행령」 별표 1 제19호의 위험물 저장 및 처리시설

(제1호바목에 해당하는 것은 제외한다)

자.「건축법 시행령」 별표 1 제20호의 자동차 관련 시설 중 같은 호 나목 및 라목부터 아목까지에 해당하는 것

차.「건축법 시행령」 별표 1 제23호의 교정시설

카.「건축법 시행령」 별표 1 제27호의 관광 휴게시설

타.「건축법 시행령」 별표 1 제28호의 장례시설

파.「건축법 시행령」 별표 1 제29호의 야영장 시설

중심상업지역은 도심·부도심의 상업기능 및 업무기능의 확충을 위하여 지정된 용도지역을 말한다. 명동이 대표적이 중심상업지역이다. 건폐율이 최대 90%까지 허용되기 때문에 건물이 엉덩이를 맞대고 더덕더덕 붙어 있음을 알 수 있다. 용적률도 최대 1,500%까지 허

용이 된다. 건축물의 종류와 관련하여서는 금지행위열거방식(건축할 수 없는 건축물)을 채택하고 있다. 사례 토지는 지구단위계획구역으로 지정되어 있기 때문에 정확한 건축제한을 확인하려면 지구단위계획을 확인하여야 한다.

일반상업지역에서 건축할 수 없는 건축물

지목	대	면적	626.3㎡
개별공시지가(㎡당)	22,850,000원 (2025/01)		
지역·지구 등 지정 여부	「국토의 계획 및 이용에 관한 법률」에 따른 지역·지구 등	도시지역, 일반상업지역, 지구단위계획구역(2005-10-29), 도로(접합)	
	다른 법령 등에 따른 지역·지구 등	가축사육제한구역(가축분뇨의 관리 및 이용에 관한 법률), 가로구역별 최고높이 제한지역(2022-06-09)(건축법), 건축용도지역기타(가로구역별 건축물 최고높이 지정구역)(건축법), 대공방어협조구역(위탁고도:77-257m)(군사기지 및 군사시설 보호법), 과밀억제권역(수도권정비계획법)	
「토지이용규제기본법 시행령」 제9조 제4항 각 호에 해당되는 사항		건축선(2019-04-11)(도로경계선에서 3미터후퇴, 동작구고시 제2019-30호(2019.4.11.), 세부사항 건축과문의)	

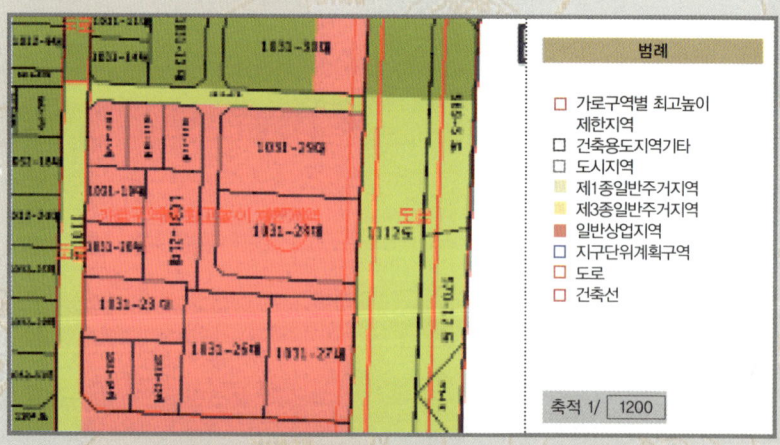

176

일반상업지역에서 건축할 수 없는 건축물

국토의 계획 및 이용에 관한 법률 시행령 [별표 9]

1. 건축할 수 없는 건축물

가. 「건축법 시행령」 별표 1 제15호의 숙박시설 중 일반숙박시설 및 생활숙박시설. 다만, 다음의 일반숙박시설 또는 생활숙박시설은 제외한다.

(1) 공원·녹지 또는 지형지물에 따라 주거지역과 차단되거나 주거지역으로부터 도시·군계획조례로 정하는 거리(건축물의 각 부분을 기준으로 한다) 밖에 건축하는 일반숙박시설

(2) 공원·녹지 또는 지형지물에 따라 준주거지역 내 주택 밀집지역, 전용주거지역 또는 일반주거지역과 차단되거나 준주거지역 내 주택 밀집지역, 전용주거지역 또는 일반주거지역으로부터 도시·군계획조례로 정하는 거리(건축물의 각 부분을 기준으로 한다) 밖에 건축하는 생활숙박시설

나. 「건축법 시행령」 별표 1 제16호의 위락시설[공원·녹지 또는 지형지물에 따라 주거지역과 차단되거나 주거지역으로부터 도시·군계획조례로 정하는 거리(건축물의 각 부분을 기준으로 한다) 밖에 건축하는 것은 제외한다]

다. 「건축법 시행령」 별표 1 제17호의 공장으로서 별표 4 제2호 차목(1)부터 (6)까지의 어느 하나에 해당하는 것

라. 「건축법 시행령」 별표 1 제19호의 위험물 저장 및 처리 시설

중 시내버스차고지 외의 지역에 설치하는 액화석유가스 충전소 및 고압가스 충전소·저장소(「환경친화적 자동차의 개발 및 보급 촉진에 관한 법률」제2조제9호의 수소연료공급시설은 제외한다)

마. 「건축법 시행령」별표 1 제20호의 자동차 관련 시설 중 폐차장

바. 「건축법 시행령」별표 1 제21호가목부터 라목까지의 규정에 따른 시설 및 같은 호 아목에 따른 시설 중 동물과 관련된 가목부터 라목까지의 규정에 따른 시설과 비슷한 것

사. 「건축법 시행령」별표 1 제22호의 자원순환 관련 시설

아. 「건축법 시행령」별표 1 제26호의 묘지 관련 시설

2. 지역 여건 등을 고려하여 도시·군계획조례로 정하는 바에 따라 건축할 수 없는 건축물

가. 「건축법 시행령」별표 1 제1호의 단독주택

나. 「건축법 시행령」별표 1 제2호의 공동주택[공동주택과 주거용 외의 용도가 복합된 건축물(다수의 건축물이 일체적으로 연결된 하나의 건축물을 포함한다)로서 공동주택 부분의 면적이 연면적의 합계의 90%(도시·군계획조례로 90% 미만의 비율을 정한 경우에는 그 비율) 미만인 것은 제외한다]

다. 「건축법 시행령」별표 1 제12호의 수련시설

라. 「건축법 시행령」별표 1 제17호의 공장(제1호다목에 해당하는 것은 제외한다)

마. 「건축법 시행령」별표 1 제19호의 위험물 저장 및 처리 시설 (제1호라목에 해당하는 것은 제외한다)

바.「건축법 시행령」별표 1 제20호의 자동차 관련 시설 중 같은 호 라목부터 아목까지에 해당하는 것

사.「건축법 시행령」별표 1 제21호의 동물 및 식물 관련 시설(제1호바목에 해당하는 것은 제외한다)

아.「건축법 시행령」별표 1 제23호의 교정시설

자.「건축법 시행령」별표 1 제29호의 야영장 시설

일반적인 상업기능 및 업무기능을 담당하게 하기 위하여 지정된 용도지역을 말한다. 독자들이 만나는 대부분의 상업지역은 일반상업지역 토지이다. 주상복합아파트나 오피스텔, 호텔 등을 건축해서 분양 또는 공급하는 기능을 하는 용도지역이다. 건축물의 종류와 관련하여서는 금지행위열거방식(건축할 수 없는 건축물)을 채택하고 있다. 사례 토지는 지구단위계획구역으로 지정되어 있기 때문에 정확한 건축제한을 확인하려면 지구단위계획을 확인하여야 한다.

근린상업지역에서 건축할 수 없는 건축물

지목	대	면적	1,904.6㎡
개별공시지가(㎡당)	22,260,000원 (2025/01)		
지역·지구 등 지정 여부	「국토의 계획 및 이용에 관한 법률」에 따른 지역·지구 등	근린상업지역, 도시지역, 지구단위계획지역	
	다른 법령 등에 따른 지역·지구 등	대공방어협조구역(위탁고도: 77~257m)(군사기지 및 군사시설 보호법), 과밀억제권역(수도권정비계획법)	
「토지이용규제기본법 시행령」 제9조 제4항 각 호에 해당되는 사항		토지거래계약에 관한 허가구역(허가대상: 건축물의 용도(아파트)로 사용되는 부지, 지정기간: 2025.03.24.~2025.09.30)	

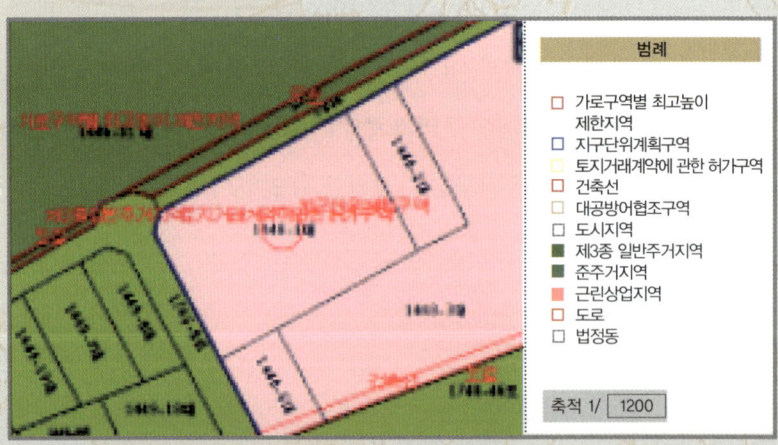

근린상업지역에서 건축할 수 없는 건축물

국토의 계획 및 이용에 관한 법률 시행령 [별표 10]

1. 건축할 수 없는 건축물

가. 「건축법 시행령」 별표 1 제9호의 의료시설 중 격리병원

나. 「건축법 시행령」 별표 1 제15호의 숙박시설 중 일반숙박시설 및 생활숙박시설. 다만, 다음의 일반숙박시설 또는 생활숙박시설은 제외한다.

  (1) 공원·녹지 또는 지형지물에 따라 주거지역과 차단되거나 주거지역으로부터 도시·군계획조례로 정하는 거리(건축물의 각 부분을 기준으로 한다) 밖에 건축하는 일반숙박시설

  (2) 공원·녹지 또는 지형지물에 따라 준주거지역 내 주택 밀집지역, 전용주거지역 또는 일반주거지역과 차단되거나 준주거지역 내 주택 밀집지역, 전용주거지역 또는 일반주거지역으로부터 도시·군계획조례로 정하는 거리(건축물의 각 부분을 기준으로 한다) 밖에 건축하는 생활숙박시설

다. 「건축법 시행령」 별표 1 제16호의 위락시설[공원·녹지 또는 지형지물에 따라 주거지역과 차단되거나 주거지역으로부터 도시·군계획조례로 정하는 거리(건축물의 각 부분을 기준으로 한다) 밖에 건축하는 것은 제외한다]

라. 「건축법 시행령」 별표 1 제17호의 공장으로서 별표 4 제2호 차목(1)부터 (6)까지의 어느 하나에 해당하는 것

마. 「건축법 시행령」 별표 1 제19호의 위험물 저장 및 처리 시설 중 시내버스차고지 외의 지역에 설치하는 액화석유가스 충전소 및 고압가스 충전소·저장소(「환경친화적 자동차의 개발 및 보급 촉진에 관한 법률」 제2조제9호의 수소연료공급시설은 제외한다)

바. 「건축법 시행령」 별표 1 제20호의 자동차 관련 시설 중 같은 호 다목부터 사목까지에 해당하는 것

사. 「건축법 시행령」 별표 1 제21호가목부터 라목까지의 규정에 따른 시설 및 같은 호 아목에 따른 시설 중 동물과 관련된 가목부터 라목까지의 규정에 따른 시설과 비슷한 것

아. 「건축법 시행령」 별표 1 제22호의 자원순환 관련 시설

자. 「건축법 시행령」 별표 1 제26호의 묘지 관련 시설

2. **지역 여건 등을 고려하여 도시·군계획조례로 정하는 바에 따라 건축할 수 없는 건축물**

가. 「건축법 시행령」 별표 1 제2호의 공동주택[공동주택과 주거용 외의 용도가 복합된 건축물(다수의 건축물이 일체적으로 연결된 하나의 건축물을 포함한다)로서 공동주택 부분의 면적이 연면적의 합계의 90%(도시·군계획조례로 90% 미만의 범위에서 별도로 비율을 정한 경우에는 그 비율) 미만인 것은 제외한다]

나. 「건축법 시행령」 별표 1 제5호의 문화 및 집회시설(공연장 및 전시장은 제외한다)

다. 「건축법 시행령」 별표 1 제7호의 판매시설로서 그 용도에 쓰

이는 바닥면적의 합계가 3,000m² 이상인 것

　라.「건축법 시행령」별표 1 제8호의 운수시설로서 그 용도에 쓰이는 바닥면적의 합계가 3,000m² 이상인 것

　마.「건축법 시행령」별표 1 제16호의 위락시설(제1호다목에 해당하는 것은 제외한다)

　바.「건축법 시행령」별표 1 제17호의 공장(제1호라목에 해당하는 것은 제외한다)

　사.「건축법 시행령」별표 1 제18호의 창고시설

　아.「건축법 시행령」별표 1 제19호의 위험물 저장 및 처리 시설 (제1호마목에 해당하는 것은 제외한다)

　자.「건축법 시행령」별표 1 제20호의 자동차 관련 시설 중 같은 호 아목에 해당하는 것

　차.「건축법 시행령」별표 1 제21호의 동물 및 식물 관련 시설(제1호사목에 해당하는 것은 제외한다)

　카.「건축법 시행령」별표 1 제23호의 교정시설

　타.「건축법 시행령」별표 1 제23호의2의 국방·군사시설

　파.「건축법 시행령」별표 1 제25호의 발전시설

　하.「건축법 시행령」별표 1 제27호의 관광 휴게시설

근린상업지역은 근린지역에서의 일용품 및 서비스의 공급을 위하여 지정된 용도지역을 말한다. 일반상업지역이나 중심상업지역과 비교하여서는 상대적으로 소규모로 지정되어 있다. 건축물의 종류와 관

련하여서는 금지행위열거방식(건축할 수 없는 건축물)을 채택하고 있다. 사례 토지는 지구단위계획구역으로 지정되어 있기 때문에 정확한 건축제한을 확인하려면 지구단위계획을 확인하여야 한다.

유통상업지역에서 건축할 수 없는 건축물

지목	대	면적	1,295.4㎡
개별공시지가(㎡당)	8,641,000원 (2025/01)		

지역·지구 등 지정 여부	「국토의 계획 및 이용에 관한 법률」에 따른 지역·지구 등	유통상업지역, 지구단위계획구역, 중로3류(폭12m~15m)(접합)
	다른 법령 등에 따른 지역·지구 등	가축사육제한구역(가축분뇨의 관리 및 이용에 관한 법률), 상대보호구역(교육환경 보호에 관한 법률), 대공방어협조구역(군사기지 및 군사시설 보호법), 과밀억제권역(수도권정비계획법), (한강)폐기물매립시설 설치제한지역(한강수계 상수원수질개선 및 주민지원 등에 관한 법률)
「토지이용규제기본법 시행령」 제9조 제4항 각 호에 해당되는 사항		토지거래계약에 관한 허가구역(2024-09-10)(토지거래허가구역(지목「토지」 한정)(2024.9.10.~2029.9.9))

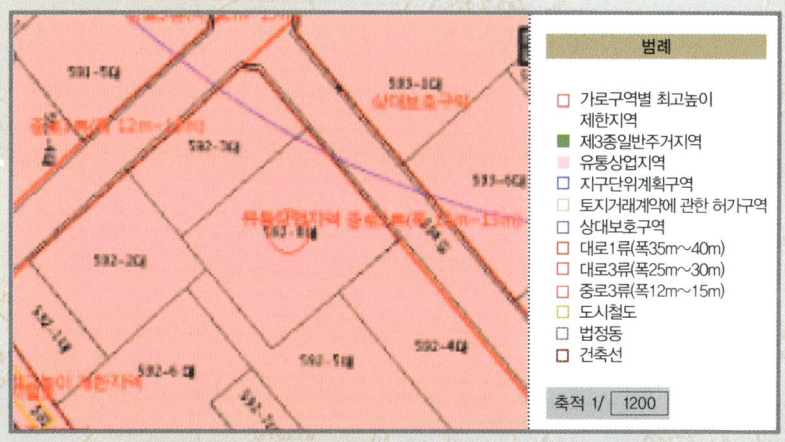

유통상업지역에서 건축할 수 없는 건축물

국토의 계획 및 이용에 관한 법률 시행령 [별표 11]

1. 건축할 수 없는 건축물

가. 「건축법 시행령」 별표 1 제1호의 단독주택

나. 「건축법 시행령」 별표 1 제2호의 공동주택

다. 「건축법 시행령」 별표 1 제9호의 의료시설

라. 「건축법 시행령」 별표 1 제15호의 숙박시설 중 일반숙박시설 및 생활숙박시설. 다만, 다음의 일반숙박시설 또는 생활숙박시설은 제외한다.

(1) 공원·녹지 또는 지형지물에 따라 주거지역과 차단되거나 주거지역으로부터 도시·군계획조례로 정하는 거리(건축물의 각 부분을 기준으로 한다) 밖에 건축하는 일반숙박시설

(2) 공원·녹지 또는 지형지물에 따라 준주거지역 내 주택 밀집지역, 전용주거지역 또는 일반주거지역과 차단되거나 준주거지역 내 주택 밀집지역, 전용주거지역 또는 일반주거지역으로부터 도시·군계획조례로 정하는 거리(건축물의 각 부분을 기준으로 한다) 밖에 건축하는 생활숙박시설

마. 「건축법 시행령」 별표 1 제16호의 위락시설[공원·녹지 또는 지형지물에 따라 주거지역과 차단되거나 주거지역으로부터 도시·군계획조례로 정하는 거리(건축물의 각 부분을 기준으로 한다) 밖에 건축하는 것은 제외한다]

바. 「건축법 시행령」 별표 1 제17호의 공장

사. 「건축법 시행령」 별표 1 제19호의 위험물 저장 및 처리 시설 중 시내버스차고지 외의 지역에 설치하는 액화석유가스 충전소 및 고압가스 충전소·저장소(「환경친화적 자동차의 개발 및 보급 촉진에 관한 법률」 제2조제9호의 수소연료공급시설은 제외한다)

아. 「건축법 시행령」 별표 1 제21호의 동물 및 식물 관련 시설

자. 「건축법 시행령」 별표 1 제22호의 자원순환 관련 시설

차. 「건축법 시행령」 별표 1 제26호의 묘지 관련 시설

2. 지역 여건 등을 고려하여 도시·군계획조례로 정하는 바에 따라 건축할 수 없는 건축물

가. 「건축법 시행령」 별표 1 제4호의 제2종 근린생활시설

나. 「건축법 시행령」 별표 1 제5호의 문화 및 집회시설(공연장 및 전시장은 제외한다)

다. 「건축법 시행령」 별표 1 제6호의 종교시설

라. 「건축법 시행령」 별표 1 제10호의 교육연구시설

마. 「건축법 시행령」 별표 1 제11호의 노유자시설

바. 「건축법 시행령」 별표 1 제12호의 수련시설

사. 「건축법 시행령」 별표 1 제13호의 운동시설

아. 「건축법 시행령」 별표 1 제15호의 숙박시설(제1호라목에 해당하는 것은 제외한다)

자. 「건축법 시행령」 별표 1 제16호의 위락시설(제1호마목에 해당하

는 것은 제외한다)

차. 「건축법 시행령」 별표 1 제19호의 위험물 저장 및 처리시설

　　(제1호사목에 해당하는 것은 제외한다)

카. 「건축법 시행령」 별표 1 제20호의 자동차 관련 시설(주차장 및

　　세차장은 제외한다)

타. 「건축법 시행령」 별표 1 제23호의 교정시설

파. 「건축법 시행령」 별표 1 제23호의2의 국방·군사시설

하. 「건축법 시행령」 별표 1 제24호의 방송통신시설

거. 「건축법 시행령」 별표 1 제25호의 발전시설

너. 「건축법 시행령」 별표 1 제27호의 관광 휴게시설

더. 「건축법 시행령」 별표 1 제28호의 장례시설

러. 「건축법 시행령」 별표 1 제29호의 야영장 시설

유통상업지역은 도시내 및 지역간 유통기능의 증진을 위하여 지정된 용도지역을 말한다. 역시 일반상업지역이나 중심상업지역과 비교하여서는 상대적으로 소규모로 지정되어 있다. 건축물의 종류와 관련하여서는 금지행위열거방식(건축할 수 없는 건축물)을 채택하고 있다. 사례 토지는 지구단위계획구역으로 지정되어 있기 때문에 정확한 건축제한을 확인하려면 지구단위계획을 확인하여야 한다.

전용공업지역에서 건축할 수 있는 건축물

지목	잡종지		면적	722,192㎡
개별공시지가(㎡당)	852,500원 (2025/01)			
지역·지구 등 지정 여부	「국토의 계획 및 이용에 관한 법률」에 따른 지역·지구 등		전용공업지역, 중요시설물보호지구(항만)(2015-04-01), 보조간선도로 (2014-07-30)(대로1-3호선)(접합), 항만	
	다른 법령 등에 따른 지역·지구 등		가축사육제한구역(2011.03.29)(가축분뇨의 관리 및 이용에 관한 법률), 철도보호지구(2020-12-17)(국가철도공단에서 제작된 철도보호지구)(철도안전법), 항만구역(항만법)	
「토지이용규제기본법 시행령」 제9조 제4항 각 호에 해당되는 사항				

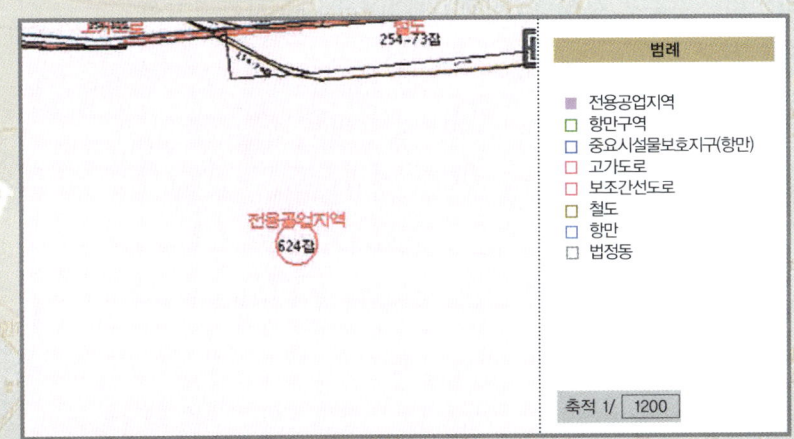

범례
- 전용공업지역
- 항만구역
- 중요시설물보호지구(항만)
- 고가도로
- 보조간선도로
- 철도
- 항만
- 법정동

축적 1/ 1200

전용공업지역에서 건축할 수 있는 건축물

국토의 계획 및 이용에 관한 법률 시행령 [별표 12]

1. 건축할 수 있는 건축물

    가. 「건축법 시행령」 별표 1 제3호의 제1종 근린생활시설

    나. 「건축법 시행령」 별표 1 제4호의 제2종 근린생활시설[같은 호 아목·자목·타목(기원만 해당한다)·더목 및 러목은 제외한다]

    다. 「건축법 시행령」 별표 1 제17호의 공장

    라. 「건축법 시행령」 별표 1 제18호의 창고시설

    마. 「건축법 시행령」 별표 1 제19호의 위험물저장 및 처리시설

    바. 「건축법 시행령」 별표 1 제20호의 자동차관련시설

    사. 「건축법 시행령」 별표 1 제22호의 자원순환 관련 시설

    아. 「건축법 시행령」 별표 1 제25호의 발전시설

2. 도시·군계획조례가 정하는 바에 의하여 건축할 수 있는 건축물

    가. 「건축법 시행령」 별표 1 제2호의 공동주택 중 기숙사

    나. 「건축법 시행령」 별표 1 제4호의 제2종 근린생활시설 중 같은 호 아목·자목·타목(기원만 해당한다) 및 러목에 해당하는 것

    다. 「건축법 시행령」 별표 1 제5호의 문화 및 집회시설 중 산업전시장 및 박람회장

    라. 「건축법 시행령」 별표 1 제7호의 판매시설(해당전용공업지역에 소재하는 공장에서 생산되는 제품을 판매하는 경우에 한한다)

마. 「건축법 시행령」 별표 1 제8호의 운수시설

바. 「건축법 시행령」 별표 1 제9호의 의료시설

사. 「건축법 시행령」 별표 1 제10호의 교육연구시설 중 직업훈련소(「국민 평생 직업능력 개발법」 제2조제3호에 따른 직업능력개발훈련시설과 그 밖에 동법 제32조에 따른 직업능력개발훈련법인이 직업능력개발훈련을 실시하기 위하여 설치한 시설에 한한다)·학원(기술계학원에 한한다) 및 연구소(공업에 관련된 연구소, 「고등교육법」에 따른 기술대학에 부설되는 것과 공장대지 안에 부설되는 것에 한한다)

아. 「건축법 시행령」 별표 1 제11호의 노유자시설

자. 「건축법 시행령」 별표 1 제23호의 교정시설

차. 「건축법 시행령」 별표 1 제23호의2 국방·군사시설

카. 「건축법 시행령」 별표 1 제24호의 방송통신시설

전용공업지역은 주로 중화학공업, 공해성 공업 등을 수용하기 위하여 지정된 용도지역을 말한다. 주로 공장, 창고 등이 허용되고 있다. 일반적으로 개발이 용이한 토지에 해당하지 않기 때문에 주의를 요한다.

일반공업지역에서 건축할 수 있는 건축물

지목	대	면적	180㎡
개별공시지가(㎡당)	1,664,000원 (2025/01)		
지역·지구 등 지정 여부	「국토의 계획 및 이용에 관한 법률」에 따른 지역·지구 등	도시지역, 일반공업지역	
	다른 법령 등에 따른 지역·지구 등	가축사육제한구역〈가축분뇨의 관리 및 이용에 관한 법률〉, 도시교통정비지역〈도시교통정비촉진법〉, 과밀억제권역〈수도권정비계획법〉, 폐기물처리시설설치지역〈간접영향권〉〈폐기물처리시설 설치 촉진 및 주변지역지원 등에 관한 법률〉	
「토지이용규제기본법 시행령」 제9조 제4항 각 호에 해당되는 사항			

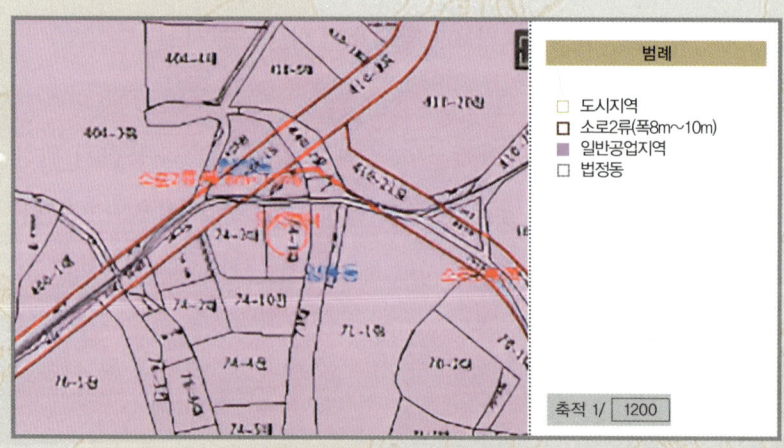

범례
- 도시지역
- 소로2류(폭8m~10m)
- 일반공업지역
- 법정동

축적 1/ 1200

일반공업지역에서 건축할 수 있는 건축물

국토의 계획 및 이용에 관한 법률 시행령 [별표 13]

1. 건축할 수 있는 건축물

가. 「건축법 시행령」 별표 1 제3호의 제1종 근린생활시설

나. 「건축법 시행령」 별표 1 제4호의 제2종 근린생활시설(단란주점 및 안마시술소를 제외한다)

다. 「건축법 시행령」 별표 1 제7호의 판매시설(해당일반공업지역에 소재하는 공장에서 생산되는 제품을 판매하는 시설에 한한다)

라. 「건축법 시행령」 별표 1 제8호의 운수시설

마. 「건축법 시행령」 별표 1 제17호의 공장

바. 「건축법 시행령」 별표 1 제18호의 창고시설

사. 「건축법 시행령」 별표 1 제19호의 위험물저장 및 처리시설

아. 「건축법 시행령」 별표 1 제20호의 자동차관련시설

자. 「건축법 시행령」 별표 1 제22호의 자원순환 관련 시설

차. 「건축법 시행령」 별표 1 제25호의 발전시설

2. 도시·군계획조례가 정하는 바에 의하여 건축할 수 있는 건축물

가. 「건축법 시행령」 별표 1 제1호의 단독주택

나. 「건축법 시행령」 별표 1 제2호의 공동주택 중 기숙사

다. 「건축법 시행령」 별표 1 제4호의 제2종 근린생활시설 중 안마시술소

라. 「건축법 시행령」 별표 1 제5호의 문화 및 집회시설 중 동호라목에 해당하는 것

마. 「건축법 시행령」 별표 1 제6호의 종교시설

바. 「건축법 시행령」 별표 1 제9호의 의료시설

사. 「건축법 시행령」 별표 1 제10호의 교육연구시설

아. 「건축법 시행령」 별표 1 제11호의 노유자시설

자. 「건축법 시행령」 별표 1 제12호의 수련시설

차. 「건축법 시행령」 별표 1 제14호의 업무시설(일반업무시설로서 「산업집적활성화 및 공장설립에 관한 법률」 제2조제13호에 따른 지식산업센터에 입주하는 지원시설에 한정한다)

카. 「건축법 시행령」 별표 1 제21호의 동물 및 식물관련시설

타. 「건축법 시행령」 별표 1 제23호의 교정시설

파. 「건축법 시행령」 별표 1 제23호의2의 국방·군사시설

하. 「건축법 시행령」 별표 1 제24호의 방송통신시설

거. 「건축법 시행령」 별표 1 제28호의 장례시설

너. 「건축법 시행령」 별표 1 제29호의 야영장 시설

일반공업지역은 환경을 저해하지 아니하는 공업의 배치를 위하여 지정된 용도지역을 말한다. 대게의 경우 공장 등이 입지해 있으며, 수도권의 역세권은 지식산업센터로 개발된 또는 개발되가고 있는 일반공업지역 토지를 많이 볼 수 있다.

준공업지역에서 건축할 수 없는 건축물

지목	공장용지		면적	4,989.8㎡
개별공시지가(㎡당)	10,410,000원 (2025/01)			
지역·지구 등 지정 여부	「국토의 계획 및 이용에 관한 법률」에 따른 지역·지구 등	도시지역, 준공업지역(지구단위계획수립 가능 여부 사전협의)		
	다른 법령 등에 따른 지역·지구 등	가로구역별 최고높이 제한지역(2015-08-27)(건축법), 대공방어협조구역(77-257m)(군사기지 및 군사시설 보호법), 과밀억제권역(수도권정비계획법), (한강)폐기물매립시설 설치제한지역(한강수계 상수원수질개선 및 주민지원 등에 관한 법률)		
「토지이용규제기본법 시행령」 제9조 제4항 각 호에 해당되는 사항				

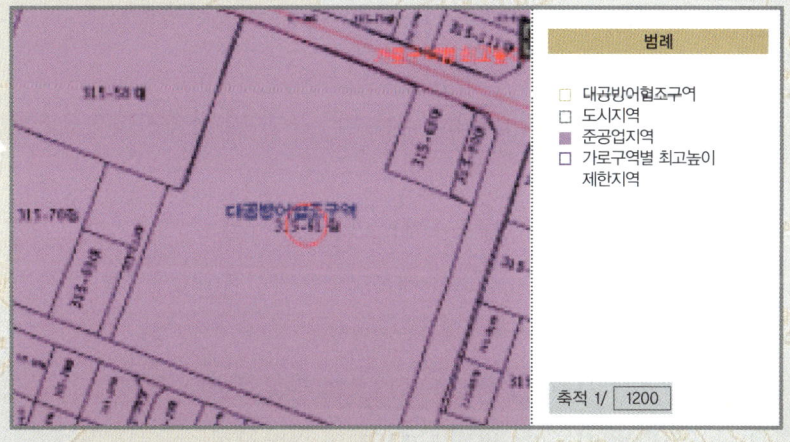

범례
- □ 대공방어협조구역
- □ 도시지역
- ■ 준공업지역
- □ 가로구역별 최고높이 제한지역

축적 1/ 1200

준공업지역에서 건축할 수 없는 건축물

국토의 계획 및 이용에 관한 법률 시행령 [별표 13]

1. 건축할 수 없는 건축물

가. 「건축법 시행령」 별표 1 제16호의 위락시설

나. 「건축법 시행령」 별표 1 제26호의 묘지 관련 시설

2. 지역 여건 등을 고려하여 도시·군계획조례로 정하는 바에 따라 건축할 수 없는 건축물

가. 「건축법 시행령」 별표 1 제1호의 단독주택

나. 「건축법 시행령」 별표 1 제2호의 공동주택(기숙사는 제외한다)

다. 「건축법 시행령」 별표 1 제4호의 제2종 근린생활시설 중 단란주점 및 안마시술소

라. 「건축법 시행령」 별표 1 제5호의 문화 및 집회시설(공연장 및 전시장은 제외한다)

마. 「건축법 시행령」 별표 1 제6호의 종교시설

바. 「건축법 시행령」 별표 1 제7호의 판매시설(해당 준공업지역에 소재하는 공장에서 생산되는 제품을 판매하는 시설은 제외한다)

사. 「건축법 시행령」 별표 1 제13호의 운동시설

아. 「건축법 시행령」 별표 1 제15호의 숙박시설

자. 「건축법 시행령」 별표 1 제17호의 공장으로서 해당 용도에 쓰이는 바닥면적의 합계가 5,000m^2 이상인 것

차. 「건축법 시행령」 별표 1 제21호의 동물 및 식물 관련 시설

카. 「건축법 시행령」 별표 1 제23호의 교정시설
　　　타. 「건축법 시행령」 별표 1 제23호의2의 국방·군사시설
　　　파. 「건축법 시행령」 별표 1 제27호의 관광 휴게시설

준공업지역은 경공업 그 밖의 공업을 수용하되, 주거기능·상업기능 및 업무기능의 보완이 필요한 용도지역을 말한다. 서울에서는 영등포구와 구로구, 양천구, 성동구 등에 많이 지정되어 있다. 그 중에서도 요즘 가장 hot한 지역이 성수동의 준공업지역이다. 건축물의 종류와 관련하여서는 금지행위열거방식(건축할 수 없는 건축물)을 채택하고 있다. 그러나 토지가 처한 상황이나 주변현황, 지방자치단체의 방침 등에 따라서 건축할 수 있는 건축물의 종류가 가장 변화 무쌍한 곳이 준공업지역이다. 분석에 주의를 요하며 서울에서 가장 흥미로운 용도지역 중의 하나가 준공업지역이다.

[성수동 준공업지역 토지   출처: 이음지도]

보전녹지지역의 전

지목	전	면적	440㎡
개별공시지가(㎡당)	1,514,000원 (2025/01)		
지역·지구 등 지정 여부	「국토의 계획 및 이용에 관한 법률」에 따른 지역·지구 등	도시지역, 보전녹지지역	
	다른 법령 등에 따른 지역·지구 등	비행안전제6구역(전술)〈군사기지 및 군사시설 보호법〉, 제한보호구역(전술항공: 5km)〈군사기지 및 군사시설 보호법〉, 대기환경규제지역〈대기환경보전법〉, 도시교통정비지역〈도시교통정비촉진법〉, 과밀억제권역〈수도권정비계획법〉, 배수구역(성남배수구역)〈하수도법〉	
「토지이용규제기본법 시행령」 제9조 제4항 각 호에 해당되는 사항	〈추가기재〉 농지법 제8조의 규정이 적용되는 농지		

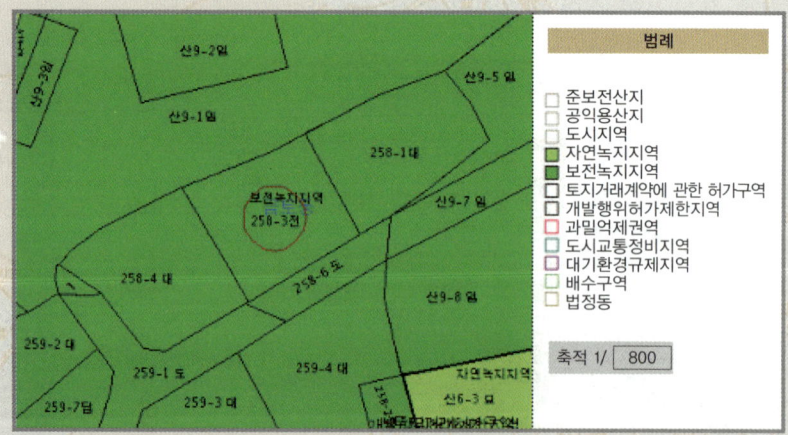

도시지역 및 녹지지역

① 도시지역의 구분

도시지역은 인구와 산업이 밀집되어 있거나 밀집이 예상되어 그 지역에 대하여 체계적인 개발·정비·관리·보전 등이 필요한 지역을 말하며, 도시지역은 주거지역, 상업지역, 공업지역, 녹지지역으로 구분하여 지정되어 있다.

② 녹지지역의 세분

녹지지역은 도시지역 중의 하나로 자연환경·농지 및 산림의 보호, 보건위생, 보안과 도시의 무질서한 확산을 방지하기 위하여 녹지의 보전이 필요한 지역을 말하며, 보전녹지지역, 생산녹지역, 자연녹지지역으로 세분하여 지정되어 있다.

보전녹지지역

보전녹지지역은 '도시의 자연환경·경관·산림 및 녹지공간을 보전할 필요가 있는 지역'을 말한다.

> [별표15] 보전녹지지역 안에서 건축할 수 있는 건축물
> 사례 토지는 보전녹지지역에 해당한다. 보전녹지지역에서의 건축제한은 허용행위열거방식을 채택하고 있다. 따라서 '건축할 수 있는 건축물'로 열거된 건축물만 해당 용도지역에서 건축 또는 개발할 수 있다. 보전녹지지역에서는 다음과 같은 건축물이 허용되고 있다.

1. 건축할 수 있는 건축물(4층 이하의 건축물에 한한다. 다만 4층 이하의 범위 안에서 도시·군계획조례로 따로 층수를 정하는 경우에는 그 층수 이하의 건축물에 한한다.)	가.「건축법 시행령」별표 1 제10호의 교육연구시설 중 초등학교(졸업 시 초등학교 졸업학력과 동등한 학력이 인정되는 학교를 포함한다) 나.「건축법 시행령」별표 1 제18호가목의 창고(농업·임업·축산업·수산업용만 해당한다) 다.「건축법 시행령」별표 1 제23호의 교정시설 라.「건축법 시행령」별표 1 제23호의2의 국방·군사시설
2. 도시·군계획조례가 정하는 바에 의하여 건축할 수 있는 건축물(4층 이하의 건축물에 한한다. 다만 4층 이하의 범위 안에서 도시·군계획조례로 따로 층수를 정하는 경우에는 그 층수 이하의 건축물에 한한다.)	가.「건축법 시행령」별표 1 제1호의 단독주택(다가구주택을 제외한다) 나.「건축법 시행령」별표 1 제3호의 제1종 근린생활시설로서 해당용도에 쓰이는 바닥면적의 합계가 500제곱미터 미만인 것 다.「건축법 시행령」별표 1 제4호의 제2종 근린생활시설 중 종교집회장 라.「건축법 시행령」별표 1 제5호의 문화 및 집회시설 중 동호 라목에 해당하는 것 마.「건축법 시행령」별표 1 제6호의 종교시설 바.「건축법 시행령」별표 1 제9호의 의료시설 사.「건축법 시행령」별표 1 제10호의 교육연구시설 중 유치원·중학교·고등학교(졸업 시 중학교·고등학교 졸업학력과 동등한 학력이 인정되는 학교를 포함한다) 아.「건축법 시행령」별표 1 제11호의 노유자시설 자.「건축법 시행령」별표 1 제19호의 위험물저장 및 처리시설 중 액화석유가스충전소 및 고압가스충전·저장소 차.「건축법 시행령」별표 1 제21호의 시설(같은 호 다목 및 라목에 따른 시설과 같은 호 아목에 따른 시설 중 동물과 관련된 다목 및 라목에 따른 시설과 비슷한 것은 제외한다) 카.「건축법 시행령」별표 1 제22호가목의 하수 등 처리시설(「하수도법」제2조제9호에 따른 공공하수처리시설만 해당한다) 타.「건축법 시행령」별표 1 제26호의 묘지관련시설 파.「건축법 시행령」별표 1 제28호의 장례시설 하.「건축법 시행령」별표 1 제29호의 야영장 시설

용도지역에서 건축할 수 있는 건축물은 해당 시·군의 '도시·군계획조례'의 별표에서 열거하고 있다. 허용되는 행위는 '1. (국토계획법 시행령에 의하여)건축할 수 있는 건축물'과 '2. 해당 도시·군계획조례가 정하는 바에 의하여 건축할 수 있는 건축물'의 두 가지로 열거되어 있다. 1번과 2번 중 둘 중 하나에서만 열거되면 해당 용도지역에서 건축할 수 있는 건축물이며, 권한의 위임에 의해서 1번과 2번에 중복되어 열거되지는 않는다. 1번에 의하여 건축할 수 있는 건축물은 '국토계획법 시행령'으로 정하고 있는 사항으로서 전국적으로 동일하며, 2번에 의하여 건축할 수 있는 건축물은 '도시·군계획조례'로 정하는 사항이기 때문에 시·군마다 조금씩 차이가 난다. 그러나 차이는 1~2% 내외에 불과하기 때문에 실질적으로는 거의 일치한다고 할 수 있다.

☞ 이 책에서는 건축할 수 있는 건축물을 '국토계획법'에서 규정한 내용을 가지고 설명하고 있으므로 개별 토지를 분석할 때는 반드시 해당 시·군의 '도시·군계획조례'를 보고 확인하여야 한다.

토지투자 분석표

사례 보전녹지지역의 토지투자분석표를 작성하여 보면 다음과 같다.

▣ 토지투자 분석표

규제법령	항목	해당유무
① 공간정보관리법	지목	전
② 국토계획법	용도지역	보전녹지지역
	용도지구	-
	용도구역 등	-
③ 농지법, 산지관리법, 초지법	농지·산지·초지 여부	농업진흥지역 밖에 있는 농지
④ 개발제한구역특별법	그린벨트 여부	해당 없음
⑤ ③~④항 외 다른 법령 등에 따른 지역·지구 등	기타	제한보호구역, 과밀억제권역 등

① 사례 토지의 '공간정보관리법'상 지목은 전이다. 지목에 대한 설명은 앞에서 이루어졌으므로 생략한다.

② 사례 토지의 '국토계획법'상 용도지역은 보전녹지지역으로 지정되어 있다. 즉, 사례 토지를 가지고 개발을 하고자 할 때 보전녹지에서의 건축제한을 적용받아야 한다는 의미이며, 본 장의 설명 포인트는 여기에 있다.

> ● **건폐율·용적률·건축물의 높이**
>
> 사례 토지는 성남시에 소재하는 토지로서 '성남시 도시계획조례'에 따르면 보전녹지지역은 건폐율 20% 이하, 용적률 70% 이하, 건축물의 높이 3층(주택을 포함하는 경우에는 2층) 이하를 적용받고 있다.

● **건축할 수 있는 건축물(건축물의 용도)**

[별표15] 보전녹지지역 안에서 건축할 수 있는 건축물을 적용하면 되고, 실무에서는 토지가 소재하는 '성남시 도시계획조례'의 보전녹지지역 안에서 건축할 수 있는 건축물을 적용하여 판단하면 된다.

- '1. 건축할 수 있는 건축물'에 의하여 농업·임업·축산업·수산업용 창고가 허용되고 있다.
- '2. 도시·군계획조례가 정하는 바에 의하여 건축할 수 있는 건축물'에 의하여 단독주택, 500m^2 미만의 제1종 근린생활시설, 제2종 근린생활시설 중 종교집회장, 어린이집 등의 노유자시설, 충전소, 묘지관련시설, 장례식장, 야영장시설 등이 허용되고 있다. 단독주택이 허용되므로 입지가 좋다면 전원주택 분양사업 등이 가능하다. 검토대상 토지 주변도 '대'가 많이 위치하고 있는 것으로 보아 주로 단독주택으로 개발이 되어 있는 것으로 보인다.
- '건축할 수 없는 건축물'과 관련하여 '보전' 자가 들어가는 용도지역 즉, 보전녹지지역, 보전관리지역, 자연환경보전지역에서는 어떤 형태의 공장도 허용되지 않는다. 일반창고, 일반음식점, 주유소, 숙박시설 등도 허용되지 않고 있다.

③ 농지 및 산지 구분과 관련하여 사례 토지 '전'은 농지에 해당하며, 구체적으로 농업진흥지역 밖에 있는 농지에 해당한다.

④ 그린벨트(개발제한구역) 토지 여부와 관련하여 사례 토지는 그린벨트 토지에 해당하지 않는다.

⑤ '③~④항 외 다른 법령 등에 따른 지역·지구 등'에 해당하는 사항으로는 제한보호구역, 과밀억제권역 등으로 지정되어 있다.

개발행위허가의 규모

보전녹지지역은 '하나의 개발행위'로 최대 5,000m^2 미만까지 개발할 수 있다.

보전녹지지역의 임야

지목	임야	면적	462m²
개별공시지가(m²당)	80,100원 (2025/01)		
지역·지구 등 지정 여부	「국토의 계획 및 이용에 관한 법률」에 따른 지역·지구 등	도시지역, 보전녹지지역	
	다른 법령 등에 따른 지역·지구 등	비행안전제6구역(전술)(군사기지 및 군사시설 보호법), 제한보호구역(전술항공: 5km)(군사기지 및 군사시설 보호법), 공익용산지(산지관리법), 과밀억제권역(수도권정비계획법), 배수구역(성남배수구역)(하수도법)	
	「토지이용규제기본법 시행령」 제9조 제4항 각 호에 해당되는 사항		

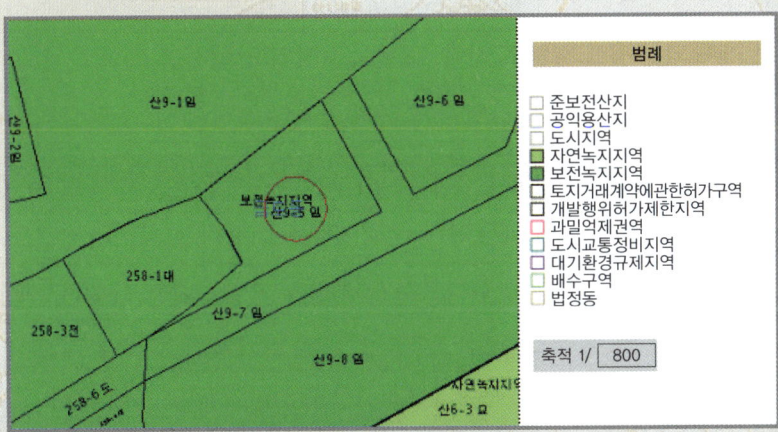

건축제한

보전녹지지역 임야에서의 건축제한은 보전녹지지역 전과 차이가 없다. 앞 사례의 보전녹지지역 전과 똑같은 건폐율, 용적률, 건축할 수 있는 건축물, 높이에 대한 규제를 받는다. 해당 토지가 비록 '산지관리법'상 공익용산지에 해당하지만 보전녹지지역 임야(또는 산지)는 공익용산지의 행위제한을 적용받지 않는다는 점에 유의하여야 한다.(산지관리법제12조제③항) 보전산지(공익용산지) 부분은 별도의 사례 지적도에서 설명된다.

보전녹지지역과 단독주택 개발

보전녹지지역은 도시의 외곽에 지정되어 있으며 주로 단독주택부지로 개발되는 용도지역 토지다. 보전녹지지역 안에서 건축할 수 있는 건축물은 나름 종류가 다양하게 존재하지만 그중에서 가장 보편적인 입지는 단독주택부지이고, 나머지 건축물은 입지가 맞지 않으면 유명무실한 건축물에 해당한다고 할 수 있다. 따라서 보전녹지지역 토지를 투자할 때는 단독주택으로서의 입지가 맞는지를 최우선으로 고려해봐야 할 것이다. 다만, 거주기간 등 허가자의 자격에 제한이 있을 수 있으므로 반드시 토지소재 시·군의 도시계획조례를 확인하여야 한다.

개발행위허가의 규모

보전녹지지역 임야 역시 '하나의 개발행위'로 최대 5,000m^2 미만까지 개발할 수 있다.

생산녹지지역의 답

지목	답	면적	2,790㎡
개별공시지가(㎡당)	84,300원 (2025/01)		
지역·지구 등 지정 여부	「국토의 계획 및 이용에 관한 법률」에 따른 지역·지구 등	생산녹지지역	
	다른 법령 등에 따른 지역·지구 등	성장관리권역〈수도권정비계획법〉	
	「토지이용규제기본법 시행령」 제9조 제4항 각 호에 해당되는 사항		

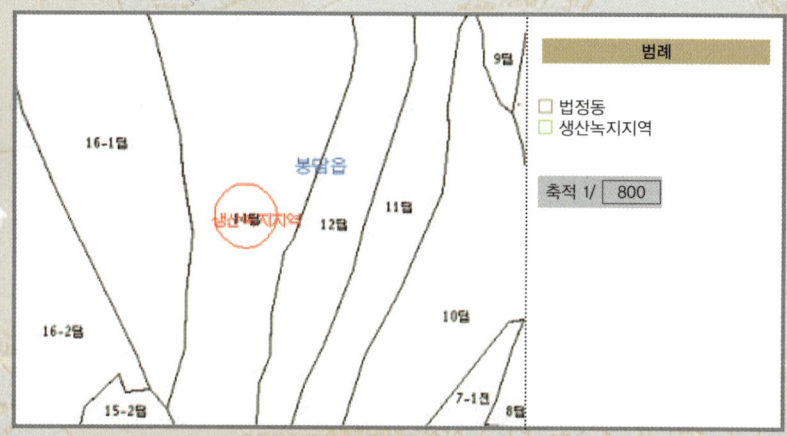

생산녹지지역이란?

생산녹지지역은 도시지역에 해당하는 녹지지역 중의 하나로 '주로 농업적 생산을 위하여 개발을 유보할 필요가 있는 지역'을 말한다.

> **[별표16] 생산녹지지역 안에서 건축할 수 있는 건축물**
> 사례 토지는 생산녹지지역에 해당한다. 생산녹지지역에서의 건축제한은 허용행위열거방식을 채택하고 있다. 따라서 '건축할 수 있는 건축물'로 열거된 건축물만 해당 용도지역에서 건축 또는 개발할 수 있다. 생산녹지지역에서는 다음과 같은 건축물이 허용되고 있다.

1. 건축할 수 있는 건축물(4층 이하의 건축물에 한한다. 다만 4층 이하의 범위 안에서 도시·군계획조례로 따로 층수를 정하는 경우에는 그 층수 이하의 건축물에 한한다.)	가. 「건축법 시행령」 별표 1 제1호의 단독주택 나. 「건축법 시행령」 별표 1 제3호의 제1종 근린생활시설 다. 「건축법 시행령」 별표 1 제10호의 교육연구시설 중 유치원·초등학교(졸업 시 초등학교 졸업학력과 동등한 학력이 인정되는 학교를 포함한다) 라. 「건축법 시행령」 별표 1 제11호의 노유자시설 마. 「건축법 시행령」 별표 1 제12호의 수련시설 바. 「건축법 시행령」 별표 1 제13호의 운동시설 중 운동장 사. 「건축법 시행령」 별표 1 제18호가목의 창고(농업·임업·축산업·수산업용만 해당한다) 아. 「건축법 시행령」 별표 1 제19호의 위험물저장 및 처리시설 중 액화석유가스충전소 및 고압가스충전·저장소 자. 「건축법 시행령」 별표 1 제21호의 시설(같은 호 다목 및 라목에 따른 시설과 같은 호 아목에 따른 시설 중 동물과 관련된 다목 및 라목에 따른 시설과 비슷한 것은 제외한다) 차. 「건축법 시행령」 별표 1 제23호의 교정시설 카. 「건축법 시행령」 별표 1 제23호의2의 국방·군사시설 타. 「건축법 시행령」 별표 1 제24호의 방송통신시설 파. 「건축법 시행령」 별표 1 제25호의 발전시설 하. 「건축법 시행령」 별표 1 제29호의 야영장 시설

2. 도시·군계획조례가 정하는 바에 의하여 건축할 수 있는 건축물(4층 이하의 건축물에 한한다. 다만 4층 이하의 범위 안에서 도시·군계획 조례로 따로 층수를 정하는 경우에는 그 층수 이하의 건축물에 한한다.)	가. 「건축법 시행령」 별표 1 제2호의 공동주택(아파트를 제외한다) 나. 「건축법 시행령」 별표 1 제4호의 제2종 근린생활시설로서 해당용도에 쓰이는 바닥면적의 합계가 1천제곱미터 미만인 것(단란주점을 제외한다) 다. 「건축법 시행령」 별표 1 제5호의 문화 및 집회시설 중 동호 나목 및 라목에 해당하는 것 라. 「건축법 시행령」 별표 1 제7호의 판매시설(농업·임업·축산업·수산업용에 한한다) 마. 「건축법 시행령」 별표 1 제9호의 의료시설 바. 「건축법 시행령」 별표 1 제10호의 교육연구시설 중 중학교·고등학교(졸업 시 중학교·고등학교 졸업학력과 동등한 학력이 인정되는 학교를 포함한다.)·교육원(농업·임업·축산업·수산과 관련된 교육시설로 한정한다)·직업훈련소 및 연구소(농업·임업·축산업·수산업과 관련된 연구소로 한정한다) 사. 「건축법 시행령」 별표 1 제13호의 운동시설(운동장을 제외한다) 아. 「건축법 시행령」 별표 1 제17호의 공장 중 도정공장·식품공장·제1차산업생산품 가공공장 및 「산업집적활성화 및 공장설립에 관한 법률 시행령」 별표 1의2 제2호마목의 첨단업종의 공장(이하 "첨단업종의 공장"이라 한다)으로서 다음의 어느 하나에 해당하지 아니하는 것 (1) 「대기환경보전법」 제2조제9호에 따른 특정대기유해물질이 같은 법 시행령 제11조제1항제1호에 따른 기준 이상으로 배출되는 것 (2) 「대기환경보전법」 제2조제11호에 따른 대기오염물질 배출시설에 해당하는 시설로서 같은 법 시행령 별표 1에 따른 1종사업장 내지 3종사업장에 해당하는 것 (3) 「물환경보전법」 제2조제8호에 따른 특정수질유해물질이 같은 법 시행령 제31조제1항제1호에 따른 기준 이상으로 배출되는 것. 다만, 동법 제34조에 따라 폐수무방류배출시설의 설치허가를 받아 운영하는 경우를 제외한다. (4) 「물환경보전법」 제2조제10호에 따른 폐수배출시설에 해당하는 시설로서 같은 법 시행령 별표 13에 따른 제1종사업장부터 제4종사업장까지 해당하는 것

(5) 「폐기물관리법」 제2조제4호에 따른 지정폐기물을 배출하는 것
자. 「건축법 시행령」 별표 1 제18호가목의 창고(농업·임업·축산업·수산업용으로 쓰는 것은 제외한다)
차. 「건축법 시행령」 별표 1 제19호의 위험물저장 및 처리시설(액화석유가스충전소 및 고압가스충전·저장소를 제외한다)
카. 「건축법 시행령」 별표 1 제20호의 자동차관련시설 중 동호 사목 및 아목에 해당하는 것
타. 「건축법 시행령」 별표 1 제21호의 다목 및 라목에 따른 시설과 같은 호 아목에 따른 시설 중 동물과 관련된 다목 및 라목에 따른 시설과 비슷한 것
파. 「건축법 시행령」 별표 1 제22호의 자원순환 관련 시설
하. 「건축법 시행령」 별표 1 제26호의 묘지관련시설
거. 「건축법 시행령」 별표 1 제28호의 장례시설

토지투자 분석표

규제법령	항목	해당 유무
① 공간정보관리법	지목	답
② 국토계획법	용도지역	생산녹지지역
	용도지구	-
	용도구역 등	-
③ 농지법, 산지관리법, 초지법	농지·산지·초지 여부	농업진흥지역 밖에 있는 농지
④ 개발제한구역특별법	그린벨트 여부	해당 없음
⑤ ③~④항 외 다른 법령 등에 따른 지역·지구 등	기타	성장관리권역

① 사례 토지의 '공간정보관리법'상 지목은 답이다.

② 사례 토지의 '국토계획법'상 용도지역은 생산녹지지역으로 지정되

어 있다. 즉, 사례 토지를 가지고 개발을 하고자 할 때 생산녹지지역에서의 건축제한을 적용받아야 한다.

● **건폐율 · 용적률 · 건축물의 높이**

생산녹지지역은 건폐율 20% 이하, 용적률 100% 이하, 건축물의 높이 4층 이하를 적용받고 있다.

● **건축할 수 있는 건축물**(건축물의 용도)

[별표16] 생산녹지지역 안에서 건축할 수 있는 건축물을 적용하면 되고, 실무에서는 토지가 소재하는 시 · 군의 '도시 · 군계획조례'의 생산녹지지역 안에서 건축할 수 있는 건축물을 적용하여 판단하면 된다.

- '1. 건축할 수 있는 건축물'에 의하여 단독주택, 제1종 근린생활시설, 운동장, 농업 · 임업 · 축산업 · 수산업용 창고, 야영장 등이 허용되고 있다.

- '2. 도시·군계획조례가 정하는 바에 의하여 건축할 수 있는 건축물'에 의하여 공동주택, 1,000m^2 미만의 제2종 근린생활시설(단란주점 제외), 의료시설, 노유자시설, 수련시설, 도정공장 및 식품공장, 제1차생산품가공공장, 첨단업종의 공장, 자원순환관련시설, 일반창고, 장례식장 등이 허용되고 있다.

- '건축할 수 없는 건축물'과 관련하여 일반공장, 숙박시설 등은 허용되지 않는다.

③ 농지 및 산지 구분과 관련하여 사례 토지 전은 농지에 해당하며, 구체적으로 농업진흥지역 밖에 있는 농지에 해당한다.

④ 그린벨트(개발제한구역) 토지 여부와 관련하여 사례 토지는 그린벨트 토지에 해당하지 않는다.

⑤ ③~④항 외 다른 법령 등에 따른 지역·지구 등에 해당하는 사항으로는 성장관리권역으로 지정되어 있다.

개발행위허가의 규모

생산녹지지역은 '하나의 개발행위'로 최대 $1만m^2$ 미만까지 개발할 수 있다.

자연녹지지역의 전

지목	전	면적	2,522㎡
개별공시지가(㎡당)	99,000원 (2025/01)		
지역·지구 등 지정 여부	「국토의 계획 및 이용에 관한 법률」에 따른 지역·지구 등	자연녹지지역	
	다른 법령 등에 따른 지역·지구 등	가축사육제한구역(전부제한지역)〈가축분뇨의 관리 및 이용에 관한 법률〉, 배수구역〈하수도법〉	
「토지이용규제기본법 시행령」 제9조 제4항 각 호에 해당되는 사항		영농여건불리농지	

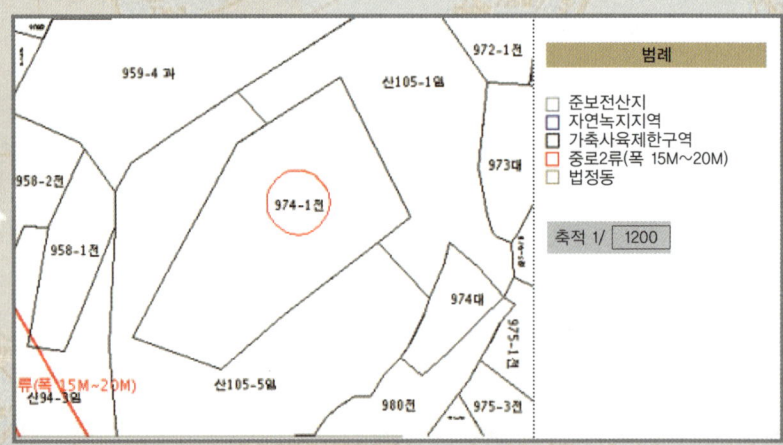

자연녹지지역이란?

자연녹지지역은 도시지역에 해당하는 녹지지역 중의 하나로서 '도시의 녹지공간 확보, 도시확산의 방지, 장래 도시용지의 공급 등을 위하여 보전할 필요가 있는 지역으로서 불가피한 경우에 한하여 제한적인 개발이 허용되는 지역'을 말한다.

> **[별표17] 자연녹지지역 안에서 건축할 수 있는 건축물**
> 사례 토지는 자연녹지지역에 해당한다. 자연녹지지역에서의 건축제한은 허용행위열거방식을 채택하고 있다. 따라서 '건축할 수 있는 건축물'로 열거된 건축물만 해당 용도지역에서 건축 또는 개발할 수 있다. 자연녹지지역에서는 다음과 같은 건축물이 허용되고 있다.

1. 건축할 수 있는 건축물(4층 이하의 건축물에 한한다. 다만 4층 이하의 범위 안에서 도시·군계획 조례로 따로 층수를 정하는 경우에는 그 층수 이하의 건축물에 한한다.)	가. '건축법 시행령' 별표1 제1호의 단독주택 나. '건축법 시행령' 별표1 제3호의 제1종 근린생활시설 다. '건축법 시행령' 별표1 제4호의 제2종 근린생활시설(같은 호 아목, 자목, 더목 및 러목(안마시술소만 해당한다.)은 제외한다.] 라. '건축법 시행령' 별표1 제9호의 의료시설(종합병원·병원·치과병원 및 한방병원을 제외한다.) 마. '건축법 시행령' 별표1 제10호의 교육연구시설(직업훈련소 및 학원을 제외한다.) 바. '건축법 시행령' 별표1 제11호의 노유자시설 사. '건축법 시행령' 별표1 제12호의 수련시설 아. '건축법 시행령' 별표1 제13호의 운동시설 자. '건축법 시행령' 별표1 제18호 가목의 창고(농업·임업·축산업·수산업용만 해당한다.) 차. '건축법 시행령' 별표1 제21호의 동물 및 식물관련시설 카. '건축법 시행령' 별표1 제22호의 자원순환 관련 시설 타. '건축법 시행령' 별표1 제23호의 교정 시설 파. '건축법 시행령' 별표1 제23호의2의 국방·군사시설

		하. '건축법 시행령' 별표1 제24호의 방송통신시설 거. '건축법 시행령' 별표1 제25호의 발전시설 너. '건축법 시행령' 별표1 제26호의 묘지관련시설 더. '건축법 시행령' 별표1 제27호의 관광휴게시설 러. '건축법 시행령' 별표1 제28호의 장례식장 머. '건축법 시행령' 별표1 제29호의 야영장시설

2. 도시·군계획조례가 정하는 바에 의하여 건축할 수 있는 건축물(4층 이하의 건축물에 한한다. 다만 4층 이하의 범위 안에서 도시·군계획조례로 따로 층수를 정하는 경우에는 그 층수 이하의 건축물에 한한다.)		가. '건축법 시행령' 별표1 제2호의 공동주택(아파트는 제외한다.)
		나. '건축법 시행령' 별표1 제4호 아목·자목 및 러목(안마시술소만 해당한다.)에 따른 제2종 근린생활시설
		다. '건축법 시행령' 별표1 제5호의 문화 및 집회시설
		라. '건축법 시행령' 별표1 제6호의 종교시설
		마. '건축법 시행령' 별표1 제7호의 판매시설 중 다음의 어느 하나에 해당하는 것
		  1) '농수산물유통 및 가격안정에 관한 법률' 제2조에 따른 농수산물공판장
		  2) '농수산물유통 및 가격안정에 관한 법률' 제68조 제2항에 따른 농수산물직판장으로서 해당용도에 쓰이는 바닥면적의 합계가 1만m^2 미만인 것('농어업·농어촌 및 식품산업 기본법' 제3조 제2호 및 제4호에 따른 농업인·어업인 및 생산자단체, 같은 법 제25조에 따른 후계농어업경영인, 같은 법 제26조에 따른 전업농어업인 또는 지방자치단체가 설치·운영하는 것에 한한다.)
		  3) 산업통상자원부장관이 관계중앙행정기관의 장과 협의하여 고시하는 대형할인점 및 중소기업공동판매시설
		바. '건축법 시행령' 별표1 제8호의 운수시설
		사. '건축법 시행령' 별표1 제9호의 의료시설 중 종합병원·병원·치과병원 및 한방병원
		아. '건축법 시행령' 별표1 제10호의 교육연구시설 중 직업훈련소 및 학원
		자. '건축법 시행령' 별표1 제15호의 숙박시설로서 '관광진흥법'에 따라 지정된 관광지 및 관광단지에 건축하는 것
		차. '건축법 시행령' 별표1 제17호의 공장 중 다음의 어느 하나에 해당하는 것
		  1) 첨단업종의 공장, 지식산업센터, 도정공장 및식품공

장과 읍·면 지역에 건축하는 제재업의 공장으로서 별표16 제2호 아목(1) 내지(5)의 어느 하나에 해당하지 아니하는 것

2) '공익사업을 위한 토지 등의 취득 및 보상에 관한 법률'에 따른 공익사업 및 '도시개발법'에 따른 도시개발사업으로 해당 특별시·광역시·시 및 군 지역으로 이전하는 레미콘 또는 아스콘공장

카. '건축법 시행령' 별표1 제18호 가목의 창고(농업·임업·축산업·수산업용으로 쓰는 것은 제외한다.) 및 같은 호 라목의 집배송시설

타. '건축법 시행령' 별표1 제19호의 위험물저장 및 처리시설

파. '건축법 시행령' 별표1 제20호의 자동차관련시설

토지투자 분석표

규제법령	항목	해당 유무
① 공간정보관리법	지목	전
② 국토계획법	용도지역	자연녹지지역
	용도지구	-
	용도구역 등	-
③ 농지법, 산지관리법, 초지법	농지·산지·초지 여부	농업진흥지역 밖에 있는 농지
④ 개발제한구역특별법	그린벨트 여부	해당 없음
⑤ ③~④항 외 다른 법령 등에 따른 지역·지구 등	기타	배수구역 등

① 사례 토지의 '공간정보관리법'상 지목은 전이다.

② 사례 토지의 '국토계획법'상 용도지역은 자연녹지지역으로 지정되어 있다. 즉, 사례 토지를 가지고 개발을 하고자 할 때 자연녹지지역에서의 건축제한을 적용받아야 한다.

● 건폐율·용적률·건축물의 높이

자연녹지지역은 건폐율 20% 이하, 용적률 100% 이하, 건축물의 높이 4층 이하를 적용받고 있다.

● 건축할 수 있는 건축물(건축물의 용도)

[별표17] 자연녹지지역 안에서 건축할 수 있는 건축물을 적용하면 되고, 실무에서는 토지가 소재하는 시·군의 '도시·군계획조례'의 자연녹지지역 안에서 건축할 수 있는 건축물을 적용하여 판단하면 된다.

- '1. 건축할 수 있는 건축물'에 의하여 단독주택, 제1종 근린생활시설, 교육연구시설, 노유자시설, 수련시설, 운동시설, 야영장시설, 농업·임업·축산업·수산업용 창고 등이 허용되고 있다.
- '2. 도시·군계획조례가 정하는 바에 의하여 건축할 수 있는 건축물'에 의하여 공동주택, 제2종 근린생활시설(일반음식점, 제조업소), 첨단업종의 공장, 지식산업센터, 도정공장 및 식품공장과 읍·면 지역에 건축하는 제재업의 공장, 공익사업 및 도시개발사업으로 이전하는 레미콘 또는 아스콘 공장, 창고 및 집배송시설 등이 폭넓게 허용되고 있다.
- '건축할 수 없는 건축물'과 관련하여 첨단업종의 공장 등을 제외한 나머지 공장, 숙박시설 등은 허용되지 않는다.

③ 농지 및 산지 구분과 관련하여 사례 토지 전은 농지에 해당하며, 구체적으로 농업진흥지역 밖에 있는 농지에 해당한다.
④ 사례 토지는 그린벨트 토지에 해당하지 않는다.

☞ 유의할 점
자연녹지지역 토지는 개발제한구역으로 지정된 토지가 많기 때문에 자연녹지지역 토지를 분석할 때는 반드시 '개발제한구역특별법'에 의한 개발제한구역(그린벨트)으로 지정되어 있는지를 확인하여야 한다.

⑤ ③~④항 외 다른 법령 등에 따른 지역·지구 등에 해당하는 사항으로는 배수구역으로 지정되어 있다.

개발행위허가의 규모
자연녹지지역은 '하나의 개발행위'로 최대 1만m^2 미만까지 개발할 수 있다.

자연녹지지역과 아파트 개발
'도시개발법'에 의한 도시개발사업(도시개발구역에서 주거, 상업, 산업, 유통, 정보통신, 생태, 문화, 보건 및 복지 등의 기능이 있는 단지 또는 시가지를 조성하기 위하여 시행하는 사업을 말한다.)을 통해 자연녹지지역(일부 생산녹지지역 포함 가능)에서도 아파트를 개발할 수 있다. 물론 아파트로의 개발계획이 해당 시·군의 도시·군기본계획에 부합해야 한다. 자연녹지지역이 갖는 큰 장점 중의 하나라고 할 수 있으며, 어느 지역 토지가 아파트부지로 개발 계획 중이라는 소문이 나돌기 시작하면 '지주작업' 과정에서 토지가격이 급등하기도 한다.

| 참고 | **도시개발구역의 지정대상지역 및 규모**

도시개발법 시행령 제2조(도시개발구역의 지정대상지역 및 규모)
① '도시개발법'(이하 '법'이라 한다.) 제3조에 따라 도시개발구역으로 지정할 수 있는 대상 지역 및 규모는 다음과 같다.
  1. 도시지역
     가. 주거지역 및 상업지역: 1만㎡ 이상
     나. 공업지역: 3만㎡ 이상
     다. 자연녹지지역: 1만㎡ 이상
     라. 생산녹지지역(생산녹지지역이 도시개발구역 지정면적의 100분의 30 이하인 경우만 해당): 1만㎡ 이상
  2. 도시지역 외의 지역: 30만㎡ 이상. 다만 '건축법 시행령' 별표1 제2호의 공동주택 중 아파트 또는 연립주택의 건설계획이 포함되는 경우로서 다음 요건을 모두 갖춘 경우에는 10만㎡ 이상으로 한다.
     가. 도시개발구역에 초등학교용지를 확보(도시개발구역 내 또는 도시개발구역으로부터 통학이 가능한 거리에 학생을 수용할 수 있는 초등학교가 있는 경우를 포함)하여 관할 교육청과 협의한 경우
     나. 도시개발구역에서 '도로법' 제12조부터 제15조까지의 규정에 해당하는 도로 또는 국토교통부령으로 정하는 도로와 연결되거나 4차로 이상의 도로를 설치하는 경우
② 자연녹지지역, 생산녹지지역 및 도시지역 외의 지역에 도시개발구역을 지정하는 경우에는 광역도시계획 또는 도시·군기본계획에 의하여 개발이 가능한 지역에서만 국토교통부장관이 정하는 기준에 따라 지정하여야 한다. 다만 광역도시계획 및 도시·군기본계획이 수립되지 아니한 지역인 경우에는 자연녹지지역 및 계획관리지역에서만 도시개발구역을 지정할 수 있다.

보전관리지역의 임야

지목	임야	면적	1,336m²
개별공시지가(m²당)	19,700원 (2025/01)		
지역·지구 등 지정 여부	「국토의 계획 및 이용에 관한 법률」에 따른 지역·지구 등	보전관리지역	
	다른 법령 등에 따른 지역·지구 등		
「토지이용규제기본법 시행령」 제9조 제4항 각 호에 해당되는 사항			

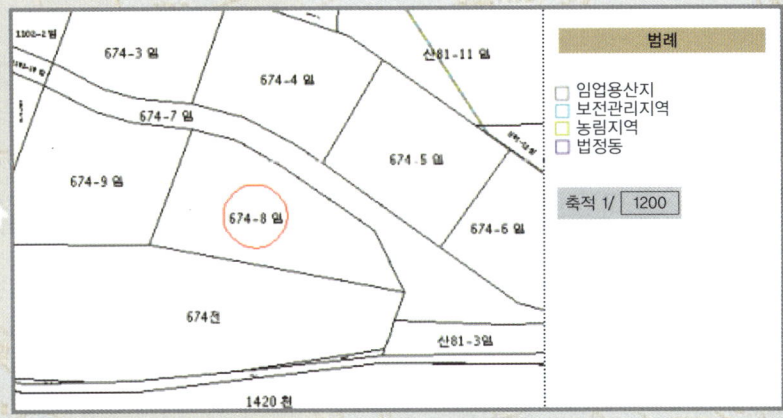

관리지역의 세분

관리지역은 도시지역의 인구와 산업을 수용하기 위하여 도시지역에 준하여 체계적으로 관리하거나 농림업의 진흥, 자연환경 또는 산림의 보전을 위하여 농림지역 또는 자연환경보전지역에 준하여 관리할 필요가 있는 지역을 말하며 보전관리지역, 생산관리지역, 계획관리지역으로 세분하여 지정되어 있다.

보전관리지역

보전관리지역은 자연환경 보호, 산림 보호, 수질오염 방지, 녹지공간 확보 및 생태계 보전 등을 위하여 보전이 필요하나, 주변 용도지역과의 관계 등을 고려할 때 자연환경보전지역으로 지정하여 관리하기가 곤란한 지역을 말한다.

> **[별표18]** 보전관리지역 안에서 건축할 수 있는 건축물
> 사례 토지는 보전관리지역에 해당한다. 보전관리지역에서의 건축제한은 허용행위열거방식을 채택하고 있다. 따라서 '건축할 수 있는 건축물'로 열거된 건축물만 해당 용도지역에서 건축 또는 개발할 수 있다. 보전관리지역에서는 농지나 임야의 차이가 없이 다음과 같은 건축물이 허용되고 있다.

1. 건축할 수 있는 건축물(4층 이하의 건축물에 한한다. 다만 4층 이하의 범위 안에서 도시·군계획 조례로 따로 층수를 정하는 경우에는 그 층수 이하의 건축물에 한한다.)	가. '건축법 시행령' 별표1 제1호의 단독주택 나. '건축법 시행령' 별표1 제10호의 교육연구시설 중 초등학교 (졸업 시 초등학교 졸업학력과 동등한 학력이 인정되는 학교를 포함한다) 다. '건축법 시행령' 별표1 제23호의 교정 시설 라. '건축법 시행령' 별표1 제23호의2의 국방·군사시설

2. 도시·군계획조례가 정하는 바에 의하여 건축할 수 있는 건축물(4층 이하의 건축물에 한한다. 다만 4층 이하의 범위 안에서 도시·군계획 조례로 따로 층수를 정하는 경우에는 그 층수 이하의 건축물에 한한다.)	가. '건축법 시행령' 별표1 제3호의 제1종 근린생활시설 (휴게음식점 및 제과점을 제외한다.) 나. '건축법 시행령' 별표1 제4호의 제2종 근린생활시설 (같은 호 아목, 자목, 너목 및 더목은 제외한다.) 다. '건축법 시행령' 별표1 제6호의 종교시설 중 종교집회장 라. '건축법 시행령' 별표1 제9호의 의료시설 마. '건축법 시행령' 별표1 제10호의 교육연구시설 중 유치원·중학교·고등학교(졸업 시 중학교·고등학교 졸업학력과 동등한 학력이 인정되는 학교를 포함한다) 바. '건축법 시행령' 별표1 제11호의 노유자시설 사. '건축법 시행령' 별표1 제18호 가목의 창고(농업·임업·축산업·수산업용만 해당한다.) 아. '건축법 시행령' 별표1 제19호의 위험물저장 및 처리시설 자. '건축법 시행령' 별표1 제21호 가목, 마목부터 사목까지의 규정에 따른 시설과 같은 호 아목에 따른 시설 중 동물 또는 식물과 관련된 가목 및 마목부터 사목까지의 규정에 따른 시설과 비슷한 것 차. '건축법 시행령' 별표1 제22호가목의 하수등 처리시설('하수도법' 제2조제9호에 따른 공공하수처리시설만 해당한다) 카. '건축법 시행령' 별표1 제24호의 방송통신시설 타. '건축법 시행령' 별표1 제25호의 발전시설 파. '건축법 시행령' 별표1 제26호의 묘지관련시설 하. '건축법 시행령' 별표1 제28호의 장례식장 거. '건축법 시행령' 별표1 제29호의 야영장시설

보전관리지역에서의 건축제한

● 건폐율 · 용적률 · 건축물의 높이

사례 토지는 홍천군에 소재하는 토지로서 '홍천군 도시계획조례'에 따르면 보전관리지역은 건폐율 20% 이하, 용적률 80% 이하, 건축물의 높이 4층 이하를 적용받고 있다.

● **건축할 수 있는 건축물(건축물의 용도)**

[별표18] 보전관리지역 안에서 건축할 수 있는 건축물을 적용하면 되고, 실무에서는 토지가 소재하는 '홍천군 도시계획조례'의 보전관리지역 안에서 건축할 수 있는 건축물을 적용하여 판단하면 된다.

- '1. 건축할 수 있는 건축물'에 의하여 단독주택이 허용되고 있다.
- 단독주택이 허용되므로 입지가 좋다면 전원주택 분양사업이나 민박펜션(농어촌민박사업을 시장에서 부르는 방식으로 표현하였다. 이하 같다.)부지 개발사업 등이 가능하다.
- '2. 도시·군계획조례가 정하는 바에 의하여 건축할 수 있는 건축물'에 의하여 제1종 근린생활시설, 종교집회장, 의료시설, 노유자시설, 야영장시설 등이 허용되고 있다.

● **건축할 수 없는 건축물**

'보전' 자가 들어가는 용도지역 즉, 보전녹지지역, 보전관리지역, 자연환경보전지역에서는 어떤 형태의 공장도 허용되지 않는다. 일반창고, 일반음식점, 숙박시설 등도 허용되지 않고 있다.

보전관리지역과 단독주택 및 민박펜션부지 개발

보전관리지역 안에서 건축할 수 있는 건축물은 보전녹지지역의 경우처럼 나름 종류가 다양한 것 같지만 그중에서 가장 보편적인 입지는 단독주택이나 단독주택을 활용한 민박펜션부지이고, 나머지 건축물은 입지가 맞지 않으면 유명무실한 건축물에 해당한다고 할 수 있다.

| 참고 | **농어촌정비법에 의한 농어촌민박사업**

1. 농어촌민박사업을 경영하려는 자는 다음 각 호의 요건을 모두 갖추어야 한다. 〈신설 2020. 2. 11.〉
   ① 농어촌지역 또는 준농어촌지역의 주민일 것
   ② 농어촌지역 또는 준농어촌지역의 관할 시·군·구에 6개월 이상 계속하여 거주하고 있을 것(농어촌민박사업에 이용되고 있는 주택을 상속받은 자는 제외한다)
   ③ 신고자가 거주하는 단독주택(단독주택과 다가구주택을 말한다)
   ④ 신고자가 직접 소유하고 있는 단독주택
2. 제1항에도 불구하고 다음 각 호의 어느 하나에 해당하는 자는 제1항제4호의 요건을 갖추지 아니하여도 농어촌민박사업을 신고할 수 있다.〈신설 2020. 2. 11.〉
   ① 관할 시·군·구에 3년 이상 거주하면서, 임차하여 농어촌민박을 2년 이상 계속해서 운영하였고, 제89조에 따른 사업장 폐쇄 또는 1개월 이상의 영업정지처분을 받은 적이 없는 자
   ② 농어촌민박을 신고하고자 하는 관할 시·군·구에 3년 이상 계속하여 거주하였으며, 임차하여 2년 이상 계속하여 농어촌민박을 운영하고자 하는 자
3. 주택 연면적 230제곱미터 미만. 다만, 「문화재보호법」 제2조제2항에 따른 지정문화재로 지정된 주택의 경우에는 규모의 제한을 두지 않는다.

개발행위허가의 규모

보전관리지역은 '하나의 개발행위'로 30,000m² 미만에서 '도시·군계획조례'가 허용하는 규모 미만까지 개발할 수 있다.

준보전산지

사례 토지인 보전관리지역 임야는 보전산지에 해당하지 않는다. 따라서 준보전산지에 해당한다.

생산관리지역의(도로에 접한) 전

지목	전	면적	576㎡
개별공시지가(㎡당)	18,100원 (2025/01)		
지역·지구 등 지정 여부	「국토의 계획 및 이용에 관한 법률」에 따른 지역·지구 등	생산관리지역	
	다른 법령 등에 따른 지역·지구 등	제한보호구역(6사단 8.5km 위탁지역)〈군사기지 및 군사시설 보호법〉, 성장관리권역〈수도권정비계획법〉	
「토지이용규제기본법 시행령」 제9조 제4항 각 호에 해당되는 사항			

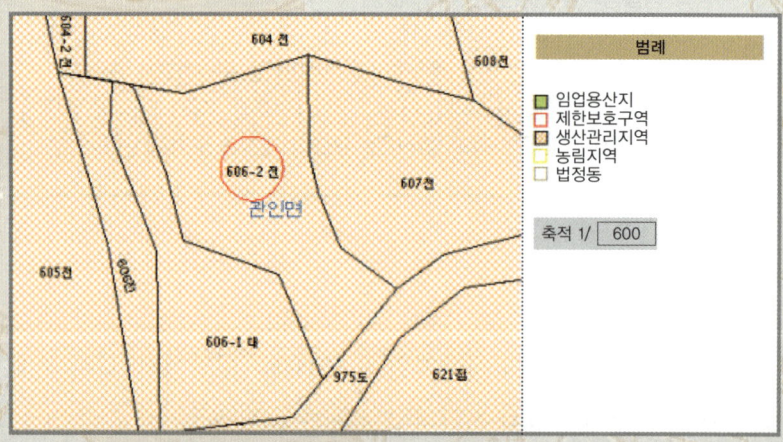

생산관리지역이란?

생산관리지역은 '농업·임업·어업 생산 등을 위하여 관리가 필요하나, 주변 용도지역과의 관계 등을 고려할 때 농림지역으로 지정하여 관리하기가 곤란한 지역'을 말한다.

> **[별표19]** 생산관리지역 안에서 건축할 수 있는 건축물
> 사례 토지는 생산관리지역에 해당한다. 생산관리지역에서의 건축제한은 허용행위열거방식을 채택하고 있다. 따라서 '건축할 수 있는 건축물'로 열거된 건축물만 해당 용도지역에서 건축 또는 개발할 수 있다. 생산관리지역에서는 다음과 같은 건축물이 허용되고 있다.

1. 건축할 수 있는 건축물(4층 이하의 건축물에 한한다. 다만 4층 이하의 범위 안에서 도시·군계획조례로 따로 층수를 정하는 경우에는 그 층수 이하의 건축물에 한한다.)	가. '건축법 시행령' 별표1 제1호의 단독주택 나. '건축법 시행령' 별표1 제3호 가목, 사목(공중화장실, 대피소, 그 밖에 이와 비슷한 것만 해당한다.) 및 아목에 따른 제1종 근린생활시설 다. '건축법 시행령' 별표1 제10호의 교육연구시설 중 초등학교(졸업 시 초등학교 졸업학력과 동등한 학력이 인정되는 학교를 포함한다) 라. '건축법 시행령' 별표1 제13호의 운동시설 중 운동장 마. '건축법 시행령' 별표1 제18호 가목의 창고(농업·임업·축산업·수산업용만 해당한다.) 바. '건축법 시행령' 별표1 제21호의 동물 및 식물관련시설 중 동호 마목 내지 아목에 해당하는 것 사. '건축법 시행령' 별표1 제23호의 교정 시설 아. '건축법 시행령' 별표 1 제23호의2의 국방·군사시설 자. '건축법 시행령' 별표1 제25호의 발전시설

2. 도시·군계획조례가 정하는 바에 의하여 건축할 수 있는 건축물(4층 이하의 건축물에 한한다. 다만 4층 이하의 범위 안에서 도시·군계획 조례로 따로 층수를 정하는 경우에는 그 층수 이하의 건축물에 한한다.)	가. '건축법 시행령' 별표1 제2호의 공동주택(아파트를 제외한다.)
	나. '건축법 시행령' 별표1 제3호의 제1종 근린생활시설 [같은 호 가목, 나목(국토교통부령으로 정하는 기준에 해당하는 지역에 설치하는 것으로 한정한다), 사목(공중화장실, 대피소, 그 밖에 이와 비슷한 것만 해당한다) 및 아목은 제외한다]
	다. '건축법 시행령' 별표1 제4호의 제2종 근린생활시설 (같은 호 아목, 자목, 너목 및 더목은 제외한다.)
	라. '건축법 시행령' 별표1 제7호의 판매시설(농업·임업·축산업·수산업용에 한한다.)
	마. '건축법 시행령' 별표1 제9호의 의료시설
	바. '건축법 시행령' 별표1 제10호의 교육연구시설 중 유치원·중학교·고등학교(졸업 시 중학교·고등학교 졸업 학력과 동등한 학력이 인정되는 학교를 포함한다) 및 교육원[농업·임업·축산업·수산업과 관련된 교육시설(나목 및 다목에도 불구하고 「농촌융복합산업 육성 및 지원에 관한 법률」 제2조제2호에 따른 농업인등이 같은 법 제2조제5호에 따른 농촌융복합산업지구 내에서 교육시설과 일반음식점, 휴게음식점 또는 제과점을 함께 설치하는 경우를 포함한다)에 한정한다]
	사. '건축법 시행령' 별표1 제11호의 노유자시설
	아. '건축법 시행령' 별표1 제12호의 수련시설
	자. '건축법 시행령' 별표1 제17호의 공장(동시행령 별표1 제4호의 제2종 근린생활시설 중 제조업소를 포함한다.) 중 다음의 어느 하나에 해당하는 것으로서 별표 16 제2호아목(1)부터 (4)까지의 어느 하나에 해당하지 않는 것
	  1) 도정공장
	  2) 식품공장
	  3) 읍·면지역에 건축하는 제재업의 공장
	  4) 천연식물보호제 제조시설(폐수를 전량 재이용 또는 전량 위탁처리하는 경우로 한정한다)
	  5) 유기농어업자재 제조시설(폐수를 전량 재이용 또는 전량 위탁처리하는 경우로 한정한다)

	차. '건축법 시행령' 별표1 제19호의 위험물저장 및 처리시설
	카. '건축법 시행령' 별표1 제20호의 자동차관련시설 중 동호 사목 및 아목에 해당하는 것
	타. '건축법 시행령' 별표1 제21호 가목, 마목부터 사목까지의 규정에 따른 시설과 같은 호 아목에 따른 시설 중 동물 또는 식물과 관련된 가목 및 마목부터 사목까지의 규정에 따른 시설과 비슷한 것
	파. '건축법 시행령' 별표1 제22호의 자원순환 관련 시설
	하. '건축법 시행령' 별표1 제24호의 방송통신시설
	거. '건축법 시행령' 별표1 제26호의 묘지관련시설
	너. '건축법 시행령' 별표1 제28호의 장례식장
	더. '건축법 시행령' 별표1 제29호의 야영장시설

생산관리지역에서의 건축제한

● **건폐율 · 용적률 · 건축물의 높이**

사례 토지 생산관리지역은 건폐율 20% 이하, 용적률 80% 이하, 건축물의 높이 4층 이하를 적용받는다.

● **건축할 수 있는 건축물(건축물의 용도)**

[별표19] 생산관리지역 안에서 건축할 수 있는 건축물을 적용하면 되고, 실무에서는 토지가 소재하는 시·군의 '도시·군계획조례'의 생산관리지역 안에서 건축할 수 있는 건축물을 적용하여 판단하면 된다.

- '1. 건축할 수 있는 건축물'에 의하여 단독주택, 운동장, 농업·임업·축산업·수산업용 창고가 허용되고 있다.

- '2. 도시·군계획조례가 정하는 바에 의하여 건축할 수 있는 건축물'에 의하여 제1종 근린생활시설, 제2종 근린생활시설(일반음식점, 제조업소 등 제외), 의료시설, 노유자시설, 수련시설. 도정공장 및 식품공장, 야영장시설 등이 허용되고 있다. 단독주택이 허용되므로 입지가 좋다면 전원주택 분양사업이나 민박펜션부지 개발사업 등이 가능하다.

● **건축할 수 없는 건축물**

공장은 도정공장 및 식품공장과 읍·면 지역에 건축하는 제재업의 공장 등 5가지만 허용된다. 일반창고, 일반음식점, 숙박시설 등도 허용되지 않고 있다.

생산관리지역과 단독주택 및 민박펜션부지 개발

생산관리지역 안에서 건축할 수 있는 건축물도 보전관리지역처럼 나름 종류가 다양한 것 같지만 그중에서 가장 보편적인 입지는 단독주택이나 단독주택을 활용한 민박펜션부지이고, 나머지 건축물은 입지가 맞지 않으면 유명무실한 건축물에 해당한다고 할 수 있다. 따라서 생산관리지역 토지를 투자할 때는 단독주택이나 민박펜션으로서의 입지가 맞는지를 우선으로 고려해보아야 할 것이다.

개발행위허가의 규모

생산관리지역은 '하나의 개발행위'로 30,000m^2 미만에서 '도시·군계획조례'가 허용하는 규모 미만까지 개발할 수 있다.

농업진흥지역 밖에 있는 농지

사례 토지 생산관리지역 농지는 농업진흥지역이란 표시가 없으므로 농업진흥지역 밖에 있는 농지에 해당한다.

도로에 접함

토지가 도로부지에 포함되지 않고 토지 일부분이 도로와 맞닿아 있는 것을 접하고 있다고 한다. 도로에 접하고 있는지는 지적도에서 매우 쉽게 파악할 수 있다. 도로에 접한 토지는 인·허가에 있어서 맹지보다 유리한 위치를 차지하고 있다. 그러나 토지사용승낙서 문제가 발생할 수 있기 때문에 도로에 접하는 것 못지않게 도로의 종류와 소유자가 누구인지도 중요하다. 도로의 소유자는 등기부등본 열람을 통해 쉽게 확인할 수 있다. 해당 토지에 접한 도로가 토지사용승낙서 없이 허가가 가능한 도로인지 여부는 토지소재지 시·군의 토목설계사무소 등을 통해서 상담을 받으면 판단에 도움이 된다.

계획관리지역의 임야

지목	임야	면적	15,239㎡
개별공시지가(㎡당)	3,900원 (2025/01)		
지역·지구 등 지정 여부	「국토의 계획 및 이용에 관한 법률」에 따른 지역·지구 등	계획관리지역	
	다른 법령 등에 따른 지역·지구 등	가축사육제한구역(가축사육제한지역일부허용(소, 젖소, 말))〈가축분뇨의 관리 및 이용에 관한 법률〉, 준보전산지〈산지관리법〉	
「토지이용규제 기본법 시행령」 제9조 제4항 각 호에 해당되는 사항			

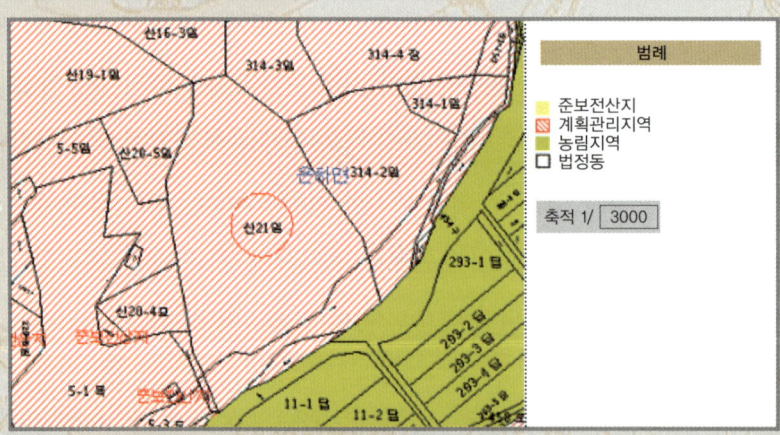

계획관리지역이란?

계획관리지역은 '도시지역으로의 편입이 예상되는 지역이나 자연환경을 고려하여 제한적인 이용·개발을 하려는 지역으로서 계획적·체계적인 관리가 필요한 지역'을 말한다. 도시지역 외 지역에서 주거지역·상업지역·공업지역의 기능을 보완하여 주거시설, 상업시설, 공업시설이 폭넓게 입지할 수 있는 용도지역이다. 따라서 토지의 투자가치가 높고 투자가들이 가장 선호하는 토지 중 하나다. 2003.1.1 이전의 준농림지역이 현재의 계획관리지역이라고 보면 된다.

> [별표20] 계획관리지역 안에서 건축할 수 없는 건축물
> 사례 토지는 계획관리지역에 해당한다. 계획관리지역에서의 건축제한은 분석대상 8개 용도지역 중 유일하게 '금지행위열거방식'을 채택하고 있다. 따라서 '건축할 수 없는 건축물'을 제외한 나머지 건물은 모두 계획관리지역에서 건축 또는 개발할 수 있다.

1. 건축할 수 없는 건축물	가. 4층을 초과하는 모든 건축물 나. '건축법 시행령' 별표1 제2호의 공동주택 중 아파트 다. '건축법 시행령' 별표1 제3호의 제1종 근린생활시설 중 휴게음식점 및 제과점으로서 국토교통부령으로 정하는 기준에 해당하는 지역에 설치하는 것 라. '건축법 시행령' 별표 1 제4호의 제2종 근린생활시설 중 다음의 어느 하나에 해당하는 것 　(1) 「건축법 시행령」 별표 1 제4호아목의 시설 및 같은 호 자목의 일반음식점으로서 국토교통부령으로 정하는 기준에 해당하는 지역에 설치하는 것 　(2) 「건축법 시행령」 별표 1 제4호너목의 시설로서 성장관리계획 및 지구단위계획이 수립되지 않은 지역에 설치하는 것 　(3) 「건축법 시행령」 별표 1 제4호더목의 단란주점

마. '건축법 시행령' 별표1 제7호의 판매시설(성장관리방안 또는 지구단위계획이 수립된 지역에 설치하는 판매시설로서 그 용도에 쓰이는 바닥면적의 합계가 3,000㎡ 미만인 경우는 제외한다.)
바. '건축법 시행령' 별표1 제14호의 업무시설
사. '건축법 시행령' 별표1 제15호의 숙박시설로서 국토교통부령으로 정하는 기준에 해당하는 지역에 설치하는 것
아. '건축법 시행령' 별표1 제16호의 위락시설
자. '건축법 시행령' 별표 1 제17호의 공장으로서 성장관리계획 및 지구단위계획이 수립되 지 않은 지역에 설치하는 것
차. '건축법 시행령' 별표 1 제17호의 공장 중 성장관리계획이 수립된 지역에 설치하는 것으로서 다음의 어느 하나에 해당하는 것. 다만, 「공익사업을 위한 토지 등의 취득 및 보상에 관한 법률」에 따른 공익사업 및 「도시개발법」에 따른 도시개발사업으로 해당 특별시·광역시·특별자치시·특별자치도·시 또는 군의 관할구역으로 이전하는 레미콘 또는 아스콘 공장과 「대기환경보전법」, 「물환경보전법」, 「소음·진동관리법」 또는 「악취방지법」에 따른 배출시설의 설치 허가 또는 신고 대상이 아닌 공장은 제외한다.

(1) 별표 16 제2호아목(1)부터 (4)까지에 해당하는 것. 다만, 인쇄·출판시설이나 사진처리시설로서 「물환경보전법」 제2조제8호에 따라 배출되는 특정수질유해물질을 전량 위탁처리하는 경우는 제외한다.
(2) 화학제품시설(석유정제시설을 포함한다). 다만, 다음의 어느 하나에 해당하는 시설로서 폐수를 「하수도법」 제2조제9호에 따른 공공하수처리시설 또는 「물환경보전법」 제2조제17호에 따른 공공폐수처리시설로 전량 유입하여 처리하거나 전량 재이용 또는 전량 위탁처리하는 경우는 제외한다.
 (가) 물, 용제류 등 액체성 물질을 사용하지 않고 제품의 성분이 용해·용출되는 공정이 없는 고체성 화학제품 제조시설
 (나) 「화장품법」 제2조제3호에 따른 유기농화장품 제조시설
 (다) 「농약관리법」 제30조제2항에 따른 천연식물보호제 제조시설

(라) 「친환경농어업 육성 및 유기식품 등의 관리·지원에 관한 법률」 제2조제6호에 따른 유기농어업자재 제조시설
(마) 동·식물 등 생물을 기원(起源)으로 하는 산물(이하 "천연물"이라 한다)에서 추출된 재료를 사용하는 다음의 시설[「대기환경보전법」 제2조제11호에 따른 대기오염물질 배출시설 중 반응시설, 정제시설(분리·증류·추출·여과 시설을 포함한다), 용융·용해시설 및 농축시설을 설치하지 않는 경우로서 「물환경보전법」 제2조제4호에 따른 폐수의 1일 최대 배출량이 20세제곱미터 이하인 제조시설로 한정한다]
  1) 비누 및 세제 제조시설
  2) 공중위생용 해충 구제제 제조시설(밀폐된 단순 혼합공정만 있는 제조시설로서 특별시장·광역시장·특별자치시장·특별자치도지사·시장 또는 군수가 해당 지방도시계획위원회의 심의를 거쳐 인근의 주거환경 등에 미치는 영향이 적다고 인정하는 시설로 한정한다)
(3) 제1차금속, 가공금속제품 및 기계장비 제조시설 중 「폐기물관리법 시행령」 별표 1 제4호에 따른 폐유기용제류를 발생시키는 것
(4) 가죽 및 모피를 물 또는 화학약품을 사용하여 저장하거나 가공하는 것
(5) 섬유제조시설 중 감량·정련·표백 및 염색 시설. 다만, 다음의 기준을 모두 충족하는 염색시설은 제외한다.
  (가) 천연물에서 추출되는 염료만을 사용할 것
  (나) 「대기환경보전법」 제2조제11호에 따른 대기오염물질 배출시설 중 표백시설, 정련시설이 없는 경우로서 금속성 매염제를 사용하지 않을 것
  (다) 「물환경보전법」 제2조제4호에 따른 폐수의 1일 최대 배출량이 20세제곱미터 이하일 것
  (라) 폐수를 「하수도법」 제2조제9호에 따른 공공하수처리시설 또는 「물환경보전법」 제2조제17호에 따른 공공폐수처리시설로 전량 유입하여 처리하거나 전량 재이용 또는 전량 위탁처리할 것

	(6) '수도권정비계획법' 제6조 제1항 제3호에 따른 자연보전권역 외의 지역 및 '환경정책기본법' 제38조에 따른 특별대책지역 외의 지역의 사업장 중 '폐기물관리법' 제25조에 따른 폐기물처리업 허가를 받은 사업장. 다만 '폐기물관리법' 제25조 제5항 제5호부터 제7호까지의 규정에 따른 폐기물 중간·최종·종합재활용업으로서 특정수질유해물질이 '물환경보전법시행령' 제31조 제1항 제1호에 따른 기준 미만으로 배출되는 경우는 제외한다. (7) '수도권정비계획법' 제6조 제1항 제3호에 따른 자연보전권역 및 '환경정책기본법' 제38조에 따른 특별대책지역에 설치되는 부지면적(둘 이상의 공장을 함께 건축하거나 기존 공장부지에 접하여 건축하는 경우와 둘 이상의 부지가 너비 8m 미만의 도로에 서로 접하는 경우에는 그 면적의 합계를 말한다.) 1만㎡ 미만의 것. 다만 특별시장·광역시장·특별자치시장·특별자치도지사·시장 또는 군수가 1만5,000㎡ 이상의 면적을 정하여 공장의 건축이 가능한 지역으로 고시한 지역 안에 입지하는 경우나 자연보전권역 또는 특별대책지역에 준공되어 운영 중인 공장 또는 제조업소의 경우는 제외한다.
2. 지역 여건 등을 고려하여 도시·군계획조례로 정하는 바에 따라 건축할 수 없는 건축물	가. 4층 이하의 범위에서 도시·군계획조례로 따로 정한 층수를 초과하는 모든 건축물 나. '건축법 시행령' 별표1 제2호의 공동주택(제1호 나목에 해당하는 것은 제외한다.) 다. '건축법 시행령' 별표 1 제3호의 제1종 근린생활시설 중 휴게음식점 및 제과점으로서 도시·군계획조례로 정하는 지역에 설치하는 것 라. '건축법 시행령' 별표1 제4호의 제2종 근린생활시설 중 일반음식점·휴게음식점·제과점으로서 도시·군계획조례로 정하는 지역에 설치하는 것과 안마시술소 및 같은 호 너목에 해당하는 것 마. '건축법 시행령' 별표1 제5호의 문화 및 집회시설 바. '건축법 시행령' 별표1 제6호의 종교시설

사. '건축법 시행령' 별표1 제8호의 운수시설
아. '건축법 시행령' 별표1 제9호의 의료시설 중 종합병원·병원·치과병원 및 한방병원
자. '건축법 시행령' 별표1 제10호의 교육연구시설 중 같은 호 다목부터 마목까지에 해당하는 것
차. '건축법 시행령' 별표1 제13호의 운동시설(운동장은 제외한다.)
카. '건축법 시행령' 별표1 제15호의 숙박시설로서 도시·군계획조례로 정하는 지역에 설치하는 것
타. '건축법 시행령' 별표1 제17호의 공장 중 다음의 어느 하나에 해당하는 것
　1) '수도권정비계획법' 제6조 제1항 제3호에 따른 자연보전권역 외의 지역 및 '환경정책기본법' 제38조에 따른 특별대책지역 외의 지역에 설치되는 경우(제1호 자목 및 차목에 해당하는 것은 제외한다.)
　2) '수도권정비계획법' 제6조 제1항 제3호에 따른 자연보전권역 및 '환경정책기본법' 제38조에 따른 특별대책지역에 설치되는 것으로서 제1호 자목 및 차목(7)에 해당하지 아니하는 경우
　3) '공익사업을 위한 토지 등의 취득 및 보상에 관한 법률'에 따른 공익사업 및 '도시개발법'에 따른 도시개발사업으로 해당 특별시·광역시·특별자치시·특별자치도·시 또는 군의 관할구역으로 이전하는 레미콘 또는 아스콘 공장
파. '건축법 시행령' 별표1 제18호의 창고시설(창고 중 농업·임업·축산업·수산업용으로 쓰는 것은 제외한다.)
하. '건축법 시행령' 별표1 제19호의 위험물 저장 및 처리시설
거. '건축법 시행령' 별표1 제20호의 자동차 관련 시설
너. '건축법 시행령' 별표1 제27호의 관광 휴게시설

계획관리지역에서의 건축제한

● **건폐율 · 용적률 · 건축물의 높이**

사례 토지 계획관리지역은 건폐율 40% 이하, 용적률 100% 이하, 건축물의 높이 4층 이하를 적용받는다.

● **건축할 수 있는 건축물(건축물의 용도)**

[별표20] 계획관리지역 안에서 건축할 수 없는 건축물을 적용하면 되고, 실무에서는 토지가 소재하는 시·군의 '도시·군계획조례'의 계획관리지역 안에서 건축할 수 없는 건축물을 적용하여 판단하면 된다.

단독주택, 공동주택(아파트 제외), 제1종 근린생활시설, 제2종 근린생활시설(일반음식점, 제조업소 포함), 의료시설, 노유자시설, 수련시설. 공장, 창고, 숙박시설 등 주거시설 · 상업시설 · 공업시설이 폭넓게 허용되고 있다. 분석대상 8개 용도지역 중 유일하게 숙박시설이 허용되고 있다.

● **건축할 수 없는 건축물**

5층 이상의 건축물, 호텔 및 아파트 등은 허용되지 않는다.

계획관리지역과 공장용지 개발

수도권 또는 전국적으로 계획관리지역 토지는 공장용지의 개발부지로 가장 많이 사용되고 있다. 따라서 토지의 가치를 판단함에 있어 공장용지로서의 인·허가 가능성 여부가 매우 중요하다. 물론 계획관리지역 토지는 그 외에도 창고, 음식점, 실내 골프연습장, 전원주택 등 다양한 건축물의 부지로 폭넓게 활용되고 있다.

개발행위허가의 규모

계획관리지역은 '하나의 개발행위'로 30,000m² 미만에서 '도시·군계획조례'가 허용하는 규모 미만까지 개발할 수 있다. 대부분의 시·군이 30,000m² 미만까지 허용하고 있다.

준보전산지

사례 토지 계획관리지역 임야가 보전산지에 해당하지 않으므로 준보전산지로 표시되어 있다.

계획관리지역에서 건축할 수 있는 건축물(2013. 6. 11.)

계획관리지역에서의 건축제한은 분석대상 8개 용도지역 중 유일하게 '금지행위열거방식'을 채택하고 있기 때문에 투자가들이 해석하기가 어렵다. 법 개정 전의 다음의 '허용행위 열거방식'에 의한 '건축할 수 있는 건축물'을 참조하면 계획관리지역에서 허용되는 건축물의 용도를 훨씬 쉽게 판단할 수 있다.

1. 건축할 수 있는 건축물(4층 이하의 건축물에 한한다. 다만 4층 이하의 범위 안에서 도시·군계획조례로 따로 층수를 정하는 경우에는 그 층수 이하의 건축물에 한한다.)	가. '건축법 시행령' 별표1 제1호의 단독주택
	나. '건축법 시행령' 별표1 제3호의 제1종 근린생활시설(휴게음식점 및 제과점을 제외한다.)
	다. '건축법 시행령' 별표1 제4호의 제2종 근린생활시설(동호 나목 및 사목에 해당하는 것과 일반음식·단란주점 및 안마시술소를 제외한다.)
	라. '건축법 시행령' 별표1 제9호의 의료시설(종합병원·병원·치과병원·한방병원을 제외한다.)
	마. '건축법 시행령' 별표1 제10호의 교육연구시설 중 동호 가목·나목 및 바목에 해당하는 것
	바. '건축법 시행령' 별표1 제11호의 노유자시설
	사. '건축법 시행령' 별표1 제12호의 수련시설
	아. '건축법 시행령' 별표1 제13호의 운동시설 중 운동장
	자. '건축법 시행령' 별표1 제17호의 공장 중 제2호 카목 1) 내지 5)의 어느 하나에 해당하지 아니하는 것(다음의 어느 하나에 해당하는 공장을 기존 공장부지 안에서 증축 또는 개축하거나 부지를 확장하여 증축 또는 개축하는 경우에 한한다. 이 경우 확장하려는 부지가 기존 부지와 너비 8m 미만의 도로를 사이에 두고 접하는 경우를 포함한다.)
	  1) 2002년 12월 31일 이전에 준공된 공장
	  2) 법률 제6655호 '국토의계획 및 이용에관한법률' 부칙 제19조에 따라 종전의 '국토이용관리법', '도시계획법' 또는 '건축법'의 규정을 적용받는 공장
	차. '수도권정비계획법' 제6조 제1항 제3호에 따른 자연보전권역 및 '환경정책기본법' 제22조에 따른 특별대책지역 외의 지역에 설치되는 '건축법 시행령' 별표1 제17호의 공장 중 다음의 어느 하나에 해당하지 아니하는 것(도시·군계획조례에서 따로 건축을 제한하는 경우에는 그에 따른다.)
	  1) 별표19 제2호 자목 1)부터 4)까지에 해당하는 것. 다만 인쇄·출판시설이나 사진처리시설로서 '수질 및 수생태계 보전에 관한 법률' 제2조 제8호에 따라 배출되는 특정수질유해물질을 모두 위탁 처리하는 경우는 제외한다.

2) 화학제품제조시설(석유정제시설을 포함한다.) 다만 물·용제류 등 액체성 물질을 사용하지 아니하고 제품의 성분이 용해·용출되지 아니하는 고체성 화학제품제조시설은 제외한다.
3) 제1차금속·가공금속제품 및 기계장비제조시설 중 '폐기물관리법 시행령' 별표1 제4호에 따른 폐유기용제류를 발생시키는 것
4) 가죽 및 모피를 물 또는 화학약품을 사용하여 저장하거나 가공하는 것
5) 섬유제조시설 중 감량·정련·표백 및 염색시설

카. '건축법 시행령' 별표1 제18호 가목의 창고(농업·임업·축산업·수산업용만 해당한다.)

타. '건축법 시행령' 별표1 제21호의 동물 및 식물관련시설

파. '건축법 시행령' 별표1 제22호의 분뇨 및 쓰레기처리시설

하. '건축법 시행령' 별표1 제23호의 교정 및 국방·군사시설

거. '건축법 시행령' 별표1 제24호의 방송통신시설

너. '건축법 시행령' 별표1 제25호의 발전시설

더. '건축법 시행령' 별표1 제26호의 묘지관련시설

러. '건축법 시행령' 별표1 제28호의 장례식장

2. 도시·군계획조례가 정하는 바에 의하여 건축할 수 있는 건축물(4층 이하의 건축물에 한하되, 4층 이하의 범위 안에서 도시·군계획조례로 따로 층수를 정하는 경우에는 그 층수 이하의 건축물에 한하며, 휴게음식점·제과점·일반음식점 및 숙박시설은 국토교통부령이 정하는 기준에 해당하는 지역의 범위 안에서 도시·군계획조례가 정하는 지역에 설치하는 것에 한한다.)	가. '건축법 시행령' 별표1 제2호의 공동주택(아파트를 제외한다.)
	 나. '건축법 시행령' 별표1 제3호의 제1종 근린생활시설 중 휴게음식점 및 제과점
	 다. '건축법 시행령' 별표1 제4호의 제2종 근린생활시설 중 동호 나목·사목에 해당하는 것과 일반음식점 및 안마시술소
	 라. '건축법 시행령' 별표1 제5호의 문화 및 집회시설
	 마. '건축법 시행령' 별표1 제6호의 종교시설
	 바. '건축법 시행령' 별표1 제8호의 운수시설
	 사. '건축법 시행령' 별표1 제9호의 의료시설 중 종합병원·병원·치과병원 및 한방병원
	 아. '건축법 시행령' 별표1 제10호의 교육연구시설 중 동호 다목 내지 마목에 해당하는 것
	 자. '건축법 시행령' 별표1 제13호의 운동시설(운동장을 제외한다.)
	 차. '건축법 시행령' 별표1 제15호의 숙박시설
	 카. '수도권정비계획법' 제6조 제1항 제3호에 따른 자연보전권역 및 '환경정책기본법' 제22조에 따른 특별대책지역에 설치되는 '건축법 시행령' 별표1 제17호의 공장 중 부지면적(2 이상의 공장을 함께 건축하거나 기존 공장부지에 접하여 건축하는 경우와 2 이상의 부지가 너비 8m 미만의 도로에 서로 접하는 경우에는 그 면적의 합계를 말한다.)이 1만㎡ 이상인 것과 광역시장·특별자치시장·특별자치도지사·광역시장·시장 또는 군수가 1만5,000㎡ 이상의 면적을 정하여 공장의 건축이 가능한 지역으로 고시한 지역 안에 입지하는 것으로서 다음의 어느 하나에 해당하지 아니하는 것
	   1) 별표19 제2호 자목 1) 내지 4)에 해당하는 것
	   2) 화학제품제조시설(석유정제시설을 포함한다.). 다만 물·용제류 등 액체성 물질을 사용하지 아니하고 제품의 성분이 용해·용출되지 아니하는 고체성화학제품제조시설을 제외한다.
	   3) 제1차금속·가공금속제품 및 기계장비제조시설 중 '폐기물관리법 시행령' 별표1 제4호에 따른 폐유기용제류를 발생시키는 것

	4) 가죽 및 모피를 물 또는 화학약품을 사용하여 저장하거나 가공하는 것 5) 섬유제조시설 중 감량·정련·표백 및 염색시설 타. '공익사업을 위한 토지 등의 취득 및 보상에 관한 법률'에 따른 공익사업 및 '도시개발법'에 따른 도시개발사업으로 해당 특별시·광역시·시 또는 군의 관할구역으로 이전하는 레미콘 또는 아스콘 공장 파. '건축법 시행령' 별표1 제18호의 창고시설(같은 호 가목의 창고 중 농업·임업·축산업·수산업용으로 쓰는 것은 제외한다.) 하. '건축법 시행령' 별표1 제19호의 위험물저장 및 처리시설 거. '건축법 시행령' 별표1 제20호의 자동차 관련 시설 너. '건축법 시행령' 별표1 제27호의 관광휴게시설

농림지역의 임야

지목	임야	면적	5,613㎡
개별공시지가(㎡당)	18,000원 (2025/01)		
지역·지구 등 지정 여부	「국토의 계획 및 이용에 관한 법률」에 따른 지역·지구 등	농림지역	
	다른 법령 등에 따른 지역·지구 등	임업용산지〈산지관리법〉, 토석채취제한지역〈산지관리법〉, 성장관리권역〈수도권정비계획법〉	
「토지이용규제기본법 시행령」 제9조 제4항 각 호에 해당되는 사항	〈추가기재〉 하천구역은 재난안전과 방재부서(031-369-2461)로 확인 바랍니다.		

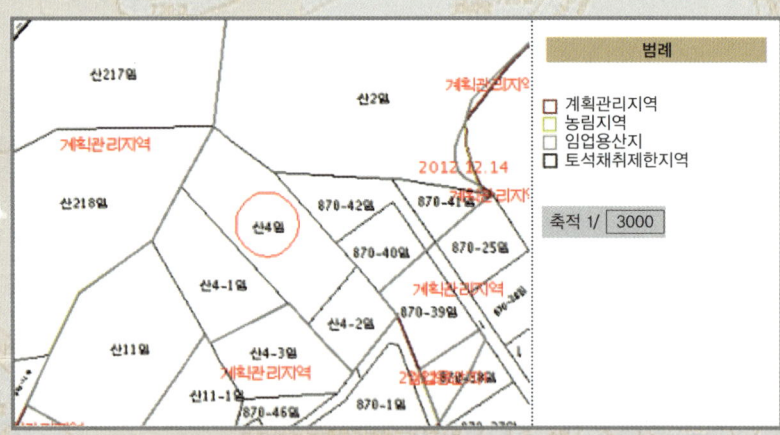

농림지역이란?

농림지역은 도시지역에 속하지 아니하는 '농지법'에 따른 농업진흥지역 또는 '산지관리법'에 따른 보전산지 등으로서 농림업을 진흥시키고 산림을 보전하기 위하여 필요한 지역'을 말한다.

> [별표21] 농림지역 안에서 건축할 수 있는 건축물
> 사례 토지는 농림지역에 해당한다. 농림지역에서의 건축제한은 허용행위열거방식을 채택하고 있다. 따라서 '건축할 수 있는 건축물'로 열거된 건축물만 해당 용도지역에서 건축 또는 개발할 수 있다. 농림지역에서는 다음과 같은 건축물이 허용되고 있다.

1. 건축할 수 있는 건축물	가. '건축법 시행령' 별표1 제1호의 단독주택으로서 현저한 자연훼손을 가져오지 아니하는 범위 안에서 건축하는 농어가주택(농지법에 따른 농업인 주택 및 어업인 주택을 말한다) 나. '건축법 시행령' 별표1 제3호 사목(공중화장실, 대피소, 그 밖에 이와 비슷한 것만 해당한다.) 및 아목에 따른 제1종 근린생활시설 다. '건축법 시행령' 별표1 제10호의 교육연구시설 중 초등학교 라. '건축법 시행령' 별표1 제18호 가목의 창고(농업·임업·축산업·수산업용만 해당한다.) 마. '건축법 시행령' 별표1 제21호마목부터 사목까지의 규정에 따른 시설 및 같은 호 아목에 따른 시설 중 식물과 관련된 마목부터 사목까지의 규정에 따른 시설과 비슷한 것 바. '건축법 시행령' 별표1 제25호의 발전시설
2. 도시·군계획조례가 정하는 바에 의하여 건축할 수 있는 건축물	가. '건축법 시행령' 별표1 제3호의 제1종 근린생활시설[같은 호 나목, 사목(공중화장실, 대피소, 그 밖에 이와 비슷한 것만 해당한다.) 및 아목은 제외한다.] 나. '건축법 시행령' 별표1 제4호의 제2종 근린생활시설 [같은 호 아목, 자목, 너목(농기계수리시설은 제외한다), 더목 및 러목(안마시술소만 해당한다)은 제외한다]

	다. '건축법 시행령' 별표1 제5호의 문화 및 집회시설 중 동호 마목에 해당하는 것 라. '건축법 시행령' 별표1 제6호의 종교시설 마. '건축법 시행령' 별표1 제9호의 의료시설 바. '건축법 시행령' 별표1 제12호의 수련시설 사. '건축법 시행령' 별표1 제19호의 위험물저장 및 처리시설 중 액화석유가스충전소 및 고압가스충전·저장소 아. '건축법 시행령' 별표 1 제21호가목부터 라목까지의 규정에 따른 시설 및 같은 호 아목에 따른 시설 중 동물과 관련된 가목부터 라목까지의 규정에 따른 시설과 비슷한 것 자. '건축법 시행령' 별표 1 제22호의 자원순환 관련 시설 차. '건축법 시행령' 별표 1 제23호의 교정시설 카. '건축법 시행령' 별표 1 제23호의2의 국방·군사시설 타. '건축법 시행령' 별표1 제24호의 방송통신시설 파. '건축법 시행령' 별표1 제26호의 묘지관련시설 하. '건축법 시행령' 별표1 제28호의 장례식장 거. '건축법 시행령' 별표1 제29호의 야영장시설
비고	'국토의 계획 및 이용에 관한 법률' 제76조 제5항 제3호에 따라 농림지역 중 농업진흥지역, 보전산지 또는 초지인 경우에 건축물이나 그 밖의 시설의 용도·종류 및 규모 등의 제한에 관하여는 각각 '농지법', '산지관리법' 또는 '초지법'에서 정하는 바에 따른다.

농림지역에서의 건축제한

● **건폐율 · 용적률 · 건축물의 높이**

사례 토지 농림지역은 건폐율 20% 이하, 용적률 80% 이하, 건축물의 높이 4층 이하를 적용받는다.

● 건축할 수 있는 건축물(건축물의 용도)

[별표21] 농림지역 안에서 건축할 수 있는 건축물을 적용하면 되고, 실무에서는 토지가 소재하는 시·군의 '도시·군계획조례'의 농림지역 안에서 건축할 수 있는 건축물을 적용하여 판단하면 된다.

☞ 농림지역의 건축제한과 관련하여 유의할 점

농림지역 안에서의 건축제한 또는 행위제한과 관련하여 순수하게 '국토계획법'에 의한 농림지역으로만 지정된 토지에서는 앞에서 배운 건축제한을 적용하면 된다. 그러나 농림지역은 대부분의 경우 '다른 법령 등에 따른 지역·지구 등' 란에 농지는 '농업진흥지역', 산지는 '보전산지'로 지정되어 있다. 그러한 토지에서의 건축제한(또는 행위제한)은 '국토계획법' 제76조 제5항 제3호에 따라야 한다. '국토계획법' 제76조 제5항 제3호에 따라 농림지역 중 농업진흥지역, 보전산지 또는 초지인 경우에 건축물이나 그 밖의 시설의 용도·종류 및 규모 등의 제한에 관하여는 각각 '농지법', '산지관리법' 또는 '초지법'에서 정하는 바에 따라야 한다. 구체적인 내용은 'CHAPTER 8 농지와 산지로 배우는 지적도의 비밀'에서 자세하게 배우게 된다.

☞ 농림지역 내 일반인 단독주택 허용 관련 입법예고

보도시점 : 2025. 3. 27.(목) 11:00 이후(3. 28.(금) 조간) / 배포 : 2025. 3. 27.(목)

ㅇ 국토교통부(장관 박상우)는 **농림지역 내 일반인의 단독주택 건축을 허용**하고, 농공단지의 건폐율을 80%까지 확대하는 내용을 담은「국토

의 계획 및 이용에 관한 법률 시행령」개정안을 3월 28일부터 5월 7일까지 40일간 입법예고 한다. 주요 내용은 다음과 같다.

①(농림지역 일반인 단독주택 허용) 그간 농어업인이 아니면 농림지역에 단독주택을 지을 수 없었으나, 이제 일반인도 단독주택을 건축할 수 있게 된다. 이를 통해 정주 여건이 크게 개선되고 농촌 생활이 편리해져 인구 유입이 기대된다. 다만, 농림지역 중 「산지관리법」과 「농지법」 규제가 우선 적용되는 **보전산지와 농업진흥지역**은 이번 규제완화 대상에 포함되지 않는다.

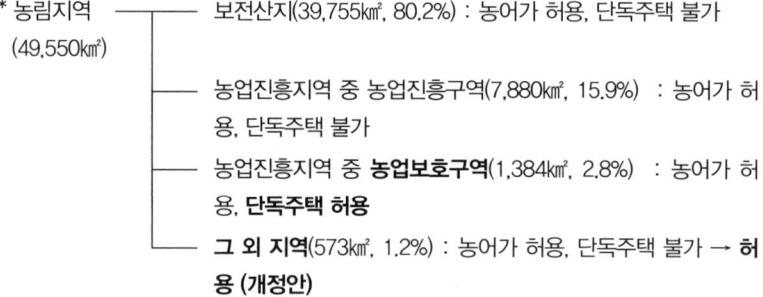

자연환경보전지역의 임야

지목	임야	면적	2,781㎡
개별공시지가(㎡당)	72,000원 (2025/01)		
지역·지구 등 지정 여부	「국토의 계획 및 이용에 관한 법률」에 따른 지역·지구 등	자연환경보전지역, 개발행위허가제한지역	
	다른 법령 등에 따른 지역·지구 등	성장관리권역〈수도권정비계획법〉, 연안육역〈연안관리법〉	
「토지이용규제기본법 시행령」 제9조 제4항 각 호에 해당되는 사항			

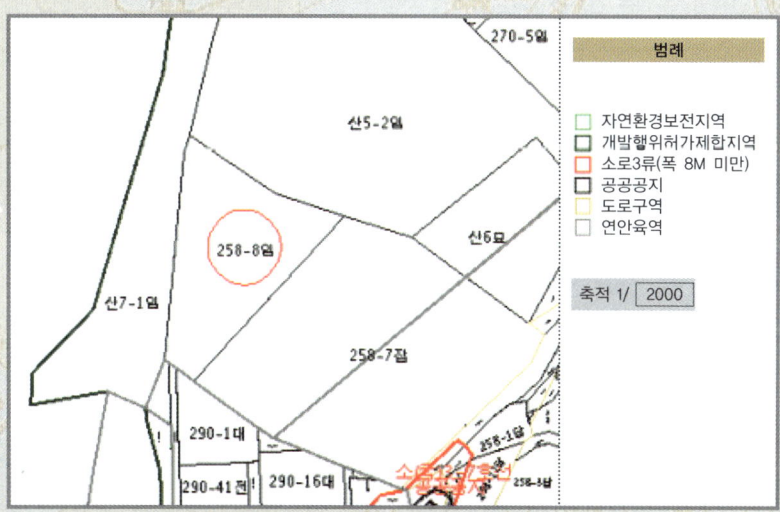

자연환경보전지역이란?

자연환경보전역은 '자연환경·수자원·해안·생태계·상수원 및 문화재의 보전과 수산자원의 보호·육성 등을 위하여 필요한 지역'을 말한다.

> [별표22] 자연환경보전지역 안에서 건축할 수 있는 건축물
> 사례 토지는 자연환경보전지역에 해당한다. 자연환경보전지역에서의 건축제한은 허용행위열거방식을 채택하고 있다. 따라서 '건축할 수 있는 건축물'로 열거된 건축물만 해당 용도지역에서 건축 또는 개발할 수 있다. 자연환경보전지역에서는 다음과 같은 건축물이 허용되고 있다. 자연환경보전지역은 토지투자대상 녹지지역, 관리지역, 농림지역, 자연환경보전지역 토지 중에서 건축할 수 있는 건축물의 범위가 가장 좁은 토지라는 점에 유의하여야 한다.

1. 건축할 수 있는 건축물	가. '건축법 시행령' 별표1 제1호의 단독주택으로서 현저한 자연훼손을 가져오지 아니하는 범위 안에서 건축하는 농어가주택 나. '건축법 시행령' 별표1 제10호의 교육연구시설 중 초등학교
2. 도시·군계획조례가 정하는 바에 의하여 건축할 수 있는 건축물(수질오염 및 경관 훼손의 우려가 없다고 인정하여 도시·군계획조례가 정하는 지역 내에서 건축하는 것에 한한다.)	가. '건축법 시행령' 별표1 제3호의 제1종 근린생활시설 중 같은 호 가목, 바목, 사목(지역아동센터는 제외한다.) 및 아목에 해당하는 것 나. '건축법 시행령' 별표1 제4호의 제2종 근린생활시설 중 종교집회장으로서 지목이 종교용지인 토지에 건축하는 것 다. '건축법 시행령' 별표1 제6호의 종교시설로서 지목이 종교용지인 토지에 건축하는 것 라. 「건축법 시행령」 별표 1 제19호바목의 고압가스 충전소·판매소·저장소 중 「환경친화적 자동차의 개발 및 보급 촉진에 관한 법률」 제2조제9호의 수소연료공급시설 마. 「건축법 시행령」 별표 1 제21호가목에 따른 시설 중 양어시설(양식장을 포함한다. 이하 이 목에서 같다), 같은 호 마목부터 사목까지의 규정에 따른 시설, 같은 호 아목에 따른 시설 중 양어시설과 비슷한 것

	및 같은 목 중 식물과 관련된 마목부터 사목까지의 규정에 따른 시설과 비슷한 것바. 「건축법 시행령」 별표 1 제22호가목의 하수 등 처리시설
	바. 「건축법 시행령」 별표 1 제22호가목의 하수 등 처리시설(「하수도법」 제2조제9호에 따른 공공하수처리시설만 해당한다)
	사. 「건축법 시행령」 별표 1 제23호의2의 국방·군사시설 중 관할 시장·군수 또는 구청장이 입지의 불가피성을 인정한 범위에서 건축하는 시설
	아. 「건축법 시행령」 별표 1 제25호의 발전시설
	자. 「건축법 시행령」 별표 1 제26호의 묘지관련시설

자연환경보전지역에서의 건축제한

● **건폐율 · 용적률 · 건축물의 높이**

사례 토지 자연환경보전지역은 건폐율 20% 이하, 용적률 80% 이하, 건축물의 높이 4층 이하를 적용받는다. 실무에서는 토지가 소재하는 시·군의 '도시·군계획조례'의 건축제한에 따른다.

● **건축할 수 있는 건축물(건축물의 용도)**

[별표22] 자연환경보전지역 안에서 건축할 수 있는 건축물을 적용하면 되고, 실무에서는 토지가 소재하는 시·군의 '도시·군계획조례'의 자연환경보전지역 안에서 건축할 수 있는 건축물을 적용하여 판단하면 된다.

- '1. 건축할 수 있는 건축물'에 의하여 단독주택으로서 현저한 자연훼손을 가져오지 아니하는 범위 안에서 건축하는 농어가주택

이 허용되고 있다.
- '2. 도시·군계획조례가 정하는 바에 의하여 건축할 수 있는 건축물'에 의하여 제1종 근린생활시설 중 소매점 및 기왕의 지목이 종교용지인 토지에 건축하는 종교시설 정도가 가능하다.

● 건축할 수 없는 건축물
사례 토지는 경기도의 토지로서 바닷가라는 좋은 입지를 가지고 있지만 자연환경보전지역이기 때문에 투자가들이 선호하는 단독주택, 일반음식점, 숙박시설 등은 허용되지 않고 있다.

개발행위허가의 규모
자연환경보전지역은 '하나의 개발행위'로 5,000m² 미만까지 개발할 수 있다.

● 개발행위허가제한지역
개발행위허가를 제한하려면 제한지역·제한사유·제한대상행위 및 제한기간을 미리 고시하여야 하며, 제한사유가 없어진 경우에는 그 제한기간이 끝나기 전이라도 지체 없이 개발행위허가제한의 해제지역 및 해제 시기를 고시하여야 한다.(토지이용규제서비스 용어사전)

☞ 사례토지는 국토계획법에 의하여 개발행위허가제한지역으로 지정되어 있다. 개발행위허가제한지역은 말 그대로 형질변경, 건축 등

개발행위가 제한되는 지역을 말한다. 개발행위허가제한지역으로 지정된 토지는 대개의 경우 해당 토지나 또는 인근에 개발계획 등이 새로 수립되는 경우가 많기 때문에, 투자가치 판단을 위해서는 반드시 시·군에 문의하여 지정 사유를 알아보아야 한다.

| 참고 | **개발행위허가제한지역이란?**

국토교통부장관, 시·도지사, 시장 또는 군수가 다음의 어느 하나에 해당되는 지역으로서 도시·군관리계획상 특히 필요하다고 인정되는 지역에 대하여 '국토의 계획 및 이용에 관한 법률'에 따라 중앙도시계획위원회나 지방도시계획위원회의 심의를 거쳐 일정 기간 개발행위허가를 제한하는 지역을 말한다.

① 녹지지역이나 계획관리지역으로서 수목이 집단으로 자라고 있거나 조수류 등이 집단으로 서식하고 있는 지역 또는 우량농지 등으로 보전할 필요가 있는 지역
② 개발행위로 인하여 주변의 환경·경관·미관·문화재 등이 크게 오염되거나 손상될 우려가 있는 지역
③ 도시·군기본계획이나 도시·군관리계획을 수립하고 있는 지역으로서 그 도시·군기본계획이나 도시·군관리계획이 결정될 경우 용도지역·용도지구 또는 용도구역의 변경이 예상되고 그에 따라 개발행위허가의 기준이 크게 달라질 것으로 예상되는 지역
④ 지구단위계획구역으로 지정된 지역
⑤ 기반시설부담구역으로 지정된 지역으로 지정된 지역
　개발행위허가제한은 1회에 한하여 3년 이내의 기간 동안 할 수 있다. 다만 위의 ③부터 ⑤까지에 해당하는 지역에 대해서는 1회에 한하여 2년 이내의 기간 동안 연장할 수 있다.

자연환경보전지역의 잡종지

● 경매자료 감정평가서

● 소재지 일괄 특성
- ○○○해수욕장 북동 측 인근
- 각종 근린시설, 음식점, 농경지 혼재
- 차량 출입 가능

● 감정평가서 요약
- 부정형등고평탄지
- 북측 4m 도로 접합
- 자연환경보전지역

- 잡종지
- 346㎡(401.66py)
- (현: 상업나지)

지목	잡종지	면적	346㎡
개별공시지가(㎡당)	361,000원 (2025/01)		
지역·지구 등 지정 여부	「국토의 계획 및 이용에 관한 법률」에 따른 지역·지구 등	자연환경보전지역, 소로3류(폭 8m 미만)(2015-12-10)(접함)	
	다른 법령 등에 따른 지역·지구 등	성장관리권역(수도권정비계획법), 연안육역(연안관리법)	
「토지이용규제기본법 시행령」 제9조 제4항 각 호에 해당되는 사항			

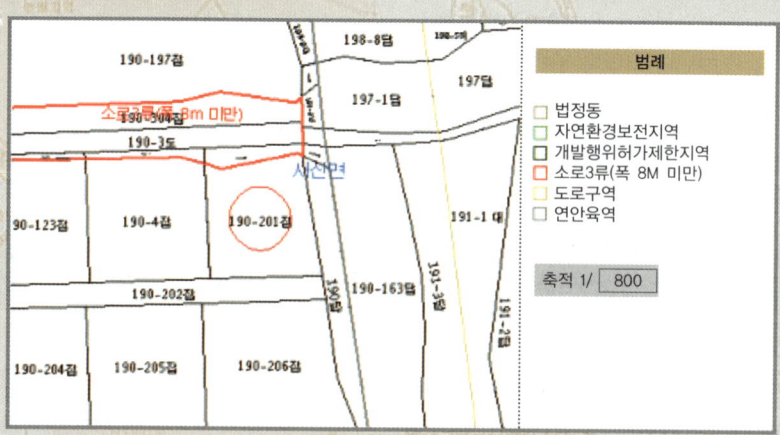

일반음식점의 허용 여부

사례토지도 자연환경보전지역이며 지목은 잡종지다. 감정평가서에 보면 상업나지이고 주변에 음식점 등이 혼재하고 있다고 설명하고 있어서, 해당 토지를 횟집(일반음식점)으로 허가받을 수 있는지가 문제된다. 횟집은 제2종 근린생활시설 중 술을 팔 수 있는 일반음식점에 해당하며, 자연환경보전지역에서는 앞에서 배운 바와 같이 술을 팔 수 있는 일반음식점은 신규로 허가가 나지 않는다. 다만 기존에 있는 일반음식점 등은 자연환경보전지역으로의 지정 전의 '준농림지역'이나 '관리지역' 또는 '계획관리지역'으로 지정되어 있던 당시에 허가를 받은 건축물로 추정할 수 있으며, 기득권을 존중하여 영업권을 승계하여 일반음식점 영업을 계속 영위할 수 있다.

농어가주택과 단독주택

농어가주택은 단독주택의 유형 중의 하나다. 차이점은, 단독주택은 허가를 받는 데 특별한 자격제한이 없는 반면 농어가주택은 농림어업인이라는 까다로운 자격을 갖춘 사람만이 허가를 받을 수 있다는 데 있다. 그에 따라 전원주택(단독주택) 분양사업의 가능 여부에서 결정적인 차이가 난다. 일반적으로 단독주택이 허용되는 토지에서는 전원주택의 분양사업이 가능하다. 그러나 단독주택 중에서도 농어가주택만이 허용되는 자연환경보전지역에서는 허가자격의 제한 때문에 전원주택의 분양사업이 사실상 불가능하다.

 | 참고 | **농어업인주택(농어가주택)의 신축 조건**

농어업인주택(농어가)의 정의
농어업인주택은 농지법시행령 제29조에서 규정하고 있는 다음의 요건을 모두 갖춘 건축물 및 시설을 말한다.

1. 농업인 또는 어업인 1명 이상으로 구성되는 농업·임업·축산업 또는 어업을 영위하는 세대로서 다음 각 목의 어느 하나에 해당하는 세대의 세대주가 설치하는 것일 것
   가. 해당 세대의 농업·임업·축산업 또는 어업에 따른 수입액이 연간 총수입액의 2분의 1을 초과하는 세대
   나. 해당 세대원의 노동력의 2분의 1 이상으로 농업·임업·축산업 또는 어업을 영위하는 세대

2. 해당 세대의 세대원이 장기간 독립된 주거생활을 영위할 수 있는 구조로 된 건축물 및 해당 건축물에 부속한 창고·축사 등 농업·임업·축산업 또는 어업을 영위하는 데 필요한 시설로서 그 부지의 총면적이 1세대 당 660㎡ 이하일 것
   - 지방세법에 의한 별장 또는 고급주택을 제외한다.
   - 총면적은 당해 세대주가 그 전용허가신청일 또는 협의신청일 이전 5년간 농어업인주택의 설치를 위하여 부지로 전용한 농지 면적을 합산한다. 다만, 제1호 각 목의 어느 하나에 해당하는 세대의 세대원이 자기가 경영하는 농업·임업·축산업 또는 어업을 영위하기 위해 다음 각 목의 어느 하나에 해당하는 사람을 고용하여 거주하게 할 목적인 경우에는 1,000㎡ 이하로 한다.
      가. 내국인 근로자
      나. 「출입국관리법」 제18조 제1항에 따라 취업활동을 할 수 있는 체류자격을 받은 외국인 근로자

3. 해당 세대의 농업·임업·축산업 또는 어업의 경영 근거가 되는 농지·산림·축사 또는 어장 등이 있는 시·구·읍·면 또는 이에 연접한 시·구·읍·면 지역에 설치하는 것일 것

CHAPTER 5

'용도지구'로 배우는 지적도의 비밀

아는 만큼 보이고, 보이는 만큼
수익이 오르는 지적도의 비밀

[용도지구

'국토계획법'상 용도지구와 건축제한

'용도지구'란 토지의 이용 및 건축물의 용도·건폐율·용적률·높이 등에 대한 용도지역의 제한을 강화하거나 완화하여 적용함으로써 용도지역의 기능을 증진하고 미관·경관·안전을 도모하기 위하여 도시·군관리계획으로 결정하는 지역을 말한다. 정리해서 말하면 용도지역에 의하여 결정된 해당 토지에서의 건축제한(건폐율, 용적률, 건축물의 용도, 건축물의 높이)에 대하여, 추가로 용도지구가 지정이 되면 해당 토지에서의 건축제한의 일부 또는 전부가 강화 또는 완화된다는 의미다.

투자대상 토지에서 최종 건축제한을 판단하라

토지 위에 용도지역은 혼자서 지정될 수 있지만 용도지구는 용도지역 없이 혼자 지정되지 않는다. 반드시 용도지역이 지정된 바탕 위에 용도지구가 중복으로 지정된다. 따라서 투자가는 용도지역에서의 건축제한과 용도지구에서의 강화 또는 완화된 건축제한을 중복적용

(강화 또는 완화된 용도지구에서의 건축제한이 우선 적용된다.)하여 해당 토지에서의 최종적인 건축제한을 도출할 수 있어야 한다.

용도지구의 지정 및 세분

'국토계획법'에 의한 용도지구는 다음과 같이 세분하여 지정할 수 있다.

① 경관지구

'경관의 보전·관리 및 형성을 위하여 필요한 지구'를 말하며 다음과 같이 세분하여 지정할 수 있다.

가. 자연경관지구: 산지·구릉지 등 자연경관을 보호하거나 유지하기 위하여 필요한 지구

나. 시가지경관지구: 지역 내 주거지, 중심지 등 시가지의 경관을 보호 또는 유지하거나 형성하기 위하여 필요한 지구

다. 특화경관지구: 지역 내 주요 수계의 수변 또는 문화적 보존 가치가 큰 건축물 주변의 경관 등 특별한 경관을 보호 또는 유지하거나 형성하기 위하여 필요한 지구

경관지구 안에서의 건축물의 건폐율·용적률·높이·최대너비·색채 및 대지 안의 조경 등에 관하여는 그 지구의 경관의 보전·관리·형성에 필요한 범위 안에서 도시·군계획조례로 정한다. 따라서 경관지구에서 토지를 개발하거나 건축하고자 할 때에는 반드시 해당 시·군의 도시·군계획조례를 찾아 경관지구 안에서의 건축제한을 참조하여야 한다.

② 고도지구

'쾌적한 환경 조성 및 토지의 효율적 이용을 위하여 건축물 높이의 최고한도를 규제할 필요가 있는 지구'를 말한다. 고도지구 안에서는 도시·군관리계획으로 정하는 높이를 초과하는 건축물을 건축할 수 없다.

③ 방화지구

'화재의 위험을 예방하기 위하여 필요한 지구'를 말한다.

④ 방재지구

'풍수해, 산사태, 지반의 붕괴, 그 밖의 재해를 예방하기 위하여 필요한 지구'를 말하며 다음과 같이 세분하여 지정할 수 있다.

    가. 시가지방재지구: 건축물·인구가 밀집된 지역으로서 시설 개선 등을 통하여 재해 예방이 필요한 지구

    나. 자연방재지구: 토지의 이용도가 낮은 해안변, 하천변, 급경사지 주변 등의 지역으로서 건축 제한 등을 통하여 재해 예방이 필요한 지구

⑤ 보호지구

'국가유산, 중요 시설물(항만, 공항, 공용시설, 교정시설, 군사시설을 말한다.) 및 문화적·생태적으로 보존가치가 큰 지역의 보호와 보존을 위하여 필요한 지구'를 말하며 다음과 같이 세분하여 지정할 수 있다.

    가. 역사문화환경보호지구: 문화재·전통사찰 등 역사·문화적으로 보존가치가 큰 시설 및 지역의 보호와 보존을 위하여 필요한 지구

나. 중요시설물보호지구: 중요한 시설물의 보호와 기능의 유지 및 증진 등을 위하여 필요한 지구

다. 생태계보호지구: 야생동식물 서식처 등 생태적으로 보존가치가 큰 지역의 보호와 보존을 위하여 필요한 지구

보호지구 안에서는 도시·군계획조례가 정하는 건축물에 한하여 건축할 수 있다.

⑥ 취락지구

'녹지지역·관리지역·농림지역·자연환경보전지역·개발제한구역 또는 도시자연공원구역의 취락을 정비하기 위한 지구'를 말하며 다음과 같이 세분하여 지정할 수 있다.

가. 자연취락지구: 녹지지역·관리지역·농림지역 또는 자연환경보전지역 안의 취락을 정비하기 위하여 필요한 지구

나. 집단취락지구: 개발제한구역 안의 취락을 정비하기 위하여 필요한 지구

⑦ 개발진흥지구

'주거기능·상업기능·공업기능·유통물류기능·관광기능·휴양기능 등을 집중적으로 개발·정비할 필요가 있는 지구'를 말하며 다음과 같이 세분하여 지정할 수 있다.

가. 주거개발진흥지구: 주거기능을 중심으로 개발·정비할 필

요가 있는 지구

나. 산업·유통개발진흥지구: 공업기능 및 유통·물류기능을 중심으로 개발·정비할 필요가 있는 지구

다. 관광·휴양개발진흥지구: 관광·휴양기능을 중심으로 개발·정비할 필요가 있는 지구

라. 복합개발진흥지구: 주거기능, 공업기능, 유통·물류기능 및 관광·휴양기능 중 2이상의 기능을 중심으로 개발·정비할 필요가 있는 지구

마. 특정개발진흥지구: 주거기능, 공업기능, 유통·물류기능 및 관광·휴양기능 외의 기능을 중심으로 특정한 목적을 위하여 개발·정비할 필요가 있는 지구

⑧ 특정용도제한지구

'주거및 교육환경 보호나 청소년 보호 등의 목적으로 오염물질 배출시설, 청소년 유해시설 등 특정시설의 입지를 제한할 필요가 있는 지구'를 말한다.

특정용도제한지구안에서는 주거기능 및 교육환경을 훼손하거나 청소년 정서에 유해하다고 인정하여 도시·군계획조례가 정하는 건축물을 건축할 수 없다.

⑨ 복합용도지구

'지역의 토지이용 상황, 개발 수요 및 주변 여건 등을 고려하여 효율

적이고 복합적인 토지이용을 도모하기 위하여 특정시설의 입지를 완화할 필요가 있는 지구'를 말한다. 시·도지사 또는 대도시 시장은 일반주거지역·일반공업지역·계획관리지역에 복합용도지구를 지정할 수 있다.

투자가들은 용도지역과 용도지구가 동시에 지정된 토지에서의 건축제한을 도출할 수 있어야 한다. 다음 도표를 보면 쉽게 이해할 수 있을 것이다.

구분	건축제한			
	건폐율	용적률	건축물의 용도	건축물의 높이
'A' 용도지역	50%	150%	a, b, c, d, e, f	6층 이하
'가' 용도지구	–	120%	건축할 수 없는 건축물 a, b, c	–
해당 도지에서의 최종 건축제한	50%	120%	d, e, f	6층 이하

국토계획법상 용도지역, 용도지구가 동시에 지정된 토지에서 건축제한

① 먼저 용도지역에서의 건폐율, 용적률, 건축할 수 있는 건축물, 건축물의 높이를 확인한다.
② 추가로 지정된 용도지구에서의 강화 또는 완화된 건폐율, 용적률, 건축할 수 있는 건축물, 건축물의 높이 등 건축제한을 확인한다.
③ 용도지구에서의 강화 또는 완화된 건폐율, 용적률, 건축할 수 있는 건축물, 건축물의 높이의 건축제한을 우선 적용하여 최종적으로 해당 토지에서의 건폐율, 용적률, 건축할 수 있는 건축물, 건축

물의 높이 등의 건축제한을 도출한다.

용도지역과 용도지구 지정현황
사례 토지는 'A' 용도지역 및 '가' 용도지구로 지정되어 있다.

'A' 용도지역 토지에서의 건축제한
사례 토지가 'A' 용도지역 한 가지만 지정되어 있다면 건폐율 50% 이하, 용적률 150% 이하, 건축할 수 있는 건축물(건축물의 용도)은 a, b, c, d, e, f, 건축물의 높이는 6층 이하를 적용하여 건축이나 개발할 수 있다.

'가' 용도지구 토지에서의 건축제한
'가' 용도지구에서는 용도지역에서의 건축제한을 강화하거나 완화하여(사례에서는 강화한 것에 해당한다.) 별도의 건축제한을 정하고 있는데 용적률 120% 이하와 건축할 수 없는 건축물로 a, b, c를 열거하고 있다. 건폐율과 건축물의 높이에 대하여는 특별히 따로 규정하지 않고 있다.

'A' 용도지역·'가' 용도지구 토지에서의 건축제한
'A' 용도지역에서의 건축제한을 바탕으로 강화 또는 완화된 '가' 용도지구 토지에서의 건축제한을 중첩하여 적용하면, 'A' 용도지역 및 '가' 용도지구로 지정된 토지에서의 최종 건축제한은 건폐율 50% 이하, 용적률 120% 이하, 건축물의 용도 d, e, f, 건축물의 높이 6층 이하를 적용할 수 있다.

자연경관지구
(제1종 일반주거지역 · 자연경관지구)

지목	대	면적	245m²
개별공시지가(m²당)	1,780,000원 (2025/01)		
지역 · 지구 등 지정 여부	「국토의 계획 및 이용에 관한 법률」에 따른 지역 · 지구 등	도시지역, 제1종일반주거지역, 자연경관지구	
	다른 법령 등에 따른 지역 · 지구 등		
「토지이용규제기본법 시행령」 제9조 제4항 각 호에 해당되는 사항			

도시지역의 제1종 일반주거지역

① **도시지역의 구분**

도시지역은 인구와 산업이 밀집되어 있거나 밀집이 예상되어 그 지역에 대하여 체계적인 개발·정비·관리·보전 등이 필요한 지역을 말하며, 도시지역은 주거지역, 상업지역, 공업지역, 녹지지역으로 구분하여 지정되어 있다.

② **주거지역의 세분**

가. 전용주거지역: 양호한 주거환경을 보호하기 위하여 필요한 지역
  1) 제1종 전용주거지역: 단독주택 중심의 양호한 주거환경을 보호하기 위하여 필요한 지역
  2) 제2종 전용주거지역: 공동주택 중심의 양호한 주거환경을 보호하기 위하여 필요한 지역

나. 일반주거지역: 편리한 주거환경을 조성하기 위하여 필요한 지역
  1) 제1종 일반주거지역: 저층주택을 중심으로 편리한 주거환경을 조성하기 위하여 필요한 지역
  2) 제2종 일반주거지역: 중층주택을 중심으로 편리한 주거환경을 조성하기 위하여 필요한 지역
  3) 제3종 일반주거지역: 중고층주택을 중심으로 편리한 주거환경을 조성하기 위하여 필요한 지역

다. 준주거지역: 주거기능을 위주로 이를 지원하는 일부 상업기능 및

업무기능을 보완하기 위하여 필요한 지역

제1종 일반주거지역

제1종 일반주거지역은 '저층주택을 중심으로 편리한 주거환경을 조성하기 위하여 필요한 지역'을 말한다.

경관지구 중 자연경관지구

자연경관지구는 '산지·구릉지 등 자연경관을 보호하거나 유지하기 위하여 필요한 지구'를 말한다. 지구 지정 목적을 달성하기 위한 별도의 건축제한이 가해진다.

토지투자 분석표

규제법령	항목	해당 유무
① 공간정보관리법	지목	대
② 국토계획법	용도지역 용도지구 용도구역 등	제1종 일반주거지역 자연경관지구 -
③ 농지법, 산지관리법, 초지법	농지·산지·초지 여부	해당 없음
④ 개발제한구역특별법	그린벨트 여부	해당 없음
⑤ ③~④항 외 다른 법령 등에 따른 지역·지구 등	기타	해당 사항 없음

① 사례 토지의 '공간정보관리법'상 지목은 '대'

지목에 대한 설명은 앞에서 이루어졌으므로 생략한다.

② - 1 제1종 일반주거지역에서의 건축제한

사례 토지의 '국토계획법'상 용도지역은 제1종 일반주거지역으로 지정되어 있다. 즉, 사례 토지를 개발할 때는 제1종 일반주거역에서의 건축제한을 적용받아야 한다는 의미다.

● 건폐율 · 용적률 · 건축물의 높이

사례 토지는 서울시에 소재하는 토지로서 '서울시 도시계획조례'에 따르면 제1종 일반주거지역은 건폐율 60% 이하(동 조례 제44조 제3호), 용적률 150% 이하(동 조례 제48조 제3호), 건축물의 높이 4층(일부 건축물 5층) 이하(국토계획법 시행령 별표4)를 적용받고 있다.

● 건축할 수 있는 건축물(건축물의 용도)

사례 토지는 제1종 일반주거지역에 해당한다. 제1종 일반주거지역에서의 건축제한은 허용행위열거방식을 채택하고 있다. 따라서 앞에서 설명한 [별표4] 제1종 일반주거지역 안에서 건축할 수 있는 건축물을 적용하면 되고, 실무에서는 토지가 소재하는 서울시 '도시계획조례' [별표4]의 제1종 일반주거지역 안에서 건축할 수 있는 건축물을 적용하여 판단하면 된다.

② - 2 자연경관지구에서의 건축제한

'서울시 도시계획조례' 제34조에 의하여 자연경관지구에서는 다음과 같은 건축제한이 가해지고 있다.

| '서울시 도시계획조례' 제34조(자연경관지구 안에서의 건축제한) | ① 영 제72조 제1항에 따라 자연경관지구 안에서는 다음 각 호의 건축물을 건축하여서는 아니 된다.
1. '건축법 시행령' 별표1 제4호의 제2종 근린생활시설 중 안마시술소와 옥외에 철탑이 있는 골프연습장
2. '건축법 시행령' 별표1 제5호의 문화 및 집회시설 중 공연장ㆍ집회장ㆍ관람장으로서 해당 용도에 사용되는 건축물의 연면적의 합계가 1,000㎡를 초과하는 것
3. '건축법 시행령' 별표1 제7호의 판매시설
4. '건축법 시행령' 별표1 제8호의 운수시설
5. '건축법 시행령' 별표1 제9호의 의료시설 중 격리병원
6. '건축법 시행령' 별표1 제12호의 수련시설 중 '청소년활동진흥법'에 따른 유스호스텔
7. '건축법 시행령' 별표1 제13호의 운동시설 중 골프장과 옥외에 철탑이 있는 골프연습장
8. '건축법 시행령' 별표1 제15호의 숙박시설. 다만 너비 25m 이상인 도로변에 위치하여 경관지구의 기능을 유지하면서 토지이용의 효율성 제고가 필요한 지역으로 시도시계획위원회의 심의를 득한 '관광진흥법 시행령' 제2조 제1항 제2호 다목의 한국전통호텔업으로 등록받아 건축하는 한국전통호텔의 경우에는 그러하지 아니하다.
9. '건축법 시행령' 별표1 제16호의 위락시설
10. '건축법 시행령' 별표1 제17호의 공장
11. '건축법 시행령' 별표1 제18호의 창고시설로서 해당 용도에 사용되는 바닥면적의 합계가 500㎡를 초과하는 것
12. '건축법 시행령' 별표1 제19호의 위험물저장 및 처리시설 중 다음 각 목의 건축물
　가. 액화석유가스충전소 또는 고압가스충전소ㆍ판매소ㆍ저장소로서 저장탱크 용량이 10톤을 초과하는 것 |

나. 위험물제조소저장소취급소
다. 유독물보관저장판매시설
라. 화약류 저장소
13. '건축법 시행령' 별표1 제20호의 자동차관련시설. 다만 다음 각 목의 건축물인 경우에는 그러하지 아니하다.
   가. 주차장
   나. 주유소와 함께 설치하는 자동세차장
14. '건축법 시행령' 별표1 제21호의 동물 및 식물관련시설(축사 · 가축시설 · 도축장 · 도계장에 한한다.)
15. '건축법 시행령' 별표1 제22호의 자원순환 관련 시설
16. '건축법 시행령' 별표1 제23호의 교정 시설
17. '건축법 시행령' 별표1 제24호의 방송통신시설 중 촬영소, 그 밖에 이와 유사한 것
18. '건축법 시행령' 별표1 제26호의 묘지관련시설
② 영 제72조제2항에 따라 자연경관지구 안에서 건축하는 건축물의 건폐율은 40퍼센트를 초과하여서는 아니 된다.
 	
이하, 각 호 부터 ③~⑤ 기재 생략: 서울특별시 도시계획 조례 참조

② - 3 제1종 일반주거지역 · 자연경관지구에서의 건축제한

사례 토지는 조건별로 경우의 수가 너무 많아서 최종적인 건축제한은 도출하지 않고 그 방법만을 소개하는 것으로 한다.

- 먼저 용도지역인 제1종 일반주거지역에서의 건폐율, 용적률, 건축할 수 있는 건축물, 건축물의 높이를 확인한다.

- 추가로 지정된 용도지구인 자연경관지구에서의 강화 또는 완화된 건폐율, 용적률, 건축할 수 있는 건축물, 건축물의 높이 등 건축제한을 확인한다.
- 용도지구인 자연경관지구에서의 강화 또는 완화된 건축제한을 우선 적용하고, 나머지는 제1종 일반주거지역에서의 건축제한을 적용하여 최종적으로 해당 토지에서의 건폐율, 용적률, 건축할 수 있는 건축물, 건축물의 높이 등의 건축제한을 도출한다.

물론, 이런 과정은 매우 정교함을 요구하는 사항이므로 실무에서는 건축설계사무소에 의뢰하여 해결할 수 있다. 다만 투자가들은 투자판단을 위한 수준의 건축제한을 도출해낼 수 있어야 한다.

③ 농지 및 산지 구분
해당 사항이 없다.

④ 그린벨트(개발제한구역) 토지 여부
사례 토지는 그린벨트 토지에 해당하지 않는다.

⑤ ③~④항 외 다른 법령 등에 따른 지역·지구 등
해당 사항이 없다.

고도지구

지목	대	면적	2,542.6㎡
개별공시지가(㎡당)	3,210,000원 (2025/01)		
지역·지구 등 지정 여부	「국토의 계획 및 이용에 관한 법률」에 따른 지역·지구 등	도시지역, 일반상업지역, 고도지구(16m 이하), 광로2류(접함), 소로3류(접함)	
	다른 법령 등에 따른 지역·지구 등	가축사육제한구역(가축분뇨의 관리 및 이용에 관한 법률)	
「토지이용규제기본법 시행령」 제9조 제4항 각 호에 해당되는 사항			

고도지구

'국토계획법'상 고도지구는 쾌적한 환경 조성 및 토지의 효율적 이용을 위하여 건축물 높이의 최고한도를 규제하는 것을 말한다. 그에 따라 고도지구 안에서는 도시관리계획으로 정하는 높이를 초과하는 건축물을 건축할 수 없다.

일반상업지역·고도지구

사례토지의 용도지역은 일반상업지역이고, 용도지구는 고도지구이다.

① 일반상업지역에서의 건축제한

사례 토지의 용도지역은 일반상업지역이다. 그에 따라 일반상업지역 안에서의 건폐율, 용적률, 건축물의 용도(또는 건축할 수 없는 건축물), 건축물의 높이라는 건축제한을 적용받는다.

② 고도지구에서의 건축제한

사례의 일반상업지역 토지는 용도지구 중 하나인 고도지구로 지정되어 있다. 구체적인 건축제한은 건축물의 높이와 관련하여 '건축물 높이 최고한도 16m 이하를 규제하고 있다.

③ 일반상업지역 · 고도지구에서의 건축제한

일반상업지역에서의 건축제한 위에 고도지구에서의 강화 또는 완화된 건축제한(건축물의 높이를 말함)을 추가로 적용하여 사례 토지에서의 최종 건축제한을 도출할 수 있다.

 | 참고 | **최고고도지구와 최저고도지구**

과거의 최고고도지구와 최저고도지구는 2017년 '국토계획법' 개정으로 '고도지구'로 변경되었다.

자연취락지구
(자연녹지지역 · 자연취락지구)

지목	전		면적	853m²
개별공시지가(m²당)	212,000원 (2025/01)			
지역·지구등 지정 여부	「국토의 계획 및 이용에 관한 법률」에 따른 지역·지구 등	도시지역, 자연녹지지역, 자연취락지역		
	다른 법령 등에 따른 지역·지구 등	가축사육제한구역(2013-02-25)(전부제한지역)〈가축분뇨의 관리 및 이용에 관한 법률〉, 자연보전권역〈수도권정비계획법〉		
「토지이용규제기본법 시행령」 제9조 제4항 각 호에 해당되는 사항				

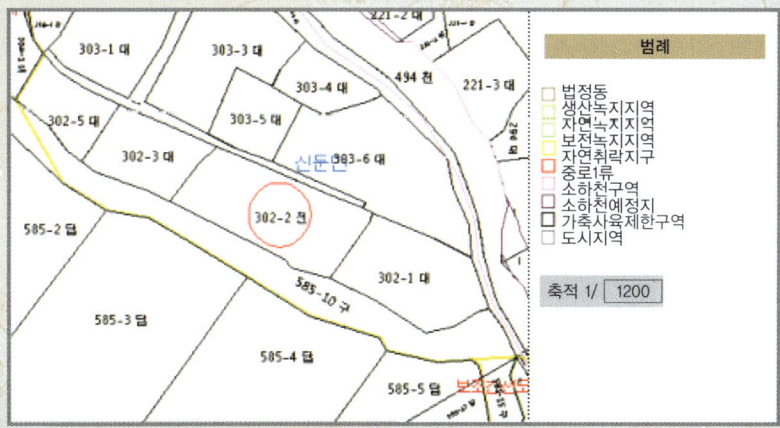

자연녹지지역

자연녹지지역은 앞에서 배운 바와 같이 '도시의 녹지공간 확보, 도시 확산의 방지, 장래 도시용지의 공급 등을 위하여 보전할 필요가 있는 지역으로서 불가피한 경우에 한하여 제한적인 개발이 허용되는 지역'을 말한다.

자연취락지구

취락지구는 '녹지지역·관리지역·농림지역·자연환경보전지역·개발제한구역 또는 도시자연공원구역의 취락을 정비하기 위한 지구'를 말한다. 취락지구는 자연취락지구와 집단취락지구 두 가지가 있다. 여기서는 자연취락지구를 배우고, 개발제한구역 안의 취락에 지정되는 집단취락지구는 개발제한구역 장에서 배우게 된다.

    가. 자연취락지구: 녹지지역·관리지역·농림지역 또는 자연환경보전지역 안의 취락을 정비하기 위하여 필요한 지구를 말한다.

    나. 집단취락지구: 개발제한구역 안의 취락을 정비하기 위하여 필요한 지구를 말한다.

▣ 토지투자분석표

규제법령	항목	해당 유무
① 공간정보관리법	지목	전
② 국토계획법	용도지역	자연녹지지역
	용도지구	자연취락지구
	용도구역 등	-
③ 농지법, 산지관리법, 초지법	농지·산지·초지 여부	진흥지역 밖에 있는 농지
④ 개발제한구역특별법	그린벨트 여부	해당 없음
⑤ ③~④항 외 다른 법령 등에 따른 지역·지구 등	기타	가축사육제한구역 등

① **사례 토지의 '공간정보관리법'상 지목은 '전'**

지목에 대한 설명은 앞에서 이루어졌으므로 생략한다.

② **- 1 자연녹지지역에서의 건축제한**

사례 토지의 '국토계획법'상 용도지역은 자연녹지지역으로 지정되어 있다. 즉, 사례 토지를 가지고 개발을 하고자 할 때 자연녹지지역에서의 건축제한을 적용받아야 한다는 의미다.

● **건폐율 · 용적률 · 건축물의 높이**

자연녹지지역은 건폐율 20% 이하, 용적률 100% 이하, 건축물의 높이 4층 이하를 적용받고 있다.

● **건축할 수 있는 건축물(건축물의 용도)**

사례 토지는 자연녹지지역에 해당한다. 자연녹지지역에서의 건축제한은 허용행위열거방식을 채택하고 있다. 따라서 CHAPTER 4에서 배운 [별표17] 자연녹지지역 안에서 건축할 수 있는 건축물을 적용하면 되고, 실무에서는 사례 토지가 소재하는 이천시 '도시계획조례' [별표16]의 자연녹지지역 안에서 건축할 수 있는 건축물을 적용하여 판단하면 된다.

②- 2 자연취락지구에서의 건축제한

● **건폐율**

자연취락지구에서의 건폐율은 취락지구의 지정목적에 부합하도록 60% 이하에서 '도시·군계획조례'로 정하도록 하고 있다. 참고로 경기도 광주시는 60% 이하, 이천시는 60% 이하, 화성시는 50% 이하를 적용하고 있다.

● **건축할 수 있는 건축물(건축물의 용도)**

자연취락지구에서의 건축할 수 있는 건축물은 허용행위열거방식에 의하여 국토계획법 시행령 [별표23]에서 따로 정하고 있으며, 구체적으로는 토지가 소재하는 시·군의 '도시·군계획조례'를 보고 확인하여야 한다.

[별표23] 자연취락지구 안에서 건축할 수 있는 건축물

1. 건축할 수 있는 건축물(4층 이하의 건축물에 한한다. 다만 4층 이하의 범위 안에서 도시·군계획조례로 따로 층수를 정하는 경우에는 그 층수 이하의 건축물에 한한다.)	가. '건축법 시행령' 별표1 제1호의 단독주택 나. '건축법 시행령' 별표1 제3호의 제1종 근린생활시설 다. '건축법 시행령' 별표1 제4호의 제2종 근린생활시설[같은 호 아목, 자목, 너목, 더목 및 러목(안마시술소만 해당한다.)은 제외한다.] 라. '건축법 시행령' 별표1 제13호의 운동시설 마. '건축법 시행령' 별표1 제18호 가목의 창고(농업·임업·축산업·수산업용만 해당한다.) 바. '건축법 시행령' 별표1 제21호의 동물 및 식물관련시설 사. '건축법 시행령' 별표1 제23호의 교정 시설 아. '건축법 시행령' 별표 1 제23호의2의 국방·군사시설 자. '건축법 시행령' 별표1 제24호의 방송통신시설 차. '건축법 시행령' 별표1 제25호의 발전시설

2. 도시·군계획조례가 정하는 바에 의하여 건축할 수 있는 건축물(4층 이하의 건축물에 한한다. 다만 4층 이하의 범위 안에서 도시·군계획조례로 따로 층수를 정하는 경우에는 그 층수 이하의 건축물에 한한다.)	가. '건축법 시행령' 별표1 제2호의 공동주택(아파트를 제외한다.)
	나. '건축법 시행령' 별표1 제4호 아목·자목·너목 및 러목(안마시술소만 해당한다.)에 따른 제2종 근린생활시설
	다. '건축법 시행령' 별표1 제5호의 문화 및 집회시설
	라. '건축법 시행령' 별표1 제6호의 종교시설
	마. '건축법 시행령' 별표1 제7호의 판매시설 중 다음의 어느 하나에 해당하는 것
	  1) '농수산물유통 및 가격안정에 관한 법률' 제2조에 따른 농수산물공판장
	  2) '농수산물유통 및 가격안정에 관한 법률' 제68조 제2항에 따른 농수산물직판장으로서 해당 용도에 쓰이는 바닥면적의 합계가 1만㎡ 미만인 것('농어업·농어촌 및 식품산업 기본법' 제3조 제2호에 따른 농업인·어업인, 같은 법 제25조에 따른 후계농어업경영인, 같은 법 제26조에 따른 전업농어업인 또는 지방자치단체가 설치·운영하는 것에 한한다.)
	바. '건축법 시행령' 별표1 제9호의 의료시설 중 종합병원·병원·치과병원·한방병원 및 요양병원
	사. '건축법 시행령' 별표1 제10호의 교육연구시설
	아. '건축법 시행령' 별표1 제11호의 노유자시설
	자. '건축법 시행령' 별표1 제12호의 수련시설
	차. '건축법 시행령' 별표1 제15호의 숙박시설로서 '관광진흥법'에 따라 지정된 관광지 및 관광단지에 건축하는 것
	카. '건축법 시행령' 별표1 제17호의 공장 중 도정공장 및 식품공장과 읍·면 지역에 건축하는 제재업의 공장 및 첨단업종의 공장으로서 별표16 제2호 아목(1)부터 (4)까지의 어느 하나에 해당하지 아니하는 것
	타. '건축법 시행령' 별표1 제19호의 위험물저장 및 처리시설
	파. '건축법 시행령' 별표 1 제20호의 자동차 관련 시설 중 주차장 및 세차장
	하. '건축법 시행령' 별표1 제22호의 자원순환 관련 시설
	거. '건축법 시행령' 별표1 제29호의 야영장시설

②- 3 자연녹지지역 · 자연취락지구에서의 건축제한
- 먼저 용도지역인 자연녹지지역에서의 건폐율, 용적률, 건축할 수 있는 건축물, 건축물의 높이를 확인한다.
- 추가로 지정된 용도지구인 자연취락지구에서의 강화 또는 완화된 건폐율, 용적률, 건축할 수 있는 건축물, 건축물의 높이 등 건축제한을 확인한다.
- 용도지구인 자연취락지구에서의 강화 또는 완화된 건축제한을 우선 적용하고, 나머지는 자연녹지지역에서의 건축제한을 적용하여 최종적으로 해당 토지에서의 건폐율, 용적률, 건축할 수 있는 건축물, 건축물의 높이 등의 건축제한을 도출한다. 다음과 같은 건축제한을 도출할 수 있을 것이다.
    - 건폐율: 60% 이하(이천시 자연취락지구에서의 건폐율)
    - 용적률: 100% 이하
    - 건축물의 용도: [별표23] 자연취락지구 안에서 건축할 수 있는 건축물
    - 건축물의 높이: 4층 이하

③ 농지 및 산지 구분

사례 토지는 농업진흥지역이라는 표시가 없으므로 농업진흥지역 밖에 있는 농지에 해당한다.

④ 그린벨트(개발제한구역) 토지 여부

사례 토지는 그린벨트 토지에 해당하지 않는다.

⑤ ③~④항 외 다른 법령 등에 따른 지역 · 지구 등

가축사육제한구역으로 지정되어 있다.

| 참고 | **자연취락지구에서의 건폐율과 건축할 수 있는 건축물**

'국토계획법 시행령' 제78조(취락지구 안에서의 건축제한)
① 법 제76조 제5항 제1호의 규정에 의하여 자연취락지구 안에서 건축할 수 있는 건축물은 별표23과 같다.
② 집단취락지구 안에서의 건축제한에 관하여는 '개발제한구역의 지정 및 관리에 관한 특별조치법령'이 정하는 바에 의한다.

이천시 '도시계획조례' 제48조(기타 용도지구·구역 등의 건폐율)
① 영 제84조제4항에 따른 다음 각호의 어느 하나에 해당하는 용도지구 · 용도구역 등의 건폐율은 다음과 같다.
  1. 취락지구: 60퍼센트 이하
  2. 개발진흥지구: 다음 각 목에서 정하는 비율 이하
    가. 도시지역 외의 지역에 지정된 경우 : 40퍼센트 이하
    나. 자연녹지지역에 지정된 경우 : 30퍼센트 이하
  3. 「자연공원법」에 따른 자연공원 : 60퍼센트 이하
  4. 「산업입지 및 개발에 관한 법률」제2조제8호라목의 규정에 따른 농공단지: 70퍼센트 이하
  5. 공업지역 안에 있는 「산업입지 및 개발에 관한 법률」제2조제8호가목부터 다목까지의 규정에 따른 국가산업단지 · 일반산업단지 · 도시첨단산업단지 및 같은 조 제12호에 따른 준산업단지: 80퍼센트 이하
② 법 제77조제5항에 따라 성장관리방안을 수립한 계획관리지역 · 생산관리지역 및 자연녹지지역의 경우 다음 각 호에서 정하는 비율 이하로 한다.
  1. 계획관리지역 : 50퍼센트 이하
  2. 생산관리지역 및 자연녹지지역 : 30퍼센트 이하

이하 ③~⑥ 기재 생략

주거개발진흥지구
(계획관리지역 · 주거개발진흥지구)

지목	답	면적	3,053㎡
개별공시지가(㎡당)	109,500원 (2025/01)		
지역·지구 등 지정 여부	「국토의 계획 및 이용에 관한 법률」에 따른 지역·지구 등	계획관리지역, 주거개발진흥지구(주거지), 지구단위계획구역, 소로2류(폭 8m~10m)(저촉), 소로3류(폭 8m 미만)(저촉)	
	다른 법령 등에 따른 지역·지구 등	상대정화구역(어연초)〈학교보건법〉	
「토지이용규제기본법 시행령」 제9조 제4항 각 호에 해당되는 사항			

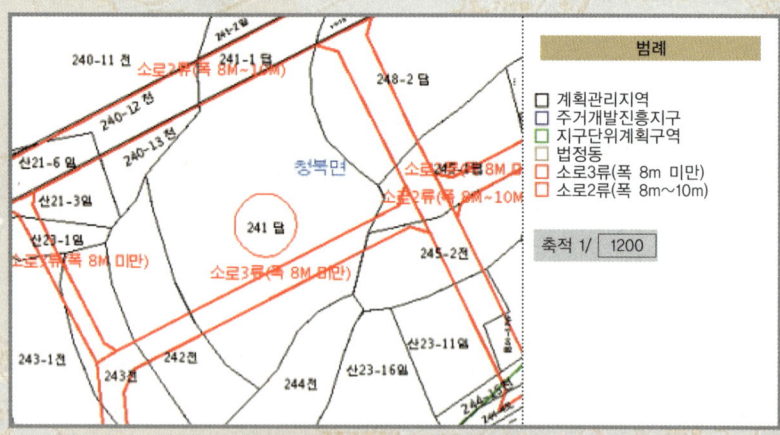

개발진흥지구의 구분

개발진흥지구는 앞에서 설명한 것처럼 주거개발진흥지구, 산업·유통개발진흥지구, 관광·휴양개발진흥지구, 복합개발진흥지구, 특정개발진흥지구 5가지가 있다. 사례 토지는 계획관리지역에 지정된 주거개발진흥지구이다. 건축제한과 관련하여 개발진흥지구에 지정되지 않은 토지라면 계획관리지역에서의 건축제한을 적용받아 개발할 수 있다. 그러나 개발진흥지구로 지정된 토지이기 때문에 용도지구인 개발진흥지구에서의 강화 또는 완화된 건축제한을 우선 적용하여 개발할 수 있다.

개발진흥지구 안에서의 건축제한

개발진흥지구 안에서의 건축제한은 '국토계획법 시행령' 제79조에서 다음과 같이 크게 2가지(세분하면 4가지)의 경우로 구분하여 규정하고 있다.

① 지구단위계획 또는 개발계획 수립대상 개발진흥지구

- 지구단위계획 또는 개발계획이 수립되기 전 개발진흥지구
  지구단위계획 또는 개발계획이 수립되기 전에는 개발진흥지구의 계획적 개발에 위배되지 아니하는 범위에서 도시·군계획조례로 정하는 건축물을 건축할 수 있다.

- 지구단위계획 또는 개발계획이 수립된 개발진흥지구
  지구단위계획 또는 관계 법률에 따른 개발계획이 수립된 개발진흥지구에서는 지구단위계획 또는 관계 법률에 따른 개발계획

에 위반하여 건축물을 건축할 수 없다.

② **지구단위계획 또는 개발계획을 수립하지 아니하는 개발진흥지구**
- 지구단위계획 또는 관계 법률에 따른 개발계획을 수립하지 아니하는 개발진흥지구에서는 해당 용도지역에서 허용되는 건축물을 건축할 수 있다.

- 산업·유통개발진흥지구에서의 건축물의 추가 허용
산업·유통개발진흥지구에서는 해당 용도지역에서 허용되는 건축물 외에 해당 지구계획(해당 지구의 토지이용, 기반시설 설치 및 환경오염 방지 등에 관한 계획을 말한다)에 따라 해당 시·군의 도시·군계획조례로 정하는 건축물을 건축할 수 있다.

도시·군계획조례로 본 개발진흥지구 안에서의 건축제한
용인시의 조례를 사례로 하여 설명하면 다음과 같다.

① **개발진흥지구에서의 건폐율**(용인시 도시계획조례 51조)
도시지역 외의 지역에 지정된 개발진흥지구: **40%** 이하를 적용한다.

※ 용인시 도시계획조례 제51조(그 밖에 용도지구·구역 등의 건폐율) 영 제84조 제4항에 따라 용도지구, 용도구역 등의 건폐율은 다음 각 호와 같다.

1. 취락지구: 60% 이하

2-가. 도시지역 외의 지역에 지정된 개발진흥지구: 40% 이하

2-나. 자연녹지지역에 지정된 개발진흥지구: 30% 이하

3. '자연공원법'에 따른 자연공원: 60% 이하

4. '산업입지 및 개발에 관한 법률' 제2조 제8호 라목에 따른 농공단지: 70% 이하

5. 공업지역에 있는 '산업입지 및 개발에 관한 법률' 제2조 제8호 가목부터 다목까지의 규정에 따른 국가산업단지, 일반산업단지, 도시첨단산업단지 및 같은 조 제12호에 따른 준산업단지: 80% 이하

② **개발진흥지구에서의 용적률**(용인시도시계획조례 56조)

도시지역 외의 지역에 지정된 개발진흥지구: 100% 이하를 적용한다.

※ 용인시 도시계획조례 제56조(그 밖에 용도지구·구역 등의 용적률) 영 제85조 제6항에 따른 용도지구, 용도구역 등의 용적률은 다음 각 호와 같다.

1. 삭제 <2017.1.9>

2. 도시지역 외의 지역에 지정된 개발진흥지구: 100% 이하

3. '자연공원법'에 따른 자연공원: 80% 이하(다만 '자연공원법'에 따른 집단시설지구의 경우에는 100% 이하로 한다.)

4. '산업입지 및 개발에 관한 법률' 제2조 제5호 다목에 따른 농공단지(도시지역 외의 지역에 지정된 농공단지로 한정한다.): 150% 이하

③ **개발진흥지구에서 건축할 수 있는 건축물**(용인시 도시계획조례 제486조의2)

단독주택, 바닥면적의 합계 200㎡ 이하의 제1종 근린생활시설 등이 허용된다.

※ 용인시 도시계획조례 제48조의 2(개발진흥지구에서의 건축제한) 영 제79조에 따라 개발진흥지구에서는 지구단위계획 또는 관계 법률에 따른 개발계획에 위반하여 건축물을 건축할 수 없다. 다만 지구단위계획 또는 개발계획이 수립되기 전에는 개발진흥지구의 계획적 개발에 위배되지 아니하는 범위에서 다음 각 호의 건축물을 건축할 수 있다.

1. '건축법 시행령' 별표1 제1호의 단독주택 중 가목의 단독주택
2. '건축법 시행령' 별표1 제3호의 제1종 근린생활시설(바닥면적의 합계가 200㎡ 이하로 한정한다.)
3. 법 제81조와 영 제88조 및 영 별표24에 따라 시가화조정구역에서 시장의 허가를 받아 건축할 수 있는 건축물
4. 국가 또는 지방자치단체가 필요하다고 판단하는 도시계획시설의 설치 및 건축물(위원회 심의를 거친 경우로 한정한다.)

특정개발진흥지구
(생산녹지지역 · 특정개발진흥지구)

지목	전		면적	906㎡
개별공시지가(㎡당)	239,100원 (2025/01)			
지역 · 지구 등 지정 여부	「국토의 계획 및 이용에 관한 법률」에 따른 지역 · 지구 등		도시지역, 생산녹지지역, 특정개발진흥지구	
	다른 법령 등에 따른 지역 · 지구 등		가축사육제한구역(2013-02-25)(전부제한지역)〈가축분뇨의 관리 및 이용에 관한 법률〉, 자연보전권역〈수도권정비계획법〉	
「토지이용규제기본법 시행령」 제9조 제4항 각 호에 해당되는 사항				

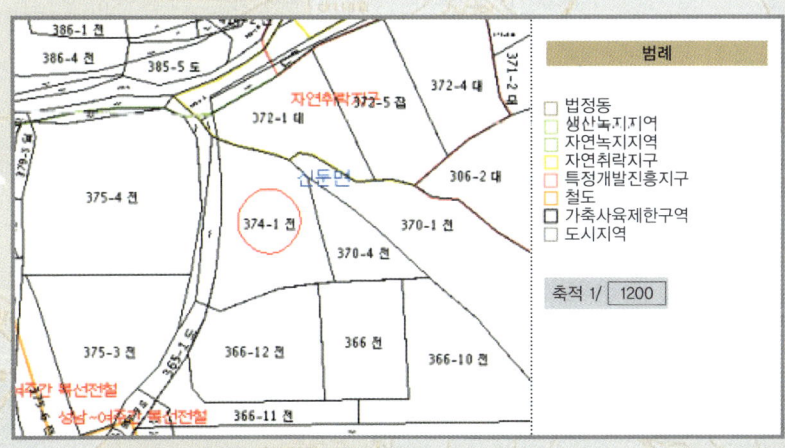

범례
- 법정동
- 생산녹지지역
- 자연녹지지역
- 자연취락지구
- 특정개발진흥지구
- 철도
- 가축사육제한구역
- 도시지역

축적 1/ 1200

특정개발진흥지구

특정개발진흥지구란 '주거기능, 공업기능, 유통·물류기능 및 관광·휴양기능 외의 기능을 중심으로 특정한 목적을 위하여 개발·정비할 필요가 있는 지구'를 말한다. 사례 토지는 토지이용계획확인서의 '국토계획법에 따른 지역·지구 등'란에 용도지역은 생산녹지지역으로 지정되어 있고, 추가로 용도지구인 특정개발진흥지구가 지정되어 있다.

생산녹지지역과 개발진흥지구

사례 토지는 생산녹지지역과 특정개발진흥지구로 지정되어 있다. 개발진흥지구로 지정되어 있지 않다면 생산녹지지역에서의 건축제한을 적용하여 개발할 수 있다. 그러나 사례와 같이 개발진흥지구로 지정된 토지에서는 개발진흥지구에서의 건축제한을 우선적용하여 개발할 수 있다.

특정개발진흥지구 안에서의 건축제한

먼저 시·군에 문의하여 해당 개발진흥지구가 지구단위계획 또는 개발계획 수립대상인지 여부를 확인하여야 한다.

① 지구단위계획 또는 개발계획 수립대상 개발진흥지구

수립대상이라면 앞의 231쪽의 설명처럼 지구단위계획 또는 개발계획의 수립 전·후를 구분하여 건축제한을 적용하여 개발할 수 있다.

② 지구단위계획 또는 개발계획을 수립하지 아니하는 개발진흥지구

수립하지 아니하는 토지라면 앞의 232쪽의 "② 지구단위계획 또는 개발계획을 수립하지 아니하는 개발진흥지구"의 설명에 따른 건축제한을 적용하여 개발할 수 있다. 다만, 특정개발진흥지구이기 때문에 "산업·유통개발진흥지구에서의 건축물의 추가 허용" 규정은 적용의 여지가 없다.

CHAPTER 6

'용도구역'으로 배우는 지적도의 비밀

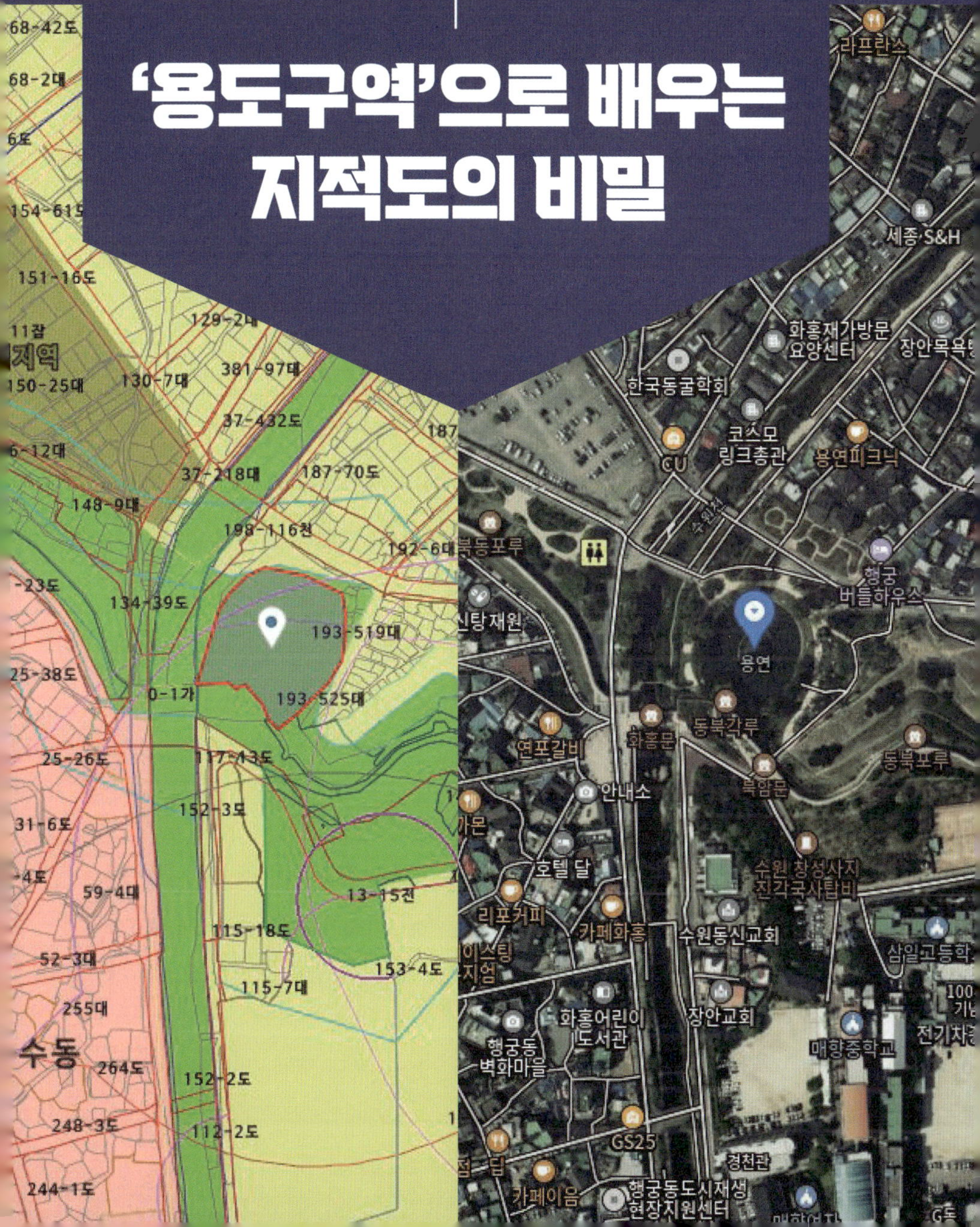

아는 만큼 보이고, 보이는 만큼
수익이 오르는 지적도의 비밀

용도구역

'국토계획법'상 용도구역과 건축제한

'용도구역'이란 토지의 이용 및 건축물의 용도·건폐율·용적률·높이 등에 대한 용도지역 및 용도지구의 제한을 강화하거나 완화하여 따로 정함으로써 시가지의 무질서한 확산방지, 계획적이고 단계적인 토지이용의 도모, 토지 이용의 종합적 조정·관리 등을 위하여 도시·군관리계획으로 결정하는 지역을 말한다. 정리해서 말하면 용도지역 및 용도지구에 의하여 결정된 해당 토지에서의 건축제한(건폐율, 용적률, 건축물의 용도, 건축물의 높이)을 용도구역의 지정을 통하여 강화하거나 완화하여 따로 정할 수 있다는 의미다. '따로 정함'에 분석의 포인트가 있다.

투자대상 토지에서 최종 건축제한을 판단하라

용도지구가 지정된 토지에서의 건축제한은 용도지역에서의 건축제한과 용도지구에서의 강화 또는 완화된 건축제한을 중복 적용(강화 또는 완화된 용도지구에서의 건축제한이 우선 적용 된다.)하는 방식으로 해당 토지에서의 최종적인 건축제한을 도출한다. 용도구역이 지정된 토지에서의 건축제한은 함께 지정된 용도지역이나 용도지구에서의 건축제한과 전혀 무관하게 따로 정해지므로 투자가는 따로 정해진 용도구역에서의 건축제한을 도출해낼 수 있어야 한다.

용도구역의 지정 및 세분

'국토계획법'에 규정된 용도구역은 4가지가 있다.

- 시가화조정구역
- 수산자원보호구역
- 도시자연공원구역
- 개발제한구역

① 시가화조정구역의 지정

※ '국토계획법' 제39조(시가화조정구역의 지정)

1. 시·도지사는 직접 또는 관계 행정기관의 장의 요청을 받아 도시지역과 그 주변 지역의 무질서한 시가화를 방지하고 계획적·단계적인 개발을 도모하기 위하여 대통령령으로 정하는 기간 동안 시가화를 유보할 필요가 있다고 인정되면 시가화조정구역의 지정 또는 변경을 도시·군관리계획으로 결정할 수 있다. (다만, 이하 생략)
2. 시가화조정구역의 지정에 관한 도시·군관리계획의 결정은 제1항에 따른 시가화 유보기간이 끝난 날의 다음 날부터 그 효력을 잃는다.

② 수산자원보호구역의 지정

※ '국토계획법' 제40조(수산자원보호구역의 지정)

해양수산부장관은 직접 또는 관계 행정기관의 장의 요청을 받아 수산자원을 보호·육성하기 위하여 필요한 공유수면이나 그에 인접한 토지에 대한 수산자원보호구역의 지정 또는 변경을 도시·군관리계획으로 결정할 수 있다.

③ 도시자연공원구역의 지정

※ '국토계획법' 제38조의 2(도시자연공원구역의 지정)

1. 시·도지사 또는 대도시 시장은 도시의 자연환경 및 경관을 보호하고 도시민에게 건전한 여가·휴식공간을 제공하기 위하여 도시지역 안에서 식생(植生)이 양호한 산지(山地)의 개발을 제한할 필요가 있다고 인정하면 도시자연공원구역의 지정 또는 변경을 도시·군관리계획으로 결정할 수 있다.
2. 도시자연공원구역의 지정 또는 변경에 필요한 사항은 따로 법률로 정한다.

④ 개발제한구역의 지정

※ '국토계획법' 제38조(개발제한구역의 지정)

1. 국토교통부장관은 도시의 무질서한 확산을 방지하고 도시 주변의 자연환경을 보전하여 도시민의 건전한 생활환경을 확보하기 위하여 도시의 개발을 제한할 필요가 있거나 국방부장관

의 요청이 있어 보안상 도시의 개발을 제한할 필요가 있다고 인정되면 개발제한구역의 지정 또는 변경을 도시·군관리계획으로 결정할 수 있다.
2. 개발제한구역의 지정 또는 변경에 필요한 사항은 따로 법률로 정한다.

개발제한구역은 분량이 많아서 별도의 독립된 장으로 설명하였다.

시가화조정구역

① 시가화조정구역에서의 행위제한

개발제한구역, 도시자연공원구역, 수산자원보호구역에서의 행위제한(또는 건축제한)은 따로 별도의 법률로 규정하고 있는 데 반하여, 시가화조정구역에서의 행위제한(또는 건축제한)은 '국토계획법 시행령'에 규정되어 있다. 2002년에 인천시 중구 중산·운남·운서동 일대 11.48㎢(347만 평)이 시가화조정구역으로 지정된 사례가 있다. 인천공항 배후 지원단지 역할을 하게 될 이 지역의 난개발을 막고 인천공항 2단계 개발 등과 연계해 단계적이고 계획적으로 개발하기 위한 것으로 시가화 유보 기간은 15년이었다. 시가화 조정구역 안에서의 행위제한은 '할 수 있는 행위'(국토계획법시행령 [별표24])와 '허가를 거부할 수 없는 행위'(국토계획법시행령 [별표25]) 두 가지로 구분하여 적용하고 있다.

수산자원보호구역
(자연환경보전지역 · 수산자원보호구역)

지목	답	면적	1,012m²
개별공시지가(m²당)	28,500원 (2025/01)		
지역·지구 등 지정 여부	「국토의 계획 및 이용에 관한 법률」에 따른 지역·지구 등	자연환경보전지역, 수산자원보호구역	
	다른 법령 등에 따른 지역·지구 등		
	「토지이용규제기본법 시행령」 제9조 제4항 각 호에 해당되는 사항		

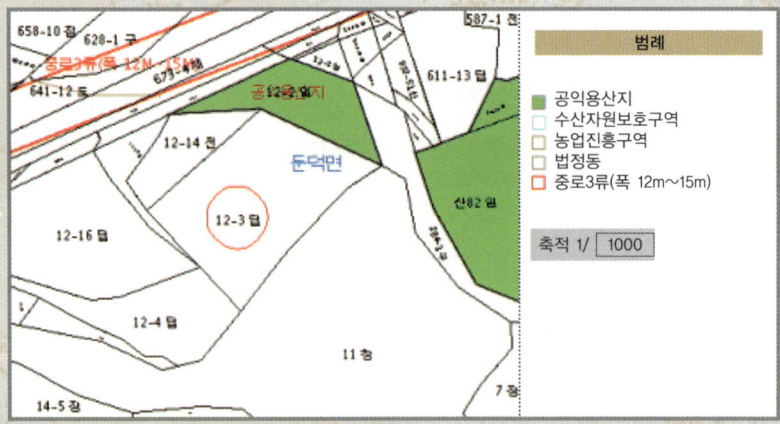

수산자원보호구역에서의 행위제한

수산자원보호구역은 공유수면이나 그에 인접된 토지에 대해 수산자원의 보호·육성을 위하여 지정하는 용도구역이다. 수산자원보호구역에서의 행위제한(또는 건축제한)은 해당 토지의 '국토계획법'상 용도지역이나 용도지구에서의 건축제한과 무관하게 건폐율·용적률은 '국토계획법'에서, 행위제한은 '수산자원관리법'에서 따로 정하고 있다.

● **건폐율 및 용적률**
- 건폐율: 40% 이하(국토계획법 시행령 제84조)
- 용적률: 80% 이하(국토계획법 시행령 제85조)

● **수산자원보호구역에서의 행위제한**(수산자원관리법 제52조)
- 국방상 또는 공익상 수산자원보호구역에서의 사업시행이 불가피한 것으로서 관계 중앙행정기관의 장의 요청에 따라 해양수산부장관이 수산자원보호구역의 지정목적 달성에 지장이 없다고 인정하는 도시·군계획사업
- '산림자원의조성 및 관리에관한법률' 또는 '산지관리법'에 따른 조림, 육림, 임도의 설치, 토석 채취행위
- 다음의 수산자원관리법 시행령 [별표16]의 행위

| 별표16 |  **수산자원보호구역에서 할 수 있는 행위**(제40조 제1항 관련)

1. 법 제52조 제2항 제1호에 따라 다음 각 목의 시설 등을 건축하는 행위
    가. 농업 · 임업 · 어업용으로 이용하는 건축물, 그 밖의 시설
    나. 농산물 · 임산물 · 수산물 가공공장과 농산물 · 임산물 · 수산물의 부산물 가공공장. 다만 '대기환경보전법', '소음 · 진동관리법' 또는 '물환경보전법'에 따라 배출시설의 허가를 받거나 신고를 해야 하는 경우에는 배출시설의 허가를 받거나 신고를 한 경우만 해당한다.
    다. '선박안전법' 제2조 제1호에 따른 선박의 길이가 40m 미만인 선박을 건조 및 수리하는 조선소와 그 부대시설

2. 법 제52조 제2항 제2호에 따라 다음 각 목의 시설 등을 설치하는 행위
    가. '건축법 시행령' 별표1 제1호의 단독주택
    나. '건축법 시행령' 별표1 제3호의 제1종 근린생활시설
    다. '건축법 시행령' 별표1 제4호의 제2종 근린생활시설 중 다음의 어느 하나에 해당하는 것
        1) 자연환경보전지역 외의 지역에 건축하는 것(일반음식점의 경우에는 '하수도법' 제2조 제9호에 따른 공공하수처리시설로 하수처리를 하는 경우만 해당한다.). 다만 '건축법 시행령' 별표1 제4호 아목 및 너목에 해당하는 것과 단란주점 및 안마시술소는 제외한다.
        2) '건축법 시행령' 별표1 제4호 나목의 종교집회장 및 같은 호 카목 중 학원
        3) '관광진흥법'에 따라 지정된 관광지 또는 관광단지와 '농어촌정비법'에 따라 지정된 관광농원지역 안에 건축하는 바닥면적 660㎡ 이하의 일반음식점
        4) 자연환경보전지역으로서 지목이 임야가 아닌 토지에 건축하는 바닥면적 330㎡ 미만의 일반음식점('하수도법' 제2조 제9호에 따른 공공하수처리시설로 하수처리를 하는 경우만 해당한다.)
        5) '건축법 시행령' 별표1 제4호 파목의 시설
    라. '건축법 시행령' 별표1 제5호 라목의 전시장(박물관, 산업전시장 및 박람회장은 제외한다.) 및 같은 호 마목의 동 · 식물원(동물원은 제외한다.)에 해당하는 것
    마. '건축법 시행령' 별표1 제6호의 종교시설

바. '건축법 시행령' 별표1 제9호의 의료시설
사. '건축법 시행령' 별표1 제10호의 교육연구시설 중 유치원 · 초등학교 · 중학교 · 고등학교 · 학원 · 도서관
아. '건축법 시행령' 별표1 제11호 가목의 아동 관련 시설
자. '건축법 시행령' 별표1 제12호 나목의 자연권 수련시설
차. '건축법 시행령' 별표1 제13호의 운동시설
카. '건축법 시행령' 별표1 제15호의 숙박시설 중 다음의 어느 하나에 해당하는 시설(해당 용도에 쓰이는 건축물을 건폐율이 40% 이하이고 높이 21m 이하로 건축하는 경우만 해당한다.)
  1) '관광진흥법'에 따라 지정된 관광지 또는 관광단지와 '농어촌정비법'에 따른 관광농원 안에 건축하는 숙박시설
  2) 자연환경보전지역 외의 지역에 건축하는 생활숙박시설
타. '건축법 시행령' 별표1 제18호의 창고시설(농업용. 수산업용인 창고시설과 '선박안전법' 제2조 제2호에 따른 선박시설 또는 같은 조 제3호에 따른 선박용 물건을 저장하기 위한 창고시설만 해당한다.)
파. '건축법 시행령' 별표1 제21호의 동물 및 식물관련시설(동물관련시설의 경우에는 '가축분뇨의 관리 및 이용에 관한 법률'에 따른 허가 또는 신고대상 가축분뇨 배출시설에 해당하지 않는 것을 말한다.)
하. '건축법 시행령' 별표1 제26호의 묘지 관련 시설 중 같은 호 나목 및 다목에 해당하는 것
거. '건축법 시행령' 별표1 제27호의 관광 휴게시설 중 관망탑과 휴게소
너. '국토의 계획 및 이용에 관한 법률 시행령' 별표23에 따라 자연취락지구에서 건축할 수 있는 건축물(자연취락지구로 지정된 경우만 해당한다.)
더. 공익시설 및 공공시설로서 다음의 어느 하나에 해당하는 시설
  1) 국가유산관리 또는 해양홍보 · 교육을 위한 시설
  2) '습지보전법' 제12조에 따른 습지보전 · 이용시설
  3) 군사작전에 필요한 시설(레이더 기지, 진지, 초소) 및 예비군 운영에 필요한 시설
  4) '수산업협동조합법'에 따른 수산업협동조합(어촌계를 포함한다.)의 공동구판장 · 하치장 및 창고
  5) 사회복지시설
  6) 환경오염방지시설
  7) 도로의 유지 및 관리를 위한 업무시설 및 창고

러. '건축법 시행령' 별표1 제28호의 장례식장
머. '마리나항만의 조성 및 관리 등에 관한 법률 시행령' 제2조 제1호 라목의 계류시설
버. 태양광·풍력 및 수력 발전시설. 이 경우 수력 발전시설은 「양식산업발전법」 제43조에 따라 허가를 받아 양식업을 하는 양식장에서 배출되는 물을 이용하는 발전시설로 한정한다.
서. 「관광진흥법 시행령」 제2조제1항제3호다목의 야영장업을 위한 일반야영장 및 자동차야영장 중 「하수도법」 제2조제9호의 공공하수처리시설로 하수처리를 하는 야영장
어. 「초·중등교육법」 제2조에 따른 학교가 폐교된 이후 폐교되기 전에 그 학교의 교육활동에 사용되던 시설 및 재산을 활용하여 지역경제 활성화 또는 주민생활의 질 제고를 위하여 설치되는 시설로서 다음의 어느 하나에 해당하는 시설
   1) 유아, 청소년, 학생 및 주민 등의 학습을 주된 목적으로 하여 자연학습시설, 청소년수련시설, 도서관, 박물관, 야영장 등의 용도로 제공되는 시설
   2) 「사회복지사업법」 제2조제1호에 따른 사회복지사업을 위한 용도로 제공되는 공간 및 시설
   3) 「문화예술진흥법」 제2조제1항제3호에 따른 문화시설
   4) 「체육시설의 설치·이용에 관한 법률」 제5조부터 제7조까지의 규정에 따른 체육시설
   5) 「건축법 시행령」 별표 1 제2호라목의 기숙사

3. 법 제52조 제2항 제3호에 따라 할 수 있는 행위
  가. '산림자원의 조성 및 관리에 관한 법률' 또는 '산지관리법'에 따른 조림, 육림 및 임도의 설치
  나. 국가유산의 복원
  다. 제1호 및 제2호에 따른 건축물의 건축 또는 시설의 설치 및 경작을 위한 토지의 형질 변경
  라. 토지의 합병 및 분할
  마. 자연경관 또는 수산자원의 보호를 침해하지 않는 범위에서 도로 등 공공시설의 유지·보수, 적조 방지, 어장정화 및 농업에의 사용 등을 위하여 국가 또는 지방자치단체가 하는 토석의 채취

바. 관계 행정기관의 동의 등을 받아서 하는 공유수면의 준설, 준설토를 버리는 장소의 조성 또는 골재의 채취와 지하자원의 개발을 위한 탐사 및 광물의 채광
사. 해양 오염원 및 배출수가 발생하지 아니하는 농업이나 수산업을 위한 물건, '선박안전법' 제2조 제2호에 따른 선박시설 또는 같은 조 제3호에 따른 선박용 물건을 쌓아 놓는 행위
아. 국가·지방자치단체, '공공기관의 운영에 관한 법률'에 따른 공공기관 중 공기업 및 준정부기관 또는 '지방공기업법'에 따른 지방공사가 도로구역·접도구역 또는 하천구역 안에서 시행하는 도로공사 또는 하천공사
자. 통신선로설비, 안테나, 전봇대, 열공급시설, 송유시설, 수도공급설비 및 하수도의 설치
차. 국가·지방자치단체, '공공기관의 운영에 관한 법률'에 따른 공공기관 중 공기업 및 준정부기관 또는 '지방공기업법'에 따른 지방공사가 도로공사 또는 하천공사 등 공공사업의 시행을 위하여 임시로 설치하는 현장사무소, 자재야적장 또는 아스팔트제조시설 등 해당 공사용 부대시설의 설치
카. '연안관리법' 제2조 제4호에 따른 연안정비사업으로 설치하는 시설
타. '어촌·어항법' 제2조 제5호 다목에 따른 어항편익시설의 설치. 다만 같은 목 5)에 따른 생선횟집과 같은 목 6)에 따른 휴게시설은 '하수도법' 제2조 제9호에 따른 공공하수처리시설로 하수처리를 하는 경우에 설치할 수 있다.

※ 일반음식점, 자연환경보전지역 외의 지역에 건축하는 생활숙박시설 등이 허용되고 있다.

도시자연공원구역
(자연녹지지역 · 도시자연공원구역)

지목	임야	면적	5,355㎡
개별공시지가(㎡당)	26,500원 (2025/01)		
지역·지구 등 지정 여부	「국토의 계획 및 이용에 관한 법률」에 따른 지역·지구 등	도시지역, 자연녹지지역, 도시자연공원구역	
	다른 법령 등에 따른 지역·지구 등	가축사육제한구역(2013-09-26)(가축분뇨의 관리 및 이용에 관한 법률), 준보전산지(준보전산지)(산지관리법), 자연보전권역(수도권정비계획법)	
「토지이용규제기본법 시행령」 제9조 제4항 각 호에 해당되는 사항			

도시자연공원구역에서의 행위제한

사례 토지는 용도지역은 자연녹지지역, 용도구역은 도시자연공원구역이다. 도시자연공원구역에서의 행위제한(또는 건축제한)은 해당 토지의 '국토계획법'상 용도지역이나 용도지구에서의 건축제한과 무관하게 '도시공원 및 녹지등에관한법률'로 따로 정하고 있다.

① 도시자연공원구역에서 허가를 받아 할 수 있는 행위

도시자연공원구역에서 허가를 받아 할 수 있는 행위는 다음과 같다.

※ 도시공원 및 녹지등에관한법률 제27조(도시자연공원구역에서의 행위 제한)

> ① 도시자연공원구역에서는 건축물의 건축 및 용도변경, 공작물의 설치, 토지의 형질변경, 흙과 돌의 채취, 토지의 분할, 죽목의 벌채, 물건의 적치 또는 '국토의 계획 및 이용에 관한 법률' 제2조 제11호에 따른 도시·군계획사업의 시행을 할 수 없다. 다만 다음 각 호의 어느 하나에 해당하는 행위는 특별시장·광역시장·특별자치시장·특별자치도지사·시장 또는 군수의 허가를 받아 할 수 있다.
> 1. 다음 각 목의 어느 하나에 해당하는 건축물 또는 공작물로서 대통령령으로 정하는 건축물의 건축 또는 공작물의 설치와 이에 따르는 토지의 형질 변경
>   가. 도로, 철도 등 공공용 시설
>   나. 임시 건축물 또는 임시 공작물
>   다. 휴양림, 수목원 등 도시민의 여가활용시설
>   라. 등산로, 철봉 등 체력단련시설
>   마. 전기·가스 관련 시설 등 공익시설
>   바. 주택·근린생활시설
>   사. 다음의 어느 하나에 해당하는 시설 중 도시자연공원구역에 입지할 필요성이 큰 시설로서 자연환경을 훼손하지 아니하는 시설

1) 「노인복지법」 제31조에 따른 노인복지시설
2) 「영유아보육법」 제10조에 따른 어린이집
3) 「장사 등에 관한 법률」 제2조에 따른 수목장림(국가, 지방자치단체, 「공공기관의 운영에 관한 법률」에 따른 공공기관, 「장사 등에 관한 법률」 제16조제5항제2호에 따른 공공법인 또는 대통령령으로 정하는 종교단체가 건축 또는 설치하는 경우에 한정한다)
2. 기존 건축물 또는 공작물의 개축·재축·증축 또는 대수선(大修繕)
3. 건축물의 건축을 수반하지 아니하는 토지의 형질변경
4. 흙과 돌을 채취하거나 죽목을 베거나 물건을 쌓아놓는 행위로서 대통령령으로 정하는 행위

② 제1항 단서에도 불구하고 산림의 솎아베기 등 대통령령으로 정하는 경미한 행위는 허가 없이 할 수 있다.

③ 제1항 제1호 및 제2호에 따른 허가대상 건축물 또는 공작물의 규모·높이·건폐율·용적률과 제1항 각 호에 따른 허가대상 행위에 대한 허가기준은 대통령령으로 정한다.

④ 제1항 단서에 따른 행위허가에 관하여는 '국토의 계획 및 이용에 관한 법률' 제60조, 제64조 제3항·제4항에 따른 이행 보증, 원상회복 및 같은 법 제62조에 따른 준공검사에 관한 규정을 준용한다.

⑤ 제1항 각 호에 규정된 행위에 관하여 도시자연공원구역의 지정 당시 이미 관계 법령에 따라 허가 등(관계 법령에 따라 허가 등을 받을 필요가 없는 경우를 포함한다.)을 받아 공사 또는 사업에 착수한 자는 제1항 단서에 따른 허가를 받은 것으로 본다.

② 도시자연공원구역 안의 허가대상 건축물 또는 공작물의 종류와 범위

※ 도시공원 및 녹지등에관한법률시행령 별표2

| 별표2 | **도시자연공원구역 안의 허가대상 건축물 또는 공작물의 종류와 범위**(제26조 관련)

건축물 또는 공작물	건축물의 건축 또는 공작물의 설치의 범위
1. 공공용 시설 　가. 도로 및 교량	도시계획시설에 한한다. 다만 다목은 그러하지 아니하다.
나. 철도 및 궤도	철도 및 궤도는 지하 또는 고가로 설치하여야 하고, 지하에 설치하는 시설은 그 시설의 최상단부와 지면과의 거리가 1.5m 이상이어야 하며, 도로 위에 고가로 설치하는 시설은 그 시설의 최하단부와 도로노면과의 거리가 4.8m 이상이 되도록 할 것.
다. 공중화장실 　라. 선착장	
마. 수도관 및 하수도관	시설은 지하에 설치하여야 하며 본선은 그 시설의 최상단부와 지면과의 거리가 1.5m 이상이 되도록 할 것. 다만 노폭 5m 이상의 도로 또는 중량물의 압력을 받을 위험이 많은 장소의 지하에 설치하는 하수도관의 본선은 그 시설의 최상단부와 지면과의 거리가 3m 이상이 되도록 하여야 한다.
바. 공동구(관리사무소를 포함한다.)	1) 시설은 지하에 설치하여야 하며 본선은 그 시설의 최상단부와 지면과의 거리가 1.5m 이상이 되도록 할 것 2) 관리사무소는 도시자연공원구역의 미관을 해치지 아니하는 범위 안에서 도시자연공원구역의 입지가 불가피한 경우에 한하여 설치할 것.

	사. 방재시설	방풍설비, 방수설비, 방화설비, 사방(砂防)설비 및 방조설비를 말한다.
	아. 기상시설	「기상법」 제2조제13호에 따른 기상시설을 말한다.
	자. 국가의 안전·보안업무의 수행을 위한 시설	
	차. 문화유산의 복원과 문화유산관리용 건축물	「문화유산의 보존 및 활용에 관한 법률」 제2조제1항제1호에 따른 유형문화유산 및 같은 항 제3호에 따른 기념물에 한정한다.
	카. 주차장	(1) 「주차장법」 제2조제1호나목에 따른 노외주차장(路外駐車場) 중 운전자가 자동차를 직접 운전하여 주차장으로 들어가는 방식의 지평식(地平式) 주차장만 해당하며, 도시자연공원구역 내 주차 수요가 있는 경우로서 다음의 어느 하나에 해당하는 경우에만 설치할 수 있다. (가) 국가 또는 지방자치단체가 설치하는 경우 (나) 그 밖의 자가 도시·군계획시설로 설치하는 경우 (2) 부대시설로 주차관리를 위한 20㎡ 이하의 건축물을 설치할 수 있다.
2. 임시건축물 또는 임시공작물 　가. 임시건축물 　　(1) 농업·임업·축산업·수산업 또는 광업을 위한 관리용 가설건축물		「건축법」 제20조에 따른 가설건축물을 말한다. 농업·임업·축산업·수산업 또는 광업에 종사하는 자가 생산에 직접 공여할 목적으로 자기 소유의 토지에 설치하는 관리용 가설건축물의 경우로서 건축면적(연면적을 말한다)이 200㎡ 이하가 되도록 할 것. 다만, 「공간정보의 구축 및 관리 등에 관한 법률」에 의한 지목이 전·답인 토지의 경우에는 농업용수의 고갈, 토양의 오염 등으로 인하여 경작이 불가능하다고 특별시장·광역시장·특별자치시장·특별자치도지사·시장 또는 군수가 인정한 때에 한하여 건축면적(연면적을 말한다)이 66㎡ 이하인 가설건축물을 설치할 수 있다.

(2) 사무소 등의 용도별 가설건축물	「건축법 시행령」 별표 1에 따른 제2종근린생활시설 중 사무소, 창고시설, 동물 및 식물관련시설 중 축사, 작물 재배사, 종묘배양시설, 화초 및 분재 등의 온실 목적의 시설로서 자기 소유의 토지에 설치하는 가설건축물이어야 하고, 「공간정보의 구축 및 관리 등에 관한 법률」에 의한 지목이 대, 공장용지, 철도용지, 학교용지 또는 잡종지인 토지로서 건축면적(연면적을 말한다)은 200㎡ 이하가 되도록 할 것. 다만, 「공간정보의 구축 및 관리 등에 관한 법률」에 의한 지목이 전·답인 토지의 경우에는 농업용수의 고갈, 토양의 오염 등으로 인하여 경작이 불가능하다고 특별시장·광역시장·특별자치시장·특별자치도지사·시장 또는 군수가 인정한 때에 한하여 건축면적(연면적을 말한다)이 66㎡ 이하인 가설건축물을 설치할 수 있다.	
(3) 도시자연공원구역 관리용 가설건축물	도시자연공원구역을 관리하는 공원관리청이 도시자연공원구역의 관리 및 운영을 위하여 필요로 하는 가설건축물로서 다음의 요건에 적합할 것 (가) 건축연면적이 200㎡ 이하일 것 (나) 존속기간이 6개월 이하일 것. 다만, 관리청이 필요한 경우 1회에 한정하여 연장할 수 있다.	
(4) 관람·전시용 단기 가설건축물	경기·집회·전시회·박람회 및 공연·영화상영·영화촬영을 위하여 설치하는 단기의 가설건축물로 다음의 요건에 적합할 것 (가) 존속기간은 1월 이하이며, 연중 6월을 넘지 아니할 것 (나) 허가목적이 교육·종교·예술·과학 및 산업 등의 발전을 위한 것이어야 하며, 일체의 판매행위나 입장료 등의 징수행위를 하지 아니할 것	
(5) 공사용 가설건축물	해당 도시자연공원구역 안에서 허가를 받아 시행하는 공사를 위하여 사업부지 안에 설치하는 공사용 가설건축물로서, 존속기간은 해당 공사 완료일까지로 하고 사용 후 원상복구 할 것	

나. 임시공작물 (1) 관람 · 전시용 단기 가설공작물		경기 · 집회 · 전시회 · 박람회 및 공연 · 영화상영 · 영화 촬영을 위하여 설치하는 단기의 가설공작물로 다음의 요건에 적합할 것 (가) 존속기간은 1월 이하이며, 연중 6월을 넘지 아니할 것 (나) 허가목적이 교육 · 종교 · 예술 · 과학 및 산업 등의 발전을 위한 것이어야 하며, 일체의 판매행위나 입장료 등의 징수행위를 하지 아니할 것
(2) 비상재해용 가설공작물		비상재해로 인한 이재민을 수용하기 위한 임시공작물의 설치에 한할 것
(3) 도시자연공원구역을 관리하는 공원관리청이 인정하는 공작물		도시자연공원구역을 관리하는 공원관리청이 재해의 예방 또는 복구를 위하여 필요하다고 인정하는 공작물의 설치에 한할 것
3. 도시민의 여가활용시설		도시기반시설에 해당하는 경우로서 건축물의 연면적이 1천500㎡ 이상, 토지의 형질변경면적이 5천㎡ 이상인 경우에는 도시계획시설로 설치하여야 한다.
가. 휴양림, 산림욕장, 치유의 숲, 수목원 및 유아숲체험원		다음의 시설을 말한다. (가) 「산림문화 · 휴양에 관한 법률」에 따른 자연휴양림, 산림욕장 및 치유의 숲과 그 안에 설치하는 시설(산림욕장의 경우 체육시설은 제외한다) (나) 「수목원 · 정원의 조성 및 진흥에 관한 법률」에 따른 수목원과 그 안에 설치하는 시설 (다) 「산림교육의 활성화에 관한 법률」에 따른 유아숲체험원과 그 안에 설치하는 시설 (라) 「도시숲 등의 조성 및 관리에 관한 법률」에 따른 도시숲 및 생활숲과 그 안에 설치하는 시설로서 다음의 요건을 모두 갖춘 시설 (1) 해당 지역의 경치 · 미관 · 기능을 저해하지 않도록 목조구조물로 설치할 것. 다만, 구조적인 이유로 목조구조물로 설치할 수 없는 경우에는 다른 소재로 설치하되, 시설물의 외장은 목재 등 친환경 소재를 사용할 것

		(2) 건축물의 경우 연면적은 200㎡ 이하, 층수는 2층 이하로 할 것
	나. 골프장	(가) 6홀 이하의 규모에 한할 것 (나) 100만㎡ 이상의 도시자연공원구역에 한할 것
	다. 실외체육시설	(가) 국가, 지방자치단체가 설치하는 「체육시설의 설치·이용에 관한 법률」 제6조에 따른 생활체육시설(이하 "생활체육시설"이라 한다) 중 배구장, 농구장, 테니스장, 배드민턴장, 게이트볼장 및 그 밖에 이와 유사한 체육시설로서 건축물의 건축을 수반하지 않는 운동시설(골프연습장은 제외한다) 및 그 부대시설을 말한다. (나) 부대시설은 탈의실, 세면장, 화장실, 운동기구 보관창고와 간이휴게소를 말하며, 그 건축 연면적은 200㎡ 이하로 한다.
	라. 실내체육시설	(1) 국가 또는 지방자치단체가 설치하는 생활체육시설 중 게이트볼장, 배드민턴장, 탁구장 및 그 밖에 이와 유사한 체육시설로서 건축물의 건축을 수반하는 운동시설 및 그 부대시설(관리실, 탈의실, 세면장, 화장실, 운동기구 보관창고와 간이휴게소를 말한다)만 해당한다. (2) 건축할 수 있는 체육시설의 형태는 「체육시설의 설치·이용에 관한 법률 시행령」 별표 1에 따른 체육관으로 한정한다. (3) 건축물의 연면적은 부대시설을 포함하여 5천제곱미터 이하로 한다. (4) 임야인 토지에는 설치할 수 없다.
	마. 도서관	(1) 「도서관법」 제2조제4호에 따른 공공도서관 중 국가 또는 지방자치단체 및 「지방교육자치에 관한 법률」 제32조에 따라 교육감이 설립·운영하는 도서관만 해당한다. (2) 건축물의 연면적은 2천제곱미터 이하로 한다.
	바. 청소년 수련시설	국가 또는 지방자치단체가 설치하는 것으로서 「청소년활동 진흥법」 제2조제2호에 따른 청소년활동시설 중 청

		소년수련관, 청소년수련원 및 청소년야영장만 해당한다.
	사. 잔디광장, 피크닉장 및 야영장	국가 또는 지방자치단체가 설치하는 경우로서 그 부대시설·보조시설(간이시설만 해당한다)을 설치할 수 있다.
	4. 체력단련시설	등산로·산책로·어린이놀이터·간이휴게소 및 철봉·평행봉 그 밖의 이와 유사한 시설로 다음의 요건에 적합하여야 한다. (가) 국가·지방자치단체 또는 서울올림픽기념국민체육진흥공단이 설치하는 경우에 한할 것 (나) 간이휴게소는 33㎡ 이하로 설치할 것
	5. 공익시설 가. 전기관련시설	기재생략
	나. 가스관련시설	기재생략
	다. 취수 및 배수시설	기재생략
	라. 지구대·파출소·초소·등대·표지	기재생략
	마. 방화용 저수조, 지하대피시설	기재생략
	바. 전기통신설비·축성시설 등 (1) 군용전기통신설비, 축성시설 등 (2) 전기통신설비(군용 설비는 제외한다)	기재생략
	사. 공사의 비품 및 재료의 적치장	기재생략
	아. 보건소·보건진료소	기재생략

자. 수목장림	「장사 등에 관한 법률」 제2조제14호에 따른 수목장림만 해당하며, 다음의 요건을 모두 갖춘 경우에만 설치할 수 있다. (1) 법 제27조제1항제1호사목3)에 따라 수목장림을 설치하려는 자는 관할 시장·군수·구청장(자치구의 구청장을 말한다)이 지역 주민의 의견을 청취하여 수립하는 배치계획에 따를 것 (2) 수목장림의 관리·운용에 필요한 사무실, 유족편의시설, 공동분향단, 주차장 및 그 밖의 부대시설은 최소한의 규모로 설치할 것	
6. 주택·근린생활시설	취락지구에 한하여 다음의 어느 하나에 해당되는 토지인 경우 주택(「건축법 시행령」 별표 1 제1호가목에 따른 단독주택을 말한다), 「건축법 시행령」 별표 1 제3호에 따른 제1종 근린생활시설(슈퍼마켓·일용품소매점·휴게음식점·제과점·이용원·미용원·세탁소·의원·치과의원·한의원·침술원·접골원(接骨院)·조산원·탁구장 및 체육도장만 해당한다) 및 「건축법 시행령」 별표 1 제4호에 따른 제2종 근린생활시설(일반음식점(건축물 연면적이 300제곱미터 이하인 경우로 한정한다)·기원·당구장·금융업소·사무소·부동산중개사무소·사진관·표구점·학원·장의사·동물병원·목공소·방앗간 및 독서실만 해당한다)의 신축 및 상호간 용도변경(기존 건축물의 규모·위치 등이 새로운 용도에 적합하여 기존 시설의 확장이 필요하지 아니한 경우로 한정한다)이 가능하다. 이 경우 휴게음식점·제과점 또는 일반음식점을 건축할 수 있는 자는 도시자연공원구역(법률 제7476호 도시공원법개정법률에 따라 개정되기 전의 도시자연공원을 포함한다. 이하 이 호에서 같다)으로 결정 당시부터 거주한 자 또는 5년 이상 해당 도시자연공원구역에 거주한 자로 한정하며, 해당 시설을 설치하는 경우에는 인접한 토지를 이용하여 200㎡ 이내의 주차장을 설치할 수 있되, 다른 용도로 변경하는 경우에는 주차장 부지를 원래의 상태로 환원하여야 한다.	

	(가) 도시자연공원구역으로 결정 당시부터 지목이 대인 토지 (나) 도시자연공원구역으로 결정 당시 지목이 대가 아닌 토지로서 다음의 어느 하나에 해당하는 주택이 있는 토지 　1) 도시자연공원구역으로 결정 당시 「건축법」 등 관계 법령에 따른 허가를 받아 설치된 주택 　2) 도시자연공원구역으로 결정되기 전에 「건축법」 등 관계 법령에 따른 허가를 받아 도시자연공원구역으로 결정된 이후 설치된 주택 　3) 도시자연공원구역으로 결정 당시 설치된 주택으로서 법률 제3259호 「준공미필기존건축물정리에관한특별조치법」, 법률 제3533호 「특정건축물정리에관한특별조치법」, 법률 제6253호 「특정건축물정리에관한특별조치법」, 법률 제7698호 「특정건축물 정리에 관한 특별조치법」 또는 법률 제11930호 「특정건축물 정리에 관한 특별조치법」에 따라 준공검사필증 또는 사용승인서가 발급되고 건축물대장에 등재된 주택
7. 노인복지시설	국가 또는 지방자치단체가 설치하는 「노인복지법」 제31조에 따른 노인복지시설만 해당한다.
8. 어린이집시설	「영유아보육법」 제10조제1호에 따른 국공립어린이집

CHAPTER 7

'개발제한구역'으로 배우는 지적도의 비밀

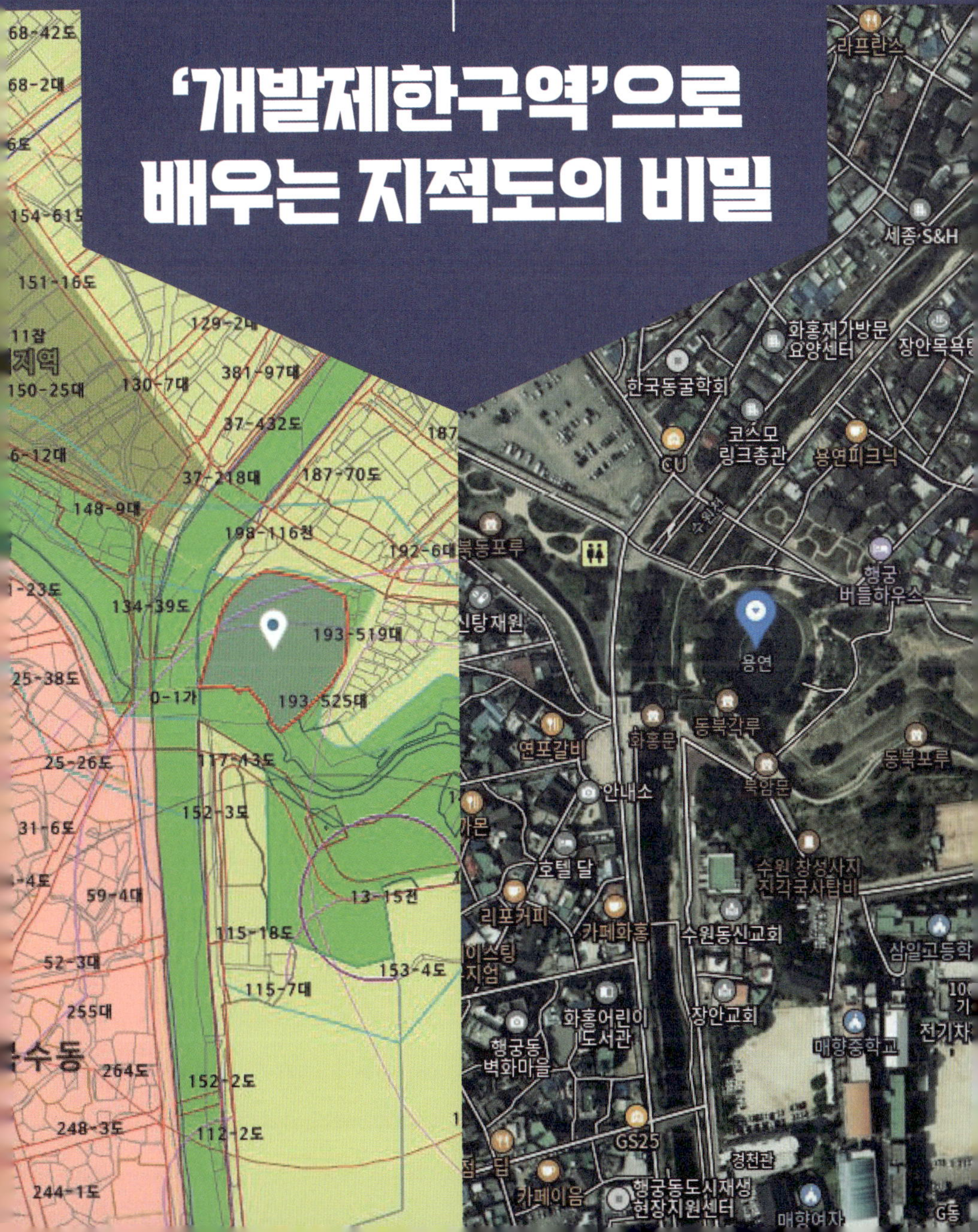

개발제한구역

그린벨트는 '개발제한구역'

그린벨트는 "도시의 무질서한 확산을 방지하고 도시 주변의 자연환경을 보전하여 도시민의 건전한 생활환경을 확보하기 위하여 도시의 개발을 제한한 벨트 모양의 지역"을 말하며, 국토계획법에 의하여 '개발제한구역'이라고 표현되어 있다. 그린벨트는 국제적으로 통용되는 글로벌 개념이라 할 수 있고 개발제한구역은 그린벨트의 한국식 표현이라 할 수 있으며, 시장에서도 그린벨트와 개발제한구역은 동일개념으로 혼용되고 있다. 이 책에서도 동일개념으로 혼용하고 있다.

 | 참고 | **도시계획법 제21조의 위헌여부에 관한 헌법소원** (발췌 요약)

[전원재판부 89헌마214, 1998. 12. 24]

【판시사항】
1. 토지재산권의 사회적 의무성
2. 개발제한구역(이른바 그린벨트) 지정으로 인한 토지재산권 제한의 성격과 한계
3. 토지재산권의 사회적 제약의 한계를 정하는 기준
4. 토지를 종전의 용도대로 사용할 수 있는 경우에 개발제한구역 지정으로 인한 지가의 하락이 토지재산권에 내재하는 사회적 제약의 범주에 속하는지 여부(적극)
5. 도시계획법 제21조의 위헌 여부(적극)
6. 헌법불합치결정을 하는 이유와 그 의미
7. 보상입법의 의미 및 법적 성격

【결정요지】
1. 생략
2. 생략
3. 개발제한구역 지정으로 인하여 토지를 종래의 목적으로노 사용할 수 없거나 또는 더 이상 법적으로 허용된 토지 이용의 방법이 없기 때문에 실질적으로 토지의 사용·수익의 길이 없는 경우에는 토지소유자가 수인해야 하는 사회적 제약의 한계를 넘는 것으로 보아야 한다.
4. 생략
5. 도시계획법 제21조에 의한 재산권의 제한은 개발제한구역으로 지정된 토지를 원칙적으로 지정 당시의 지목과 토지현황에 의한 이용방법에 따라 사용할 수 있는 한, 재산권에 내재하는 사회적 제약을 비례의 원칙에 합치하게 합헌적으로 구체화한 것이라고 할 것이나, 종래의 지목과 토지현황에 의한 이용방법에 따른 토지의 사용도 할 수 없거나 실질적으로 사용·수익을 전혀 할 수 없는 예외적인 경우에도 아무런 보상 없이 이를 감수하도록 하고 있는 한, 비례의 원칙에 위반되어 당해 토지소유자의 재산권을 과도하게 침해하는 것으로서 헌법에 위반된다.

6. 도시계획법 제21조에 규정된 개발제한구역제도 그 자체는 원칙적으로 합헌적인 규정인데, 다만 개발제한구역의 지정으로 말미암아 일부 토지소유자에게 사회적 제약의 범위를 넘는 가혹한 부담이 발생하는 예외적인 경우에 대하여 보상규정을 두지 않은 것에 위헌성이 있는 것이고, 보상의 구체적 기준과 방법은 헌법재판소가 결정할 성질의 것이 아니라 광범위한 입법형성권을 가진 입법자가 입법정책적으로 정할 사항이므로, 입법자가 보상입법을 마련함으로써 위헌적인 상태를 제거할 때까지 위 조항을 형식적으로 존속케 하기 위하여 헌법불합치결정을 하는 것인 바, 입법자는 되도록 빠른 시일 내에 보상입법을 하여 위헌적 상태를 제거할 의무가 있고, 행정청은 보상입법이 마련되기 전에는 새로 개발제한구역을 지정하여서는 아니 되며, 토지소유자는 보상입법을 기다려 그에 따른 권리행사를 할 수 있을 뿐 개발제한구역의 지정이나 그에 따른 토지재산권의 제한 그 자체의 효력을 다투거나 위 조항에 위반하여 행한 자신들의 행위의 정당성을 주장할 수는 없다.
7. 입법자가 도시계획법 제21조를 통하여 국민의 재산권을 비례의 원칙에 부합하게 합헌적으로 제한하기 위해서는, 수인의 한계를 넘어 가혹한 부담이 발생하는 예외적인 경우에는 이를 완화하는 보상규정을 두어야 한다. 이러한 보상규정은 입법자가 헌법 제23조 제1항 및 제2항에 의하여 재산권의 내용을 구체적으로 형성하고 공공의 이익을 위하여 재산권을 제한하는 과정에서 이를 합헌적으로 규율하기 위하여 두어야 하는 규정이다. 재산권의 침해와 공익 간의 비례성을 다시 회복하기 위한 방법은 헌법상 반드시 금전보상만을 해야 하는 것은 아니다. 입법자는 지정의 해제 또는 토지매수청구권제도와 같이 금전보상에 갈음하거나 기타 손실을 완화할 수 있는 제도를 보완하는 등 여러 가지 다른 방법을 사용할 수 있다.

현재 그린벨트가 존재하는 7대 대도시권

그린벨트는 아래와 같이 현재 7대 대도시권에만 존재하고 있다.

- 수도권(서울, 인천, 경기)
- 부산권(부산, 김해, 양산)

- 대구권(대구시, 경북 경산)
- 광주권(광주, 전남 나주시)
- 대전권(대전, 공주, 계룡, 금산, 연기, 옥천, 청원)
- 울산권(울산시)
- 마창진권(마산, 창원, 진해)

개발제한구역 취락지구의 지정 기준

개발제한구역에서 주민이 집단적으로 거주하는 취락(공익사업에 따른 이주단지를 포함한다.)에 대하여 시·도지사는 국토계획법에 따른 취락지구로 지정할 수 있다. 그리고 취락지구에서의 건축물의 용도·높이·연면적 및 건폐율에 관하여는 따로 법령으로 정해진다. 취락지구의 지정기준은 다음 각 호와 같다.

1. 취락을 구성하는 주택의 수가 10호 이상일 것.
2. 취락지구 1만㎡당 주택의 수(호수밀도)가 10호 이상일 것. 다만 시·도지사는 해당 지역이 상수원보호구역에 해당하거나 이축 수요를 수용할 필요가 있는 등 지역의 특성상 필요한 경우에는, 취락지구의 지정 면적, 취락지구의 경계선 설정 및 취락지구정비계획의 내용에 대하여 국토해양부장관과 협의한 후, 해당 시·도의 도시·군계획에 관한 조례로 정하는 바에 따라 호수밀도를 5호 이상으로 할 수 있다.
3. 취락지구의 경계 설정은 도시관리계획 경계선, 다른 법률에 따른 지역·지구 및 구역의 경계선, 도로, 하천, 임야, 지적 경계선, 그 밖의 자연적 또는 인공적 지형지물을 이용하여 설정하되, 지목이 '대'인 경우에는 가능한 한 필지가 분할되지 아니하도록 할 것.

그린벨트 내의 취락지구는 개발제한구역에서 해제된 곳이 아니다. 다만 이축권을 활용하여 일반 개발제한구역보다 건축할 수 있는 범위가 넓고, 개발제한구역에서 해제될 확률이 다른 개발제한구역 내 토지보다 높다고 할 수 있는 곳이다. 같은 취락지구라도 역세권이나 대규모 주택단지 등에 인접한 취락지구는 이축권을 활용한 근린생활시설이 집중되는 곳이며, 토지의 가격도 개발제한구역 밖의 토지 못지않게 비싸다. 따라서 해당 지역의 미개발된 토지는 단독으로 거래되기보다는 대개의 경우 상업적 활용을 위해 근린생활시설을 지을 수 있는 이축권과 연계되어서 거래되는 곳이다.

취락지구 건축물의 용도 및 규모 등에 관한 특례

개발제한구역 취락지구에서 건축물의 용도·높이·연면적 및 건폐율은 다음 각 호의 경우를 제외하고는 취락지구 밖의 개발제한구역에 적용되는 기준에 따른다.

> 1. 주택 또는 공장 등 신축이 금지된 건축물을 '건축법 시행령' 별표1의 제1종 및 제2종 근린생활시설(단란주점, 안마시술소 및 안마원은 제외한다.), 액화가스 판매소, 세차장, 병원, 치과병원 또는 한방병원으로 용도 변경하는 경우
> 2. 개발제한구역특별법 시행령 별표1 제5호 다목에 따른 주택 또는 같은 표 제5호 라목에 따른 근린생활시설을 다음 각 목의 기준에 따라 건축하는 경우
>   가. 건폐율 100분의 60 이내로 건축하는 경우: 높이 3층 이하, 용적률 300% 이하로서 기존 면적을 포함하여 연면적 300㎡ 이하
>   나. 건폐율 100분의 40 이내로 건축하는 경우: 높이 3층 이하, 용적률 100% 이하

개발제한구역과 관련된 토지의 종류

개발제한구역과 관련된 토지는 단순히 개발제한구역 하나의 토지만 존재하는 것이 아니고 해제 단계에 따라서 스펙트럼처럼 다음과 같은 4종류의 토지가 존재한다. 따라서 개발제한구역 토지를 접하게 되면 먼저 몇 번째 유형의 토지에 해당하는지를 판단하는 것이 투자 분석의 지름길이다.

① 첫째 유형: 개발제한구역으로 지정된 토지

개발제한구역(그린벨트) 토지는 토지이용계획확인서의 '다른 법령 등에 따른 지역·지구 등'란에 '개발제한구역'이라고 명백히 표시되어 있다. 그리고 국토계획법에 의한 용도지역은 대개 '자연녹지지역'으로 표시되어 있다. 비전문가들이 많이 오해하는 점 중의 하나가 개발제한구역 표시는 보지 않고 자연녹지지역만 보고 자연녹지지역 토지라고 문의하는 경우다. '자연녹지지역·개발제한구역'으로 표시된 개발제한구역 토지는 국토계획법에 의한 자연녹지지역의 행위제한을 받는 것이 아니고, '개발제한구역특별법'의 행위제한을 받는다는 것이다. 따라서 건물의 건축이나 개발 등이 엄격히 제한되는 토지에 해당한다.

② 둘째 유형: 개발제한구역 내 취락지구로 지정되어 있는 토지

개발제한구역 내에서 주민이 집단적으로 거주하는 취락으로서, 주거환경 개선 및 취락정비가 필요한 지역 중 취락지구로 지정되어 있는 토지를 말한다. 토지이용계획확인서에 '자연녹지지역, 집단취락지구, 개발제한구역'으로 표시되어 있다. 똑같은 개발제한구역이지만 법에서 이축권의 종류와 상관없이 이축권을 가진 사람에 한하여 건축물의 신축을 허용하여 주는 곳이다. 따라서 이축권을 가진 사람들이 목 좋은 곳을 매입해서 이주해오는 주요대상이 된다. 단, 취락지구로 지정되어 있다고 해도 개발제한구역에서 해제된 땅이 아니기 때문에 해당 취락지구 내의 전·답 등을 매입해서 건축행위를 하려면 반드시 이축권이 있어야 한다.

③ 셋째 유형: 취락지구 중에서 개발제한구역에서 해제된 토지

개발제한구역 내 취락지구가 개발제한구역에서 해제되면 국토계획법 제51조에 따라 지구단위계획구역으로 지정하고 지구단위계획을 수립하여야 한다. 취락지구가 개발제한구역에서 해제되면 대개 제1종 일반주거지역이나 제1종 전용주거지역으로 용도지역이 변경된다. 토지이용계획확인서에 '도시지역, 제1종 전용(일반)주거지역, 지구단위계획구역'으로 표시되며 개발제한구역이나 취락지구라는 말은 표시되지 않는다. 건축과 관련해서는 더는 '개발제한구역특별법'의 적용을 받지 않고 국토계획법의 적용을 받아 해당 지구단위계획에 적합한 범위 내에서 건축행위를 할 수 있다.

④ 넷째 유형: 공익사업 등으로 인해서 개발제한구역에서 해제된 토지

개발제한구역에서 해제되었기 때문에 토지이용계획확인서에 더 이상 개발제한구역이라는 표현이 표시되지 않는다. 다만 이런 경우는 수용이 되기 때문에 토지소유주는 해당 토지를 활용한 건축 등의 혜택은 누릴 수 없고 수용에 따른 보상 문제만 남게 된다. 택지개발과 관련된 수용일 경우 추가적인 보상으로 이주자 택지(일명 '이택')나 협의수용자 택지(일명 '협택') 또는 생활대책용지(일명 '상가딱지') 등을 받게 되거나, 도로 등을 건설하느라 수용이 된다면 수용으로 인해서 건축물이 헐리는 경우 이축권(일명 '용마루')이 발생할 수도 있다.

허가를 받아서 할 수 있는 행위

개발제한구역에서는 건축물의 건축 및 용도변경, 공작물의 설치, 토지의 형질변경, 죽목(竹木)의 벌채, 토지의 분할, 물건을 쌓아놓는 행위 또는 '국토계획법'에 따른 도시·군계획사업의 시행을 할 수 없다. 그러나 다음에 해당하는 행위는 특별자치시장·특별자치도지사·시장·군수 또는 구청장의 허가를 받아 그 행위를 할 수 있다.(개발제한구역특별법제12조)

> 1. 다음 각 목의 어느 하나에 해당하는 건축물이나 공작물로서 대통령령으로 정하는 건축물의 건축 또는 공작물의 설치와 이에 따르는 토지의 형질변경
>   가. 공원, 녹지, 실외체육시설, 시장·군수·구청장이 설치하는 노인의 여가활용을 위한 소규모 실내 생활체육시설 등 개발제한구역의 존치 및 보전관리에 도움이 될 수 있는 시설
>   나. 도로, 철도 등 개발제한구역을 통과하는 선형(線形)시설과 이에 필수적으로 수반되는 시설
>   다. 개발제한구역이 아닌 지역에 입지가 곤란하여 개발제한구역 내에 입지하여야만

그 기능과 목적이 달성되는 시설
　라. 국방·군사에 관한 시설 및 교정시설
　마. 개발제한구역 주민과 「공익사업을 위한 토지 등의 취득 및 보상에 관한 법률」 제4조에 따른 공익사업의 추진으로 인하여 개발제한구역이 해제된 지역 주민의 주거·생활편익·생업을 위한 시설
1의2. 도시공원, 물류창고 등 정비사업을 위하여 필요한 시설로서 대통령령으로 정하는 시설을 정비사업 구역에 설치하는 행위와 이에 따르는 토지의 형질변경
2. 개발제한구역의 건축물로서 제15조에 따라 지정된 취락지구로의 이축(移築)
3. 「공익사업을 위한 토지 등의 취득 및 보상에 관한 법률」 제4조에 따른 공익사업(개발제한구역에서 시행하는 공익사업만 해당한다. 이하 이 항에서 같다)의 시행에 따라 철거된 건축물을 이축하기 위한 이주단지의 조성
3의2. 「공익사업을 위한 토지 등의 취득 및 보상에 관한 법률」 제4조에 따른 공익사업의 시행에 따라 철거되는 건축물 중 취락지구로 이축이 곤란한 건축물로서 개발제한구역 지정 당시부터 있던 주택, 공장 또는 종교시설을 취락지구가 아닌 지역으로 이축하는 행위
4. 건축물의 건축을 수반하지 아니하는 토지의 형질변경으로서 영농을 위한 경우 등 대통령령으로 정하는 토지의 형질변경
5. 벌채 면적 및 수량(樹量), 그 밖에 대통령령으로 정하는 규모 이상의 죽목(竹木) 벌채
6. 대통령령으로 정하는 범위의 토지 분할
7. 모래·자갈·토석 등 대통령령으로 정하는 물건을 대통령령으로 정하는 기간까지 쌓아 놓는 행위
8. 제1호 또는 제13조에 따른 건축물 중 대통령령으로 정하는 건축물을 근린생활시설 등 대통령령으로 정하는 용도로 용도변경하는 행위
9. 개발제한구역 지정 당시 지목(地目)이 대(垈)인 토지가 개발제한구역 지정 이후 지목이 변경된 경우로서 제1호마목의 시설 중 대통령령으로 정하는 건축물의 건축과 이에 따르는 토지의 형질변경

※ 부록: 위의 1항에 따른 "대통령령으로 정하는 건축물의 건축 또는 공작물의 설치와 이에 따르는 토지의 형질변경" 세부내용 중 주택과 근린생활시설, 실외운동시설 부분은 부록으로 첨부하였으며 나머지 부분은 법령을 참조하기 바란다.

신고하고 할 수 있는 행위

그린벨트 내에서 주택 및 근린생활시설의 대수선 등 다음의 행위는 시장·군수·구청장에게 신고하고 할 수 있다.(개발제한구역특법법 시행령 제19조)

1. 주택 및 근린생활시설로서 다음 각 목의 어느 하나에 해당하는 증축·개축 및 대수선(大修繕)
   가. 기존 면적을 포함한 연면적의 합계가 100㎡ 이하인 경우
   나. 증축·개축 및 대수선되는 연면적의 합계가 85㎡ 이하인 경우
2. 농림수산업용 건축물(관리용 건축물은 제외한다.) 또는 공작물로서 다음 각 목의 어느 하나에 해당하는 경우의 증축·개축 및 대수선
   가. 증축·개축 및 대수선되는 건축면적 또는 바닥면적의 합계가 50㎡ 이하인 경우
   나. 축사, 동물 사육장, 콩나물 재배사(栽培舍), 버섯 재배사, 퇴비사(발효퇴비장을 포함한다.) 및 온실의 기존 면적을 포함한 연면적의 합계가 200㎡ 미만인 경우
   다. 창고의 기존 면적을 포함한 연면적의 합계가 100㎡ 미만인 경우
2의 2. '농어촌정비법' 제2조 제16호 다목에 따른 주말농원사업 중 주말영농을 위하여 토지를 임대하는 이용객이 50명 이상인 주말농원사업에 이용되는 10㎡ 초과 20㎡ 이하의 농업용 원두막(벽이 없고 지붕과 기둥으로 설치한 것을 말한다.)을 설치하는 행위. 다만 주말농원을 운영하지 아니하는 경우에는 지체 없이 철거하고 원상복구하여야 한다.
3. 근린생활시설 상호 간의 용도변경. 다만 휴게음식점·제과점 또는 일반음식점으로 용도변경하는 경우는 제외한다.
4. 벌채 면적이 500㎡ 미만이거나 벌채 수량이 5㎥ 미만인 죽목의 벌채
5. 다음 각 목의 어느 하나에 해당하는 물건을 쌓아두는 행위
   가. 물건(모래, 자갈, 토석, 석재, 목재, 철재, 폴리비닐클로라이드(PVC), 컨테이너, 콘크리트제품, 드럼통, 병, 그 밖에 '폐기물관리법' 제2조 제1호에 따른 폐기물이 아닌 물건으로서 물건의 중량이 50톤을 초과하거나 부피가 50㎥를 초과하는 것)을 1개월 미만 동안 쌓아두는 행위
   나. 중량이 50톤 이하이거나 부피가 50㎥ 이하로서 물건(모래, 자갈, 토석, 석재, 목재, 철재, 폴리비닐클로라이드(PVC), 컨테이너, 콘크리트제품, 드럼통, 병, 그 밖에 '폐기물관리법'

제2조 제1호에 따른 폐기물이 아닌 물건)을 15일 이상 쌓아두는 행위
6. '매장유산 보호 및 조사에 관한 법률'에 따른 매장유산의 조사 · 발굴을 위한 토지의 형질변경
7. 생산품의 보관을 위한 임시 가설 천막(벽 또는 지붕이 합성수지 재질로 된 것을 포함한다)의 설치(기존의 공장 및 제조업소의 부지에 설치하는 경우만 해당한다.)
7의2. 「농업 · 농촌 및 식품산업 기본법」 제3조제2호에 따른 농업인이 개발제한구역의 토지 또는 그 토지와 일체가 되는 토지에서 생산되는 농산물을 보관 · 저장하려는 목적으로 농산물 저온저장고(국토교통부령으로 정하는 것으로서 기초를 위한 콘크리트 타설을 하지 않는 경우로 한정한다) 또는 해당 저온저장고의 외벽으로부터 수평거리 50cm 이내의 범위에서 비가림시설을 설치하는 행위
7의3. 「농업 · 농촌 및 식품산업 기본법」 제3조제2호에 따른 농업인이 개발제한구역에 위치한 농지(「농어촌정비법」 제2조제5호의 농업생산기반 정비사업이 시행되었거나 시행 중인 경우는 제외한다)에 이동식 간이화장실(바닥 면적은 5㎡ 이하이고 콘크리트 타설 및 정화조 설치를 하지 않은 경우로 한정한다)을 설치하는 행위
8. 지반의 붕괴 또는 그 밖의 재해를 예방하거나 복구하기 위한 축대 · 옹벽 · 사방시설 등의 설치
9. 허가받아 설치한 건축물(주택은 제외한다)에 높이 2m 미만의 담장을 추가로 설치하는 경우
10. 논을 밭으로 변경하기 위한 토지의 형질변경
11. 논이나 밭을 과수원으로 변경하기 위한 토지의 형질변경
12. 대지화되어 있는 토지를 논 · 밭 · 과수원 또는 초지로 변경하기 위한 토지의 형질변경
13. 개발제한구역 지정 당시부터 있던 기존 주택 대지 안에서의 지하수의 개발 · 이용 시설의 설치(상수도가 설치되어 있지 아니한 경우로 한정한다)
14. 지목이 대인 토지에 적법하게 건축된 주택의 지붕 또는 옥상에 「신에너지 및 재생에너지 개발 · 이용 · 보급 촉진법」 제2조제3호에 따른 신 · 재생에너지 설비 중 태양에너지 설비를 수평투영면적 50㎡ 이하의 규모로 설치하는 경우

허가나 신고 없이 할 수 있는 행위

그린벨트 내에서 허가를 받지 아니하거나 신고를 하지 아니하고 할 수 있는 국토교통부령으로 정하는 경미한 행위는 다음과 같다.

| 개발제한구역특별법 시행규칙 별표4 |

허가 또는 신고 없이 할 수 있는 행위(제12조 관련)

1. 농림수산업을 하기 위한 다음 각 목의 어느 하나에 해당하는 행위
   가. 농사를 짓기 위하여 논·밭을 갈거나 50cm 이하로 파는 행위
   나. 홍수 등으로 논·밭에 쌓인 흙·모래를 제거하는 행위
   다. 경작 중인 논·밭의 지력(地力)을 높이기 위하여 환토(換土)·객토(客土)를 하는 행위(영리 목적의 토사 채취는 제외한다.)
   라. 밭을 논으로 변경하기 위한 토지의 형질변경(머목의 행위와 병행할 수 있다.)
   마. 과수원을 논이나 밭으로 변경하기 위한 토지의 형질변경
   바. 농경지를 농업생산성 증대를 목적으로 정지, 수로 등을 정비하는 행위(휴경지의 죽목을 벌채하는 경우에는 영 제15조 및 제19조 제4호의 규정에 따른다.)
   사. 채소·연초(건조용을 포함한다.)·버섯의 재배와 원예를 위한 것으로서 다음의 요건을 모두 갖춘 비닐하우스(이하 '농업용 비닐하우스'라 한다.)를 설치(가설 및 건축을 포함한다. 이하 이 표에서 같다.)하는 행위
      1) 구조상 골조 부분만 목제·철제·폴리염화비닐(PVC) 등의 재료를 사용하고, 그 밖의 부분은 비닐로 설치하여야 하며, 유리 또는 강화플라스틱(FRP)이 아니어야 한다. 다만 출입문의 경우는 투명한 유리 또는 강화플라스틱(FRP) 등 이와 유사한 재료를 사용할 수 있다.
      2) 화훼직판장 등 판매전용시설은 제외하며, 비닐하우스를 설치하여도 녹지가 훼손되지 아니하는 농지에 설치하여야 한다.
      3) 기초는 가로, 세로 및 높이가 각각 40cm 이하인 규모에 한하여 콘크리트 타설을 할 수 있으며, 바닥은 콘크리트 타설을 하지 아니한 비영구적인 임시가설물(보도블록이나 부직포 등 이와 유사한 것을 말한다.)이어야 한다.

아. 농업용 분뇨장(탱크 설치를 포함한다.)을 설치하는 행위

자. 과수원이나 경제작물을 보호하기 위하여 철조망(녹색이나 연두색 등의 펜스를 포함한다.)을 설치하는 행위

차. 10㎡ 이하의 농업용 원두막을 설치하는 행위

카. 밭 안에 야채 등을 저장하기 위하여 토굴 등을 파는 행위

타. 나무를 베지 아니하고 나무를 심는 행위

파. 축사에 사료를 배합하기 위한 기계시설을 설치하는 행위(일반인에게 배합사료를 판매하기 위한 경우는 제외한다.)

하. 기존의 대지(담장으로 둘러싸인 내부를 말한다.)에 15㎡ 이하의 간이축사를 설치하는 행위

거. 가축의 분뇨를 이용한 분뇨장에 취사·난방용 메탄가스 발생시설을 설치하는 행위

너. 농업용 비닐하우스 및 온실에서 생산되는 화훼 등을 판매하기 위하여 벽체(壁體) 없이 33㎡ 이하의 화분진열시설을 설치하는 행위

더. 농업용 비닐하우스에 탈의실 또는 농기구보관실, 난방용 기계실, 농작물의 신선도 유지를 위한 냉장시설 등의 용도로 30㎡ 이하의 임시시설을 설치하는 행위

러. 토지의 형질변경이나 대지 등으로의 지목변경을 하지 아니하는 범위에서 축사에 딸린 가축방목장을 설치하는 행위

머. 영농을 위하여 높이 50cm 미만(최근 1년간 성토한 높이를 합산한 것을 말한다.)으로 성토하는 행위

버. 생산지에서 50㎡ 이하의 곡식건조기 또는 비가림시설을 설치하는 행위

서. 축사운동장에 개방형 비닐하우스(축산분뇨용 또는 톱밥발효용을 말한다.)를 설치하는 행위(축사용도로 사용하는 것을 제외한다.)

어. 토지의 형질변경 없이 논에 참게·우렁이·지렁이 등을 사육하거나 사육을 위한 울타리 및 비닐하우스를 설치하는 행위

저. 농산물수확기에 농지에 설치하는 30㎡ 이하의 판매용 야외 좌판(그늘막 등을 포함한다.)을 설치하는 행위

처. 삭제 〈2015.2.5.〉

커. 저수지를 관리하기 위한 단순한 준설 행위(골재를 채취하기 위한 경우는 제외한다.)

터. 영농을 위한 지하수의 개발·이용시설을 설치하는 행위

퍼. 토지의 형질변경 없이 밭, 과수원 또는 임야에 양봉통을 설치하는 행위. 이 경우 양봉통을 설치하면서 그늘막 등 공작물을 설치해서는 아니 된다.

2. 주택을 관리하는 다음 각 목의 어느 하나에 해당하는 행위
　　가. 사용 중인 방을 나누거나 합치거나 부엌이나 목욕탕으로 바꾸는 경우 등 가옥 내부를 개조하거나 수리하는 행위
　　나. 지붕을 개량하거나 기둥벽을 수선하는 행위
　　다. 외장을 변경하거나 칠하거나 꾸미는 행위
　　라. 내벽 또는 외벽에 창문을 설치하는 행위
　　마. 외벽 기둥에 차양을 달거나 수리하는 행위
　　바. 외벽과 담장 사이에 차양을 달아 헛간으로 사용하는 행위
　　사. 높이 2m 미만의 담장·축대(옹벽을 포함한다.)를 설치하는 행위(택지 조성을 위한 경우는 제외한다.)
　　아. 우물을 파거나 장독대(광을 함께 설치하는 경우는 제외한다.)를 설치하는 행위
　　자. 재래식 변소를 수세식 변소로 개량하는 행위
3. 마을공동사업인 다음 각 목의 어느 하나에 해당하는 행위
　　가. 공동우물('지하수법'에 따른 음용수용 지하수를 포함한다.)을 파거나 빨래터를 설치하는 행위
　　나. 마을도로(진입로를 포함한다.) 및 구거(溝渠)를 정비하거나 석축(石築)을 개수·보수하는 행위
　　다. 농로를 개수·보수하는 행위
　　라. 나지(裸地)에 녹화사업을 하는 행위
　　마. 토관을 매설하는 행위
4. 비주택용 건축물에 관련된 다음 각 목의 어느 하나에 해당하는 행위
　　가. 주택의 경우와 같이 지붕 개량, 벽 수선, 미화작업 또는 창문 설치를 하는 행위
　　나. 기존의 종교시설 경내(공지)에 종각·불상 또는 석탑·예수상을 설치하는 행위
　　다. 기존의 묘역에 분묘를 설치하는 행위
　　라. 종교시설의 경내에 일주문(一柱門)을 설치하는 행위
　　마. 임업시험장에 육림연구·시험을 위하여 임목을 심거나 벌채하는 행위
5. 건축물의 용도변경으로서 다음 각 목의 어느 하나에 해당하는 경우
　　가. 축사·잠실(蠶室) 등의 기존 건축물을 일상 생업에 필요한 물품·생산물의 저장소나, 새끼·가마니를 짜는 등의 농가부업용 작업장으로 일시적으로 사용하는 경우
　　나. 주택의 일부를 이용하여 부업의 범위에서 상점 등으로 사용하는 경우(관계 법령에 따른 허가 또는 신고 대상이 아닌 것만 해당한다.)

다. 주택의 일부(종전의 부속건축물을 말한다.)를 다용도시설 및 농산물건조실(건조를 위한 공작물의 설치를 포함한다.)로 사용하는 경우
라. 새마을회관의 일부를 경로당으로 사용하는 경우
6. 기존 골프장을 통상적으로 운영·관리할 목적으로 골프장을 유지·보수하는 다음 각 목의 어느 하나에 해당하는 행위
가. 차량정비고나 부품보관창고 부지의 바닥 포장
나. 잔디의 배토(培土)작업에 소요되는 부엽토 및 토사를 일시적으로 쌓아 놓는 행위
다. 골프장 배수로 정비
라. 잔디를 심고 가꾸는 행위
마. 티 그라운드의 모양 및 크기를 변경하는 행위
바. 벙커의 위치·모양 및 크기를 변경하는 행위
사. 코스 내 배수 향상을 위하여 부분적으로 절토·성토하는 행위
아. 염해(鹽害)를 입은 잔디의 생육이 가능하도록 하기 위한 통상적인 성토
자. 작업도로 변경 및 포장
7. 재해의 긴급한 복구를 위한 다음 각 목의 어느 하나에 해당하는 행위
가. 벌채 면적 500㎡ 미만의 죽목 베기(연간 1,000㎡를 초과할 수 없다.)
나. 벌채 수량 5㎥ 미만의 죽목 베기(연간 10㎥를 초과할 수 없다.)
8. 기존 건축물의 대지(적법하게 조성된 대지로 한정한다.) 안에 물건을 쌓아 놓는 행위

허가 또는 신고의 세부기준

허가 또는 신고의 대상이 되는 건축물이나 공작물의 규모·높이·입지 기준, 대지 안의 조경, 건폐율, 용적률, 토지의 분할, 토지의 형질변경 범위 등 허가나 신고의 세부 기준은 다음과 같다.(개발제한구역특별법시행령 별표2)

1. 일반적 기준
가. 개발제한구역의 훼손을 최소화할 수 있도록 필요한 최소 규모로 설치하여야 한다.
나. 해당 지역과 그 주변 지역에 대기오염, 수질오염, 토질오염, 소음·진동·분진 등에 따른 환경오염, 생태계 파괴, 위해 발생 등이 예상되지 아니하여야 한다. 다만 환경오염의 방지, 위해의 방지, 조경, 녹지의 조성, 완충지대의 설치 등의 조건을 붙이는 경우에는 그러하지 아니하다.
다. 해당 지역과 그 주변 지역에 있는 역사적·문화적·향토적 가치가 있는 지역을 훼손하지 아니하여야 한다.
라. 토지의 형질을 변경하거나 죽목을 벌채하는 경우에는 표고, 경사도, 숲의 상태, 인근 도로의 높이와 배수 등을 고려하여야 한다.
마. 도시계획시설의 설치, 법 제11조 제1항 제5호 본문에 따른 건축물의 건축 및 토지의 형질변경에 대하여는 관리계획이 수립되지 아니하였거나 수립된 관리계획의 내용에 위반되는 경우에는 그 설치 등을 허가하여서는 아니 된다.
바. 임야 또는 경지 정리된 농지는 건축물의 건축 또는 공작물의 설치를 위한 부지에서 제외해야 한다. 다만, 무질서한 개발을 초래하지 않는 경우 등 시장·군수·구청장이 인정하는 경우에는 그렇지 않다.
사. 건축물을 건축하기 위한 대지면적이 60㎡ 미만인 경우에는 건축물의 건축을 허가하지 아니하여야 한다. 다만 기존의 건축물을 개축하거나 재축하는 경우에는 그러하지 아니하다.
아. 빗물이 땅에 쉽게 스며들 수 있도록 가능하면 투수성 포장을 하여야 한다.
자. '국토의 계획 및 이용에 관한 법률'에 따른 방재지구, '자연재해대책법'에 따른 자연재해위험개선지구 및 '급경사지재해예방에 관한 법률'에 따른 붕괴위험지역에는 건축물의 건축을 허가하여서는 아니 된다. 다만 안전·침수대책을 수립한 경우에는 그러하지 아니하다.
차. 토지를 분할하는 경우에는 분할 사유, 필지수 등이 법 제11조제1항제3호에 따라 개발제한구역관리계획에 포함되는 개발제한구역의 토지이용 및 보전에 관한 사항에 적합해야 한다. 이 경우 토지의 분할에 관하여 필요한 사항은 시·군·구의 조례로 정할 수 있다.

2. 건축물의 건축 또는 공작물의 설치
가. 건폐율 100분의 60 이하로 건축하되 높이 5층 이하, 용적률 300% 이하로 한다.
나. 가목에도 불구하고 주택 또는 근린생활시설을 건축하는 경우에는 다음의 어느 하나에 따른다. 다만, 별표 1 제5호다목다)① 또는 같은 호 라목다)에 따라 공익사업의

시행으로 인하여 철거(시장·군수·구청장이 공익사업의 시행을 위하여 존치할 필요가 있다고 인정한 후 공익사업 시행자에게 소유권이 이전되는 경우를 포함한다. 이하 이 목에서 같다)된 건축물(건축물과 대지의 소유권을 모두 확보하고 있었던 경우만 해당한다)을 신축하는 경우 해당 건축물의 층수 및 연면적은 철거 당시의 건축물의 층수 및 연면적까지로 할 수 있다.

  1) 건폐율 100분의 60 이하로 건축하는 경우: 높이 3층 이하, 용적률 300% 이하로서 기존 면적을 포함하여 연면적 232㎡(지정 당시 거주자는 300㎡) 이하. 이 경우 지정 당시 거주자가 연면적 232㎡를 초과하여 연면적 300㎡까지 건축할 수 있는 경우는 1회로 한다.

  2) 건폐율 100분의 20 이하로 건축하는 경우: 높이 3층 이하, 용적률 100% 이하

다. 가목에도 불구하고 국방부장관이 군의 작전수행을 위하여 필요하다고 인정하는 국방·군사시설(군사보안을 목적으로 하는 경우로 한정한다)은 국토교통부장관과의 협의를 거쳐 가목에 따른 건축물 또는 공작물의 높이 기준을 적용하지 않을 수 있다.

라. 별표 1 제5호다목다)① 또는 같은 호 라목다)에 따라 공익사업의 시행을 위하여 기존 주택 또는 근린생활시설을 존치하고 새로 주택 또는 근린생활시설을 신축하는 경우 공익사업 시행자는 기존 주택 또는 근린생활시설이 존치되는 대지 면적에 해당하는 개발제한구역 내 다른 대지를 전·답·과수원, 그 밖에 건축물의 건축을 위한 용도가 아닌 지목으로 변경해야 한다.

마. 둘 이상의 필지에 같은 용도의 건축물이 각각 있는 경우 그 필지를 하나의 필지로 합칠 수 있다. 이 경우 주택 및 근린생활시설은 나목 2)(취락지구의 경우에는 제26조 제1항 제2호 나목)의 기준에 적합하여야 하며, 주택을 다세대주택으로 건축하는 경우에는 기존의 주택호수를 초과하지 아니하여야 한다.

바. 건축물 또는 공작물 중 기반시설로서 건축 연면적이 1,500㎡ 이상이거나 토지의 형질변경 면적이 5,000㎡ 이상인 시설은 '국토의 계획 및 이용에 관한 법률 시행령' 제35조에도 불구하고 도시계획시설로 설치하여야 한다. 다만 별표1에서 별도로 규정하고 있는 경우에는 그에 따른다.

사. 도로·상수도 및 하수도가 설치되지 아니한 지역에 대하여는 원칙적으로 건축물의 건축(건축물의 건축을 목적으로 하는 토지형질변경을 포함한다.)을 허가하여서는 아니 된다. 다만 무질서한 개발을 초래하지 아니하는 경우 등 시장·군수·구청장이 인정하는 경우에는 그러하지 아니하다.

아. 법 또는 이 영에서 건축이 허용되는 건축물 또는 공작물에 대해서는 '옥외광고물 등 관리법'에 적합하게 간판 등을 설치할 수 있다.

자. 적법하게 건축된 건축물은 재축·개축 또는 대수선할 수 있으며, 법 또는 이 영의 규정에 적합한 경우 증축할 수 있다.

3. 토지의 형질변경 및 물건의 적치

가. 토지의 형질변경 면적은 건축물의 건축면적 및 공작물의 바닥면적의 2배 이하로 한다. 다만 다음의 어느 하나의 경우에는 그 해당 면적으로 한다.
  1) 축사 및 미곡종합처리장은 바닥면적의 3배 이하
  2) 주택 또는 근린생활시설의 건축을 위하여 대지를 조성하는 경우에는 기존면적을 포함하여 330㎡ 이하. 다만, 별표 1 제5호다목다)① 또는 같은 호 라목다)에 따라 공익사업의 시행으로 인하여 철거(시장·군수·구청장이 공익사업의 시행을 위하여 존치할 필요가 있다고 인정한 후 공익사업 시행자에게 소유권이 이전되는 경우를 포함한다. 이하 이 목에서 같다)된 건축물(건축물과 대지의 소유권을 모두 확보하고 있었던 경우만 해당한다)을 신축하는 경우 해당 대지의 조성면적은 철거 당시의 대지면적까지로 할 수 있다.
  3) 별표1의 건축물 및 공작물과 관련하여 이 영 및 다른 법령에서 토지의 형질변경을 수반하는 시설을 설치할 것을 따로 규정한 경우에는 그 규정에서 허용하는 범위
  4) 법 제4조의 2에 따른 훼손지 정비사업을 위한 경우에는 그 정비사업구역 전체

나. 가목에 따른 토지의 형질변경을 할 때 해당 필지의 나머지 토지의 면적이 60㎡ 미만이 되는 경우에는 그 나머지 토지를 포함하여 토지의 형질변경을 할 수 있다. 다만 토지의 형질변경 전에 미리 토지분할을 한 경우로서 가목에 따른 토지의 형질변경 면적에 적합하게 분할할 수 있었음에도 해당 면적을 초과하여 분할한 경우에는 그러하지 아니하다.

다. 법 제12조 제1항 제1호 각 목의 건축물(축사, 공사용 임시가설건축물 및 임시시설은 제외한다.)의 건축 또는 공작물의 설치를 위한 토지의 형질변경 면적이 200㎡를 초과하는 경우에는 토지의 형질변경 면적의 100분의 5 이상에 해당하는 면적에 대하여 식수 등 조경을 하여야 한다. 다만, 별표 1 제5호가목에 따른 동식물 관련 시설 및 같은 호 나목에 따른 농수산물 보관 및 관리 관련 시설의 건축 또는 공작물의 설치를 위한 토지의 형질변경에 따른 조경 면적은 시·군·구의 조례로 달리 정할 수 있다.

라. 개발제한구역에서 시행되는 공공사업에 대지(건축물 또는 공작물이 있는 토지를 말한다.)의 일부가 편입된 경우에는 그 편입된 면적만큼 새로 대지를 조성하는 데 따르는 토지의 형질변경을 할 수 있다. 이 경우 편입되지 아니한 대지와 연접하여 새로 조성한 면적만으로는 관계 법령에 따른 시설의 최소 기준면적에 미달하는 경우에는 그 최소 기준면적까지 대지를 확장할 수 있다.

마. 토지의 형질변경의 대상인 토지가 연약한 지반인 경우에는 그 두께·넓이·지하수위 등의 조사와 지반의 지지력·내려앉음·솟아오름에 대한 시험을 하여 환토·다지기·배수 등의 방법으로 그 토지를 개량하여야 한다.

바. 토지의 형질변경에 수반되는 성토 및 절토(切土)에 따른 비탈면 또는 절개면에 대하여는 옹벽 또는 석축의 설치 등 안전조치를 하여야 한다.

사. 토석의 채취는 다음의 기준에 따른다.
  1) 주변의 상황·교통 및 자연경관 등을 종합적으로 고려하여야 한다.
  2) 철도, 고속도로, 국도 및 시가지와 연결되는 간선도로의 가시권(可視圈)에서는 재해에 따른 응급조치가 아니면 토석의 채취를 허가하여서는 아니 된다. 이 경우 철도·고속도로의 가시권은 철도·고속도로로부터 2km 이내의 지역을, 국도·간선도로의 가시권은 국도·간선도로로부터 1km 이내의 지역을 말한다.
아. 물건의 적치는 대지화되어 있는 토지에만 할 수 있으며, 물건의 적치장에는 물건의 단순관리를 위한 가설건축물을 연면적 20m² 이하의 범위에서 설치할 수 있다.

4. 취락지구로의 이축 및 이주단지의 조성

가. 법 제12조 제1항 제3호에 따른 이주단지의 규모는 주택 20호 이상으로 한다. 다만 이축 또는 이주대상인 건축물로부터 2km 이내의 지역에 취락지구가 없거나 인근 취락지구의 지형이나 그 밖의 여건상 이축을 수용할 수 없는 경우로서 시장·군수·구청장이 이주단지의 위치를 지정하는 경우에는 10호 이상으로 할 수 있다.
나. 이축 및 이주단지는 철거지를 관할하는 시·군·구의 지역에만 조성할 수 있다. 다만 철거지를 관할하는 시·군·구의 개발제한구역에 취락지구가 없거나 관할 지역의 취락지구에 이축수요를 수용할 수 없는 경우 또는 이주단지의 조성을 위한 적정한 부지가 없는 경우에는 인접 시장·군수·구청장과 협의하여 그 시·군·구의 지역에 이축 또는 이주단지의 조성을 허가할 수 있다.
다. 다음의 어느 하나에 해당하는 경우에는 공익사업과 관련하여 따로 이축을 허가해서는 안 된다.
  1) 공익사업에 따른 이주대책의 일환으로 「공익사업을 위한 토지 등의 취득 및 보상에 관한 법률」 제78조에 따라 사업시행자가 개발제한구역 밖으로 주택의 이주대책을 수립한 경우
  2) 공익사업에 따른 대책의 일환으로 「공익사업을 위한 토지 등의 취득 및 보상에 관한 법률」에 따른 사업시행자가 개발제한구역 밖으로 주택이 아닌 건축물의 이전에 관한 대책(생활대책 등 그 명칭을 불문한다)을 수립한 경우
라. 철거 등으로 멸실되어 현존하지 아니하는 건축물을 근거로 이축 또는 이주단지의 조성을 허가하여서는 아니 된다. 다만, 공익사업의 시행으로 철거된 건축물 및 별표 1 제5호다목1)②에 따라 신축하는 건축물은 그러하지 아니하다.
마. 이주단지를 조성한 후 또는 건축물을 이축한 후의 종전 토지는 다른 사람의 소유인 경우와 공익사업에 편입된 경우를 제외하고는 그 지목을 전·답·과수원, 그 밖에 건축물의 건축을 위한 용도가 아닌 지목으로 변경하여야 한다.

5. 법 제12조제1항제3호의2에 따른 공장 또는 종교시설의 이축
가. 종교시설은 '건축법 시행령' 별표1 제6호에 해당하는 것이어야 한다.
나. 공장 또는 종교시설을 이축하려는 경우에는 다음의 기준에 따라야 한다.
   1) 기존의 공장 또는 종교시설이 위치하고 있는 시·군·구의 지역으로 이축하여야 한다. 다만 공장의 경우 인접 시장·군수·구청장과 협의하여 그 시·군·구의 지역(인접한 읍·면·동으로 한정한다.)에 이축을 허가할 수 있다.
   2) 우량농지(경지정리·수리시설 등 농업생산기반이 정비되어 있는 농지) 및 임야가 아닌 지역이어야 한다.
   3) '하천법' 제7조에 따른 국가하천의 경계로부터 500m 이상 떨어져 있는 지역이어야 한다.
   4) 새로운 진입로를 설치할 필요가 없는 지역이어야 한다.
   5) 전기·수도·가스 등 새로운 간선공급설비를 설치할 필요가 없는 지역이어야 한다.

개발제한구역의 해제

개발제한구역이 다음 각 호의 어느 하나에 해당하는 경우에는 국토교통부장관이 정하는 바에 따라 개발제한구역을 조정하거나 해제할 수 있다. (개발제한구역특별법시행령 제2조 제3항)

1. 개발제한구역에 대한 환경평가 결과 보존가치가 낮게 나타나는 곳으로서 도시용지의 적절한 공급을 위하여 필요한 지역. 이 경우 도시의 기능이 쇠퇴하여 활성화할 필요가 있는 지역과 연계하여 개발할 수 있는 지역을 우선적으로 고려하여야 한다.
2. 주민이 집단적으로 거주하는 취락으로서 주거환경 개선 및 취락 정비가 필요한 지역
3. 도시의 균형적 성장을 위하여 기반시설의 설치 및 시가화(市街化) 면적의 조정 등 토지이용의 합리화를 위하여 필요한 지역
4. 지정 목적이 달성되어 개발제한구역으로 유지할 필요가 없게 된 지역
5. 도로(국토교통부장관이 정하는 규모의 도로만 해당한다.)·철도 또는 하천 개수로(開水路)로 인하여 단절된 3만㎡ 미만의 소규모 토지. 다만 개발제한구역의 조정 또는 해제로 인하여 그 지역과 주변지역에 무질서한 개발 또는 부동산 투기행위가 발생하거나 그 밖에 도시의 적정한 관리에 지장을 줄 우려가 큰 때는 그러하지 아니하다.
6. 개발제한구역 경계선이 관통하는 대지('공간정보의 구축 및 관리 등에 관한 법률'에 따라 각 필지로 구획된 토지를 말한다.)로서 다음 각 목의 요건을 모두 갖춘 지역
   가. 개발제한구역의 지정 당시 또는 해제 당시부터 대지의 면적이 1,000㎡ 이하로서 개발제한구역 경계선이 그 대지를 관통하도록 설정되었을 것
   나. 대지 중 개발제한구역인 부분의 면적이 기준 면적 이하일 것. 이 경우 기준 면적은 특별시·광역시·특별자치시·도 또는 특별자치도(이하 '시·도'라 한다.)의 관할구역 중 개발제한구역 경계선이 관통하는 대지의 수, 그 대지 중 개발제한구역인 부분의 규모와 그 분포 상황, 토지이용 실태 및 지형·지세 등 지역 특성을 고려하여 시·도의 조례로 정한다.
7. 제6호의 지역이 개발제한구역에서 해제되는 경우 개발제한구역의 공간적 연속성이 상실되는 1,000㎡ 미만의 소규모 토지

- 위의 2항 또는 5항에 해당하는 지역을 개발제한구역에서 해제하려는 경우에는 '국토계획법' 제51조에 따라 지구단위계획구역으로 지정하고 지구단위계획을 수립하여야 한다.

- 위의 5항에 해당되어 개발제한구역에서 해제하는 토지에 대하여 용도지역을 지정할 경우에는 녹지지역으로 지정하여야 한다. 다만 다음 각 호의 요건을 모두 갖춘 경우에는 다른 용도지역으로 지정할 수 있다.

1. 도시발전을 위하여 다른 용도지역으로 지정할 필요가 있고 '국토계획법' 제2조 제1호에 따른 광역도시계획 및 같은 조 제3호에 따른 도시·군기본계획에 부합할 것
2. 위의 2항에 따라 개발제한구역에서 해제된 인근이 집단 취락 또는 인근의 개발제한구역이 아닌 지역의 용도지역과 조화되게 정할 필요가 있을 것
3. 다른 용도지역으로 지정되더라도 기반시설을 추가적으로 설치할 필요가 없을 것

개발제한구역 내 전

지목	전	면적	1,183㎡
개별공시지가(㎡당)	216,000원 (2025/01)		
지역·지구 등 지정 여부	「국토의 계획 및 이용에 관한 법률」에 따른 지역·지구 등	도시지역, 자연녹지지역	
	다른 법령 등에 따른 지역·지구 등	개발제한구역〈개발제한구역의 지정 및 관리에 관한 특별조치법〉, 대기환경규제지역〈대기환경보전법〉, 교통기타용도지역지구미분류〈대도시권〉〈도로법〉, 도시교통정비지역〈도시교통정비촉진법〉, 대기관리권역〈수도권대기환경개선에대한특별법〉, 과밀억제권역〈수도권정비계획법〉	
「토지이용규제기본법 시행령」 제9조 제4항 각 호에 해당되는 사항			

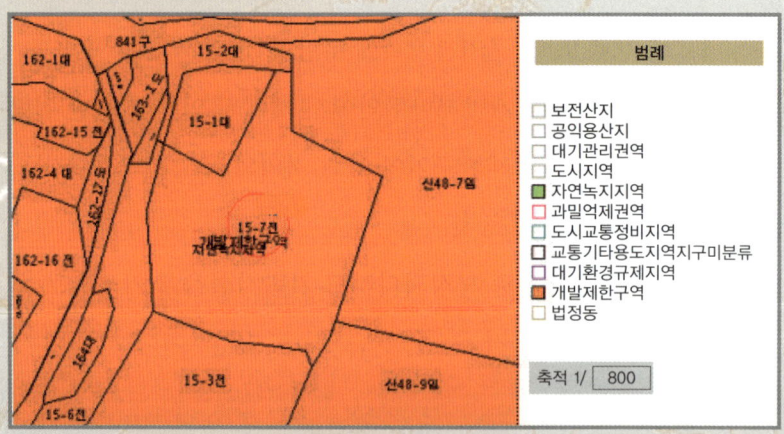

'자연녹지지역' vs '자연녹지지역·개발제한구역'

일반적인 토지는 진입로 등의 개발행위허가조건을 충족하면 개발행위가 자유롭다고 할 수 있으며, 대표적으로 '국토계획법'의 용도지역에 의한 건축제한을 적용을 받는다. 그에 비하여 개발제한구역 내 토지는 '국토계획법'의 용도지역에 의한 건축제한을 적용받지 않고 '개발제한구역특별법'에 의한 행위제한(건축제한 포함)을 적용받는다. 따라서 건축이나 개발이 원칙적으로 전면규제 되고 예외적인 경우에 한하여 허용되고 있다.

자연녹지지역 토지는 그냥 '자연녹지지역'과 '자연녹지지역·개발제한구역'의 두 가지가 있으며 투자가들은 이 두 가지 토지를 구분할 수 있어야 한다. 그냥 '자연녹지지역' 토지는 앞에서 배운 바와 같이 '국토계획법'상의 자연녹지지역에서의 건축제한을 적용하여 개발할 수 있다. 그러나 '자연녹지지역·개발제한구역'이라고 표시된 개발제한구역 내 토지는 개발하고자 할 때 '국토계획법'의 적용이 배제되고 '개발제한구역특별법'의 행위제한을 적용받아 극도로 제한된 범위 내에서 개발할 수 있다.

토지투자분석표

토지투자분석표를 작성하여 보면 다음과 같다.

▣ 토지투자 분석표

규제법령	항목	해당 유무
① 공간정보관리법	지목	전
② 국토계획법	용도지역	자연녹지지역
	용도지구	–
	용도구역 등	–
③ 농지법, 산지관리법, 초지법	농지·산지·초지 여부	진흥지역 밖에 있는 농지

| ④ 개발제한구역특별법 | 그린벨트 여부 | 개발제한구역 |
| ⑤ ③~④항 외 다른 법령 등에 따른 지역·지구 등 | 기타 | 과밀억제권역 |

① 사례 토지의 '공간정보관리법'상 지목은 '전'이다.
② 사례 토지의 '국토계획법'상 용도지역은 자연녹지지역으로 지정되어 있다. 즉, 사례 토지가 개발제한구역 토지가 아니라면 자연녹지지역에서의 건축제한을 적용받는다.
③ 농지 및 산지 구분과 관련하여 사례 토지 전은 농지에 해당하며, 구체적으로 농업진흥지역 밖에 있는 농지에 해당한다.
④ 사례 토지는 그린벨트(개발제한구역) 토지다. 따라서 ②번에 의한 자연녹지지역에서의 건축제한이 적용되지 않고 개발제한구역특별법에 의한 개발제한구역에서의 행위제한이 적용된다.
⑤ '③~④항 외 다른 법령 등에 따른 지역·지구 등'에 해당하는 사항으로는 과밀억제권역 등으로 지정되어 있다.

첫 번째 유형: 개발제한구역으로 지정되어 있는 토지

검토 대상 토지는 개발제한구역 관련 토지 중 첫째 유형의 토지에 해당한다. '자연녹지지역·개발제한구역'으로 개발제한구역 토지의 가장 전형적인 유형이다. 이런 유형의 토지에서는 공익사업 등의 시행으로 발생한 이축권이 없으면 원칙적으로 건축행위가 불가능하고, 농경지 등으로 활용하면서 수용되기만을 기다리거나 매매차익을 보고 양도하는 투자전략을 취할 수밖에 없다.

개발제한구역 내 집단취락지구의 '대'

지목	대	면적	920㎡
개별공시지가(㎡당)	2,652,000원 (2025/01)		
지역·지구 등 지정 여부	「국토의 계획 및 이용에 관한 법률」에 따른 지역·지구 등	도시지역, 자연녹지지역, 집단취락지구, 소로3류(폭 8m 미만)(접함)	
	다른 법령 등에 따른 지역·지구 등	개발제한구역〈개발제한구역의 지정 및 관리에 관한 특별조치법〉, 과밀억제권역〈수도권정비계획법〉	
「토지이용규제기본법 시행령」제9조 제4항 각 호에 해당되는 사항			

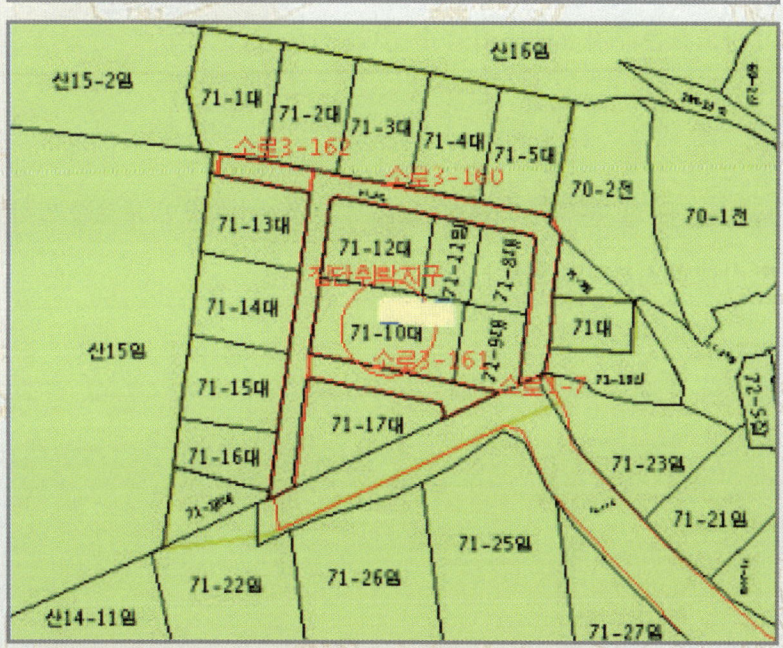

둘째 유형: 개발제한구역 내 취락지구로 지정된 토지

검토 대상 토지는 '자연녹지지역 · 집단취락지구 · 개발제한구역'으로 개발제한구역 관련 토지 중 둘째 유형의 토지에 해당하며 지목은 '대'다. 지적도에서 확인할 수 있는 것처럼 개발제한구역이지만 검토 대상 필지 주변으로 '대'가 밀집되어 있고, 그에 따라 해당 토지들이 집단취락지구로 지정되어 있음을 확인할 수 있다. 개발제한구역 내 취락지구 토지는 '이축권'이 있어야 건축이 가능하지만, 검토 대상 토지는 지목이 '대'이기 때문에 이축권이 없더라도 건축이 가능한 토지이며, 이미 건축물이 존재하고 있을 것으로 추정된다. 검토대상 토지는 개발제한구역에서 해제되기를 기다리거나 매매차익을 보고 양도하는 투자전략을 취할 수 있다.

소로3류 접함

도로의 규모별 분류에 의하여 소로3류는 폭 8m 미만인 도로를 말하며 사례 토지는 소로3류에 접하고 있다.

개발제한구역 내 집단취락지구의 임야

지목	임야	면적	301㎡
개별공시지가(㎡당)	277,500원 (2025/01)		
지역·지구 등 지정 여부	「국토의 계획 및 이용에 관한 법률」에 따른 지역·지구 등	도시지역, 자연녹지지역, 집단취락지구, 소로3류(폭 8m 미만)(접함)	
	다른 법령 등에 따른 지역·지구 등	개발제한구역〈개발제한구역의 지정 및 관리에 관한 특별조치법〉, 공익용산지〈산지관리법〉, 과밀억제권역〈수도권정비계획법〉	
「토지이용규제기본법 시행령」 제9조 제4항 각 호에 해당되는 사항			

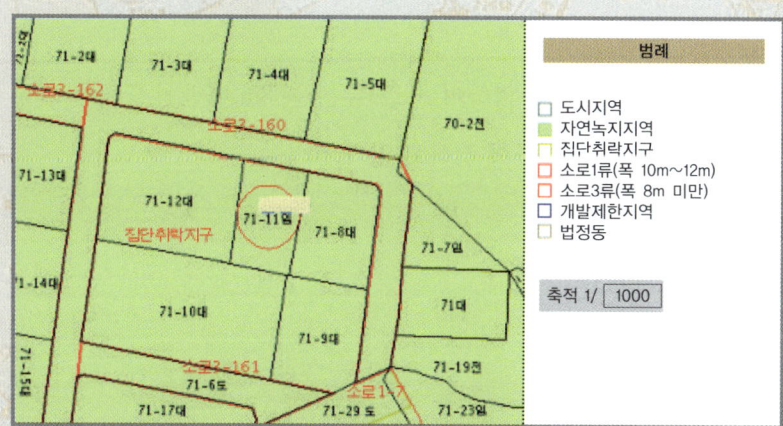

둘째 유형: 개발제한구역 내 취락지구로 지정되어 있는 토지

검토 대상 토지는 '자연녹지지역 · 집단취락지구 · 개발제한구역'으로 개발제한구역 관련 토지 중 둘째 유형의 토지에 해당하며 지목은 '임'이다. 지적도에서 개발제한구역이지만 검토 대상 필지 주변으로 '대'가 밀집되어 있고 그에 따라 해당 토지들이 집단취락지구로 지정되어 있음을 확인할 수 있다. 개발제한구역 내 취락지구토지일지라도 '대'가 아닌 토지는 '이축권'이 있어야 건축이 가능하다. 검토대상 토지는 개발제한구역에서 해제되기를 기다리거나 입지가 좋다면 이축권을 활용한 건축대상 토지로서의 투자전략을 취할 수 있다.

소로3류 접함

도로의 규모별 분류에 의하여 소로3류는 폭 **8m** 미만인 도로를 말하며 사례 토지는 소로3류에 접하고 있다.

개발제한구역·집단취락지구에서 해제된 공장용지

지목	공장용지	면적	1,620㎡
개별공시지가(㎡당)	426,900원 (2025/01)		
지역·지구 등 지정 여부	「국토의 계획 및 이용에 관한 법률」에 따른 지역·지구 등	제1종 일반주거지역, 제1종 지구단위계획구역, 중로2류(폭 15m~20m)(국지도 98호선)(접함)	
	다른 법령 등에 따른 지역·지구 등	성장관리권역<수도권정비계획법>	
「토지이용규제기본법 시행령」 제9조 제4항 각 호에 해당되는 사항			

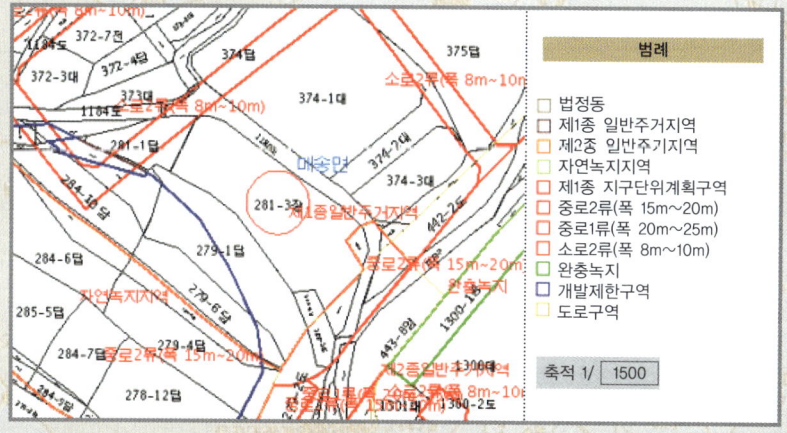

셋째 유형: 취락지구 중에서 개발제한구역에서 해제된 토지

지적도에서 '281-3장'과 그 주변필지들은 '자연녹지지역 · 집단취락지구 · 개발제한구역'으로 있다가 개발제한구역에서 해제된 토지들이다. 주변에 '대'들이 여러 개 분포하고 있는 것으로 보아 취락지구였음을 추정할 수 있다. 그에 따라 '제1종 일반주거지역, 제1종 지구단위계획구역'으로 지정되어 있으며 개발제한구역으로 표시되지 않는다. 해당 토지는 더는 '개발제한구역특별법'의 규제를 적용받지 않으며, 지구단위계획이 허용하는 범위 내에서 제1종 일반주거지역에서 건축할 수 있는 건축물로 건축할 수 있다. 이처럼 '자연녹지지역 · 집단취락지구 · 개발제한구역'으로 있다가 개발제한구역에서 해제되는 유형이 토지소유주가 개발제한구역에서 해제된 토지를 직접 사용할 수 있는 대표적인 유형이며, 그 외의 대부분의 경우에는 개발제한구역의 해제는 곧 수용으로 직결되어 토지 소유주가 해제된 토지를 사용할 수 있는 길은 봉쇄되어 있다.

개발제한구역 일부 해제

사례 토지 좌측의 '279-1답'의 상하로 개발제한구역을 구분하는 용도구역선이 지나가고 있으며, 용도구역선 우측 부분은 개발제한구역에서 해제된 토지이고, 용도구역선 좌측 부분은 개발제한구역으로 남아 있는 토지이다. '279-1답'의 토지이용계획확인서를 확인해 보면 다음과 같다.

지목	잡종지	면적	1,132㎡
개별공시지가(㎡당)	146,400원 (2025/01)		
지역·지구 등 지정 여부	「국토의 계획 및 이용에 관한 법률」에 따른 지역·지구 등	자연녹지지역, 제1종 일반주거지역, 제1종 지구단위계획구역, 중로2류(폭150m~20m)(국지도98호선)(접합)	
	다른 법령 등에 따른 지역·지구 등	개발제한구역 〈개발제한구역의 지정 및 관리에 관한 특별조치법〉, 성장관리권역〈수도권정비계획법〉	
「토지이용규제기본법 시행령」 제9조 제4항 각 호에 해당되는 사항			

CHAPTER 8

'농지와 산지'로 배우는 지적도의 비밀

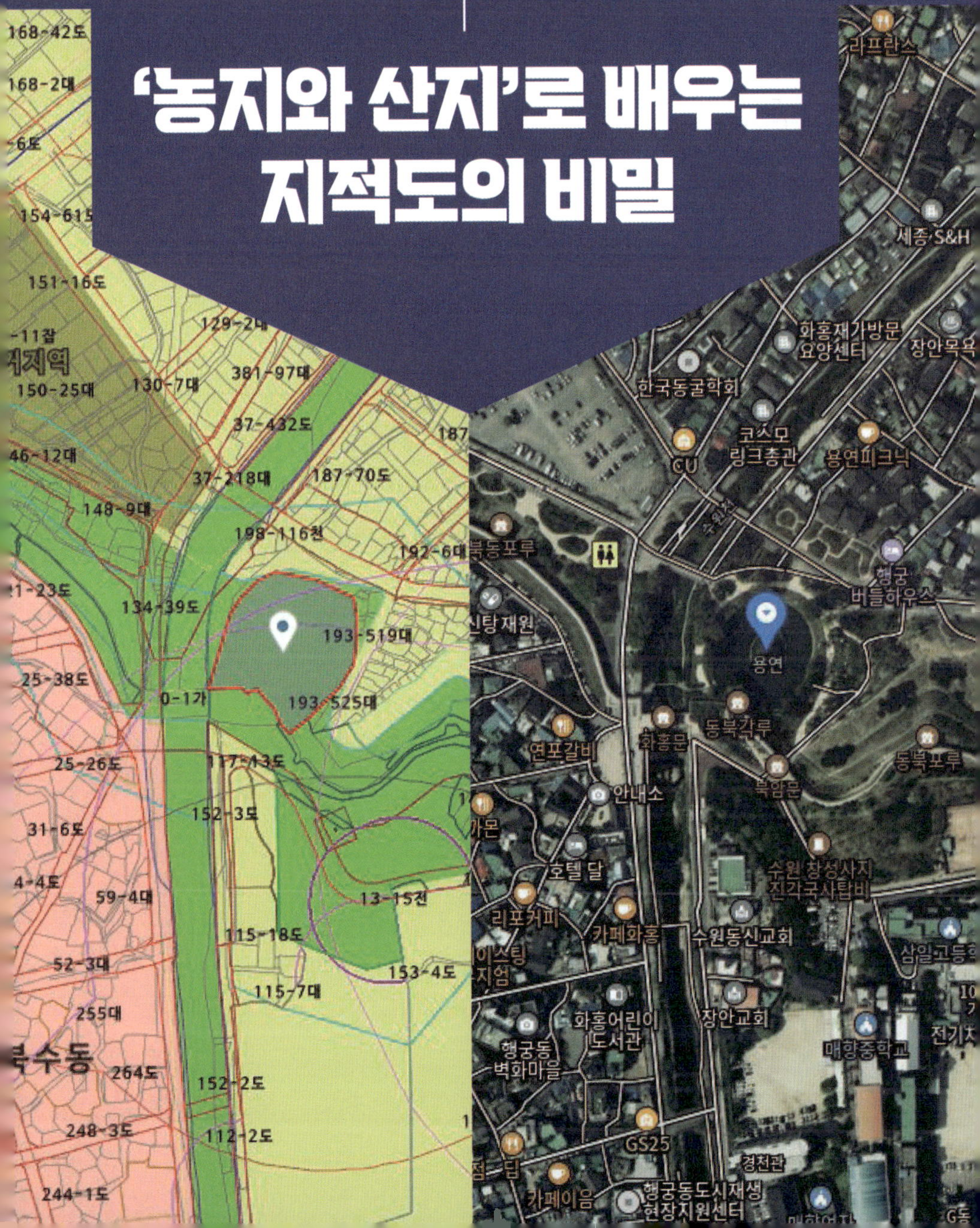

아는 만큼 보이고, 보이는 만큼
수익이 오르는 지적도의 비밀

'국토계획법' 제76조 제5항 제3호와 농지·산지

농림지역은 대부분의 경우 '다른 법령 등에 따른 지역·지구 등' 란에 농지는 농업진흥지역, 산지는 보전산지로 지정되어 있다. 그러한 토지에서의 건축제한(또는 행위제한)은 '국토계획법' 제76조 제5항 제3호에 따른다. '국토계획법' 제76조 제5항 제3호에 따라 농림지역 중 농업진흥지역, 보전산지인 경우에 건축물이나 그 밖의 시설의 용도·종류 및 규모 등의 제한에 관하여는 각각 '농지법', '산지관리법'에서 정하는 바에 따라야 한다.

농지의 구분

농지의 구분도

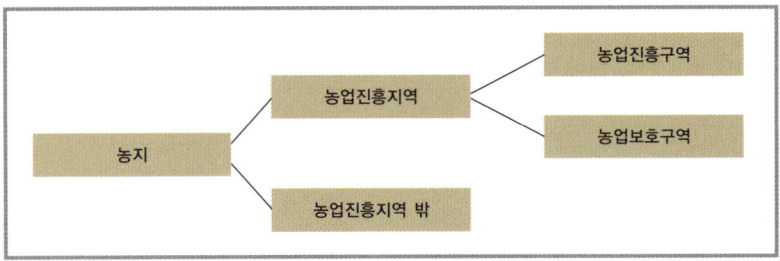

농지는 농업진흥지역 농지와 농업진흥지역 밖에 있는 농지로 구분하고, 다시 농업진흥지역 농지는 농업진흥구역 농지와 농업보호구역 농지로 구분한다. 확인은 토지이용계획확인서에서 할 수 있다. 농지를 진흥지역 농지와 진흥지역 밖에 있는 농지로 구분하는 이유는 해당 농지에서의 건축제한(또는 행위제한)을 이해하기 위해서다. 농업진흥지역 밖에 있는 농지는 앞에서 배운 국토계획법에 의한 용도지역에서의 건축제한을 적용받고, '농림지역 농업진흥지역' 농지는 농림지역에서 건축할 수 있는 건축물의 용도를 적용받지 않고 농지법에 의한 농업진흥지역에서의 행위제한을 적용받게 된다.

농업진흥지역 안팎의 구분

농업진흥지역 안팎의 구분은 토지이용계획확인서를 보고 판단한다. 토지이용계획확인서에 농업진흥지역 농지는 명백하게 표시가 되지만 농업진흥지역 밖에 있는 농지는 별도로 표시되지 않는다. 토지이용계획확인서에 농업진흥지역 농지는 ① 국토계획법에 의한 지역·지구 항목에서 용도지역을 먼저 표시하고 ② 다른 법령 등에 따른 지역지구 항목에서 '농업진흥구역' 또는 '농업보호구역'이라고 구체적으로 표시 되어 있다. 농지이면서 토지이용계획확인서에 '농업진흥구역' 또는 '농업보호구역'이라고 표시가 되지 않은 농지는 농업진흥지역 밖에 있는 농지라고 보면 된다.

농업진흥지역 밖에 있는 농지의 건축제한

토지이용계획확인서에 농지에 대하여 아무런 표시가 없는 농업진흥지역 밖에 있는 농지의 건축제한은 국토계획법에 의한 용도지역에서의 건축제한을 적용받는다. 즉, 해당 토지의 용도지역이 '계획관리지역' 또는 '생산관리지역' 등으로 표시가 되어 있으면 앞의 제4장에서 배운대로 해당 용도지역에서의 건폐율, 용적률, 건축할 수 있는 건축물, 높이를 적용하여 개발할 수 있다. 따라서 일반 토지투자 지침서에서 "농지는 농업진흥지역과 농업진흥지역 밖의 토지로 구분한다"라고 설명해놓고 농업진흥지역에 대해서는 구구절절하게 설명이 많으면서도 농업진흥지역 밖에 있는 농지에 대해서는 불과 몇 줄밖에 설명이 없는 이유가 여기에 있다.

농업진흥지역
농지의 구분

농업진흥지역의 지정

농업진흥지역은 용도지역기준으로 녹지지역·관리지역·농림지역 및 자연환경보전지역에 지정이 된다. 도시지역의 주거지역, 상업지역, 공업지역의 농지는 농업진흥지역으로 지정되지 않는다. 농업진흥지역은 대개의 경우 주로 농림지역에 지정되어 있다. 농지가 농업진흥지역으로 지정이 되면 관리지역은 농림지역으로 용도지역이 변경된다. 반대로 농림지역에 지정된 농업진흥지역에서 해제가 되면 용도지역은 관리지역으로 환원된다. 자연환경보전지역 및 녹지지역은 농업진흥지역으로 지정해도 용도지역이 변경되지 않는다.

농업진흥지역과 절대농지

농업진흥지역은 '농지법' 시행 전의 절대농지와 비슷한 개념이기 때문에 요즘도 절대농지라고 표현하는 사람들이 많다. 그러나 절대농지와 상대농지는 농지를 필지별로 구분하여 지정한 데 반하여 농업진흥지역은 한 단계 진보하여 농지를 권역별로 지정했다는 데 차이가 있다.

| 참고 | **농지의 보전 및 이용에 관한 법률**

- 1973.1.1~1995.12.31 시행
- 농지를 절대농지와 상대농지로 구분
- 절대농지라 함은 공공투자에 의하여 조성된 농지, 농업기반이 정비된 농지, 집단화된 농지로서 농수산부장관이 지정한 농지를 말한다.
- 상대농지라 함은 절대농지 이외의 농지를 말한다.

농업진흥지역 농지의 구분

농지법에 의하여 농업진흥지역은 다시 농업진흥구역과 농업보호구역으로 구분한다.

① **농업진흥구역이란?**

농지조성사업 또는 농업기반정비사업이 시행되었거나 시행 중인 지역으로서 농업용으로 이용하고 있거나 이용할 토지가 집단화되어 있는 지역이나, 그 외의 지역으로서 농업용으로 이용하고 있는 토지가 집단화되어 있는 지역을 말한다. 현장에서는 주로 기계화된 영농이 가능하도록 바둑판 모양으로 잘 정비되어 있는 농지를 말하며, 실무에서는 토지이용계획확인서에 농업진흥구역이라고 구체적으로 표시되어 있다.

② **농업보호구역이란?**

농업보호구역은 농업진흥구역의 용수 확보와 수질 보호를 위해 지정된 지역을 말한다. 현장에서는 주로 집단화된 농업진흥구역의 주변이나 하단에 많이 지정되어 있으며, 실무에서는 토지이용계획확인서에 농업보호구역이라고 구체적으로 표시되어 있다. 토지투자에서 창고 개발 사업이 주를 이루는 경기도 광주 등에 가면 농업보호구역은 농업용 창고로 개발되어 이용되고 있는 경우를 많이 볼 수 있으며, 그중에 상당수는 2008년 12월 농업진흥지역 해제 조치 때 농업진흥지역에서 해제되어 관리지역으로 편입되는 혜택을 입었다.

농업진흥지역 해제

농업진흥지역 지정 현황

2020년 말 현재 약 100만ha가 농업진흥지역으로 지정되어 있다. 최근 15년 내에는 2007년과 2008년 두차례에 걸쳐 대규모 농업진흥지역 해제 조치가 있었다.

농업진흥지역 해제 대상

① 도로, 철도 개설 등 여건 변화에 따라 3ha 이하로 남은 자투리 지역 등 '07, '08년 해제기준 적용 지역
② 주변이 개발되는 등의 사유로 3ha 이하로 단독으로 남은 농업진흥구역
③ 도시지역(녹지지역) 내 경지정리되지 않은 농업진흥구역
④ 농업진흥지역과 자연취락지구가 중복된 지역

⑤ 농업진흥구역 내 지정 당시부터 현재까지 비농지인 토지 중 지목이 염전, 잡종지, 임야, 학교용지, 주차장, 주유소, 창고용지인 토지

경기도 2007년 해제

2007년 6월 여의도 면적의 23배에 해당하는 농지가 농업진흥지역에서 해제되었다. 이때 농업진흥지역에서 해제된 농지는 도로, 철도 등의 개설로 인하여 집단화된 농지와 분리된 소규모 자투리 농지 등이 주로 해제되었다. 따라서 2007년 해제 때는 농업진흥지역 해제로 인하여 해당 농지 소유자에게 크게 혜택이 되는 경우는 많지 않았다.

경기도 2008년 해제

경기도의 대통령직인수위원회와 농림수산식품부에 대한 건의가 반영되어, 2008년 12월 분당신도시의 약 7.3배에 해당하는 14,230ha가 농업진흥지역에서 해제되었다. 해제기준으로는 ① 농업진흥지역과 관계없는 단독지역 ② 농업진흥지역과 인접한 미경지정리지역 ③ 저수지 상류에서 500m 이상 떨어진 미경지정리지역 등이 적용되었으나, 실제로는 농업진흥지역 중 농업보호구역만이 해제대상이 되었다.

농업진흥지역 해제가 호재인 이유

농업진흥지역은 주로 농림지역에 지정되어 있어서 농업진흥지역에서 해제되면 해당 토지의 용도지역이 관리지역으로 편입된다. 그에

따라 가치 있는 시설로의 개발이 용이해지고 건축할 수 있는 건축물의 범위도 전원주택, 주유소, 충전소, 근린생활시설 등으로 훨씬 다양해진다. 그에 따라 토지의 가치 또는 가격이 상승하는 것이다.

관리지역으로 편입된 농지의 처리

농림지역에 지정된 농업진흥지역에서 해제되면 용도지역이 농림지역에서 관리지역으로 바뀐다. 관리지역으로 편입된 토지는 세 개의 관리지역 중 개발등급이 가장 낮다고 할 수 있는 보전관리지역에 준한 개발행위 규제를 받는다. 이후 토지적성평가라는 과정을 거쳐 보전관리지역, 생산관리지역, 계획관리지역 중의 하나로 세분화 된다.

농림지역의 농업진흥구역 농지

지목	답	면적	1,662㎡
개별공시지가(㎡당)	12,200원 (2020/01)		
지역·지구 등 지정 여부	「국토의 계획 및 이용에 관한 법률」에 따른 지역·지구 등	농림지역(농림지역)	
	다른 법령 등에 따른 지역·지구 등	가축사육제한구역(가축사육제한구역: 전부제한지역)(가축분뇨의 관리 및 이용에 관한법률), 농업진흥구역 (농지법), (한강)폐기물매립시설 설치제한지역(한강수계 상수원 수질개선 및 주민지원 등에 관한 법률)	
	「토지이용규제기본법 시행령」 제9조 제4항 각 호에 해당되는 사항		

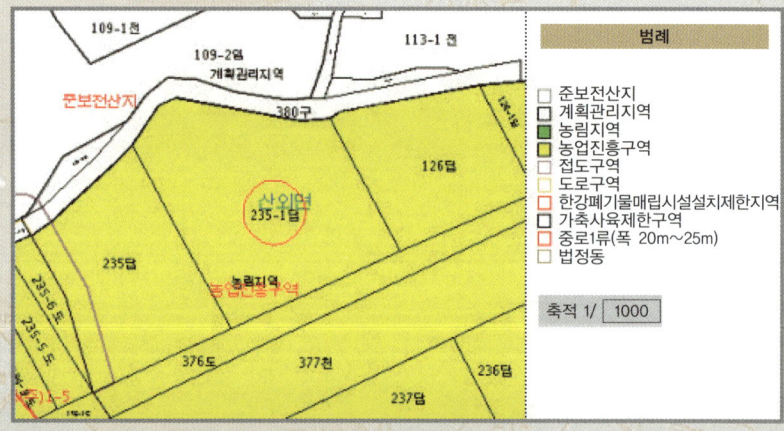

'농림지역·농업진흥구역'에서 건축할 수 있는 건축물

개발 가능한 건축물의 용도와 관련하여 사례 토지처럼 농림지역에 지정된 농업진흥구역 농지에서는 농림지역에서 건축할 수 있는 건축물을 적용하지 않고, 농지법에 의한 행위제한을 적용하여 개발할 수 있다. '농림지역·농업진흥구역' 농지에서는 농지법 32조 제1항에 의한 행위제한을 적용받아 다음과 같은 행위가 가능하다.

① 농수산물(농산물·임산물·축산물·수산물)의 가공·처리 시설의 설치 및 농수산업(농업·임업·축산업·수산업) 관련 시험·연구 시설의 설치
 1. 다음 각 목의 요건을 모두 갖춘 농수산물의 가공·처리 시설(「건축법 시행령」 별표 1 제4호너목에 따른 제조업소 또는 같은 표 제17호에 따른 공장에 해당하는 시설을 말하며, 그 시설에서 생산된 제품을 판매하는 시설을 포함한다)
  (다음 각 목의 요건 기재 생략)
 2. 「양곡관리법」 제2조 제5호에 따른 양곡가공업자가 농림축산식품부장관 또는 지방자치단체의 장과 계약을 체결해 같은 법 제2조 제2호에 따른 정부관리양곡을 가공·처리하는 시설로서 그 부지 면적이 1만5천㎡ 미만인 시설
 3. 농수산업 관련 시험·연구 시설: 육종연구를 위한 농수산업에 관한 시험·연구 시설로서 그 부지의 총면적이 3천㎡ 미만인 시설

② 어린이 놀이터, 마을회관, 그 밖에 농업인의 공동생활에 필요한 편의 시설 및 이용 시설의 설치
 1. 농업인이 공동으로 운영하고 사용하는 창고·작업장·농기계수리시설·퇴비장
 2. 경로당, 어린이집, 유치원, 정자, 보건지소 및 보건진료소, 응급의료 목적에 이용되는 항공기의 이착륙장 및 비상대피시설
 3. 농업인이 공동으로 운영하고 사용하는 일반목욕장·화장실·구판장·운동시설·마을공동주차장·마을공동취수장
 4. 국가·지방자치단체 또는 농업생산자단체가 농업인으로 하여금 사용하게 할 목적으로 설치하는 일반목욕장, 화장실, 운동시설, 구판장, 농기계 보관시설 및 농업인 복지회관

③ 농업인 주택, 어업인 주택, 농업용 시설, 축산업용 시설 또는 어업용 시설의 설치 "농업용 시설, 축산업용 시설 또는 어업용 시설"이란 다음 각 호의 시설을 말한다. 다만 1호 및 4호의 시설은 자기의 농업 또는 축산업의 경영의 근거가 되는 농지 · 축사 등이 있는 시 · 구 · 읍 · 면 또는 이에 연접한 시 · 구 · 읍 · 면 지역에 설치하는 경우에 한한다.
1. 농업인 또는 농업법인이 자기가 생산한 농산물을 건조 · 보관하기 위하여 설치하는 시설
2. 야생동물의 인공사육시설. 다만 다음 각 목의 어느 하나에 해당하는 야생동물의 인공사육시설은 제외한다.
   가. '야생생물 보호 및 관리에 관한 법률' 제14조 제1항 각 호 외의 부분 본문에 따라 포획 등이 금지된 야생동물(같은 항 각 호 외의 부분 단서에 따라 허가를 받은 경우는 제외한다)
   나. '야생생물 보호 및 관리에 관한 법률' 제19조 제1항 각 호 외의 부분 본문에 따라 포획이 금지된 야생동물(같은 항 각 호 외의 부분 단서에 따라 허가를 받은 경우는 제외한다)
   다. '생물다양성 보전 및 이용에 관한 법률' 제24조 제1항 각 호 외의 부분 본문에 따라 수입 등이 금지된 생태계교란 생물(같은 항 각 호 외의 부분 단서에 따라 허가를 받은 경우는 제외한다.)
3. '건축법'에 따른 건축허가 또는 건축신고의 대상 시설이 아닌 간이양축시설
4. 농업인 또는 농업법인이 농업 또는 축산업을 영위하거나 자기가 생산한 농산물을 처리하는 데 필요한 농업용 또는 축산업용시설로서 농림축산식품부령으로 정하는 시설
5. 부지의 총면적이 3만㎡ 미만인 양어장 · 양식장, 그 밖에 농림축산식품부령으로 정하는 어업용 시설
6. '가축분뇨의 관리 및 이용에 관한 법률' 제2조 제8호의 처리시설
7. 가축방역을 위한 소독시설

④ 국방 · 군사 시설의 설치

⑤ 하천, 제방, 그 밖에 이에 준하는 국토 보존 시설의 설치

⑥ 국가유산의 보수 · 복원 · 이전, 매장 유산의 발굴, 비석이나 기념탑, 그 밖에 이와 비슷한 공작물의 설치

⑦ 도로, 철도, 그 밖에 공공시설의 설치
1. 상하수도(하수종말처리시설 및 정수시설을 포함한다.), 운하, 공동구(共同溝), 가스공급

설비, 전주(유 · 무선송신탑을 포함한다.), 통신선로, 전선로(電線路), 변전소, 소수력(小水力) · 풍력발전설비, 송유설비, 방수설비, 유수지(遊水池)시설, 하천부속물 및 기상관측을 위한 무인(無人)의 관측시설
  2. '사도법' 제4조에 따른 사도(私道)

⑧ 지하자원 개발을 위한 탐사 또는 지하광물 채광(採鑛)과 광석의 선별 및 적치(積置)를 위한 장소로 사용하는 행위

⑨ 농어촌 소득원 개발 등 농어촌 발전에 필요한 시설의 설치
  1. 삭제 〈2012. 7. 10.〉
  2. 국내에서 생산되는 농수산물을 집하 · 예냉(豫冷) · 저장 · 선별 또는 포장하는 산지유통시설(농수산물을 저장만 하는 시설은 제외한다)로서 그 부지의 총면적이 3만 제곱미터 미만인 시설
  3. 부지의 총면적이 3천㎡ 미만인 농업기계수리시설
  4. 부지의 총면적이 3천㎡(지방자치단체 또는 농업생산자단체가 설치하는 경우에는 1만㎡) 미만인 남은 음식물이나 농수산물의 부산물을 이용한 유기질비료 제조시설
  4의2. 부지의 총면적이 3천㎡(지방자치단체 또는 농업생산자단체가 설치하는 경우에는 3만㎡) 미만인 사료 제조시설(해당 시설에서 생산된 제품을 유통 · 판매하는 시설을 포함한다)
  5. 농지법 제36조 및 제36조의2에 따른 농지의 타용도 일시사용 및 이에 필요한 시설
  6. 국내에서 생산된 농수산물과 제2항제1호에 해당하는 시설에서 생산한 농수산물의 가공품을 판매하는 시설(공산품 판매시설 및 「건축법 시행령」 별표 1 제3호자목에 따른 금융업소를 포함하며, 공산품 판매시설 및 금융업소가 포함된 시설의 경우에는 공산품 판매시설 및 금융업소의 면적이 전체 시설 면적의 100분의 30 미만인 시설에 한정한다)로서 농업생산자단체 또는 「수산업 · 어촌 발전 기본법」 제3조 제5호에 따른 생산자단체가 설치하여 운영하는 시설 중 그 부지의 총면적이 1만㎡ 미만인 시설
  7. 「전기사업법」 제2조 제1호의 전기사업을 영위하기 위한 목적으로 설치하는 「신에너지 및 재생에너지 개발 · 이용 · 보급 촉진법」 제2조 제2호 가목에 따른 태양에너지를 이용하는 발전설비(이하 "태양에너지 발전설비"라 한다)로서 다음 각 목의 어느 하나에 해당하는 발전설비
    가. 건축물(「건축법」 제11조 또는 같은 법 제14조에 따라 건축허가를 받거나 건축신고를 한 건축물만 해당한다) 지붕에 설치하는 태양에너지 발전설비(해당 설비에서 생산한 전기를 처리하기 위하여 인근 부지에 설치하는 부속설비를 포함한다. 이하 같다)

나. 국가, 지방자치단체 또는 「공공기관의 운영에 관한 법률」 제4조에 따른 공공기관이 소유한 건축물 지붕 또는 시설물에 설치하는 태양에너지 발전설비

8. 다음 각 목의 어느 하나에 해당하는 농산어촌 체험시설
   (다음 각 목의 요건 가~나 기재 생략)

9. 농기자재(농기구, 농기계, 농기계 부품, 농약, 미생물제제, 비료, 사료, 비닐 및 파이프 등 농업생산에 필요한 기자재를 말한다) 제조시설로서 다음 각 목의 어느 하나에 해당하지 아니하는 시설(2006년 6월 30일 이전에 지목이 공장용지로 변경된 부지에 설치하는 경우에 한정한다)
   가. 제44조 제1항 각 호의 시설
   나. 제44조 제2항 각 호의 시설

9의2. 농기자재 판매시설로서 다음 각 목의 요건을 모두 갖춘 시설
   가. 「농업협동조합법」 제2조제1호에 따른 조합이 설치할 것
   나. 제2항제1호 또는 제7항제2호·제3호에 해당하는 시설의 부지 안에 설치할 것
   다. 농기자재 판매시설의 면적이 나목에 따른 전체 시설 면적의 100분의 20 미만일 것

10. 제1항제1호부터 제4호까지의 토지이용행위와 정보통신기술을 결합한 농업을 육성하기 위한 시설로서 다음 각 목의 요건을 모두 갖춘 시설
    (다음 각 목의 요건 가~다 기재 생략)

⑩ 농업생산 또는 농지개량과 직접 관련되는 토지이용행위
   1. 농작물의 경작
   2. 다년생식물의 재배
   3. 고정식온실·버섯재배사 및 비닐하우스와 농림축산식품부령으로 정하는 그 부속시설의 설치
   4. 축사·곤충사육사와 농림축산식품부령으로 정하는 그 부속시설의 설치
   5. 간이퇴비장의 설치
   6. 농지개량사업 또는 농업용수개발사업의 시행
   7. 농막·간이저온저장고 및 간이액비 저장조 중에서 농림축산식품부령으로 정하는 시설의 설치
   8. 농림축산식품부령으로 정하는 지역, 지구 또는 구역(농촌산업지구 및 농촌융복합산업지구, 스마트농업 육송자규) 안에서 수직농장·식물공장의 설치

주요 허용되는 시설

농어업인 주택, 어린이집, 유치원, '사도법'에 다른 사도의 개설, 조건부 태양에너지 발전설비 등이 허용되고 있다.

농림지역의 농업보호구역 농지

지목	답	면적	6,843㎡
개별공시지가(㎡당)	62,700원 (2025/01)		

지역·지구 등 지정 여부	「국토의 계획 및 이용에 관한 법률」에 따른 지역·지구 등	농림지역
	다른 법령 등에 따른 지역·지구 등	가축사육제한구역(700m 이내–일부 축종 제한)〈가축분뇨의 관리 및 이용에 관한 법률〉, 농업보호구역〈농지법〉, 성장관리권역〈수도권정비계획법〉, 공장설립승인지역〈수도법〉
「토지이용규제기본법 시행령」 제9조 제4항 각 호에 해당되는 사항		

'농림지역·농업보호구역'에서 건축할 수 있는 건축물

앞의 사례와 같이 농림지역에 지정된 농업보호구역 농지에서는 농림지역에서 건축할 수 있는 건축물을 적용하지 않고, 농지법에 의한 행위제한을 적용하여 개발할 수 있다. '농림지역·농업보호구역' 농지에서는 농지법 32조 제2항에 의한 행위제한을 적용받아 다음과 같은 행위가 가능하다.

① 농업진흥구역에서 허용되는 행위

② 농업인 소득 증대에 필요한 시설로서 농지법 시행령으로 정하는 건축물·공작물, 그 밖의 시설의 설치
   1. '농어촌정비법' 제2조 제16호 나목에 따른 관광농원사업으로 설치하는 시설로서 그 부지가 20,000㎡ 미만인 것
   2. '농어촌정비법' 제2조 제16호 다목에 따른 주말농원사업으로 설치하는 시설로서 그 부지가 3,000㎡ 미만인 것
   3. 태양에너지 발전설비로서 농업보호구역 안의 부지 면적이 10,000㎡ 미만인 것
   4. 그 밖에 농촌지역 경제활성화를 통하여 농업인 소득증대에 기여하는 농수산업 관련 시설로서 농림축산식품부령으로 정하는 시설

③ 농업인의 생활 여건을 개선하기 위하여 필요한 시설로서 대통령령으로 정하는 건축물·공작물, 그 밖의 시설의 설치
   1. 다음 각 목에 해당하는 시설로서 그 부지가 1,000㎡ 미만인 것
      가. '건축법 시행령' 별표1 제1호 가목에 해당하는 시설
      나. '건축법 시행령' 별표1 제3호 가목, 라목부터 바목까지 및 사목(공중화장실 및 대피소는 제외한다.)에 해당하는 시설
      다. '건축법 시행령' 별표1 제4호 가목, 나목, 라목부터 사목까지, 차목부터 타목까지, 파목(골프연습장은 제외한다.) 및 하목에 해당하는 시설
   2. '건축법 시행령' 별표1 제3호 사목(공중화장실, 대피소, 그 밖에 이와 비슷한 것만 해당한다.) 및 아목(변전소 및 도시가스배관시설은 제외한다.)에 해당하는 시설로서 농업보호구역 안의 부지 면적이 3,000㎡ 미만인 것

| 참고 | **'건축법 시행령' [별표1] 제1호, 제3호, 제4호 에 해당하는 건축물**

1. 단독주택[단독주택의 형태를 갖춘 가정어린이집·공동생활가정·지역아동센터 및 노인복지시설(노인복지주택은 제외한다.)을 포함한다.]
   가. 단독주택

3. 제1종 근린생활시설
   가. 식품·잡화·의류·완구·서적·건축자재·의약품·의료기기 등 일용품을 판매하는 소매점으로서 같은 건축물(하나의 대지에 두 동 이상의 건축물이 있는 경우에는 이를 같은 건축물로 본다. 이하 같다.)에 해당 용도로 쓰는 바닥면적의 합계가 1,000㎡ 미만인 것
   라. 의원, 치과의원, 한의원, 침술원, 접골원(接骨院), 조산원, 안마원, 산후조리원 등 주민의 진료·치료 등을 위한 시설
   마. 탁구장, 체육도장으로서 같은 건축물에 해당 용도로 쓰는 바닥면적의 합계가 500㎡ 미만인 것
   바. 지역자치센터, 파출소, 지구대, 소방서, 우체국, 방송국, 보건소, 공공도서관, 건강보험공단 사무소 등 공공업무시설로서 같은 건축물에 해당 용도로 쓰는 바닥면적의 합계가 1,000㎡ 미만인 것
   사. 마을회관, 마을공동작업소, 마을공동구판장, 공중화장실, 대피소, 지역아동센터(단독주택과 공동주택에 해당하는 것은 제외한다.) 등 주민이 공동으로 이용하는 시설

4. 제2종 근린생활시설
   가. 공연장(극장, 영화관, 연예장, 음악당, 서커스장, 비디오물감상실, 비디오물소극장, 그 밖에 이와 비슷한 것을 말한다. 이하 같다.)으로서 같은 건축물에 해당 용도로 쓰는 바닥면적의 합계가 500㎡ 미만인 것
   나. 종교집회장[교회, 성당, 사찰, 기도원, 수도원, 수녀원, 제실(祭室), 사당, 그 밖에 이와 비슷한 것을 말한다. 이하 같다.]으로서 같은 건축물에 해당 용도로 쓰는 바닥면적의 합계가 500㎡ 미만인 것
   라. 서점(제1종 근린생활시설에 해당하지 않는 것)
   마. 총포판매소

바. 사진관, 표구점
사. 청소년게임제공업소, 복합유통게임제공업소, 인터넷컴퓨터게임시설제공업소, 그 밖에 이와 비슷한 게임 관련 시설로서 같은 건축물에 해당 용도로 쓰는 바닥면적의 합계가 500㎡ 미만인 것
아. 휴게음식점, 제과점 등 음료·차(茶)·음식·빵·떡·과자 등을 조리하거나 제조하여 판매하는 시설(너목 또는 제17호에 해당하는 것은 제외한다.)로서 같은 건축물에 해당 용도로 쓰는 바닥면적의 합계가 300㎡ 이상인 것
차. 장의사, 동물병원, 동물미용실, 「동물보호법」 제73조제1항제2호에 따른 동물 위탁관리업을 위한 시설, 그 밖에 이와 유사한 것(제1종 근린생활시설에 해당하는 것은 제외한다)
카. 학원(자동차학원·무도학원 및 정보통신기술을 활용하여 원격으로 교습하는 것은 제외한다.), 교습소(자동차교습·무도교습 및 정보통신기술을 활용하여 원격으로 교습하는 것은 제외한다.), 직업훈련소(운전·정비 관련 직업훈련소는 제외한다.)로서 같은 건축물에 해당 용도로 쓰는 바닥면적의 합계가 500㎡ 미만인 것
타. 독서실, 기원
파. 테니스장, 체력단련장, 에어로빅장, 볼링장, 당구장, 실내낚시터, 골프연습장, 놀이형시설('관광진흥법'에 따른 기타유원시설업의 시설을 말한다. 이하 같다.) 등 주민의 체육 활동을 위한 시설(제3호 마목의 시설은 제외한다.)로서 같은 건축물에 해당 용도로 쓰는 바닥면적의 합계가 500㎡ 미만인 것
하. 금융업소, 사무소, 부동산중개사무소, 결혼상담소 등 소개업소, 출판사 등 일반업무시설로서 같은 건축물에 해당 용도로 쓰는 바닥면적의 합계가 500㎡ 미만인 것

주요 허용되는 시설

농업보호구역은 입지만 좋다면 활용도가 높은 토지다. 앞에서 설명한 '농림지역·농업진흥구역'에서 허용되는 행위와 '농어촌정비법'에 의한 관광농원, 태양에너지 발전설비, 단독주택, 제1종 근린생활시설, 제2종 근린생활시설 등이 광범위하게 허용되고 있다.

허용되지 않는 시설

제2종 근린생활시설 중 핵심시설이라 할 수 있는 제조업소와 일반음식점은 허용되지 않는다.

농지법에 의하여 허용되는 건축물의 건폐율 완화

농업보호구역은 해당 토지를 적합한 용도로 개발이나 활용해서 가치를 높이는 투자도 가능하고 해당 토지에 투자해 두었다가 농업보호구역에서 해제되는 행운 등을 노리고 투자하는 것도 가능하다. 농업보호구역의 농지는 농업용 시설로 허가를 받아 개발된 것을 많이 볼 수 있으며 또한, 농지법 제32조 제1항에 의한 건축물은 건폐율도 20%가 아닌 60%까지 적용을 받아 건축할 수 있다.

> **경기 광주시 도시계획조례 제59조**(농지법에 의하여 허용되는 건축물의 건폐율 완화)
> 보전관리지역·생산관리지역·농림지역 또는 자연환경보전지역 안에서 '농지법' 제32조 제1항의 규정에 의하여 허용되는 건축물의 건폐율은 60% 이하로 한다.

농업보호구역의 농업진흥지역 해제

농업보호구역은 농업진흥구역의 용수 확보와 수질 보호를 위해 지정된 농업진흥지역이다. 그러나 농업진흥구역에 비해 상대적으로 개발이 용이하게 때문에 농업용 시설 등으로 개발된 땅이 많다. 주변의 개발된 비율이 높아 농업보호구역으로의 기능을 수행하지 못하는 토지는 2008년 말에 대거 농업진흥지역에서 해제되어 관리지역으로 편입되었다.

생산녹지지역 · 농업진흥구역 농지

지목	답	면적	1,199㎡
개별공시지가(㎡당)	119,900원 (2025/01)		
지역·지구 등 지정 여부	「국토의 계획 및 이용에 관한 법률」에 따른 지역·지구 등	도시지역, 생산녹지지역	
	다른 법령 등에 따른 지역·지구 등	가축사육제한구역(2013-02-25)(일부제한지역)(가축분뇨의 관리 및 이용에 관한 법률), 농업진흥구역 (농지법), 자연보전권역(수도권정비계획법)	
「토지이용규제기본법 시행령」 제9조 제4항 각 호에 해당되는 사항			

생산녹지지역 및 농업진흥구역

사례 토지는 '국토계획법'상 용도지역은 생산녹지지역이면서 '농지법'상 농업진흥구역으로 지정되어 있는 토지다. 앞의 사례와 같은 농업진흥구역 농지이지만 '국토계획법'상 용도지역이 생산녹지지역이라는 점에서 차이가 난다.

생산녹지지역·농업진흥구역에서 건축할 수 있는 건축물

사례 토지는 앞에서 설명한 '농림지역·농업진흥지역' 농지에 해당하지 않으므로 '국토계획법' 제76조 제5항 제3호의 적용대상에 해당하지 않는다. 따라서 '국토계획법'상 생산녹지지역에서의 건축제한과 '농지법'상 농업진흥구역에서의 행위제한을 모두 적용받아야 한다. 농업 생산과 관련된 시설은 비교적 폭넓게 허용되지만, 일반적인 건축물은 허용되는 범위가 매우 좁다고 할 수 있다.

 | 참고 | **법령해석례 [법제처 13-0609, 2014.4.2, 민원인]**

【질의요지】
'국토의 계획 및 이용에 관한 법률' 제76조 제1항, 같은 법 시행령 제71조 제1항 제15호 및 별표16에서는 생산녹지지역 안에서 건축할 수 있는 건축물에 대하여 규정하고, '농지법' 제32조 제1항에서는 농업진흥구역에서의 행위제한을 규정하고 있는 바, '국토의 계획 및 이용에 관한 법률'에 따른 생산녹지지역 및 '농지법'에 따른 농업진흥구역으로 지정된 농지에 '건축법 시행령' 별표1 제18호 가목의 창고(농업·임업·축산업·수산업용으로 쓰는 것은 제외함)의 건축이 허용되는가?

【회답】
'국토의 계획 및 이용에 관한 법률'에 따른 생산녹지지역이자 '농지법'에 따른 농업진흥구역으로 지정된 농지에 '건축법 시행령' 별표1 제18호 가목의 창고(농업·임업·축산업·수산업용으로 쓰는 것은 제외함)의 건축은 허용되지 않는다고 할 것입니다.

【이유】
살피건대, 입법 목적 등을 달리하는 법률들이 일정한 행위에 관한 요건을 각기 정하고 있는 경우, 어느 법률이 다른 법률에 우선하여 배타적으로 적용된다고 풀이되지 아니하는 한 그 행위에 관하여 각 법률의 규정이 모두 적용된다고 할 것(대법원 2010. 9. 9. 선고 2008두22631 판결)인 바, '국토계획법' 제36조 제1항 제1호 라목 및 같은 법 시행령 제30조 제4호 다목에 따르면 생산녹지지역은 인구와 산업이 밀집되어 있거나 밀집이 예상되어 그 지역에 대하여 체계적인 개발·정비·관리·보전 등이 필요한 지역인 도시지역 중 자연환경·농지 및 산림의 보호, 보건위생, 보안과 도시의 무질서한 확산을 방지하기 위하여 녹지의 보전이 필요한 지역인 녹지지역에 포함되는 주로 농업적 생산을 위하여 개발을 유보할 필요가 있는 지역인 반면, '농지법' 제28조 및 제29조에 따르면 농업진흥구역은 농업의 진흥을 도모하여야 하는 지역으로서 일정 규모로 농지가 집단화되어 농업 목적으로 이용할 필요가 있는 지역으로서 '국토계획법'에 따른 녹지지역·관리지역·농림지역 및 자연환경보전지역을 대상으로 한다고 할 것이어서, <u>생산녹지지역의 지정에 관한 '국토계획법'의 규정과 농업진흥구역의 지정에 관한 '농지법'의 규정은 그 취지 및 요건을 달리한다고 할 것이므로, 원칙적으로 각 법률의 규정이 모두 적용될 수 있다고 할 것입니다.</u>

산지의 구분

산지의 구분도

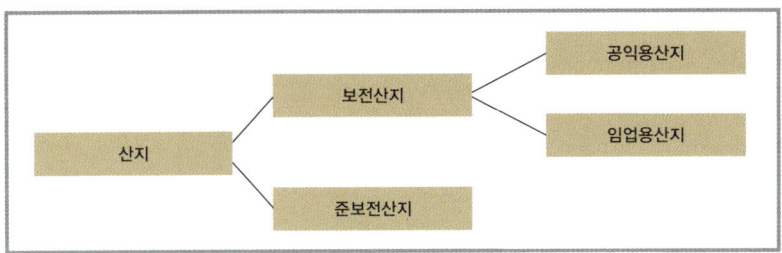

산지는 보전산지와 준보전산지로 구분하고, 다시 보전산지는 공익용산지와 임업용산지로 구분한다. 확인은 토지이용계획확인서에서 할 수 있다. 산지를 보전산지와 준보전산지로 구분하는 이유는 해당 산지에서의 건축제한(또는 행위제한)을 이해하기 위해서다. 준보전산지는 앞에서 배운 국토계획법에 의한 용도지역에서의 건축제한을 적용받고 '농림지역 보전산지' 산지는 농림지역에서의 건축제한을 적용받지 않고 산지관리법에 의한 보전산지에서의 행위제한을 적용받게 된다.

보전산지와 준보전산지의 구분

보전산지와 준보전산지의 구분은 토지이용계획확인서를 보고 판단한다. 토지이용계획확인서에 보전산지 또는 준보전산지로 표시가 된다. 토지이용계획확인서에 보전산지는 ① 국토계획법에 의한 지역·지구 항목에서 용도지역을 먼저 표시하고 ② 다른 법령 등에 따른 지역·지구 등 항목에서 '공익용산지' 또는 '임업용산지'라고 구체적으로 표시 되어 있다. 준보전산지는 ① 국토계획법에 의한 지역·지구 항목에서 용도지역을 먼저 표시하고 ② 다른 법령 등에 따른 지역·지구 등 항목에서 '준보전산지'라고 구체적으로 표시 되어 있다. 간혹 준보전산지라고 표시되지 않은 산지를 볼 수 있으며, 그런 경우에는 보전산지라고 표시되지 않은 산지는 준보전산지라고 해석하면 된다.

준보전산지의 건축제한
준보전산지란 '보전산지 외의 산지'를 말한다. 준보전산지의 건축제한은 국토계획법에 의한 용도지역에서의 건축제한을 적용받는다. 즉, 해당 토지의 용도지역이 '계획관리지역' 또는 '생산관리지역' 등으로 표시가 되어 있으면 해당 용도지역에서의 건폐율, 용적률, 건축할 수 있는 건축물, 높이를 적용하여 개발할 수 있다. 농지와 마찬가지로 토지투자 지침서에서 '산지는 보전산지와 준보전산지로 구분한다'라고 설명해놓고 보전산지에 대해서는 구구절절하게 설명이 많으면서도 준보전산지에 대해서는 불과 몇 줄밖에 설명이 없는 이유가 여기에 있다.

보전산지의 구분

산지관리법에 의하여 보전산지는 다시 공익용산지와 임업용산지로 구분한다.

① 공익용산지란?

임업생산과 함께 재해 방지, 수원 보호, 자연생태계 보전, 산지경관 보전, 국민보건휴양 증진 등의 공익 기능을 위하여 필요한 산지로서 다음의 산지를 대상으로 산림청장이 지정하는 산지를 말한다. 실무에서는 토지이용계획확인서에 공익용산지라고 구체적으로 표시되어 있다.

1. '산림문화 · 휴양에 관한 법률'에 따른 자연휴양림의 산지
2. 사찰림(寺刹林)의 산지
3. 제9조에 따른 산지전용 · 일시사용제한지역
4. '야생생물 보호 및 관리에 관한 법률' 제27조에 따른 야생생물 특별보호구역 및 같은 법 제33조에 따른 야생생물 보호구역의 산지
5. '자연공원법'에 따른 공원구역의 산지
6. 「문화유산의 보존 및 활용에 관한 법률」에 따른 문화유산보호구역의 산지 또는 「자연유산의 보존 및 활용에 관한 법률」에 따른 자연유산보호구역의 산지
7. '수도법'에 따른 상수원보호구역의 산지
8. '개발제한구역의 지정 및 관리에 관한 특별조치법'에 따른 개발제한구역의 산지
9. '국토의 계획 및 이용에 관한 법률'에 따른 녹지지역 중 대통령령으로 정하는 녹지지역의 산지
10. '자연환경보전법'에 따른 생태 · 경관보전지역의 산지
11. '습지보전법'에 따른 습지보호지역의 산지
12. '독도 등 도서지역의 생태계보전에 관한 특별법'에 따른 특정도서의 산지
13. '백두대간 보호에 관한 법률'에 따른 백두대간보호지역의 산지
14. '산림보호법'에 따른 산림보호구역의 산지
15. 그 밖에 공익 기능을 증진하기 위하여 필요한 산지로서 법령으로 정하는 산지
    가. '국토계획법' 제36조 제1항 제4호에 따른 자연환경보전지역의 산지
    나. '국토계획법' 제37조 제1항 제5호에 따른 방재지구의 산지
    다. '국토계획법' 제38조의 2 제1항에 따른 도시자연공원구역의 산지
    라. '국토계획법' 제40조에 따른 수산자원보호구역의 산지
    마. '국토계획법 시행령' 제31조 제2항 제1호 가목 및 같은 항 제5호 가목 · 다목에 따른 자연경관지구 및 역사문화환경보호지구 · 생태계보호지구의 산지

> 바. 산림생태계·자연경관·해안경관·해안사구(海岸砂丘) 또는 생활환경의 보호를 위하여 필요한 산지
> 사. 중앙행정기관의 장 또는 지방자치단체의 장이 공익용산지의 용도로 사용하려는 산지

② 임업용산지란?

산림자원의 조성과 임업경영기반의 구축 등 임업생산 기능의 증진을 위하여 필요한 산지로서 다음의 산지를 대상으로 산림청장이 지정하는 산지를 말한다. 실무에서는 토지이용계획확인서에 임업용산지라고 구체적으로 표시되어 있다.

> 1. '산림자원의 조성 및 관리에 관한 법률'에 따른 채종림(採種林) 및 시험림의 산지
> 2. '국유림의 경영 및 관리에 관한 법률'에 따른 요존국유림(要存國有林)의 산지
> 3. '임업 및 산촌 진흥촉진에 관한 법률'에 따른 임업진흥권역의 산지
> 4. 그 밖에 임업생산 기능의 증진을 위하여 필요한 산지로서 법령으로 정하는 산지
>   가. 형질이 우량한 천연림 또는 인공조림지로서 집단화되어 있는 산지
>   나. 토양이 비옥하여 입목의 생육에 적합한 산지
>   다. '국유림의 경영 및 관리에 관한 법률' 제16조 제1항 제1호의 규정에 의한 요존국유림(要存國有林) 외의 국유림으로서 산림이 집단화되어 있는 산지
>   라. 지방자치단체의 장이 산림경영 목적으로 사용하고자 하는 산지
>   마. 그 밖에 임업의 생산기반조성 및 임산물의 효율적 생산을 위한 산지

농림지역의 공익용산지 중 산지전용 일시사용제한지역

지목	임야	면적	46,860,960㎡
개별공시지가(㎡당)	356원 (2025/01)		
지역·지구 등 지정 여부	「국토의 계획 및 이용에 관한 법률」에 따른 지역·지구 등	농림지역	
	다른 법령 등에 따른 지역·지구 등	문화재보존영향 검토대상구역〈강원도문화재보호조례〉, 제한보호구역(전방지역: 25km)〈군사기지 및 군사시설 보호법〉, 제한보호구역(폭발물관련: 1km)〈군사기지 및 군사시설 보호법〉, 통제보호구역(민통선이북: 10km)〈군사기지 및 군사시설 보호법〉, 완충구역〈백두대간 보호에 관한 법률〉, 핵심구역〈백두대간 보호에 관한 법률〉, 산림보호구역(산림유전자원보호구역)〈산림보호법〉, 공익용산지〈산지관리법〉, 산지전용 일시사용제한지역〈산지관리법〉, 하천구역(서화천)〈하천법〉	
	「토지이용규제기본법 시행령」 제9조 제4항 각 호에 해당되는 사항		

농림지역·공익용산지·산지전용 일시사용제한지역에서의 행위제한

용도지역이 농림지역이지만 국토계획법상 농림지역에서 건축할 수 있는 건축물을 적용하지 않고, 농업진흥지역이 농지법을 적용하듯 산지관리법상의 행위제한을 적용한다. 산지관리법 제10조에 의하여 다음 각 호의 어느 하나에 해당하는 행위를 하기 위하여 산지전용 또는 산지일시사용을 하는 경우를 제외하고는 산지전용 또는 산지일시사용을 할 수 없다.

1. 국방 · 군사시설의 설치
2. 사방시설, 하천, 제방, 저수지, 그 밖에 이에 준하는 국토보전시설의 설치
3. 도로, 철도, 석유 및 가스의 공급시설, 그 밖에 대통령령으로 정하는 공용 · 공공용 시설의 설치
4. 산림보호, 산림자원의 보전 및 증식을 위한 시설로서 대통령령으로 정하는 시설의 설치
5. 임업시험연구를 위한 시설로서 대통령령으로 정하는 시설의 설치
6. 매장문화재의 발굴(지표조사를 포함한다.), 국가유산과 전통사찰의 복원 · 보수 · 이전 및 그 보존관리를 위한 시설의 설치, 국가유산 · 전통사찰과 관련된 비석, 기념탑, 그 밖에 이와 유사한 시설의 설치
7. 다음 각 목의 어느 하나에 해당하는 시설 중 대통령령으로 정하는 시설의 설치
   가. 발전 · 송전시설 등 전력시설
   나. '신에너지 및 재생에너지 개발 · 이용 · 보급 촉진법'에 따른 신 · 재생에너지 설비. 다만, 태양에너지 설비는 제외한다.
8. '광업법'에 따른 광물의 탐사 · 시추시설의 설치 및 대통령령으로 정하는 갱내채굴
9. '광산피해의 방지 및 복구에 관한 법률'에 따른 광해방지시설의 설치
9의 2. 공공의 안전을 방해하는 위험시설이나 물건의 제거
9의 3. '6 · 25 전사자유해의 발굴 등에 관한 법률'에 따른 전사자의 유해 등 대통령령으로 정하는 유해의 조사 · 발굴
10. 제1호부터 제9호까지, 제9호의 2 및 제9호의 3에 따른 행위를 하기 위하여 대통령령으로 정하는 기간 동안 임시로 설치하는 다음 각 목의 어느 하나에 해당하는 부대시설의 설치

가. 진입로
나. 현장사무소
다. 지질·토양의 조사·탐사시설
라. 그 밖에 주차장 등 농림축산식품부령으로 정하는 부대시설
11. 제1호부터 제9호까지, 제9호의 2 및 제9호의 3에 따라 설치되는 시설 중 '건축법'에 따른 건축물과 도로('건축법' 제2조 제1항 제11호의 도로를 말한다.)를 연결하기 위한 대통령령으로 정하는 규모 이하의 진입로의 설치

농림지역의 임업용산지

지목	임야	면적	158,975㎡
개별공시지가(㎡당)	759원 (2025/01)		
지역·지구 등 지정 여부	「국토의 계획 및 이용에 관한 법률」에 따른 지역·지구 등	농림지역	
	다른 법령 등에 따른 지역·지구 등	임업용산지 (임업용산지)(산지관리법), 하천구역(내린천(2급하천))(하천법)	
	「토지이용규제기본법 시행령」 제9조 제4항 각 호에 해당되는 사항		

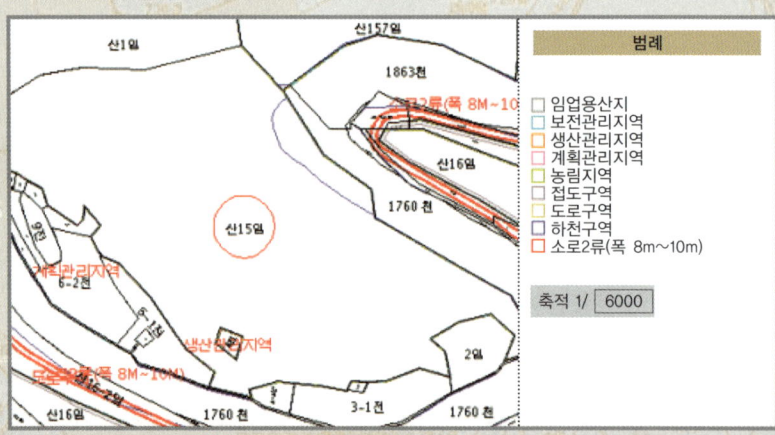

범례
- 임업용산지
- 보전관리지역
- 생산관리지역
- 계획관리지역
- 농림지역
- 접도구역
- 도로구역
- 하천구역
- 소로2류(폭 8m~10m)

축적 1/ 6000

농림지역·임업용산지에서의 행위제한

사례 토지는 보전산지 중에서도 임업용산지에 해당하는 임야다. 용도지역이 농림지역이지만 보전산지이므로 '국토계획법'상 건축제한을 적용하지 않고, '산지관리법'상 행위제한을 적용한다. 산지관리법 제12조에 의하여 임업용산지에서는 다음과 같은 행위가 허용되고 있다.

① 산지전용·일시사용제한지역에서의 행위제한 중 제1호부터 제9호까지, 제9호의 2 및 제9호의 3에 따른 시설의 설치 등
② 임도·산림경영관리사(山林經營管理舍) 등 산림경영과 관련된 시설 및 산촌산업개발시설 등 산촌개발사업과 관련된 시설의 설치
  1. 임도·작업로 및 임산물 운반로
  2. '임업 및 산촌 진흥촉진에 관한 법률 시행령' 제2조 제1호의 임업인('산림자원의 조성 및 관리에 관한 법률'에 따라 산림경영계획의 인가를 받아 산림을 경영하고 있는 자를 말한다.), 같은 조 제2호, 제3호의 임업인 및 「농어업경영체 육성 및 지원에 관한 법률」 제4조제1항제1호에 따라 임야를 농업경영정보로 등록한 농업경영체가 설치하는 다음 각 목의 어느 하나에 해당하는 시설
    가. 부지면적 1만㎡ 미만의 임산물 생산시설 또는 집하시설
    나. 부지면적 3,000㎡ 미만의 임산물 가공·건조·보관시설
    다. 부지면적 1,000㎡ 미만의 임업용기자재 보관시설(비료·농약·기계 등을 보관하기 위한 시설을 말한다.) 및 임산물 전시·판매시설
    라. 부지면적 200㎡ 미만의 산림경영관리사(산림작업의 관리를 위한 시설로서 작업대기 및 휴식 등을 위한 공간이 바닥면적의 100분의 25 이하인 시설을 말한다.) 및 대피소
  3. '궤도운송법'에 따른 궤도
  4. '임업 및 산촌 진흥촉진에 관한 법률' 제25조에 따른 산촌개발사업으로 설치하는 부지면적 1만㎡ 미만의 시설
  5. 「폐기물관리법」 제2조제8호에 따른 폐기물처리시설 중 국가 또는 지방자치단체가 설치하는 폐기물처리시설
③ 수목원, 산림생태원, 자연휴양림, 수목장림(樹木葬林), 국가정원, 지방정원, 그 밖에 산림공익시설의 설치
  1. 산림욕장, 치유의 숲, 숲속야영장, 산림레포츠시설, 산책로·탐방로·등산로·둘레길 등 숲길 및 전망대(정자를 포함한다)

2. 자연관찰원·산림전시관·목공예실·숲속교실·숲속수련장·유아숲체험원·산림박물관·산악박물관·산림교육센터 등 산림교육시설
3. 목재 이용의 홍보·전시·교육 등을 위한 목조건축시설
4. 국가, 지방자치단체 또는 비영리법인이 설치하는 임산물의 홍보·전시·교육 등을 위한 시설

④ 농림어업인의 주택 및 그 부대시설로서 대통령령으로 정하는 주택 및 시설의 설치
1. '대통령령으로 정하는 주택 및 시설'이라 함은 '농림축산식품부령으로 정하는 농림어업인'(이하 '농림어업인'이라 한다.)이 자기소유의 산지에서 직접 농림어업을 경영하면서 실제로 거주하기 위하여 부지면 적 660㎡ 미만으로 건축하는 주택 및 그 부대시설을 말한다.
2. 부지면적을 적용함에 있어서 산지를 전용하여 농림어업인의 주택 및 그 부대시설을 설치하고자 하는 경우에는 그 전용하고자 하는 면적에 당해 농림어업인이 당해 시·군·구(자치구에 한한다.)에서 그 전용허가신청일 이전 5년간 농림어업인 주택 및 그 부대시설의 설치를 위하여 전용한 임업용산지의 면적을 합산한 면적(공공사업으로 인하여 철거된 농림어업인 주택 및 그 부대시설의 설치를 위하여 전용하였거나 전용하고자 하는 산지면적을 제외한다.)을 당해 농림어업인 주택 및 그 부대시설의 부지면적으로 본다.

⑤ 농림어업용 생산·이용·가공시설 및 농어촌휴양시설의 설치
1. 농림어업인, '농어업·농어촌 및 식품산업 기본법' 제3조 제4호에 따른 생산자단체, '수산업·어촌발전 기본법' 제3조제5호에 따른 생산자단체, '농어업경영체 육성 및 지원에 관한 법률' 제16조에 따른 영농조합법인과 영어조합법인 또는 같은 법 제19조에 따른 농업회사법인(이하 '농림어업인등'이라 한다.)이 설치하는 다음 각 목의 어느 하나에 해당하는 시설
    가. 부지면적 3만㎡ 미만의 축산시설
    나. 부지면적 1만㎡ 미만의 다음의 시설
        – 야생조수의 인공사육시설
        – 양어장·양식장·낚시터시설
        – 폐목재·짚·음식물쓰레기 등을 이용한 유기질비료 제조시설('폐기물관리법 시행령' 별표3 제1호 라목에 따른 퇴비화 시설에 한한다.)
        – 가축분뇨를 이용한 유기질비료 제조시설
        – 버섯재배시설, 농림업용 온실
    다. 부지면적 3,000㎡ 미만의 다음의 시설
        – 농기계수리시설·농기계창고

             - 농축수산물의 창고·집하장 또는 그 가공시설
             - 누에 등 곤충사육시설 및 관리시설
         라. 부지면적 200㎡ 미만의 다음의 시설(작업대기 및 휴식 등을 위한 공간이 바닥면적의 100분의 25 이하인 시설을 말한다.)
             - 농막
             - 농업용·축산업용 관리사(주거용이 아닌 경우에 한한다.)
  2. '농어촌정비법' 제82조 및 같은 법 제83조에 따라 개발되는 30,000㎡ 미만의 농어촌 관광휴양단지 및 관광농원

⑥ 광물, 지하수, 그 밖에 지하자원 또는 석재의 탐사·시추 및 개발과 이를 위한 시설의 설치

⑦ 산사태 예방을 위한 지질·토양의 조사와 이에 따른 시설의 설치

⑧ 석유비축 및 저장시설·방송통신설비, 그 밖에 공용·공공용 시설의 설치
  1. 액화석유가스를 저장하기 위한 시설로서 농림축산식품부령이 정하는 시설
  2. '대기환경보전법' 제2조 제16호에 따른 저공해자동차에 연료를 공급하기 위한 시설

⑨ 국립묘지시설 및 '장사 등에 관한 법률'에 따라 허가를 받거나 신고를 한 묘지·화장시설·봉안시설·자연장지 시설의 설치

⑩ 종교시설의 설치
  '종교시설'이란 문화체육관광부장관이 '민법' 제32조의 규정에 따라 종교법인으로 허가한 종교단체 또는 그 소속단체에서 설치하는 부지면적 15,000㎡ 미만의 사찰·교회·성당 등 종교의식에 직접적으로 사용되는 시설과 농림축산식품부령으로 정하는 부대시설을 말한다.

⑪ 병원, 사회복지시설, 청소년수련시설, 근로자복지시설, 공공직업훈련시설 등 공익시설의 설치
  1. '의료법' 제3조 제2항에 따른 의료기관 중 종합병원·병원·치과병원·한방병원·요양병원. 이 경우 같은 법 제49조 제1항 제3호부터 제5호까지의 규정에 따른 부대사업으로 설치하는 시설을 포함한다.

2. '사회복지사업법' 제2조 제4호에 따른 사회복지시설
3. '청소년활동진흥법' 제10조 제1호의 규정에 의한 청소년수련시설
4. 근로자의 복지증진을 위한 시설로서 다음 각 목의 어느 하나에 해당하는 것
   가. 근로자 기숙사('건축법 시행령' 별표1 제2호 라목의 규정에 의한 기숙사에 한한다.)
   나. '영유아보육법' 제10조 제3호의 규정에 의한 직장어린이집
   다. '수도권정비계획법' 제2조 제1호의 수도권 또는 광역시 지역의 주택난 해소를 위하여 공급되는 '근로복지기본법' 제15조 제2항에 따른 근로자주택
   라. 비영리법인이 건립하는 근로자의 여가·체육 및 문화활동을 위한 복지회관
5. '근로자직업능력 개발법' 제2조 제3호의 규정에 따라 국가·지방자치단체 및 공공단체가 설치·운영하는 직업능력개발훈련시설

⑫ 교육·연구 및 기술개발과 관련된 시설의 설치
1. '기초연구진흥 과학기술정보통신부 및 기술개발지원에 관한 법률' 제14조의 제1항에 따른 기업부설연구소로서 과학기술정보통신부 장관의 추천이 있는 시설
2. '특정연구기관 육성법' 제2조의 규정에 의한 특정연구기관이 교육 또는 연구목적으로 설치하는 시설
3. '국가과학기술자문회의법' 제9조 제1항의 규정에 의한 국가과학기술자문회의에서 심의한 연구개발사업 중 우주항공기술개발과 관련된 시설
4. '유아보육법', '초·중등교육법' 및 '고등교육법'에 따른 학교 시설
5. '영유아보육법' 제10조 제1호의 국공립어린이집
6. 「우주개발 진흥법」 제5조제1항에 따른 우주개발진흥 기본계획에 따라 설치하는 인공우주물체 발사 등을 위한 우주센터시설
7. 「도서관법」 제4조제1항제1호에 따른 국립 도서관 또는 같은 항 제2호에 따른 공립 도서관

⑬ 제1호부터 제12호까지의 시설을 제외한 시설로서 지역사회개발 및 산업발전에 필요한 시설의 설치
'지역사회개발 및 산업발전에 필요한 시설'이란 관계 행정기관의 장이 다른 법률의 규정에 따라 산림청장 등과 협의하여 산지전용허가·산지일시사용허가 또는 산지전용신고·산지일시사용신고가 의제되는 허가·인가 등의 처분을 받아 설치되는 시설을 말한다. 다만 다음 각 호의 어느 하나에 해당하는 시설은 제외한다.
1. '대기환경보전법' 제2조 제9호의 규정에 의한 특정대기유해물질을 배출하는 시설

2. '대기환경보전법' 제2조 제11호에 따른 대기오염물질배출시설 중 같은 법 시행령 별표1의 1종사업장부터 4종사업장까지의 사업장에 설치되는 시설. 다만 '산업입지 및 개발에 관한 법률' 제2조 제8호에 따른 산업단지에 설치되는 대기오염물질배출시설('대기환경보전법' 제26조에 따른 대기오염방지시설과 주변 산림 훼손 방지를 위한 시설이 설치되는 경우로 한정한다.)은 제외한다.
3. '물환경보전법' 제2조 제8호에 따른 특정수질유해물질을 배출하는 시설. 다만 같은 법 제34조에 따라 폐수무방류배출시설의 설치허가를 받아 운영하는 경우를 제외한다.
4. '물환경보전법' 제2조 제10호에 따른 폐수배출시설 중 같은 법 시행령 별표13에 따른 제1종사업장부터 제4종사업장까지의 사업장에 설치되는 시설. 다만 '산업 입지 및 개발에 관한 법률' 제2조 제8호에 따른 산업단지에 설치되는 폐수배출시설('수질 및 수생태계 보전에 관한 법률' 제35조에 따른 수질오염방지시설과 주변 산림 훼손 방지를 위한 시설이 설치되는 경우로 한정한다.)은 제외한다.
5. '폐기물관리법' 제2조 제4호의 규정에 의한 지정폐기물을 배출하는 시설. 다만 당해 사업장에 지정폐기물을 처리하기 위한 폐기물처리시설을 설치하거나 지정폐기물을 위탁하여 처리하는 경우에는 그러하지 아니하다.
6. 다음 각 목의 어느 하나에 해당하는 처분을 받아 설치하는 시설. 다만 '국토의 계획 및 이용에 관한 법률' 제51조에 따른 지구단위계획구역을 지정하기 위한 산지전용허가·산지일시사용허가 또는 산지전용신고·산지일시사용신고의 의제에 관한 협의 내용에 다음 각 목의 어느 하나에 해당하는 처분이 포함되어 이에 따라 설치하는 시설은 제외한다.
   가. '주택법' 제16조에 따른 사업계획의 승인
   나. '건축법' 제11조에 따른 건축허가 및 같은 법 제14조에 따른 건축신고
   다. '국토의 계획 및 이용에 관한 법률' 제56조에 따른 개발행위허가

⑭ 제1호부터 제13호까지의 규정에 따른 시설을 설치하기 위하여 1년 이내의 기간 동안 임시로 설치하는 다음 각 목의 어느 하나에 해당하는 부대시설의 설치. 다만 목적사업의 수행을 위한 산지전용기간·산지일시사용기간이 1년을 초과하는 경우에는 그 산지전용기간·산지일시사용기간을 말한다.
   가. 진입로
   나. 현장사무소
   다. 지질·토양의 조사·탐사시설
   라. 그 밖에 주차장 등 농림축산식품부령으로 정하는 부대시설

⑮ 제1호부터 제13호까지의 시설 중 '건축법'에 따른 건축물과 도로('건축법' 제2조 제1항 제11호의 도로를 말한다.)를 연결하기 위한 진입로(절·성토사면을 제외한 유효너비가 4m 이하이고, 그 길이가 50m 이하인 것)의 설치.

⑯ 그 밖에 가축의 방목, 산나물·야생화·관상수의 재배(성토 또는 절토 등을 통하여 지표면으로부터 높이 또는 깊이 50센티미터 이상 형질변경을 수반하는 경우에 한정한다), 물건의 적치(積置), 농도(農道)의 설치 등 임업용산지의 목적 달성에 지장을 주지 아니하는 범위에서 법령으로 정하는 행위

1. '농어촌도로정비법' 제4조 제2항 제3호에 따른 농도, '농어촌정비법' 제2조 제6호에 따른 양수장·배수장·용수로 및 배수로를 설치하는 행위
2. 부지면적 100㎡ 미만의 제각(祭閣)을 설치하는 행위
3. '사도법' 제2조의 규정에 의한 사도(私道)를 설치하는 행위
4. '자연환경보전법' 제2조 제9호의 규정에 의한 생태통로 및 조수의 보호·번식을 위한 시설을 설치하는 행위
5. 농림어업인등 또는 「임업 및 산촌 진흥촉진에 관한 법률」에 따른 한국임업진흥원이 같은 법 시행령 제8조제1항에 따른 임산물 소득원의 지원 대상 품목(관상수는 제외한다)을 재배(성토 또는 절토 등을 통하여 지표면으로부터 높이 또는 깊이 50센티미터 이상 형질변경을 수반하는 경우에 한정한다)하는 행위. 다만, 농림어업인등이 재배하는 경우에는 5만제곱미터 미만의 산지에서 재배하는 경우로 한정한다.
6. 농림어업인등이 5만㎡ 미만의 산지에서 '축산법' 제2조 제1호의 규정에 의한 가축을 방목하는 경우로서 다음 각목의 요건을 갖춘 행위
   가. 조림지의 경우에는 조림 후 15년이 지난 산지일 것
   나. 대상지의 경계에 울타리를 설치할 것
   다. 입목·죽의 생육에 지장이 없도록 보호시설을 설치할 것
6의2. 제6호에 따라 가축을 방목하면서 해당 가축방목지에서 목초(牧草) 종자를 파종하는 행위
7. 삭제 〈2023.06.07〉
8. '공간정보의 구축 및 관리 등에 관한 법률' 제8조에 따른 측량기준점표지를 설치하는 행위
9. '폐기물관리법' 제2조 제1호의 규정에 의한 폐기물이 아닌 물건을 1년 이내의 기간 동안 산지에 적치하는 행위로서 다음 각목의 요건을 모두 갖춘 행위
   가. 입목의 벌채·굴취를 수반하지 아니할 것
   나. 당해 물건의 적치로 인하여 주변 환경의 오염, 산지경관 등의 훼손 우려

가 없을 것
10. 법 제26조의 규정에 의한 채석경제성평가를 위하여 시추하는 행위
11. '영화 및 비디오물의 진흥에 관한 법률', '방송법' 또는 '문화산업진흥 기본법'에 따른 영화제작업자 · 방송사업자 또는 방송영상독립제작사가 영화 또는 방송프로그램의 제작을 위하여 야외촬영시설을 설치하는 행위
12. 부지면적 200㎡ 미만의 간이농림어업용시설(농업용수개발시설을 포함한다.) 및 농림수산물 간이처리시설을 설치하는 행위

주요 허용되는 시설

보전산지이지만 농림지역 · 임업용산지에서는 수목원, 자연휴양림, 농림어업인 주택, 관광농원 및 농어촌관광휴양단지, 봉안시설, 자연장지 시설, 종교시설, 병원, 사회복지시설, 청소년수련시설, 목공예실, 유치원, '사도법'에 다른 사도, 야외촬영시설 등이 폭 넓게 허용되고 있다.

 # 농림지역의 공익용산지

지목	임야	면적	33,521㎡
개별공시지가(㎡당)	20,700원 (2025/01)		
지역·지구 등 지정 여부	「국토의 계획 및 이용에 관한 법률」에 따른 지역·지구 등	농림지역	
	다른 법령 등에 따른 지역·지구 등	가축사육제한구역(2013-02-25)(일부제한지역)(가축분뇨의 관리 및 이용에 관한 법률), 공익용산지(산지관리법)	
「토지이용규제기본법 시행령」제9조 제4항 각 호에 해당되는 사항			

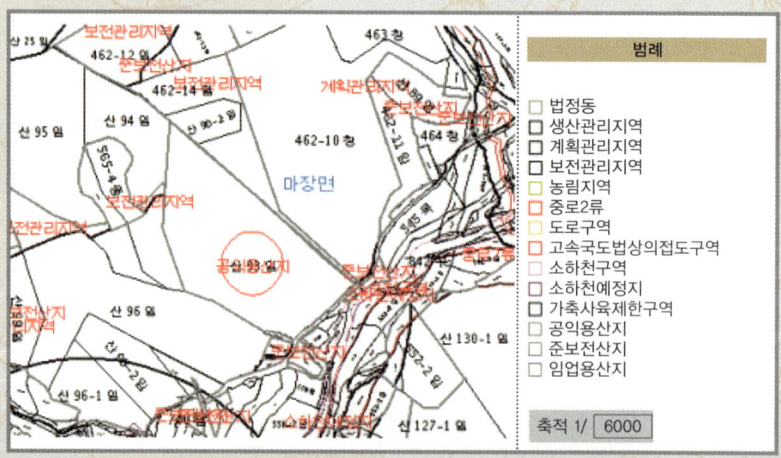

농림지역·공익용산지에서의 행위제한

용도지역이 농림지역이지만 보전산지이므로 '국토계획법'상 건축제한을 적용하지 않고, '산지관리법'상 행위제한을 적용한다. 산지관리법 제12조에 의하여 공익용산지에서는 다음과 같은 행위가 허용되고 있다.

1. 산지관리법 제10조 제1호부터 제9호까지, 제9호의2 및 제9호의3에 따른 시설의 설치 등
2. 산지관리법 제12조 제1항제2호, 제3호, 제6호 및 제7호의 시설의 설치
3. 산지관리법 제12조 제1항제12호의 시설 중 대통령령으로 정하는 시설의 설치
4. 대통령령으로 정하는 규모 미만으로서 다음 각 목의 어느 하나에 해당하는 행위
   가. 농림어업인 주택의 신축, 증축 또는 개축. 다만, 신축의 경우에는 대통령령으로 정하는 주택 및 시설에 한정한다.
   나. 종교시설의 증축 또는 개축
   다. 산지관리법 제4조 제1항 제1호 나목2)에 해당하는 사유로 공익용산지로 지정된 사찰림의 산지에서의 사찰 신축, 산지관리법 제12조 제1항제9호의 시설 중 봉안시설 설치 또는 제1항제11호에 따른 시설 중 병원, 사회복지시설, 청소년수련시설의 설치
5. 제1호부터 제4호까지의 시설을 제외한 시설로서 대통령령으로 정

하는 공용·공공용 사업을 위하여 필요한 시설의 설치
6. 제1호부터 제5호까지에 따른 시설을 설치하기 위하여 대통령령으로 정하는 기간 동안 임시로 설치하는 다음 각 목의 어느 하나에 해당하는 부대시설의 설치

　가. 진입로

　나. 현장사무소

　다. 지질·토양의 조사·탐사시설

　라. 그 밖에 주차장 등 농림축산식품부령으로 정하는 부대시설

7. 제1호부터 제5호까지의 시설 중「건축법」에 따른 건축물과 도로(「건축법」제2조 제1항 제11호의 도로를 말한다)를 연결하기 위한 대통령령으로 정하는 규모 이하의 진입로의 설치

8. 그 밖에 산나물·야생화·관상수의 재배(성토 또는 절토 등을 통하여 지표면으로부터 높이 또는 깊이 50센티미터 이상 형질변경을 수반하는 경우에 한정한다), 농도의 설치 등 공익용산지의 목적 달성에 지장을 주지 아니하는 범위에서 대통령령으로 정하는 행위

※ 산지관리법상 공익용산지에서의 행위제한을 적용하지 않는 공익용산지

공익용산지 중 다음의 어느 하나에 해당하는 산지에서의 행위제한에 대하여는 산지관리법상 공익용산지에서의 행위제한을 적용하지 않고 해당 법률을 각각 적용한다. 보전녹지지역, 개발제한구역, 자연환경보전지역의 산지 등이 그에 해당한다.

1. 산지관리법 제4조 제1항 제1호 나목 4)부터 14)까지의 산지
    4) '야생생물 보호 및 관리에 관한 법률' 제27조에 따른 야생생물 특별보호구역 및 같은 법 제33조에 따른 야생생물 보호구역의 산지
    5) '자연공원법'에 따른 공원구역의 산지
    6) '문화재보호법'에 따른 문화재보호구역의 산지
    7) '수도법'에 따른 상수원보호구역의 산지
    8) '개발제한구역의 지정 및 관리에 관한 특별조치법'에 따른 개발제한구역의 산지
    9) '국토의 계획 및 이용에 관한 법률'에 따른 녹지지역 중 대통령령으로 정하는 녹지지역의 산지(보전녹지지역을 말함)
    10) '자연환경보전법'에 따른 생태·경관보전지역의 산지
    11) '습지보전법'에 따른 습지보호지역의 산지
    12) '독도 등 도서지역의 생태계보전에 관한 특별법'에 따른 특정도서의 산지
    13) '백두대간 보호에 관한 법률'에 따른 백두대간보호지역의 산지
    14) '산림보호법'에 따른 산림보호구역의 산지

2. '국토의 계획 및 이용에 관한 법률'에 따라 지역·지구 및 구역 등으로 지정된 산지로서 대통령령으로 정하는 산지
    1) '국토계획법' 제36조 제1항 제4호의 자연환경보전지역으로 지정된 산지
    2) 「국토의 계획 및 이용에 관한 법률」 제37조제1항제5호의 방재지구로 지정된 산지
    3) '국토계획법' 제38조의 2 제1항에 따른 도시자연공원구역으로 지정된 산지
    4) '국토계획법' 제40조에 따른 수산자원보호구역으로 지정된 산지
    5) '국토계획법시행령' 제31조 제2항 제1호 가목, 같은 항 제5호 가목 및 다목에 따른 자연경관지구, 역사문화환경보호지구 및 생태계보호지구로 지정된 산지

산지 개발의 여러 가지 기준들

산지를 전용하여 개발용도로 사용하려면 평균경사도, 헥타르당 입목축적, 50년생 이상인 활엽수림의 비율 등의 기준을 충족하여야 한다.

산지관리법시행령 [별표4]
산지전용허가기준의 적용범위와 사업별·규모별 세부기준

1. 산지전용 시 공통으로 적용되는 허가기준

허가기준	세부기준
가. 인근 산림의 경영·관리에 큰 지장을 주지 아니할 것	산지전용으로 인하여 임도가 단절되지 아니할 것. 다만 단절되는 임도를 대체할 수 있는 임도를 설치하거나 산지전용 후에도 계속하여 임도에 대체되는 기능을 수행할 수 있는 경우에는 그러하지 아니하다.
나. 희귀 야생동·식물의 보전 등 산림의 자연생태적 기능 유지에 현저한 장애가 발생되지 아니할 것	개체 수나 자생지가 감소되고 있어 계속적인 보호·관리가 필요한 야생동·식물이 집단적으로 서식하는 산지(「환경영향평가법」에 따른 환경영향평가 또는 소규모 환경영향평가를 거친 경우는 제외한다) 또는 '산림자원의 조성 및 관리에 관한 법률' 제19조 제1항에 따라 지정된 수형목(秀型木) 및 '산림보호법' 제13조에 따라 지정된 보호수가 생육하는 산지가 편입되지 아니할 것. 다만 원형으로 보전하거나 생육에 지장이 없도록 이식하는 경우에는 그러하지 아니하다.
다. 토사의 유출·붕괴 등 재해발생이 우려되지 않을 것	1) 산지의 경사도, 모암(母巖), 산림상태 등 농림축산식품부령으로 정하는 산사태위험지판정기준표상의 위험요인에 따라 산사태가 발생할 가능성이 높은 것으로 판정된 지역, 「산림보호법」 제2조제13호에 따른

	산사태취약지역 또는 산사태가 발생한 지역이 아닐 것. 다만 재해방지시설의 설치를 조건으로 허가하는 경우에는 그렇지 아니하다. 2) 하천·소하천·구거의 선형은 자연 그대로 유지되도록 계획을 수립할 것. 다만 재해방지시설의 설치를 조건으로 허가하는 경우에는 그렇지 아니하다. 3) 배수시설은 배수를 하천 또는 다른 배수시설까지 안전하게 분산 유도할 수 있도록 계획을 수립할 것. 다만 배수량이 토사유출 또는 붕괴를 발생시킬 우려가 없는 경우에는 그렇지 아니하다. 4) 성토비탈면은 토양의 붕괴·침식·유출 및 비탈면의 고정과 안정을 유도하기 위한 공법을 적용할 것 5) 돌쌓기, 옹벽 등 재해방지시설을 그 절토·성토면에 설치하는 경우에는 해당 재해방지시설의 높이를 고려하여 그 재해방지시설과 건축물을 수평으로 적절히 이격할 것
라. 산림의 수원함양 및 수질보전기능을 크게 해치지 아니할 것	전용하려는 산지는 상수원보호구역 또는 취수장(상수원보호구역 미고시 지역의 경우를 말한다.)으로부터 상류방향 유하거리 10km 밖으로서 하천 양안 경계로부터 500m 밖에 위치하여 상수원·취수장 등의 수량 및 수질에 영향을 미치지 아니할 것. 다만 다음의 어느 하나에 해당하는 시설을 설치하는 경우에는 그러하지 아니하다. 1) '하수도법' 제2조 제9호·제10호·제13호에 따른 공공하수처리시설·분뇨처리시설·개인하수처리시설 2) '가축분뇨의 관리 및 이용에 관한 법률' 제2조 제8호에 따른 처리시설 3) 도수로·침사지 등 산림의 수원함양 및 수질보전을 위한 시설

마. 사업계획 및 산지전용면적이 적정하고 산지전용방법이 자연경관 및 산림훼손을 최소화하고 산지전용 후의 복구에 지장을 줄 우려가 없을 것	1) 산지전용행위와 관련된 사업계획의 내용이 구체적이고 타당하여야 하며, 허가신청자가 허가받은 후 지체 없이 산지전용의 목적사업 시행이 가능할 것 2) 목적사업의 성격, 주변경관, 설치하려는 시설물의 배치 등을 고려할 때 전용하려는 산지의 면적이 과다하게 포함되지 아니하도록 하되, 공장 및 건축물의 경우는 다음의 기준을 고려할 것 　가) 공장: '산업집적활성화 및 공장설립에 관한 법률' 제8조에 따른 공장입지의 기준 　나) 건축물: '국토의 계획 및 이용에 관한 법률' 제77조에 따른 건축물의 건폐율 3) 가능한 한 기존의 지형이 유지되도록 시설물이 설치될 것 4) 산지전용으로 인한 비탈면은 토질에 따라 적정한 경사도와 높이를 유지하여 붕괴의 위험이 없을 것 5) 산지전용으로 인하여 주변의 산림과 단절되는 등 산림생태계가 고립되지 아니할 것. 다만 생태통로 등을 설치하는 경우에는 그러하지 아니하다. 6) 전용하려는 산지의 표고(標高)가 높거나 설치하려는 시설물이 자연경관을 해치지 아니할 것 7) 전용하려는 산지의 규모가 별표4의 2의 기준에 적합할 것 8) '장사 등에 관한 법률'에 따른 화장장·납골시설·공설묘지·법인묘지·장례식장 또는 '폐기물관리법'에 따른 폐기물처리시설을 도로 또는 철도로부터 보이는 지역에 설치하는 경우에는 차폐림을 조성할 것 9) 사업계획부지 안에 원형으로 존치되거나 조성되는 산림 또는 녹지에 대하여 적정한 관리계획이 수립될 것 10) 다음의 어느 하나에 해당하는 도로를 이용하여 산지전용을 할 것. 다만, 개인묘지의 설치나 광고탑 설치 사업 등 그 성격상 가)부터 바)까지의 규정에 따른 도로를 이용할 필요가 없는 경우로서 산림청장이 산지구분별로 조건과 기준을 정하여 고시하는 경우는 제외한다.

가) 「도로법」, 「사도법」, 「농어촌도로 정비법」 또는 「국토의 계획 및 이용에 관한 법률」(이하 "도로관계법"이라 한다)에 따라 고시·공고된 후 준공검사가 완료되었거나 사용개시가 이루어진 도로

나) 도로관계법에 따라 고시·공고된 후 공사가 착공된 도로로서 준공검사가 완료되지 않았으나 도로관리청 또는 도로관리자가 이용에 동의하는 도로

다) 이 법에 따른 산지전용허가 또는 도로관계법 외의 다른 법률에 따른 허가 등을 받아 준공검사가 완료되었거나 사용개시가 이루어진 도로로서 가)에 따른 도로와 연결된 도로

라) 이 법에 따른 산지전용허가 또는 도로관계법 외의 다른 법률에 따른 허가 등을 받아 공사가 착공된 후 준공검사가 완료되지 않았으나 실제로 차량 통행이 가능한 도로로서 다음의 요건을 모두 갖춘 도로
  (1) 가)에 따른 도로와 연결된 도로일 것
  (2) 산지전용허가를 받은 자 또는 도로관리자가 도로 이용에 동의할 것

마) 지방자치단체의 장이 공공의 목적으로 사용하기 위하여 토지 소유자의 동의를 얻어 설치한 도로

바) 도로 설치 계획이 포함된 산지전용허가를 받은 자가 계획상 도로의 이용에 동의하는 경우 해당 계획상 도로(「산업집적활성화 및 공장설립에 관한 법률」에 따른 공장설립 승인을 받으려는 경우에만 해당한다)

11) '건축법 시행령' 별표1 제1호에 따른 단독주택을 축조할 목적으로 산지를 전용하는 경우에는 자기 소유의 산지일 것(공동 소유인 경우에는 다른 공유자 전원의 동의가 있는 등 해당 산지의 처분에 필요한 요건과 동일한 요건을 갖출 것)

12) '사방사업법' 제3조 제2호에 따른 해안사방사업에 따라 조성된 산림이 사업계획부지안에 편입되지 아니할 것. 다만 원형으로 보전하거나 시설물로 인하여 인근의 수

목생육에 지장이 없다고 인정되는 경우에는 그러하지 아니한다.
13) 분묘의 중심점으로부터 5m 안의 산지가 산지전용예정지에 편입되지 아니할 것. 다만 다음의 어느 하나에 해당하는 경우에는 그러하지 아니하다.
　가) 해당 산지의 산지전용에 대하여 '장사 등에 관한 법률' 제2조 제16호에 따른 연고자의 동의를 받은 경우(연고자가 있는 경우에 한정한다.)
　나) 연고자가 없는 분묘의 경우에는 '장사 등에 관한 법률' 제27조 또는 제28조에 따라 분묘를 처리한 경우
14) 산지전용으로 인하여 해안의 경관 및 해안산림생태계의 보전에 지장을 초래하지 아니할 것
15) 농림어업인이 자기 소유의 산지에서 직접 농림어업을 경영하면서 실제로 거주하기 위하여 건축하는 주택 및 부대시설을 설치하는 경우에는 자기 소유의 기존 임도를 활용하여 시설할 수 있다.

2. 산지전용면적에 따라 적용되는 허가기준

허가기준	전용면적	세부기준
가. 집단적인 조림성공지 등 우량한 산림이 많이 포함되지 아니할 것	30만㎡ 이상의 산지전용에 적용	집단으로 조성되어 있는 조림성공지 또는 우량한 입목·죽이 집단적으로 생육하는 천연림의 편입을 최소화할 것
나. 토사의 유출·붕괴 등 재해발생이 우려되지 아니할 것	2만㎡ 이상의 산지전용에 적용	1) 산지전용을 하려는 산지 및 그 주변 지역에 산사태가 발생할 가능성이 높지 않을 것. 다만 산림청장은 산지전용을 하려는 자에게 재해방지시설을 설치할 것을 조건으로 산지전용허가를 할 수 있다.

		2) 산지전용으로 인하여 홍수 시 하류지역의 유량상승에 현저한 영향을 미치거나 토사유출이 우려되지 아니할 것. 다만 홍수조절지, 침사지 또는 사방시설을 설치하는 경우에는 그러하지 아니하다.
다. 산지의 형태 및 임목의 구성 등의 특성으로 인하여 보호할 가치가 있는 산림에 해당되지 아니할 것	660㎡ 미만의 산지전용에는 1) 및 2)를 적용하고, 660㎡ 이상의 산지전용에는 1)부터 4)까지를 적용. 다만, 비고 제1호에 해당하는 시설은 1)부터 4)까지를 적용하지 않는다.	1) 전용하려는 산지의 평균경사도는 다음의 기준을 모두 충족해야 한다. 가) 전용하려는 산지의 평균경사도가 25도(「체육시설의 설치·이용에 관한 법률」제10조제1항제1호에 따른 스키장업의 시설을 설치하는 경우에는 35도를 말한다) 이하일 것 나) 전용하려는 산지를 면적 100㎡의 지역으로 분할하여 각 지역의 경사도를 측정하는 경우 경사도가 25도 이상인 지역의 면적이 전체 지역 면적(사업계획부지 안에 원형으로 존치되는 지역의 면적은 제외한다)의 100분의 40 이하일 것. 다만, 스키장업의 시설을 설치하는 경우에는 그렇지 않다. 2) 1)에도 불구하고 다음의 어느 하나에 해당하는 경우에는 1)을 적용하지 않을 수 있다. 가) 산지 외의 토지로 둘러싸인 면적이 1만제곱미터 미만인 일단의 산지를 산지전용으로 비탈면 없이 평탄지로 조성하려는 경우 나) 법 제8조에 따라 산지에서의 구역 등의 지정을 위한 협의 과정에서 평균경사도 기준을 이미 검토한 경우(같은 조에 따른 협의 과정에서 평균경사도 기준을 검토한 후 전용하려는 산지 면적을 100분의 10 미만의 범위에서 변경하는 경우를 포함한다) 다) 전용면적이 660㎡ 미만인 경우로서 다음의 어느 하나에 해당하는 경우

(1) 「자연재해대책법」 제4조에 따른 재해영향평가의 협의를 한 경우
(2) 재해예방 및 복구를 목적으로 산지전용을 하려는 경우
(3) 법 제42조제1항에 따른 복구준공검사 전에 종전에 제출한 사업계획과 동일한 내용으로 다시 산지전용허가를 받으려는 경우로서 법 제39조제3항제1호에 따라 복구의무의 전부를 면제받은 경우
(4) 그 밖에 전용하려는 산지가 산지 외의 토지로 둘러싸여 있거나 전용하려는 산지와 그 주변 지역의 지형이 평탄지인 경우로서 붕괴나 토사유출의 위험이 없거나 현저히 낮은 것으로 산림청장등이 인정하는 경우

3) 전용하려는 산지의 헥타르당 입목축적이 산림 기본 통계상의 관할 시·군·구의 헥타르당 입목축적(산림기본통계의 발표 다음 연도부터 다시 새로운 산림기본통계가 발표되기 전까지는 산림청장이 고시하는 시·도별 평균생장률을 적용하여 해당 연도의 관할 시·군·구의 헥타르당 입목축적으로 구하며, 산불발생·솎아베기·벌채를 실시한 후 5년이 지나지 않은 때에도 해당 시·도별 평균생장률을 적용하여 그 산불 발생·솎아베기 또는 벌채 전의 입목축적을 환산한다.)의 150% 이하일 것. 다만 법 제8조에 따른 산지에서의 구역 등의 지정 협의를 거친 경우로서 입목축적조사기준이 검토된 경우에는 입목축적에 대한 검토를 생략할 수 있다.

4) 전용하려는 산지 안에 생육하고 있는 50년생 이상인 활엽수림의 비율이 50% 이하일 것

허가기준	적용대상	세부기준
라. 사업계획 및 산지전용면적이 적정하고 산지전용방법이 자연경관 및 산림훼손을 최소화하고 산지전용 후의 복구에 지장을 줄 우려가 없을 것	30만㎡ 이상의 산지전용에 적용	1) 사업계획에 편입되는 보전산지의 면적이 해당 목적사업을 고려할 때 과다하지 아니할 것. 다만 법 제8조에 따른 산지에서의 구역 등의 지정 협의를 거친 경우로서 사업계획면적에 대한 보전산지의 면적비율이 이미 검토된 경우에는 해당 산지의 보전산지 면적비율에 대한 검토를 생략할 수 있다. 2) 시설물이 설치되거나 산지의 형질이 변경되는 부분 사이에 적정면적의 산림을 존치하고 수림(樹林)을 조성할 것 3) 산지전용으로 인한 토사의 이동량은 해당 목적사업 달성에 필요한 최소한의 양일 것 4) ~ 5) 기재 생략

3. 산지전용대상 사업에 따라 적용되는 허가기준

허가기준	적용대상 사업	세부기준
가. 사업계획 및 산지전용면적이 적정하고 산지전용방법이 자연경관 및 산림훼손을 최소화하고 산지전용 후의 복구에 지장을 줄 우려가 없을 것	공장	공장부지 면적('한경영향평가법'에 따른 협의 시 원형대로 보전하도록 한 지역을 포함한다.)이 1만㎡(둘 이상의 공장을 함께 건축하거나 기존 공장부지에 접하여 건축하는 경우와 둘 이상의 부지가 너비 8m 미만의 도로에 서로 접하는 경우에는 그 면적의 합계를 말한다.) 이상일 것. 다만 다음의 어느 하나에 해당하는 경우에는 그러하지 아니하다. 1) '국토의 계획 및 이용에 관한 법률' 제36조에 따른 관리지역 안에서 농공단지 내에 입주가 허용되는 업종의 공장을 설치하기 위하여 전용하려는 경우 2) '산업집적활성화 및 공장설립에 관한 법률' 제9조 제2항에 따라 고시한 공장설립이 가능한 지역 안에서 공장을 설치하기 위하여 전용하려는 경우 3) '국토의 계획 및 이용에 관한 법률' 제36조에 따른 주거지역, 상업지역, 공업지역, 계획관리지역, 생산녹지지역, 자연녹지지역에서 공장을 설치하기 위하여 전용하려는 경우

도로	1) 산지전용·일시사용제한지역, 백두대간보호지역, 산림보호구역, 자연휴양림, 수목원, 채종림에는 터널 또는 교량으로 도로를 시설할 것. 다만 지형여건상 우회 노선을 선정하기 어렵거나 터널·교량을 설치할 수 없는 경우 등 불가피한 경우에는 그러하지 아니하다. 2) 도로를 시설하기 위하여 산지전용을 하는 경우로서 능선 방향 단면의 토양을 잘라내는 높이가 해당 도로의 표준터널 단면 유효높이의 3배 이상일 경우에는 지형여건에 따라 터널 또는 개착터널을 설치하여 주변 산림과 단절되지 아니하도록 할 것. 다만 지형여건 또는 사업수행상 불가피하다고 인정되는 경우에는 그러하지 아니하다. 3) 해안에 인접한 산지에 도로를 시설하는 경우에는 해당 도로시설로 인하여 해안의 유실 또는 해안 형태의 변화를 초래하지 아니할 것
송전시설	1)~3) 기재생략

CHAPTER 9

'도로'로 배우는 지적도의 비밀

아는 만큼 보이고, 보이는 만큼
수익이 오르는 지적도의 비밀

[도로의
  정의와 종류

건축허가와 도로

① 접도의무와 도로의 너비 기준

건축법상 도로란 보행과 자동차 통행이 가능한 너비 4m 이상의 도로를 말하며, 건축물의 대지는 2m 이상이 도로(자동차만의 통행에 사용되는 도로는 제외한다)에 접하여야 한다.

② 도로의 종류

건축법상 "도로"란 보행과 자동차 통행이 가능한 너비 4m 이상의 도로로서 다음의 어느 하나에 해당하는 도로나 그 예정도로를 말한다. 건축법상의 도로는 5가지가 있다.

- 「국토계획법」, 「도로법」, 「사도법」, 그 밖의 관계 법령에 따라 신설 또는 변경에 관한 고시가 된 도로
- 건축허가 또는 신고 시에 특별시장·광역시장·특별자치시장·도지사·특별자치도지사 또는 시장·군수·구청장(자치구청장)이 위치

를 지정하여 공고한 도로

실무적으로는 통상 가항의 도로를 '법정도로'("도로관계법"에 따라 고시·공고된 후 준공검사가 완료되었거나 사용개시가 이루어진 도로)라 하고, 나항의 도로를 '지정도로'라 부른다.

국토계획법에 의한 도로

① 도시·군계획시설 도로

국토계획법에 의한 도로는 "도시·군계획시설"로서의 도로를 말한다. 도로, 철도, 항만, 공항, 공원, 녹지, 학교, 병원 등 도시의 유지에 필요한 기본적인 물리적 시설을 '기반시설'(7개군 46종)이라 하며, '기반시설' 중에서도 특별히 도시·군관리계획으로 결정된 시설을 "도시·군계획시설"이라 한다. '도시·군계획시설'로서의 도로는 「도·시군계획시설의 결정구조 및 설치 기준에 관한 규칙」에서 1)규모별 구분 2)사용형태별 구분 3)기능별 구분의 3가지 기준에 의하여 구분하고 있으며, 도로의 규모별 구분은 다음과 같다.

② 규모별 구분

- 광로
    (1) 1류 : 폭 70m 이상인 도로
    (2) 2류 : 폭 50m 이상 70m 미만인 도로

(3) 3류 : 폭 40m 이상 50m 미만인 도로

- 대로

    (1) 1류 : 폭 35m 이상 40m 미만인 도로

    (2) 2류 : 폭 30m 이상 35m 미만인 도로

    (3) 3류 : 폭 25m 이상 30m 미만인 도로

- 중로

    (1) 1류 : 폭 20m 이상 25m 미만인 도로

    (2) 2류 : 폭 15m 이상 20m 미만인 도로

    (3) 3류 : 폭 12m 이상 15m 미만인 도로

- 소로

    (1) 1류 : 폭 10m 이상 12m 미만인 도로

    (2) 2류 : 폭 8m 이상 10m 미만인 도로

    (3) 3류 : 폭 8m 미만인 도로

도시·군계획시설도로 소로1류에 접한 주거지역 대지

지목	대	면적	
개별공시지가	2,629,000원(2025/01)		
지역 지구 등 지정 여부	「국토의 계획 및 이용에 관한 법률」에 따른 지역·지구 등	도시지역, 제1종일반주거지역, 지구단위계획구역, 소로1류(접함)	
	다른 법령 등에 따른 지역·지구 등	가축사육제한구역〈가축분뇨 관리 및 이용에 관한 법률〉	
「토지이용규제 기본법 시행령」 제9조 제4항 각호에 해당되는 사항			

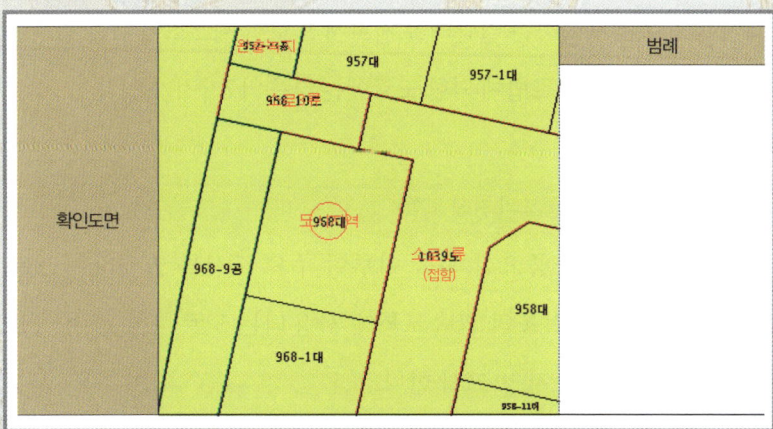

확인도면 / 범례

분석의 포인트

해당 토지는 택지개발지구내 주거지역 토지로서 필지 우측으로 '도시·군계획시설도로'에 접하고 있으며 해당 도로의 규모는 소로1류(폭 10미터 이상 12미터 미만)에 해당한다.

도로법에 의한 도로

① **도로법상 도로의 종류**

도로법상 "도로"란 차도, 보도(步道), 자전거도로, 측도(側道), 터널, 교량, 육교 등 대통령령으로 정하는 시설로 구성된 것을 말하며, "도로구역"이란 도로를 구성하는 일단의 토지로서 도로법 제25조에 따라 결정된 구역을 말한다. 도로법에 의한 도로에는 다음의 7가지가 있다.

- 고속국도(고속국도의 지선 포함)
  도로교통망의 중요한 축을 이루며 주요 도시를 연결하는 도로로서 자동차 전용의 고속교통에 사용되는 도로를 말하며 국토교통부장관이 지정·고시 한다.
- 일반국도(일반국도의 지선 포함)
  주요 도시, 지정항만, 주요 공항, 국가산업단지 또는 관광지 등을 연결하여 고속국도와 함께 국가간선도로망을 이루는 도로 노선을 말하여 국토교통부장관이 지정·고시 한다.
- 특별시도(特別市道)·광역시도(廣域市道)

특별시장 또는 광역시장은 해당 특별시 또는 광역시의 관할구역에 있는 도로 중 다음 각 호의 어느 하나에 해당하는 도로 노선을 정하여 특별시도·광역시도를 지정·고시 할 수 있다.

  1) 해당 특별시·광역시의 주요 도로망을 형성하는 도로
  2) 특별시·광역시의 주요 지역과 인근 도시·항만·산업단지·물류시설 등을 연결하는 도로
  3) 제1호 및 제2호에 따른 도로 외에 특별시 또는 광역시의 기능을 유지하기 위하여 특히 중요한 도로

- 지방도

도지사 또는 특별자치도지사는 도 또는 특별자치도의 관할구역에 있는 도로 중 해당 지역의 간선도로망을 이루는 다음 각 호의 어느 하나에 해당하는 도로 노선을 정하여 지방도를 지정·고시 할 수 있다.

  1) 도청 소재지에서 시청 또는 군청 소재지에 이르는 도로
  2) 시청 또는 군청 소재지를 연결하는 도로
  3) 도 또는 특별자치도에 있거나 해당 도 또는 특별자치도와 밀접한 관계에 있는 공항·항만·역을 연결하는 도로
  4) 도 또는 특별자치도에 있는 공항·항만 또는 역에서 해당 도 또는 특별자치도와 밀접한 관계가 있는 고속국도·일반국도 또는 지방도를 연결하는 도로
  5) 제1호부터 제4호까지의 규정에 따른 도로 외의 도로로서 도 또는 특별자치도의 개발을 위하여 특히 중요한 도로

- 시도

  특별자치시장 또는 시장(행정시의 경우에는 특별자치도지사를 말한다)은 특별자치시, 시 또는 행정시의 관할구역에 있는 도로 노선을 정하여 시도를 지정·고시 할 수 있다.

- 군도

  군수는 해당 군의 관할구역에 있는 도로 중 다음 각 호의 어느 하나에 해당하는 도로 노선을 정하여 군도를 지정·고시 할 수 있다.

  1) 군청 소재지에서 읍사무소 또는 면사무소 소재지에 이르는 도로
  2) 읍사무소 또는 면사무소 소재지를 연결하는 도로
  3) 제1호 및 제2호에 따른 도로 외의 도로로서 군의 개발을 위하여 특히 중요한 도로

- 구도

  구청장은 관할구역에 있는 특별시도 또는 광역시도가 아닌 도로 중 동(洞) 사이를 연결하는 도로 노선을 정하여 구도를 지정·고시 할 수 있다.

도로표지판의 구분

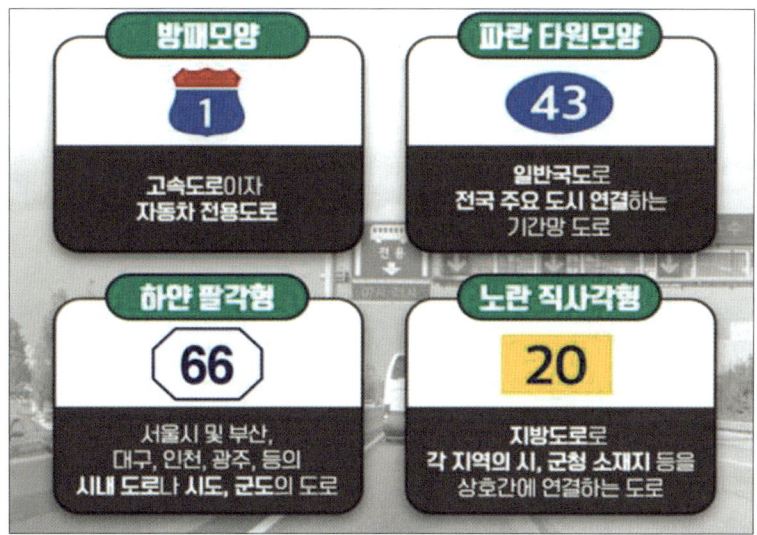

<자료 : 국토교통부>

② 연결허가와 진출입로의 공동사용

「도로법」상 도로에 연결하여 허가에 필요한 진출입로를 확보하여야 하는 경우에 해당 부분에 먼저 연결허가를 받은 자가 있는 경우에도 제3자가 신규허가를 신청할 수 있다. 해당 사항에 대하여는 「도로법」 제53조에서 아래와 같이 규정하고 있다.

※「도로법」 제53조(진출입로 등의 사용 등)

1) 연결허가를 받은 시설 중 도로와 연결되는 시설이 다른 도로나 통로 등 일반인의 통행에 이용하는 시설(이하 "진출입로"라 한다)인 경우 해당

연결허가를 받은 자는 일반인의 통행을 제한하여서는 아니 된다.

2) 연결허가를 받은 자가 아닌 자가 새로운 연결허가를 받기 위하여 필요한 경우에는 다른 자가 먼저 연결허가를 받은 진출입로를 공동으로 사용할 수 있다. 이 경우 먼저 연결허가를 받은 자는 진출입로의 공동사용 동의 등 새로운 연결허가를 받으려는 자가 연결허가를 받는데 필요한 협력을 하여야 한다.

3) 제2항에 따라 먼저 연결허가를 받은 자는 새로운 연결허가를 받기 위하여 진출입로를 공동 사용하려는 자에게 공동사용 부분에 대한 비용의 분담을 요구할 수 있다.

4) 제3항에 따른 비용의 분담 금액은 진출입로의 사용면적을 기준으로 결정하되 구체적인 분담 금액의 결정 방법은 국토교통부령으로 정한다. 다만, 공동사용 부분에 대한 비용의 분담에 대해 다른 법령에서 달리 정하고 있는 경우에는 그에 따른다.

5) 제2항에 따라 새로운 연결허가를 받으려는 자는 먼저 연결허가를 받은 자가 정당한 이유 없이 진출입로의 공동사용에 응하지 아니하는 경우 제4항에 따라 산정한 비용을 공탁(供託)하고 도로관리청에 연결허가를 신청할 수 있다. 이 경우 연결허가 신청을 받은 도로관리청은 공탁이 적정한지 여부를 검토하고 새로운 연결허가를 할 수 있다.

사도법상 사도

① 「사도법」상 사도

「사도법」상 "사도"란 다음 각 호의 도로가 아닌 것으로서 그 도로에 연결되는 길을 말한다. 다만, 제3호 및 제4호의 도로는 「도로법」 제50조에 따라 시도 또는 군도 이상에 적용되는 도로 구조를 갖춘 도로에 한정한다. 즉, 허가대상 사업부지부터 다음 각 호의 도로까지 사업자가 「사도법」을 적용하여 허가를 받아서 개설한 도로를 말한다. 통상 리조트나 물류단지 등의 규모가 있는 시설을 개발할 때 「사도법」상 사도를 개설하여 진입로를 확보한다. 「사도법」상 사도는 지정·고시된 도로로서 공로로서의 성격을 가지며, 지정·고시의 절차 없이 단순히 지목만 '도'이며 해당 도로의 소유권이 개인에게 있는 '사실상 사도'와는 다른 개념이다.

1) 「도로법」 제2조제1호에 따른 도로
2) 「도로법」의 준용을 받는 도로 : 준용도로

   준용도로란 「도로법」상의 도로 이외의 도로에 대하여 「도로법」을 준용하고자 할 때에 사용하는 개념으로서 「도로법」상의 도로에는 해당되지 않는다. 「국토계획법」에 의하여 도시·군계획시설사업으로 설치된 도로와 당해 도로의 소재지를 관할하는 지방자치단체장이 「도로법」 제99조 제2항의 규정에 의하여 공고한 도로(준용도로 공고), 두 가지가 있다.

3) 「농어촌도로정비법」 제2조제1항에 따른 농어촌도로

4) 「농어촌정비법」에 따라 설치된 도로

② 사도의 개설 허가

사도를 개설하려면 시장·군수·구청장의 허가를 받아야 하며, 시장·군수·구청장은 허가를 하였을 때에는 지체 없이 그 내용을 공보에 고시하여야 하고, 사도 관리대장에 그 내용을 기록·보관하여야 한다.

③ 사도의 관리 및 통행의 제한 또는 금지

사도는 사도개설자가 관리한다. 사도개설자는 법령으로 정한 경우로서 시장·군수·구청장의 허가를 받은 경우를 제외하고는 일반인의 통행을 제한하거나 금지할 수 없다.

<사도개설 허가증>

사도개설 허가(변경)증

가. 주　　소: 경기도 이천시 마장면 해월리 산 28-1번지
나. 성　　명: ○○리조트(주) 대표이사 ***
다. 위　　치: 처인구 원삼면 좌항리 산 16-2번지 외 30필지
라. 사도연장: 744m
마. 사 도 폭: 15m
바. 목　　적: ○○리조트 진출입로 조성

사도법 제4조 및 같은 법 시행령 제2조의 규정에 의거 아래 조건을 부여하여 사도개설을 허가합니다.

○○ 시 장

• 허가조건
1. 사도법 제9조(통행의 제한 또는 금지)의 규정에 의하여 주민통행을 제한 및 금지할 수 없음
2. 사도는 사도법 제7조(사도의 관리)에 의거하여 사도개설자가 유지관리하여야 함

「농어촌도로정비법」상의 도로

① 「농어촌도로정비법」상의 도로

'그 밖의 관계 법령에 따라 신설 또는 변경에 관한 고시가 된 도로'의 대표적인 것이 「농어촌도로정비법」상의 도로이다. 일반적으로 도시지역외지역에 있는 토지가 가장 흔하게 접하는 도로가 「농어촌도로정비법」상의 도로인 면도·리도·농도이다.

"농어촌도로"란 「도로법」에 규정되지 아니한 도로(읍 또는 면 지역의 도로만 해당한다)로서 농어촌지역 주민의 교통 편익과 생산·유통활동 등에 공용되는 공로(公路) 중 「농어촌도로정비법」 제4조 및 제6조에 따라 고시된 도로를 말한다.

- 면도: 군도(郡道) 및 그 상위 등급의 도로와 연결되는 읍·면 지역의 기간 도로
- 이도: 군도 이상의 도로 및 면도와 갈라져 마을 간이나 주요 산업단지 등과 연결되는 도로
- 농도: 경작지 등과 연결되어 농어민의 생산활동에 직접 공용되는 도로

② 농어촌도로의 노선 번호

농어촌도로의 노선 번호는 면도는 100번, 리도는 200번, 농도는 300번 대를 사용한다. 국도나 지방도처럼 위성지도 등에서 노선 번호를 확인할 수 있는 것이 아니고 지자체에 비치된 관할 시·군·

구 도로망도에 의하여 노선 및 노선번호 등을 확인할 수 있다.

③ **차선 수와 차선 폭**

면도는 2차선 이상, 리도와 농도는 1차선 이상으로 한다. 2차선 이상인 도로의 차선 폭은 3미터로 한다. 리도 및 농도를 1차선으로 설계할 경우 차선 폭은 리도는 5미터, 농도는 3미터 이상으로 한다. 다만, 부득이한 경우에는 리도의 차선 폭을 4미터 이상으로 할 수 있다.

건축법상 지정도로

건축허가 또는 신고 시에 특별시장·광역시장·특별자치시장·도지사·특별자치도지사 또는 시장·군수·구청장이 위치를 지정하여 공고한 도로를 실무적으로 '지정도로' 또는 '인정도로'라 한다. 건축법 제45조에 의하여 허가권자는 도로의 위치를 지정·공고하려면 그 도로에 대한 이해관계인의 동의를 받아야 하며, 변경이나 폐지의 경우도 같다. 다만, 다음의 어느 하나에 해당하면 이해관계인의 동의를 받지 아니하고 건축위원회의 심의를 거쳐 도로를 지정할 수 있다.

- 허가권자가 이해관계인이 해외에 거주하는 등의 사유로 이해관계인의 동의를 받기가 곤란하다고 인정하는 경우
- 주민이 오랫동안 통행로로 이용하고 있는 사실상의 통로로서 해당 지방자치단체의 조례로 정하는 것인 경우

허가권자는 위의 법령에 따라 도로를 지정하거나 변경하면 도로관리대장(건축법상 도로관리대장)에 이를 적어서 관리하여야 한다.

<지정도로 사례>

공 고

○○시 **면 **리 134번지 외 1필지 상 건축주로부터 건축허가(변경) 신청서가 제출되어 「건축법」 제16조 규정에 따라 허가변경 처리하고, 진입도로는 같은 법 제2조제11호나목 및 제45조제1항 규정에 따라 아래와 같이 지정·공고합니다.

○○구 청 장

1. 도로 지정·공고 내역

구분	지번	지목	지적(m²)	편입면적(m²)	비고
1	**면 **리 134번지	장	976	163	
2	**면 **리 134-1번지	장	14	1	
합계				164	

2. 공고기간: 30일
3. 기타관계도서는 OO시 **구 건축허가2과에 비치·보관. 끝.

건축법상 지정도로 사례

지목	공장용지	면적	976㎡
개별공시지가(㎡당)	299,800원 (2025/01)		
지역·지구 등 지정 여부	「국토의 계획 및 이용에 관한 법률」에 따른 지역·지구 등	도시지역, 자연녹지지역	
	다른 법령 등에 따른 지역·지구 등	가축사육제한구역(100m 이내 - 전 축종제한)(가축분뇨의 관리 및 이용에 관한 법률, 배출시설치제한지역(수질 및 수생태계 보전에 관한 법률), 수질보전특별대책지역	
「토지이용규제기본법 시행령」 제9조 제4항 각 호에 해당되는 사항	〈추가기재〉 건축법 제2조제1항제11호나목에 따른 도로(도로일부포함)		

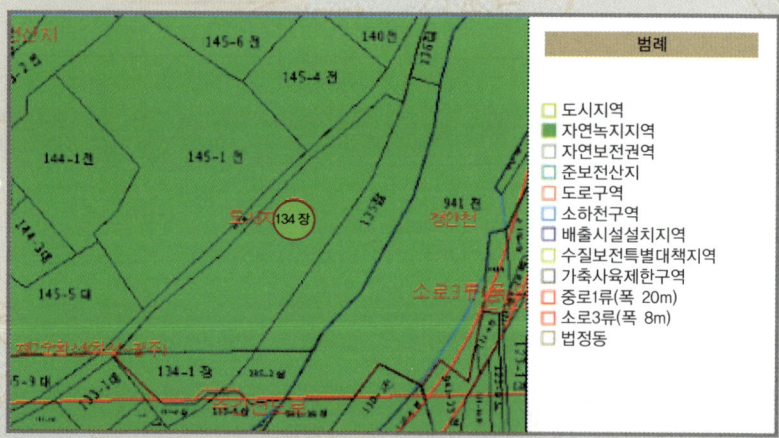

범례
- 도시지역
- 자연녹지지역
- 자연보전권역
- 준보전산지
- 도로구역
- 소하천구역
- 배출시설설치지역
- 수질보전특별대책지역
- 가축사육제한구역
- 중로1류(폭 20m)
- 소로3류(폭 8m)
- 법정동

분석의 포인트

사례 토지(134장)는 필지 상단의 현황도로 부분이 건축법상 도로로 지정되어서 해당 내용이 토지이용계획확인서에 표시되고 있다. 건축법상 지정도로는 지정된 후 필지 분할과 지목변경이 되기도 하고 되지 않기도 한다. 그리고 도로가 지정이 되면 공도의 성격을 갖게 되므로 제3자도 토지사용승락서 없이 해당 도로를 진입로로 하여 건축허가를 받을 수 있다. 다만, 오수관로 매설을 위한 굴착 등의 행위는 토지소유자의 사용승낙서를 받아야 할 수 있다.

현황도로와 조례에 의한 도로의 지정

건축법상 지정도로와 관련하여 건축허가 또는 신고 시에 시장·군수·구청장 등 허가권자가 도로의 위치를 지정·공고하려면 그 도로에 대한 이해관계인의 동의를 받아야 하지만 주민이 오랫동안 통행로로 이용하고 있는 사실상의 통로로서 해당 지방자치단체의 조례로 정하는 것인 경우 이해관계인의 동의를 받지 아니하고 건축위원회의 심의를 거쳐 도로를 지정할 수 있다.

<조례에 의한 도로의 지정: OO시 건축조례>

> 제22조(도로의 지정) 법 제45조제1항에 따라 주민이 장기간 통행로로 이용하고 있는 도로서 허가권자가 이해관계인의 동의를 받지 아니하고 위원회의 심의를 거쳐 도로로 지정할 수 있는 경우는 다음 각 호와 같다.
>
> 1. 복개된 하천, 구거부지
> 2. 제방도로
> 3. 공원내 도로
> 4. 주민이 장기간 사용하고 있고 건축물이 접해 있는 사실상 통로(같은 통로를 이용하여 건축허가 또는 신고한 사실이 있는 도로 포함)

기타: 농어촌정비법상 도로

「농어촌도로정비법」이 아닌 「농어촌정비법」에 의하여 농업생산기반시설 중의 하나로 설치된 도로가 이에 해당한다. 농어촌정비법에 의하면 "농업생산기반시설"이란 농업생산기반 정비사업으로 설치되거나 그 밖에 농지 보전이나 농업 생산에 이용되는 저수지, 양수장, 관정(우물) 등 지하수 이용시설, 배수장, 취입보, 용수로, 배수로, 유지(溜池: 웅덩이), 도로[「농어촌도로정비법」 제4조에 따른 농도(農道) 등 농로를 포함한다], 방조제, 제방(둑) 등의 시설물 및 그 부대시설과 농수산물의 생산·가공·저장·유통시설 등 영농시설을 말한다.

「농어촌정비법」에 의한 도로의 관리청은 한국농어촌공사이다. 따라서, 「농어촌정비법」에 의한 도로가 포장·너비 등이 도로의 기능을 갖춘 경우에는 도로로 인정받을 수 있지만, 개발행위허가시 한국농어촌공사의 협의를 통해 동의를 받아야 한다.

개발행위허가와 진입도로

① 「개발행위허가 운영지침」 상의 진입도로

개발행위허가의 기준이 되는 「국토계획법」은 시행령 제56조에서 그 기준을 규정하고 있으며, 이를 실무적으로 적용한 것이 「개발행위허가 운영지침」이다. 그중 진입도로에 관한 부분은 다음과 같다.

② 개발행위허가 운영지침 3-2-5 기반기설

1. 대지와 도로의 관계는 「건축법」에 적합할 것.
2. 「도로법」과 「건축법」상의 도로가 아닌 진입도로는 국토교통부장관이 정한 기준에 적합하게 확보(지자체 조례로서 별도의 조례를 정한 경우 조례에 따라 확보)하되, 해당 시설의 이용 및 주변의 교통소통에 지장을 초래하지 아니할 것
3. 도시·군계획조례로 정하는 건축물의 용도·규모(대지의 규모를 포함한다)·층수 또는 주택호수 등에 따른 도로의 너비 또는 교통소통에 관한 기준에 적합할 것

개발행위허가 운영지침 3-2-5는 대지와 도로의 관계는 건축법에 적합하고, 도로법과 건축법상의 도로가 아닌 진입도로는 국토교통부장관(조례가 있으면 해당 조례)이 정한 기준에 적합하게 확보할 것을 규정하고 있다.

③ 개발행위허가 운영지침 3-3-2-1 도로

1. 건축물을 건축하거나 공작물을 설치하는 부지는 도시·군계획도로 또는 시·군도, 농어촌도로에 접속하는 것을 원칙으로 하며, 위 도로에 접속되지 아니한 경우 2 및 3의 기준에 따라 진입도로를 개설해야 한다.

2. 1에 따라 개설(도로확장 포함)하고자 하는 진입도로의 폭은 개발 규모(개설 또는 확장하는 도로면적은 제외한다)가 5천㎡ 미만은 4m 이상, 5천㎡ 이상 3만㎡ 미만은 6m 이상, 3만㎡이상은 8m 이상으로서 개발행위규모에 따른 교통량을 고려하여 적정 폭을 확보하여야 한다. 이 경우 진입도로의 폭은 실제 차량 통행에 이용될 수 있는 부분으로 산정한다.

3. 진입도로의 길이를 산정할 경우 단지(주택단지, 공장단지 등) 내 도로는 제외하며, 변속차로 및 기존 도로의 확장된 부분은 포함한다.

4. 다음 각 호의 어느 하나에 해당하는 경우에는 2의 도로확보기준을 적용하지 아니할 수 있다.

   - 차량진출입이 가능한 기존 마을안길, 농로 등에 접속하거나 차량통행이 가능한 도로를 개설하는 경우로서 농업·어업·임업용 시설(가공, 유통, 판매 및 이와 유사한 시설은 제외하되, 「농어업·농어촌 및 식품산업 기본법」 제3조에 의한 농어업인 및 농어업 경영체, 「임업 및 산촌 진흥촉진에 관한 법률」에 의한 임업인, 기타 관련 법령에 따른 농업인·임업인·어업인이 설치하는 부지면적 2천㎡ 이하의 농수산물 가공, 유통, 판매 및 이와 유사한 시설은 포함), 부지면적 1천㎡ 미만으

로서 제1종 근린생활시설 및 단독주택(건축법 시행령 별표1 제1호 가목에 의한 단독주택)의 건축인 경우

- 건축물 증축 등을 위해 기존 대지 면적을 10% 이하로 확장하는 경우
- 부지확장 없이 기존 대지에서 건축물 증축·개축·재축(신축 제외)하는 경우
- 광고탑, 철탑, 태양광발전시설 등 교통유발 효과가 없거나 미미한 공작물을 설치하는 경우

5. 1~2까지의 기준을 적용함에 있어 지역여건이나 사업특성을 고려하여 법령의 범위 내에서 도시계획위원회 심의를 거쳐 이를 완화하여 적용할 수 있다.

6. 2와 4를 적용함에 있어 산지에 대해서는 산지관리법령의 규정에도 적합하여야 한다. 다만, 보전산지에서는 산지관리법령에서 정한 기준을 따른다.

진입도로와 관련하여 실무적으로 개발행위허가 여부를 사전에 검토하기 위해서는 먼저 개발행위허가운영지침 3-3-2-1상의 도로 기준 충족 여부를 검토하여야 하고, 두 번째는 개발행위허가 운영지침 3-2-5의 3항에 따라 해당 시·군의 도시·군계획조례에서 개발행위허가 기준으로 정하고 있는 건축물의 용도·규모(대지의 규모를 포함)·층수 또는 주택호수 등에 따른 도로의 너비 또는 교통소통에 관한 기준을 충족하는지 여부를 검토하여야 한다. 그리고 마지막으로 개발행위허가

운영지침 3-3-2-1의 6항에 따라 산지(지목이 임야)인 경우에는 산지관리 법령의 규정에도 적합하여야 한다. 다만, 보전산지에서는 산지관리법에서 정한 기준을 따른다.

④ **4m 미만의 마을안길, 농로 등을 이용한 개발행위허가**

진입도로의 폭은 개발규모가 5천㎡ 미만은 4m 이상, 5천㎡ 이상 3만㎡ 미만은 6m 이상, 3만㎡ 이상은 8m 이상을 요구하고 있다. 폭이 4m 미만인 차량진출입이 가능한 기존 마을안길, 농로 등을 이용하여서는 1천㎡ 미만의 제1종 근린생활시설 및 단독주택의 허가가 가능하다. 그에 따라, 면적이 큰 토지인 경우에는 1천㎡ 미만의 개발을 수차례 반복하여야 한다.

맹지인 전

지목	전	면적	1,269㎡
개별공시지가(㎡당)	134,300원 (2025/01)		
지역·지구 등 지정 여부	「국토의 계획 및 이용에 관한 법률」에 따른 지역·지구 등	계획관리지역	
	다른 법령 등에 따른 지역·지구 등	성장관리권역〈수도권정비계획법〉, 장애물제한표면구역(공항고도제한높이 52.0m~107.0m(1/20경사)원추표면)〈항공법〉	
「토지이용규제기본법 시행령」 제9조 제4항 각 호에 해당되는 사항		영농여건불리농지	

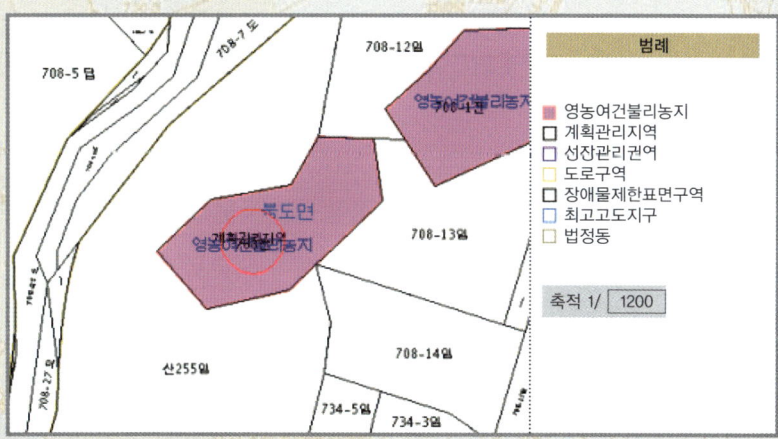

CHAPTER 9 • '도로'로 배우는 지적도의 비밀

맹지와 개발행위허가

4면이 도로와 접한 부분이 없는 토지를 맹지라 하며, 맹지는 지적상 맹지와 현황상 맹지가 있다. 지적상 맹지는 지적도상에 도로에 접하지 않은 토지를 말하며, 현황상 맹지는 지적도상에는 도로에 접해 있지만 현황은 도로 미개설 등의 사유로 도로가 없는 상태를 말하며, 지적상·현황상 맹지는 지적상도 맹지이고 현황상도 맹지인 것을 말한다.

① 지적상 · 현황상 맹지

100% 맹지이며 다른 대안이 있을 수 없고 도로에 접하도록 진입도로 확보방안을 강구해야 한다.

② 지적상 맹지

현황상 도로에는 접해 있지만 지적상에는 도로에 접하지 않은 상태를 말한다. 현황상 도로를 활용하여 허가 도로로 활용할 수 있느냐 여부는 사례마다 다르기 때문에 일률적으로 말할 수 없고, 반드시 현장별 검토를 하여야 한다. 우선, 접하고 있는 현황상 도로가 어떤 종류의 도로인가를 파악하는 것이 중요하다. 새마을 사업 등으로 포장된 도로라면 허가도로로 인정받을 가능성이 있으며, 해당 현황도로를 이용하여 허가를 받은 사례가 있다면 동일한 개발행위는 허가를 받을 수 있을 것이다.

③ 현황상 맹지

지적상에는 도로가 있지만 도로 미개설 등의 사유로 인하여 현황상 도로가 없는 상태를 말한다. 이 역시 도로를 개설하여 기부채납하는 등 사례마다 다를 수 있기 때문에 일률적으로 말할 수 없고 현장별 검토를 하여야 한다.

맹지의 진입로 확보방안과 가치평가

사례 토지는 지적상 4면이 도로가 아닌 다른 지목의 토지로 둘러 쌓여 있는 맹지다. 이 장에서는 현장을 전제하지 않고 지적도상으로만 배우기 때문에 지적상 맹지를 그냥 맹지로 정의하기로 한다. 좌측으로 도로구역(708-7도 등)이 보이고 '군도'가 지나가고 있다. 해당 필지에서 개발행위허가를 받으려면 반드시 '군도'까지 가는 진입도로를 확보해야 한다. 교과서적인 방법은 '산255임' 토지 일부를 매입해서 진입도로를 개설하는 방법이다. '산255임'의 토지소유주가 쉽게 적정한 가격에 매매에 응해주면 문제가 없겠지만, 대개의 경우 사정이 그렇게 녹녹하지만은 않다. 해당 토지의 소유주가 전혀 매매에 응해주지 않거나, 과도한 가격을 요구한다면 난감한 상황에 처할 수밖에 없다. 따라서 맹지인 토지는 정상적인 가치에서 진입로 확보에 필요한 비용만큼을 차감한 금액으로 평가해야 하며, 주변 탐문이나 사전접촉 등을 통해서 확보 가능성과 투입 비용 등을 사전에 점검해 보아야 한다. 또한 유리한 협상고지를 확보하기 위해서는 해당 토지가 진입도로를 확보할 수 있는 대안이 몇 가지가 되는가도 확인해보아야 한다.

현황도로에 접한 계획관리지역 임야

지목	임야	면적	2,829㎡
개별공시지가(㎡당)	41,900원 (2025/01)		
지역·지구 등 지정 여부	「국토의 계획 및 이용에 관한 법률」에 따른 지역·지구 등	계획관리지역	
	다른 법령 등에 따른 지역·지구 등	가축사육제한구역(2013-02-25)(전부제한지역)(가축분뇨의 관리 및 이용에 관한 법률), 준보전산지(산지관리법)	
「토지이용규제기본법 시행령」 제9조 제4항 각 호에 해당되는 사항			

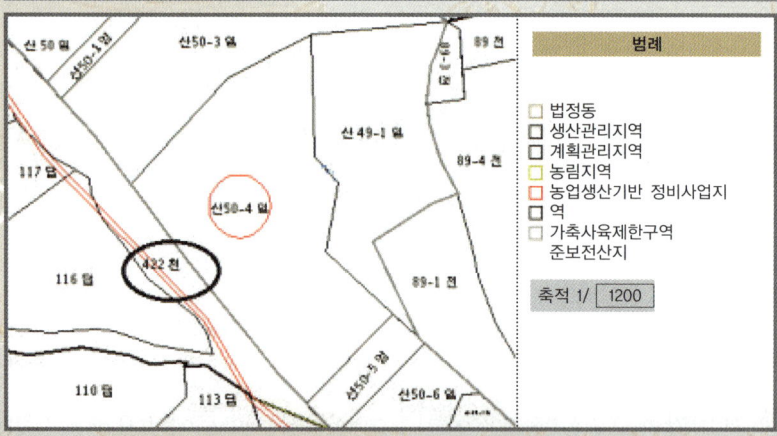

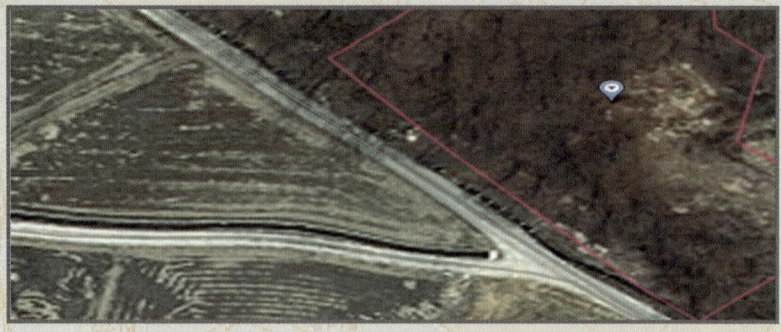

용도지역과 건축제한

사례 토지는 계획관리지역·준보전산지다. 따라서 계획관리지역에서의 건폐율, 용적률, 건축할 수 있는 건축물, 건축물의 높이를 적용하여 개발할 수 있다.

하천을 이용한 현황도로

사례 토지 '산50-4임'은 지적도상 확인할 수 있는 바와 같이 도로에 접하여 있지 않다. 다만 좌측하단으로 '422천'이 길게 접해져 있을 뿐이다. 현황은 지적도 아래의 위성지도에서 확인할 수 있듯이 '422천'은 약 4m 폭으로 포장되어 있다. 사례 토지는 해당 현황도로를 진입도로로 하여 개발행위허가를 받은 토지다. 현황도로를 활용한 '개발행위허가' 여부는 일률적이지 않고 사례마다 다르다. 따라서 해당 시·군이나 설계사무소 등의 상담을 통해 가부를 판단하여야 한 것이다.

〈적용 가능한 법규〉
개발행위허가 운영지침 3-3-2-1 도로
(4) 다음 각 호의 어느 하나에 해당하는 경우에는 (2)의 도로확보기준을 적용하지 아니할 수 있다.
① **차량진출입이 가능한 기존 마을안길, 농로** 등에 접속하거나 차량통행이 가능한 도로를 개설하는 경우로서 농업·어업·임업용 시설(가공, 유통, 판매 및 이와 유사한 시설은 제외하되, 「농업·농촌 및 식품산업 기본법」제3조에 의한 농업인 및 농업 경영체, 「수산업·어촌 발전 기본법」에 따른 어업인, 「임업 및 산촌 진흥촉진에 관한 법률」에 의한 임업인, 기타 관련 법령에 따른 농업인·임업인·어업인이 설치하는 부지면적 2천㎡ 이하의 농수산물 가공, 유통, 판매 및 이와 유사한 시설은 포함), **부지면적 1천㎡ 미만으로서 제1종 근린생활시설 및 단독주택**(「건축법 시행령」별표1 제1호 가목에 의한 단독주택)의 건축인 경우

도로구역에 포함된 계획관리지역 전

지목	전	면적	975㎡
개별공시지가(㎡당)	13,300원 (2020/01)		
지역·지구 등 지정 여부	「국토의 계획 및 이용에 관한 법률」에 따른 지역·지구 등	계획관리지역(계획관리지역)	
	다른 법령 등에 따른 지역·지구 등	가축사육제한구역(가축사육제한구역: 전부제한지역)〈가축분뇨의 관리 및 이용에 관한 법률〉, 도로구역〈도로법〉, (한강)폐기물매립시설 설치제한지역〈한강수계 상수원 수질개선 및 주민지원 등에 관한 법률〉	
	「토지이용규제기본법 시행령」 제9조 제4항 각 호에 해당되는 사항		

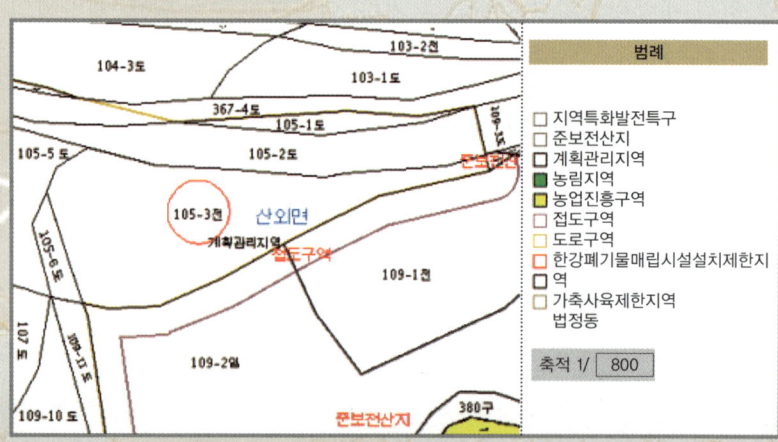

용도지역과 건축제한

사례 토지는 농지이며 그중에서도 '전'이다. 용도지역은 계획관리지역이다. 따라서 계획관리지역에서의 건축제한을 적용해서 개발할 수 있다. 계획관리지역 토지이기 때문에 일견 투자가치가 있는 토지라고 판단할 수 있으나 분석의 포인트는 도로구역에 있다.

도로구역(도로법)

'도로구역'이란 도로를 구성하는 일단의 토지로서 도로법 제25조에 따라 결정된 구역을 말한다. 도로법에 의하여 어떤 토지가 도로구역으로 지정이 되면 반드시 고시하도록 되어 있고, 그에 따라 해당 내용이 토지이용계획확인서에 표시된다.

> **도로법 제25조**(도로구역의 결정)
> ① 도로관리청은 도로 노선의 지정·변경 또는 폐지의 고시가 있으면 지체 없이 해당 도로의 도로구역을 결정·변경 또는 폐지하여야 한다.
> ② 상급도로의 도로관리청(이하 '상급도로관리청'이라 한다.)은 제1항에도 불구하고 해당 상급도로에 접속되거나 연결되는 하급도로(제10조 각 호에 따른 도로의 순위를 기준으로 해당 도로보다 낮은 순위의 도로를 말한다. 이하 같다.)의 접속구간 또는 연결구간의 도로구역을 결정·변경 또는 폐지할 수 있다. 이 경우 상급도로관리청은 미리 하급도로의 도로관리청(이하 '하급도로관리청'이라 한다.)의 동의를 받아야 한다.
> ③ 도로관리청은 제1항이나 제2항에 따라 도로구역을 결정·변경 또는 폐지하면 그 사유, 위치, 면적 등 대통령령으로 정하는 사항을 구체적으로 밝혀 국토교통부령으로 정하는 바에 따라 고시하고, 그 도면을 일반인이 열람할 수 있도록 하여야 한다.

분석의 포인트

토지이용계획확인서에 도로구역이 표시되는 토지의 분석포인트는 도로구역에 있다. 도로구역이 표시되면 검토대상 토지의 어느 부분이 얼마나 도로구역에 포함되는지 판단하는 것이 중요하다. 판단은 표의 오른쪽 범례의 도로구역을 표시하는 선의 색을 보고 지적도에서 해당 선이 지나가는 위치를 보고 판단하면 된다. 또는 토지이음에서 이음지도로 페이지를 넘어가서 도로구역을 확인해 볼 수도 있다.사례 토지는 전부가 도로구역에 포함된 토지다. 보다 정확한 판단은 해당 시·군에 문의해서 확인할 수 있다.

접도구역에 저촉된 전

지목	전	면적	1,044㎡
개별공시지가(㎡당)	13,300원 (2025/01)		
지역·지구 등 지정 여부	「국토의 계획 및 이용에 관한 법률」에 따른 지역·지구 등	계획관리지역(계획관리지역)	
	다른 법령 등에 따른 지역·지구 등	가축사육제한구역(가축사육제한구역: 전부제한지역)〈가축분뇨의 관리 및 이용에 관한 법률〉, 접도구역〈도로법〉, (한강)폐기물매립시설 설치제한지역〈한강수계 상수원 수질개선 및 주민지원 등에 관한 법률〉	
	「토지이용규제기본법 시행령」 제9조 제4항 각 호에 해당되는 사항		

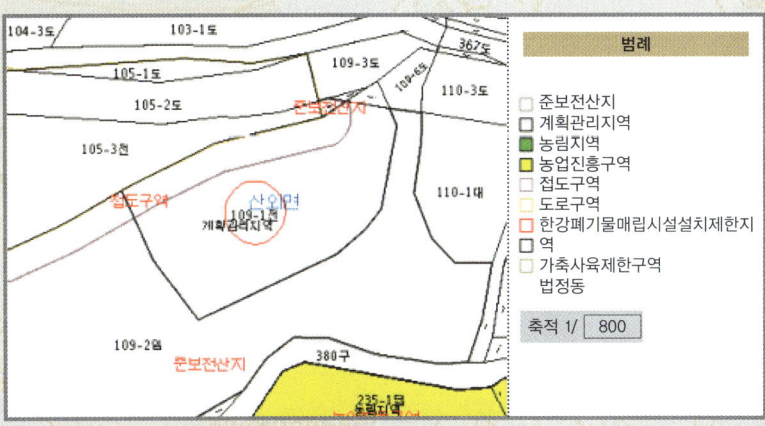

용도지역과 건축제한

사례 토지의 용도지역은 계획관리지역이다. 따라서 계획관리지역에서의 건축제한을 적용하여 개발할 수 있다. 계획관리지역 토지이기 때문에 투자가치 있는 토지라고 판단할 수 있으나 접도구역을 이해하고 있어야 완벽한 분석을 할 수 있다.

접도구역(도로법)

접도구역은 도로 구조의 손괴 방지, 미관 보존 또는 교통에 대한 위험을 방지하기 위하여 도로경계선 외곽에 도로와 평행한 띠 모양으로 지정이 되며, 대개 5m의 폭으로 지정되어 있다. 접도구역의 포인트는 건축물의 신축과 진입도로의 개설 두 가지다. 접도구역에 포함된 부분에서는 건축물의 신축이 불가능하다. 그러나 진입도로의 개설은 가능하다. 사례의 지적도에서는 필지의 위쪽 부분이 5m 띠 모양으로 접도구역으로 지정되어 있다.

접도구역의 지정기준

접도구역은 소관 도로의 경계선에서 5m(고속국도의 경우는 30m)를 초과하지 아니하는 범위에서 지정하여야 한다.

접도구역 안에서 금지되는 행위

접도구역 안에서는 건축물이나 시설의 신축이 불가능하며 금지되는 행위는 아래와 같다

- 토지의 형질을 변경하는 행위

- 건축물 기타의 공작물을 신축, 개축 또는 증축하는 행위

접도구역 안에서 허용되는 행위

접도구역 안에서 허용되는 행위 중 가장 의미 있는 행위는 개발이나 건축에 필요한 진입로 개설이 가능하다는 데 있다. 그 밖에도 도로의 구조에 대한 손괴, 미관보존 또는 교통에 대한 위험을 가져오지 아니하는 범위 안에서 아래와 같은 소규모의 행위들이 허용되고 있다.

다음 각 목의 어느 하나에 해당하는 건축물의 신축
가. 연면적 10㎡ 이하의 화장실
나. 연면적 30㎡ 이하의 축사
다. 연면적 30㎡ 이하의 농·어업용 창고
라. 연면적 50㎡ 이하의 퇴비사
- 증축되는 부분의 바닥면적의 합계가 30㎡ 이하인 건축물의 증축
- 건축물의 개축·재축·이전(접도구역 밖에서 접도구역 안으로 이전하는 경우는 제외한다.) 또는 대수선
- 도로의 이용 증진을 위하여 필요한 주차장의 설치
- 도로 또는 교통용 통로의 설치
- 도로와 잇닿아 있지 아니하는 용수로·배수로의 설치
- '산업입지 및 개발에 관한 법률' 제2조 제9호에 따른 산업단지개발사업, '국토의 계획 및 이용에 관한 법률' 제51조 제3항에 따른 지구단위계획구역에서의 개발사업 또는 '농어촌정비법' 제2조 제5호에 따른 농업생산기반 정비사업
- '문화재보호법' 제2조 제1항에 따른 문화재의 수리
- 건축물이 아닌 것으로서 국방의 목적으로 필요한 시설의 설치
- 철도의 관리를 위하여 필요한 운전보안시설 또는 공작물의 설치
- 토지의 형질변경으로서 경작지의 조성, 도로 노면의 수평연장선으로부터 1.4m 미만의 성토 또는 접도구역 안의 지면으로부터 깊이 1m 미만의 굴착·절토
- 울타리·철조망의 설치로서 운전자의 시계(視界)를 방해하지 아니하는 경미한 행위
- 재해 복구 또는 재난 수습에 필요한 응급조치를 위하여 하는 행위
- 그 밖에 도로법시행규칙으로 정하는 행위

도로구역에 일부 저촉된 생산관리지역 전

지목	전	면적	2,511㎡
개별공시지가(㎡당)	97,600원 (2025/01)		
지역·지구 등 지정 여부	「국토의 계획 및 이용에 관한 법률」에 따른 지역·지구 등	생산관리지역 (2015-12-10)	
	다른 법령 등에 따른 지역·지구 등	도로구역〈도로법〉, 성장관리권역〈수도권정비계획법〉	
「토지이용규제기본법 시행령」 제9조 제4항 각 호에 해당되는 사항	〈추가기재〉 하천구역은 재난안전과 방재부서(031-3689-2461)로 확인 바랍니다.		

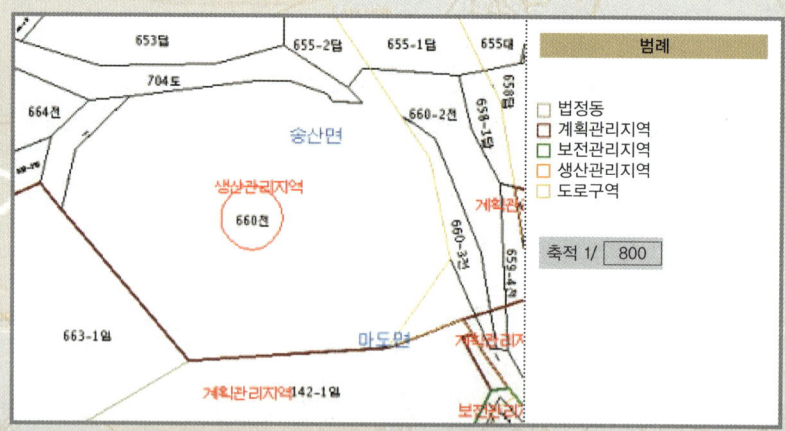

용도지역과 건축제한

사례토지의 용도지역은 생산관리지역이다. 따라서 생산관리지역에서의 건축제한을 적용해서 개발할 수 있다.

도로구역(도로법)

사례토지도 일부가 도로구역에 저촉되어 있으며, 도로구역에 저촉된 부분은 원칙적으로 개발이 불가능하고 수용되어 보상을 받을 것으로 추정된다. 따라서 이런 경우에도 먼저 저촉된 부분과 면적을 확인해서 나머지 활용 또는 개발가능한 면적과 부분을 확정하는 것이 우선되어야 한다. 지적도의 범례를 보고 지적도에서 도로구역선을 찾을 수 있다. 또는 앞에서 한번 설명한 것처럼 토지이음에 접속해서 지번으로 검색한 후 이음지도로 페이지를 넘어가서 도로구역을 확인해 볼 수도 있다. 사례 토지는 검토 대상 필지의 우측하단 삼각형 부분이 도로구역에 저촉되어 있음을 확인할 수 있다.

전원주택부지와 진입로의 소유권

지목	임야	면적	492㎡
개별공시지가(㎡당)	449,000원 (2025/01)		
지역·지구 등 지정 여부	「국토의 계획 및 이용에 관한 법률」에 따른 지역·지구 등	계획관리지역(계획관리)	
	다른 법령 등에 따른 지역·지구 등	준보전산지〈산지관리법〉, 자연보전권역〈수도권정비계획법〉	
	「토지이용규제기본법 시행령」 제9조 제4항 각 호에 해당되는 사항		

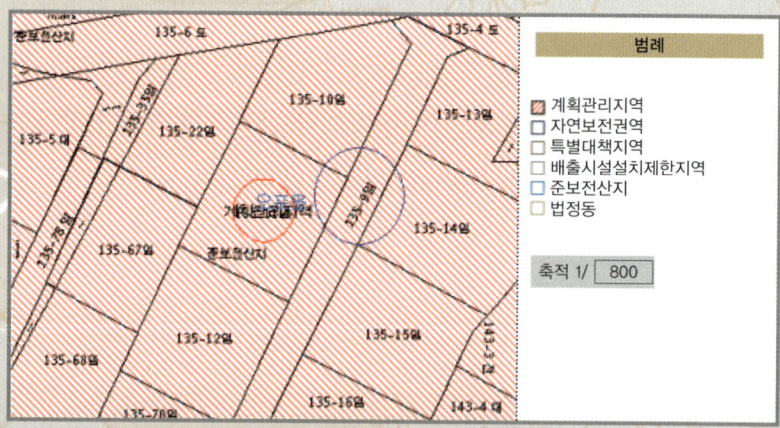

토지 현황 개요

① 지목

임야이고 면적은 492m²이다. 면적 규모나 주변필지의 현황으로 보아 전형적인 전원주택부지로 분할된 토지다.

② 용도지역과 건축제한

용도지역은 계획관리지역이다. 따라서 계획관리지역에서의 건축제한을 적용해서 개발할 수 있다. 사례 토지는 토목공사는 되어 있어서 외견상 '대'와 같은 모양을 가지고는 있지만 건축물이 건축되지 않아서 개발행위허가 준공을 받지 못했기 때문에 지목은 '임야'로 남아 있는 것으로 추정된다.

진입로의 소유권

이런 사례의 토지가, 투자가들이 빈번하게 접하게 되는 전원주택 경매매물의 대표적인 경우이며, 특히 진입로와 관련하여 매우 주의를 기울여야 한다. 검토 대상 토지는 도로에는 접하고 있지 않은 맹지다. 다만 필지의 경계선 오른쪽으로 마치 진입로 모양의 토지와 접하고 있다. 사례 필지를 가지고 개발행위허가를 받으려면 반드시 진입도로가 있어야 하고 현 상황으로는 필지 우측의 '135-9임'을 활용하는 것이 유력해 보인다. 또한 지적도 우측 상단의 '135-4도'의 토지사용승낙서 첨부 여부도 검토해야 할 것으로 추정된다. 따라서 반드시 해당 필지의 등기부등본을 열람하여 소유자를 확인한 후, 소유자의 현황에 따라 토지사용승낙서를 어떻게 해결할 것인가를 사전에 검토하고 투자나 입찰에 응해야 한다. 반값에 낙찰받았지만 허가과정에서 토지사용승낙서에 발목이 잡혀 애를 먹는 경우를 많이 보았다. 토지사용승낙서는 단순히 사용 승낙을 받는 문제가 아니고 비용을 지급하고 해당 필지의 전부나 일부를 구입하는 문제라는 것을 인식해야 한다.

전원주택부지와 7인 공유의 도로 모양 임야

지목	임야	면적	2,000㎡
개별공시지가(㎡당)	94,300원 (2025/01)		
지역·지구 등 지정 여부	「국토의 계획 및 이용에 관한 법률」에 따른 지역·지구 등	보전관리지역(보전관리)	
	다른 법령 등에 따른 지역·지구 등	접도구역(국지 88)〈도로법〉, 준보전산지〈산지관리법〉, 자연보전권역〈수도권정비계획법〉, 공장설립승인지역〈수도법〉	
	「토지이용규제기본법 시행령」 제9조 제4항 각 호에 해당되는 사항		

토지 현황 개요

① 지목과 형상

임야이고 면적은 2,000m²이며, 남북으로 길게 도로 모양을 하고 있는 토지이다. 주변필지의 현황으로 보아 전원주택부지로 분할된 토지의 진입로 부분에 해당하는 토지다.

② 용도지역과 건축제한

용도지역은 보전관리지역이다. 따라서 보전관리지역에서의 건축제한을 적용해서 개발할 수 있다. 그러나 건축물을 신축하기보다는 좌측으로 분할된 전원주택부지 형태의 토지의 진입도로 개설을 위한 토지로 사용될 것으로 추정된다.

접도구역(도로법)

해당필지에서 접도구역이 표시된 부분과 면적을 확인하면 된다. 지적도에서 굵게 동그라미로 표시된 해당 필지의 상단 부분이 국지도 88호선인 '산37-1도'에 접하고 있으며, 국지도 88호선의 하단에 접도구역이 띠 모양으로 지정되어 있다. 그에 따라 검토대상 필지의 상단 일부분도 도로경계로부터 5m 폭만큼 접도구역에 지정되어 있는 것으로 해석할 수 있다.

국지도 88호선

국지도란 국가지원지방도의 줄임말이다. 고속국도와 일반국도로 이루어진 국가 기간 도로망을 보조하는 도로로서, 중요 도시, 공항, 항만, 산업단지 등 주요 교통유발시설 지역을 연결하는 기능을 담당하고 있다. 일반 지방도는 지방자치단체의 비용으로 건설하고 관리하지만, 국지도는 건설비용은 국가가 지원하고 관리는 지방자치단체에서 담당한다. 국지도 88호선은 '하남~영양선'이라 하며, 경기도 하남시에서 경상북도 영양군까지 연결된 도로다.

연결허가금지구간에 걸려서 인허가상 맹지가 된 계획관리지역 답

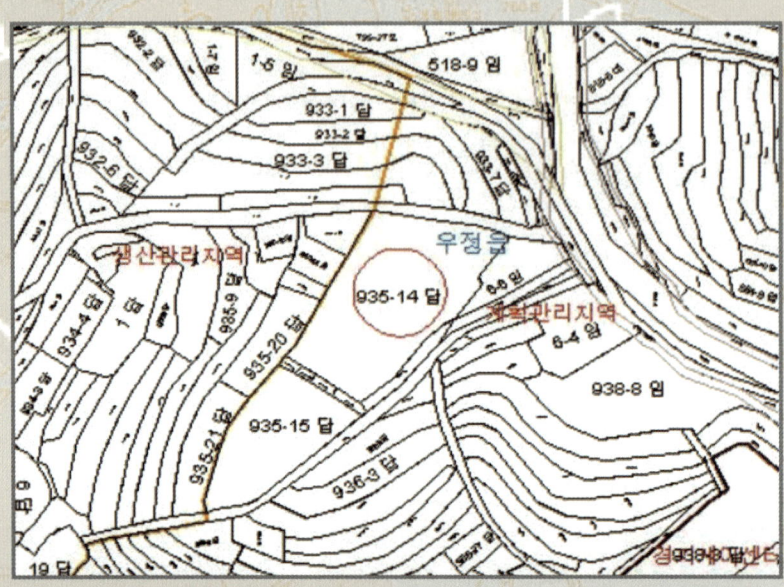

분석의 포인트

일반적으로 맹지란 도로에 접하지 않은 토지를 말한다. 그러나 지적상·현황상 완벽하게 도로에 접하고 있는 토지일지라도 개발행위허가와 관련하여서는 맹지로 취급받는 토지가 존재한다. 즉, 해당 토지가 접한 도로를 인허가를 위한 진출입로로 사용할 수 없다면 인허가상 맹지가 되는 것이다. 토지가 교차영향권 이내의 구간의 도로에 접하고 있거나, 버스정차대 등 주민편의시설이 설치되어 이를 옮겨 설치할 수 없는 구간의 도로에 접하고 있는 경우가 대표적인 경우다. 사례의 토지는 지적상·현황상 도로에는 완벽하게 접해 있지만, 삼거리 교차로에 인접해 있어서 교차로영향권 범위 내에 있고, 게다가 인근에 버스정류장까지 소재하고 있어서 인허가상 맹지가 된 경우다. 따라서 사례의 토지는 도로에 접한 부분을 진출입을 위한 인허가도로로 사용하지 못하고 별도로 인허가를 위한 진출입로를 확보해야 했다.

도로와 다른 시설의 연결: 「도로법」 제52조

일반국도, 지방도, 4차로 이상으로 도로구역이 결정된 도로의 차량 진행방향의 우측으로 진입도로의 확보 목적으로 연결시키려는 경우에는 도로관리청의 허가를 받아야 한다. 허가 시 일반국도(시·도지사 또는 시장·군수·구청장이 도로관리청이 되는 일반국도는 제외한다)인 경우에는 국토교통부령인 「도로와 다른 시설의 연결에 관한 규칙」을 적용하고, 그 밖의 도로인 경우에는 그 도로의 관리청이 속해 있는 지방자치단체의 조례인 「○○시 도로와 다른 시설의 연결에 관한 조례」를 적용한다.

연결허가를 받은 경우에는 도로점용허가도 받은 것으로 본다.

연결허가의 신청
「도로법」 제52조에 따라 일반국도에 다른 도로 등을 연결하려면 도로 등의 연결허가 신청서를 도로관리청에 제출해야 한다.

연결허가의 금지구간: 「도로와 다른 시설의 연결에 관한 규칙」제6조

도로관리청은 다음 각 호의 어느 하나에 해당하는 일반국도의 구간에 대해서는 다른 시설의 연결을 허가해서는 아니 된다. 다만, 제1호, 제2호, 제5호 및 제6호는 도시지역에 있는 일반국도로서 ①해당 일반국도가 국토계획법에 따른 도시·군관리계획에 따라 정비되어 있는 경우와 ②도로와 다른 시설의 연결허가신청일에 해당 일반국도에 대하여 국토계획법 제85조에 따른 단계별 집행계획 중 제1단계 집행계획이 수립되어 있는 경우의 어느 하나에 해당하는 경우에는 적용하지 아니한다.

1. 곡선반지름이 280m(2차로 도로의 경우에는 140m) 미만인 곡선구간의 안쪽 차로 중심선에서 장애물까지의 거리가 본규칙 별표 3에서 정하는 최소거리 이상이 되지 아니하여 시거(視距)를 확보하지 못하는 경우의 안쪽 곡선구간
2. 종단(縱斷) 기울기가 평지는 6%, 산지는 9%를 초과하는 구간. 다만, 오르막 차로가 설치되어 있는 경우 오르막 차로의 바깥쪽 구간에 대해서는 연결을 허가할 수 있다.
3. 일반국도와 다음 각 목의 어느 하나에 해당하는 도로를 연결하는 교차로에 대하여 본 규칙 별표 4에 따른 교차로 연결 금지구간 산정 기준에서 정한 금지구간 이내의 구간. 다만, 일반국도로서 본 규칙 제5조 제1항 각 호의 어느 하나에 해당하거나 5가구 이하의 주택과 농어촌 소규모 시설(「건축법」 제14조에 따라 건축신고만으로 건축할 수 있는 소규모 축사 또는 창고 등을 말한다)의 진출입로를 설치하는 경우에는 본 규칙 별표 4 제2호 및 제3호에 따른 제한거리를 금지구간에 포함하지 아니한다.
  가. 「도로법」 제2조 제1호에 따른 도로
  나. 「농어촌도로 정비법」 제4조에 따른 면도(面道) 중 2차로 이상으로 설치된 면도
  다. 2차로 이상이며 그 차도(길어깨의 폭은 제외)의 폭이 6m 이상이 되는 도로

라. 관할 경찰서장 등 교통안전 관련 기관에 대한 의견조회 결과, 도로 연결에 따라 교통의 안전과 소통에 현저하게 지장을 초래하는 것으로 인정되는 도로
4. 삭제 〈2014. 12. 29.〉
5. 터널 및 지하차도 등의 시설물 중 시설물의 내부와 외부 사이의 명암 차이가 커서 장애물을 알아보기 어려워 조명시설 등을 설치한 경우로서 다음 각 목의 어느 하나에 해당하는 구간
　　가. 설계속도가 시속 60km 이하인 일반국도: 해당 시설물로부터 300m 이내의 구간
　　나. 설계속도가 시속 60km를 초과하는 일반국도: 해당 시설물로부터 350m 이내의 구간
6. 교량 등의 시설물로 인해 변속차로를 설치할 수 없는 구간
7. 버스 정차대, 측도 등 주민편의시설이 설치되어 이를 옮겨 설치할 수 없거나 옮겨 설치하는 경우 주민 통행에 위험이 발생될 우려가 있는 구간

5가구 이하의 주택과 농어촌 소규모 시설(신고 대상 소규모 축사 또는 창고)을 제외하고는 연결허가 대상에 포함됨에 유의하여야 한다. 연결허가를 받지 못하면 '허가상 맹지'가 된다.

 ## 교차로의 연결 금지구간 예시도

예시도상에서 음영으로 처리된 구간은 '교차로의 연결 금지구간'에 해당되어 해당 구간에서는 5가구 이하의 주택과 농어촌 소규모 시설(신고 대상 소규모 축사 또는 창고)을 제외한 시설은 진입도로 확보를 위한 연결허가를 받을 수 없다. 즉, 부지가 외견상은 '일반국도, 지방도, 4차로 이상으로 도로구역이 결정된 도로'에 접해 있지만 연결허가를 받지 못하면 개발허가나 건축허가를 받을 수 없고 결국 실무상 용어인 '허가상 맹지'가 될 수 있음에 유의하여야 한다.

〈예시도1〉 변속차로가 설치되지 않았거나 설치 계획이 없는 평면교차로의 연결 금지 구간

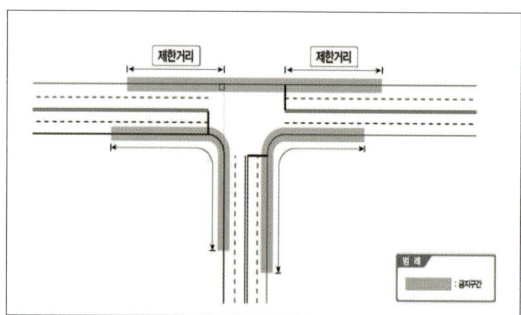

〈예시도2〉 변속차로가 설치되었거나 설치예정인 평면교차로의 연결 금지구간

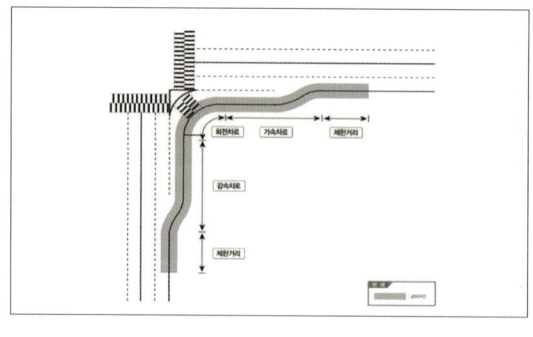

〈예시도3〉 입체교차로의 연결 금지구간 1

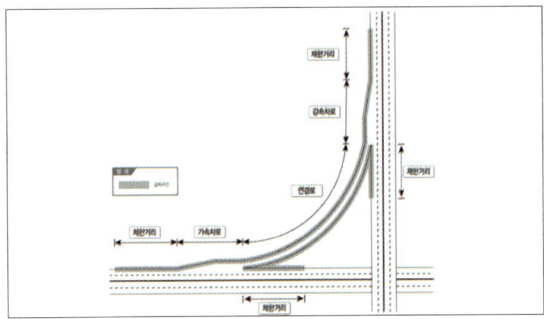

〈예시도4〉 입체교차로의 연결 금지구간 2

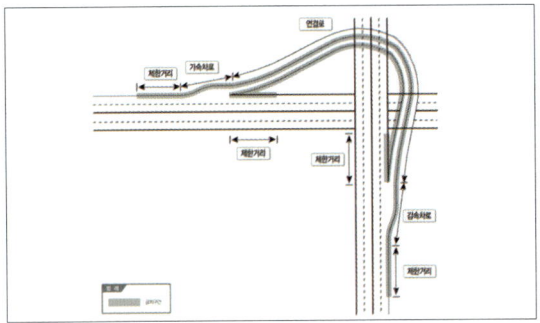

☞ 허가 실무에서는 변속차로(가속차로, 감속차로)나 제한거리의 길이는 도로의 설계속도와 지구단위계획구역 여부 등에 따라 달라진다.

CHAPTER 10

군사시설보호구역과 토지거래허가구역

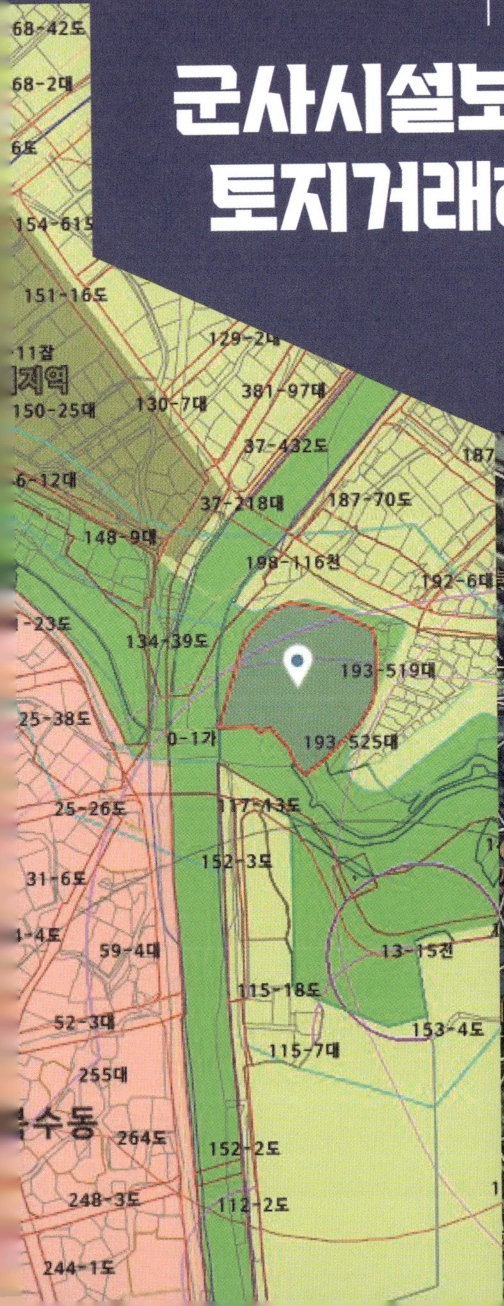

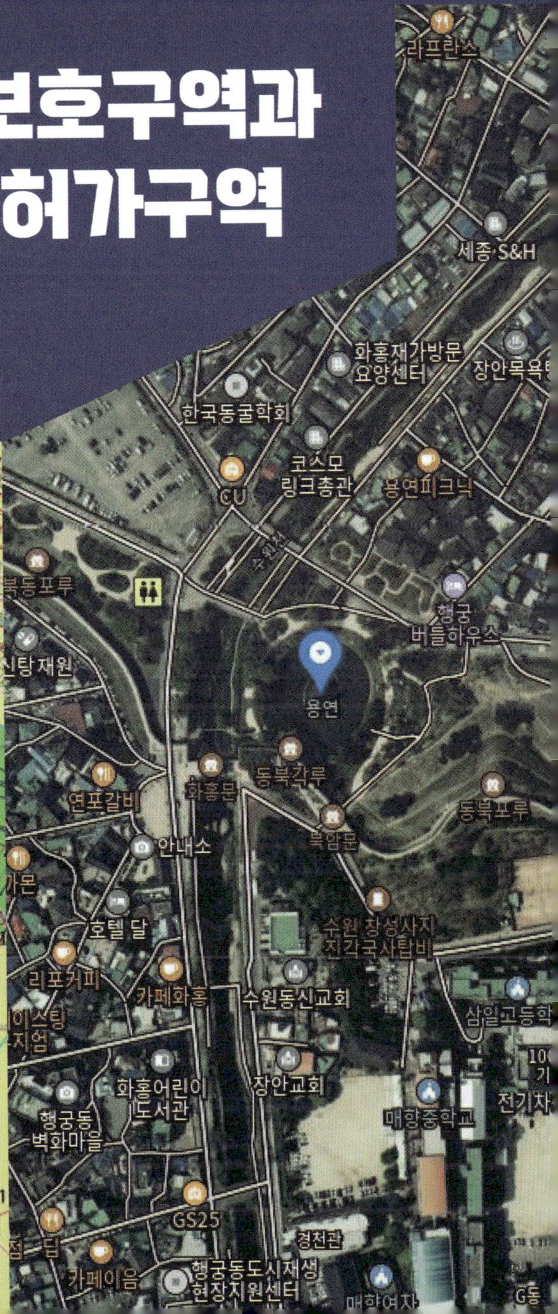

아는 만큼 보이고, 보이는 만큼 수익이 오르는 지적도의 비밀

군사기지 및 군사시설 보호구역

'군사기지 및 군사시설 보호구역'이란 군사기지 및 군사시설을 보호하고 군사작전을 원활히 수행하기 위하여 국방부장관이 법에 따라 지정하는 구역을 말하며 다음과 같은 4가지가 있다.

- 통제보호구역
- 제한보호구역
- 비행안전구역
- 대공방어협조구역

통제보호구역

통제보호구역이란 보호구역 중 고도의 군사활동 보장이 요구되는 군사분계선의 인접지역과 중요한 군사기지 및 군사시설의 기능보전이 요구되는 구역을 말하며, 지정범위는 다음과 같다. 통제보호구역은 민간인의 출입이 통제되는 지역으로서 특별한 경우를 제외하고는 개발행위허가를 위한 군부대의 동의를 받지 못하기 때문에 일반적으로 개발이 불가능한 토지라고 할 수 있다.

① 민간인통제선 이북지역

통제보호구역은 주로 민간인통제선 이북지역에 지정이 된다. 다만 통일정책의 추진에 필요한 지역, 취락지역 또는 안보관광지역 등으로서 법령으로 정하는 기준에 해당하는 지역은 제한보호구역으로 지정할 수 있다. 민간인통제선은 군사분계선의 이남 10km 범위 이내에서 지정할 수 있다.

② 중요한 군사기지 및 군사시설 주변

민간인통제선 이북지역 외에도 중요한 군사기지 및 군사시설의 최외곽경계선으로부터 300m 범위 이내의 지역에 지정된다. 다만 방공기지(대공방어임무를 수행하기 위하여 지대공 무기 등을 운용하는 기지를 말한다.)의 경우에는 최외곽경계선으로부터 500m 범위 이내의 지역에 지정된다.

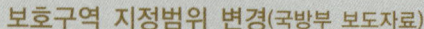
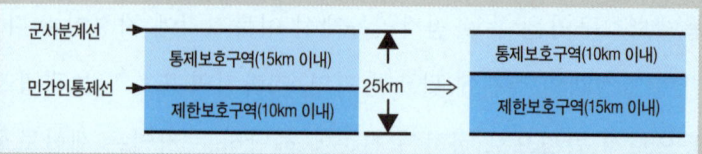
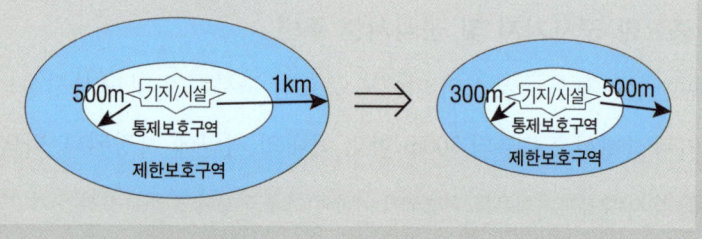

제한보호구역

보호구역 중 군사작전의 원활한 수행을 위하여 필요한 지역과 군사기지 및 군사시설의 보호 또는 지역주민의 안전이 요구되는 구역을 말하며 다음의 지역에 지정된다.

① 군사분계선의 이남 25km 범위 이내의 지역 중 민간인통제선 이남 지역.

② ①항 외의 지역에 위치한 군사기지 및 군사시설의 최외곽 경계선으로부터 500m 범위 이내의 지역. 다만 취락지역에 위치한 군사기지 및 군사시설의 경우에는 당해 군사기지 및 군사시설의 최외곽경계선으로부터 300m 범위 이내의 지역으로 한다.

③ 폭발물 관련 시설, 방공기지, 사격장 및 훈련장은 당해 군사기지 및 군사시설의 최외곽경계선으로부터 1km 범위 이내의 지역.

④ 전술항공작전기지는 당해 군사기지 최외곽경계선으로부터 5km 범위 이내의 지역, 지원항공작전기지 및 헬기전용작전기지는 당해 군사기지 최외곽경계선으로부터 2km 범위 이내의 지역.

⑤ 군용전기통신기지는 군용전기통신설비 설치장소의 중심으로부터 반지름 2km 범위 이내의 지역.

협의지역과 위탁(임)지역

군사기지 및 군사시설보호구역은 개발이나 건축시 군부대의 사전협의를 받아야 하는지 여부를 기준으로 협의지역과 위탁(임)지역으로 구분한다.

① 협의지역

개발이나 건축시 반드시 군부대의 협의를 받아야 하는 곳이다. 협의지역 여부는 토지이용계획확인서를 보고 판단할 수 있다. 협의지역은 토지이용계획확인서에 협의지역이라고 표시되는 경우도 있고, 협의지역이 표시되지 않는 경우도 있다. 협의지역의 표시는 없지만 위탁지역이라고 표시되지 않았다면 협의지역이라고 볼 수 있다.

② 위탁(임)지역

군사에 관한 업무를 시·군에 위탁해놓은 곳이 위탁(임)지역이다. 개발이나 건축시 시·군에 위탁된 고도만큼은 군부대의 협의를 받지 않아도 되는 것이다. 위탁(임)지역은 토지이용계획확인서에 위탁된 고도를 명시하여 '위탁(임)지역'이라고 구체적으로 표시되어 있다. 보호구역에서 개발행위 등이 집중되는 곳이다.

비행안전구역

지적도 사례를 통해 설명된다.

비행안전구역 및 대공방어협조구역

대공(對空)방어작전을 보장하기 위하여 지정하는 구역을 말한다.

군부대의 협의를 거쳐야 하는 행정기관의 처분

보호구역에서 행정기관이 개발행위허가 신청에 대하여 처분을 하려면 사전에 군부대의 동의를 받아야 한다. 실무적으로는 개발행위허가를 신청할 때 신청자가 군부대의 협의를 거치기 위한 서류도 동시에 만들어서 제출하여야 한다. 군부대의 협의를 거쳐야 하는 행정기관의 처분은 다음과 같다.

1. 건축물의 신축·증축 또는 공작물의 설치와 건축물의 용도변경
2. 도로·철도·교량·운하·터널·수로·매설물 등과 그 부속 공작물의 설치 또는 변경
3. 하천 또는 해면의 매립·준설과 항만의 축조 또는 변경
4. 광물·토석 또는 토사(土砂)의 채취
5. 해안의 굴착
6. 조림 또는 임목(林木)의 벌채
7. 토지의 개간 또는 지형의 변경
8. 해저시설물의 부설 또는 변경
9. 통신시설의 설치와 그 사용
10. 총포의 발사 또는 폭발물의 폭발
11. 해운의 영위
12. 어업권 또는 양식업권의 설정, 수산동식물의 포획 또는 채취
13. 부표(浮標)·입표, 그 밖의 표지 설치 또는 변경

군부대의 협의를 거치지 않아도 되는 행정기관의 처분

보호구역의 보호·관리 및 군사작전에 지장이 없는 범위 안에서 다음의 사항은 군부대의 협의를 거치지 않아도 된다. 다만 제1호, 제2호, 제7호 또는 제8호의 경우 통제보호구역과 폭발물 관련 군사시설이 있는 보호구역 안에서는 군부대의 협의를 거쳐야 한다.

1. 기존의 건축물·공작물의 개축·재축·대수선
2. '건축법 시행령' 제15조 제5항에 따른 가설건축물의 건축. 다만 전투진지 전방 500m 이내 지역은 소각하거나 물리적으로 없애기 쉬운 시설에 한한다.
3. 입목의 간벌, 택벌 및 피해목 벌채
4. '산림자원의 조성 및 관리에 관한 법률' 제36조 제5항에 따른 입목 벌채 등

> 5. '농어촌정비법' 제2조 제5호 나목에 따른 경지 정리, 배수 개선, 농업생산기반시설의 개수·보수 및 준설 등 농업생산기반 개량사업
> 6. 「장사 등에 관한 법률」에 따른 개인묘지의 설치 및 개인·가족자연장지의 조성
> 7. 「건축법」 제14조제1항 및 제16조제2항에 따른 신고의 대상이 되는 행위. 다만, 「건축법」 제14조제1항제2호에 해당하는 건축으로서 다음 각 목의 어느 하나에 해당하는 경우는 제외한다.
>   가. 기존 건축물이 있는 하나의 대지에 새로 건축물을 건축하여 이들 건축물의 연면적 합계가 200제곱미터 이상이 되는 경우
>   나. 하나의 대지에 둘 이상의 건축물을 건축하여 이들 건축물의 연면적 합계가 200제곱미터 이상이 되는 경우
> 8. 「건축법」 제19조제2항에 따른 건축물의 용도변경. 다만, 「건축법」 제19조제2항제1호에 따른 허가 대상인 건축물의 용도변경 중 같은 법 시행령 제14조제5항제2호라목에 따른 위험물저장 및 처리시설, 같은 항 제3호가목에 따른 방송통신시설 및 같은 호 나목에 따른 발전시설로의 용도변경은 제외한다.

협의업무의 처리기한

국방부장관 또는 관할부대장 등은 협의요청을 받은 경우 소관 군사기지 및 군사시설 보호 심의위원회의 심의를 거쳐 30일 이내에 그 의견을 관계 행정기관의 장에게 통보하여야 한다. 이 경우 그 의견에 대한 구체적인 사유를 명시하여야 한다.

협의를 거치지 아니한 행정처분의 효력

국방부장관 또는 관할부대장 등은 관계 행정기관의 장이 협의를 거치지 아니하거나, 협의조건을 이행하지 아니하고 허가 등을 한 경우에는 당해 행정기관의 장에게 그 허가 등의 취소, 행위의 중지, 시설

물의 철거 등 원상회복에 필요한 조치를 할 것을 요청할 수 있고, 그 요청을 받은 행정기관의 장은 특별한 사유가 없는 한 이에 응하여야 한다.

보호구역에서의 투자

파주나 김포 등 군부대시설이 광범위하게 존재하는 지역에서 토지이용계획확인서를 발급받아보면, 대부분 보호구역으로 표시가 되어 있음을 알 수 있다. 보호구역을 처음 접해보는 사람의 경우 단지 관련법인 '군사기지 및 군사시설 보호법'을 숙지한다고 해서 특별한 해결책이 주어지는 것이 아니기 때문에 상당히 난감함을 느낄 것이다. 이런 지역에서 사업이나 개발을 전제로 한 토지의 투자는 군사협의가 처리되어야 각종 개발행위 등의 인허가를 받을 수 있기 때문에, 군 동의 여부를 사전에 판단하는 것이 매우 중요하다. 다음과 같은 단계로 처리하면 어느 정도의 도움이 될 수 있을 것이다.

1단계 – 위탁지역 여부 확인

토지이용계획확인서에 '위탁지역' 또는 '위임지역'으로 표시되어 있으면 문제는 간단히 해결된다. 보통 5.5m, 6m, 8m, 12m 등 위임된 건축물의 고도를 함께 표시하고 있으며, 일단 위임된 고도만큼은 군부대의 동의를 받지 않아도 되기 때문이다.

2단계 – 군사협의 동의를 전제로 매매

개발이나 사업을 전제로 이루어지는 토지의 매매는 군사협의 동의를 포함한 인·허가를 받는 것을 전제로 계약을 체결하는 방식을 사용할 수 있다.

3단계 – 군사협의 동의 가능성 유무를 직접 판단

군사협의 동의 가능 여부를 직접 판단하기 위해서는 우선 해당 지역의 지리나 사정 등에 정통해야 하고, 군사협의 업무 경험도 있어야 한다. 해당 지역에서 군사나 개발 관련 업무에 오래 종사해온 사람들 중에는 군사협의 동의 여부를 판단하는 데 정통한 사람들이 많다. 그 사람들의 판단이 100% 정확한 것은 아니지만, 적어도 절대적으로 불가능한 지역에 대한 판단은 정확성이 매우 높다. 사격장 인근지역이라서, 또는 중요한 방공시설이나 통신시설이 주변에 위치하는 토지라서 불가능하다는 등의 조언은 비교적 신뢰할 만하다. 개발행위허가시 군사협의 동의 가능 여부는 해당 시·군 앞에 있는 토목설계사무소에 가서 상담해도 상당한 도움이 된다. 해당 지역에서 오래 업무를 본 소장이나 실장이라면 특정 지역의 군사협의 동의 가능 여부를 경험적으로 잘 꿰고 있기 때문이다.

보호구역에서 협의 업무의 처리는 사전상담과 본 협의 두 가지가 있다.

① **사전상담 요청**

신청인은 다음의 서류를 첨부하여 관할부대장등에게 사전상담을 요청할 수 있다. 첨부하는 서류는 유효기간이 넘지 아니한 것으로서 제출일 전 3개월 이내에 발행된 것이어야 한다. 신청인은 사전상담 요청서와 첨부서류를 관계 행정기관의 장을 거쳐 관할부대장등에게 제출할 수 있다. 이 경우 관계 행정기관의 장은 허가등의 신청인으로부터 제출받은 사전상담 요청서와 다음의 첨부서류를 관할부대장등에게 송부하여야 한다. 사전상담을 요청받은 관할부대장등은 사전상담을 실시하고 사전상담 확인서를 허가등의 신청인에게 통지하여야 한다.

1. 토지대장
2. 지적도
3. 현장사진(원·근경 사진)
4. 신분증명서 사본(주민등록증, 운전면허증, 장애인등록증, 여권에 한정한다)
5. 어업면허 또는 해상운송여객사업면허 사본(해당하는 자에 한정한다)
6. 위임장(대리인이 신청하는 경우에 한정한다)

② **협의의 요청**

보호구역에서 협의대상 업무를 처리하고자 하는 자는 관계 행정기관을 통해 다음의 서류를 첨부하여 국방부장관 또는 관할부대장등에게 협의를 요청할 수 있다. 관할군부대로부터 동의나 조건부 동의를 받아야 개발행위허가를 받을 수 있다.

1. 위치도(축척 5만분의 1, 2만 5천분의 1 또는 5천분의 1인 지형도 중 어느 하나,

어업을 목적으로 하는 경우에는 축척 2만 5천분의 1인 어장도) 1부

2. 사업계획 개요서 1부

3. 사업계획구역이 도시된 지적도 등본 또는 임야도 등본 1부

4. 시설물 배치도 및 평면도(요약도) 1부(주택이나 그 밖의 구조물에 한한다)

5. 시설물의 입면도(요약도) 1부(주택이나 그 밖의 구조물에 한하고, 모든 장애물을 포함한 최고 높이를 표시하여야 한다)

6. 지표면(지반고) 변경 계획도 1부

7. 사전상담 확인서(사전상담을 받은 경우에 한정하고, 통지를 받은 날부터 1년 이내의 것이어야 한다)

통제보호구역의 보전관리지역 농지

지목	답	면적	6,294㎡
개별공시지가(㎡당)	17,000원 (2025/01)		
지역·지구 등 지정 여부	「국토의 계획 및 이용에 관한 법률」에 따른 지역·지구 등	보전관리지역	
	다른 법령 등에 따른 지역·지구 등	통제보호구역(민통선이북: 10km) (08.12.30)〈군사기지 및 군사시설 보호법〉	
「토지이용규제기본법 시행령」 제9조 제4항 각 호에 해당되는 사항			

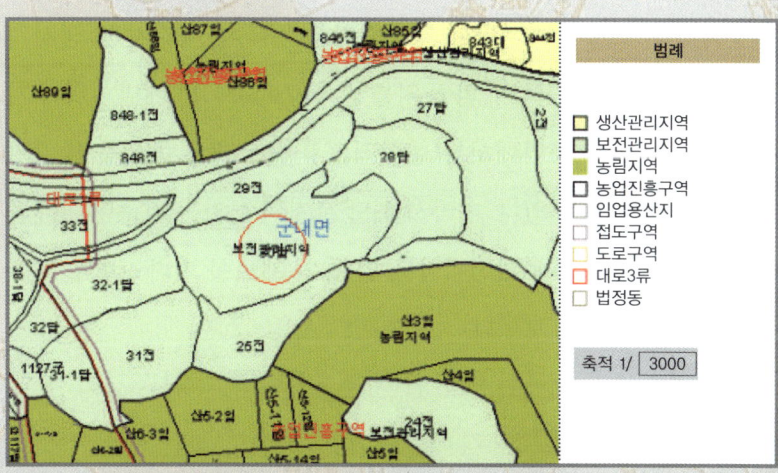

보전관리지역에서의 건축제한

사례 토지는 보전관리지역 농지에 해당하는 토지다. 농지의 구분은 농업진흥지역 밖에 있는 농지에 해당한다. 따라서 사례 토지를 개발하고자 하는 경우 농지법에 의한 행위제한은 적용받지 않고 앞에서 배운 보전관리지역에서의 건축제한을 적용하여 개발할 수 있다.

분석의 포인트 및 투자전략

사례 토지는 토지이용계획확인서에 '통제보호구역(민통선이북: 10km)'라고 표시되어 있다. 임진강 북쪽의 북한 쪽으로 돌출된 부분에 위치한 민간인통제선 안의 토지로서 군사상의 이유로 온라인에서 제공되는 위성지도 축소본밖에 제공되지 않는다. 군사기지 및 군사시설보호구역에서는 군부대의 동의를 받아야 건축이나 개발행위가 가능한데, 통제보호구역에서는 현실적으로 군부대의 동의를 받기가 불가능하다고 할 수 있다. 따라서 해당 토지의 투자는 건축이나 개발 목적보다는 남북관계 개선이나 통일 등의 재료를 기다리면서 보유하는 전략이 유효해 보인다.

제한보호구역 · 협의지역의 생산녹지지역 · 농업진흥구역 농지

지목	답	면적	2,874㎡
개별공시지가(㎡당)	133,900원 (2025/01)		

지역 · 지구 등 지정 여부	「국토의 계획 및 이용에 관한 법률」에 따른 지역 · 지구 등	도시지역, 생산녹지지역
	다른 법령 등에 따른 지역 · 지구 등	군사기지 및 군사시설 보호구역(육군17사단관할지역)(군사기지 및 군사시설 보호법), 제한보호구역(전방지역: 25km)(협의지역)(군사기지 및 군사시설 보호법), 농업진흥구역(농지법), 도로구역(지방도356호선)(도로법), 접도구역(도로법), 성장관리지역(산업집적활성화 및 공장설립에 관한 법률), 성장관리권역(수도권정비계획법)
「토지이용규제기본법 시행령」 제9조 제4항 각 호에 해당되는 사항		〈추가기재〉 본증명은 간혹전산오류로 인하여 사실과 다를 수 있으니 인허가나 토지거래전 등 지역지구 등의 편입여부를 반드시 관계부서에 확인받으시기 바랍니다.

생산녹지지역·농업진흥구역에서의 건축제한

사례 토지는, 용도지역은 생산녹지지역이면서 동시에 농지법에 의하여 농업진흥구역으로 지정된 토지다. 생산녹지지역 · 농업진흥구역에서는 생산녹지지역에서의 건축제한과 '농지법'에 의한 농업진흥구역에서의 행위제한을 동시에 적용하여야 한다. 따라서 농업과 관련된 행위나 시설 이외의 일반적인 건축물의 목적으로는 개발이 거의 불가능한 토지라고 할 수 있다. 구체적인 내용은 CHAPTER 8의 동일 사례 설명을 참조하기 바란다.

분석의 포인트 및 투자전략

사례 토지는 통제보호구역과 제한보호구역 중에는 제한보호구역에 해당하며, 협의지역과 위탁지역 중에서는 협의지역에 해당한다. 협의지역은 이처럼 직접 협의지역이라고 표시되는 경우도 있고, 표시되지 않는 경우도 있다. 위탁지역이라고 표시되어 있지 않으면 협의지역이라고 앞에서 설명하였다. 사례 토지에서 개발이나 건축을 하려면 반드시 군부대의 동의를 받아야 개발행위허가를 받을 수 있다. 따라서 해당 토지를 개발이나 건축을 하기 위한 목적으로 취득하게 된다면, 사전에 군사협의 동의 가능성 유무를 판단해 보아야 한다.

제한보호구역·위임지역의 계획관리지역 전

지목	전	면적	483㎡
개별공시지가(㎡당)	206,100원 (2025/01)		
지역·지구 등 지정 여부	「국토의 계획 및 이용에 관한 법률」에 따른 지역·지구 등	계획관리지역, 소로2류(폭8m~10m)(저축)	
	다른 법령 등에 따른 지역·지구 등	제한보호구역(전방지역: 25km)(고도 8m 위임지역) 〈군사기지 및 군사시설 보호법〉, 과밀억제권역〈수도권정비계획법〉	
「토지이용규제기본법 시행령」 제9조 제4항 각 호에 해당되는 사항			

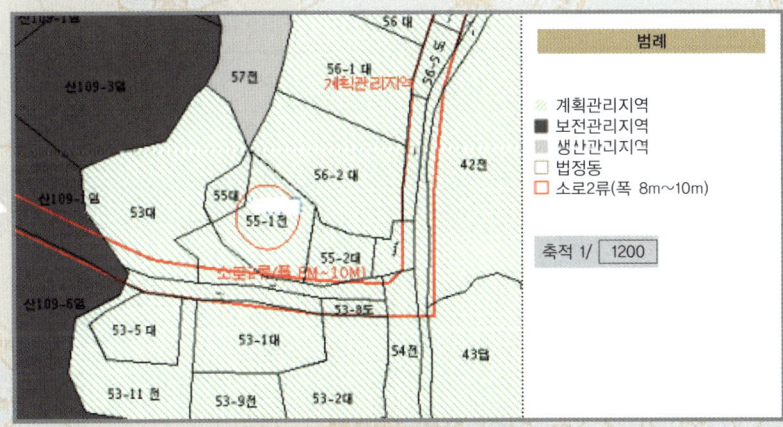

계획관리지역에서의 건축제한

사례 토지는 계획관리지역 농지에 해당하는 토지다. 농지의 구분은 농업진흥지역 밖에 있는 농지에 해당한다. 따라서 사례 토지를 개발하고자 하는 경우 농지법에 의한 행위제한은 적용받지 않고 앞에서 배운 계획관리지역에서의 건축제한을 적용하여 개발할 수 있다.

분석의 포인트 및 투자전략

검토대상 토지도 군사기지 및 군사시설보호구역 중 제한보호구역에 해당하며, 협의지역과 위탁지역 중에서는 위탁지역에 해당한다. 위탁지역과 위임지역은 같은 의미다. 구체적으로 고도 8m까지 위임했다고 표시하고 있다. 따라서 개발행위허가를 받을 때 위임된 높이까지는 군사협의에 문제가 없다. 사례 토지 주변에 개발이 완료된 대지가 많이 존재하고 있음을 확인할 수 있다.

소로2류(저촉)

소로2류는 도로 폭 8m 이상 10m 미만인 도로를 말하는 것이다. 저촉이라는 것은 해당 토지가 도로구역에 일부 포함되어 있다는 의미이며, 구체적으로 확인도면상 도로구역선 안의 토지가 저촉된 부분이라고 할 수 있다. 검토대상 필지는 하단으로 도로에 저촉된 부분을 확인할 수 있으며, 저촉된 부분이 토지 전체에서 차지하는 비중이 높지 않기 때문에 대세에는 지장이 없어 보인다.

비행안전구역 제3구역의 보전관리지역 임야

지목	임야	면적	26,211㎡
개별공시지가(㎡당)	27,700원 (2025/01)		

지역·지구 등 지정 여부	「국토의 계획 및 이용에 관한 법률」에 따른 지역·지구 등	보전관리지역
	다른 법령 등에 따른 지역·지구 등	비행안전제3구역(전술)〈군사기지 및 군사시설 보호법〉, 성장관리권역〈수도권정비계획법〉
	시행령 부칙 제3조에 따른 추가 기재 확인 내용	하천구역은 재난안전과 방재부서(031-369-2461)로 확인 바랍니다.
「토지이용규제기본법 시행령」 제9조 제4항 각 호에 해당되는 사항		토지거래계약에 관한 허가구역

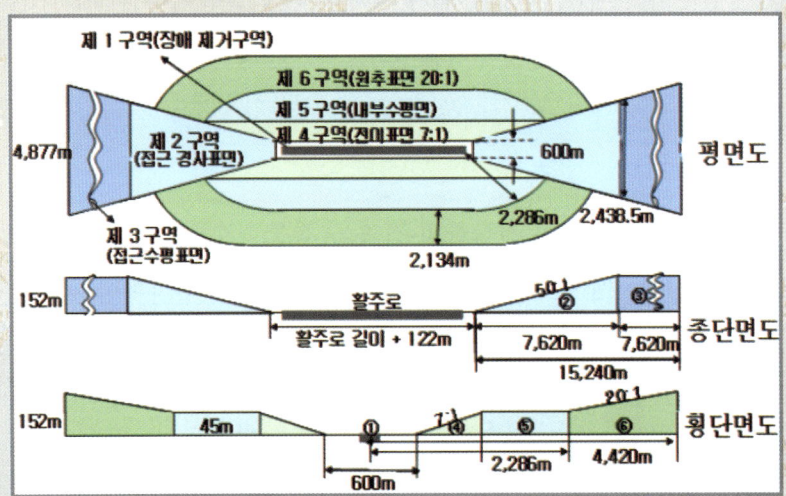

비행안전구역의 종류

비행안전구역은 다음의 4가지가 있다. 충주·성남·수원·화성·오산 등 전국의 군부대비행장이 있는 지역의 토지이용계획확인서에서 많이 볼 수 있다.

① 전술항공기지의 비행안전구역
② 지원항공작전기지의 비행안전구역
③ 헬기 전용·예비항공 작전기지의 비행안전구역
④ 비상활주로의 비행안전구역

비행안전구역에서의 금지 또는 제한

전술항공기지와 지원항공작전기지를 사례로 들어 설명하면 해당 비행안전구역은 제1구역에서 제6구역까지가 있으며, 비행안전구역 안에서는 다음의 행위제한이 적용된다.

① **제1구역**

군사시설을 제외한 건축물의 건축, 공작물·식물이나 그 밖의 장애물 설치·재배 또는 방치가 금지된다. 따라서 일반적인 개발행위가 불가능하다고 할 수 있다.

② **제2구역부터 제6구역**

비행안전구역 중 전술항공작전기지의 제3구역, 제5구역 또는 제6구역과 지원항공작전기지의 제4구역 또는 제5구역 안에서는 각

구역별로 최고장애물 지표면 중 가장 높은 지표면의 높이를 초과하지 아니하는 범위 안에서 일정 구역의 지표면으로부터 45m 높이 이내에서 그 구역의 표면 높이 이상인 건축물의 건축, 공작물·식물이나 그 밖의 장애물을 설치 또는 재배할 수 있다.

분석의 포인트

검토대상 토지는 전술항공기지의 비행안전구역 중 제3구역에 해당한다. 전술항공기지의 비행안전구역 제3구역에서는 대개의 경우 개발행위가 가능하며, 공장, 창고 등 구체적으로 건축할 예정인 건축물을 지정해서 시·군에 문의하면 확인할 수 있다.

대공방어협조구역

대공방어협조구역은 대공(對空)방어자전을 보장하기 위하여 지정하는 구역을 말한다. 특별시·광역시·특별자치도·시·군 관할 구역을 기준으로 하여 지정한다. 서울시의 토지에서 대부분 토지에 나타난다. 역으로 해석하면 대규모 개발이 아닌 재테크차원의 투자에서는 제한이 없다고 보아도 무방하다. 따라서 이 책에서는 사례로 소개하지 않았다.

토지거래계약에 관한 허가제도

토지거래계약에 관한 허가구역의 지정

토지거래허가구역에서 토지거래계약을 체결하려는 자는 공동으로 시장·군수·구청장에게 계약내용과 그 토지의 이용계획, 취득자금 조달계획 등을 적어 제출하고 사전허가를 받아야 한다. 과거에는 「국토계획법」에서 규정하고 있었으나, 2016년부터는 「부동산거래신고등에관한법률」에 근거하여 시행되고 있다. 허가구역의 지정의 효력은 지정을 공고한 날부터 5일 후에 발생한다.

용도지역별 허가제 적용대상 면적

토지거래허가대상이 되는 면적은 용도지역과 지목을 기준으로 이원적으로 지정이 되어 있고, 이 부분이 일반인들을 어렵게 하는 부분이다.

① 도시지역은 용도지역별로 면적기준을 적용한다. 즉, 지목과 무관하게 주거지역·상업지역·공업지역·녹지지역의 용도지역 기준으로 허가를 받아야 하는 면적이 규정되어 있다.

② 도시지역 외 지역(관리지역·농림지역·자연환경보전지역)은 용도지역과 무관하게 지목을 기준으로 면적 기준을 적용한다. 도시지역 외 지역은 일괄적으로 $250m^2$ 초과를 대상으로 하되 다만 농지의 경우는 $500m^2$ 초과, 임야의 경우는 $1,000m^2$ 초과를 대상으로 한다. 지적공부상 지목과 현실지목이 다른 경우에는 현실지목을 기준으로 하여 산정한다.

이 경우 현실지목의 판단은 불법 형질변경 등 불법사항이 없는 정당한 이용상황에 의한다.

구분		허가를 받아야 하는 면적	비고
도시지역	주거지역	60㎡ 초과	
	상업지역	150㎡ 초과	
	공업지역	150㎡ 초과	
	녹지지역	200㎡ 초과	
	용도지역 미지정	60㎡ 초과	
도시지역 외 지역	농지	500㎡ 초과	
	임야	1,000㎡ 초과	
	기타	250㎡ 초과	

다만, 국토교통부장관 또는 시·도지사가 허가구역을 지정할 당시 해당 지역에서의 거래실태 등을 고려하여 위의 면적으로 하는 것이 타당하지 않다고 인정하여 해당 기준면적의 10% 이상 300% 이하의 범위에서 따로 정하여 공고한 경우에는 그에 따른다. 그에 따라 2025년 5월 1일 현재 서울특별시 강남구, 서초구, 송파구, 용산구 내 아파트의 허가대상 면적은 주거지역과 상업지역인 경우는 기준면적의 10% 수준으로 하향되어 지정되어 있다.

□ **(지정범위)** 강남구, 서초구, 송파구, 용산구(총 110.65㎢) 내 아파트
□ **(허가대상 면적)** 주거지역 6㎡ 초과, 상업지역 15㎡ 초과 토지 등

  * 허가대상 면적은 「부동산거래신고법」 시행령(제9조) 상 기준면적(도시지역 중 주거지역 60㎡, 상업지역 150㎡ 초과 등)의 10% 수준으로 하향

〈자료출처 : 2025년 3월 19일 서울특별시 토지거래허가구역 확대지정 보도자료〉

지정효과

허가구역의 지정은 허가구역의 지정을 공고한 날부터 5일 후에 그 효력이 발생한다. 허가를 받아 토지를 취득한 사람에게는 일정 기간 허가받은 목적대로 이용할 의무가 발생한다.

의무이용 기간

허가구역에서 토지는 실수요자에게만 취득이 허용되며, 용도별로 2~5년간 허가받은 목적대로 이용할 의무가 발생한다.

① 의무이용 기간 2년

가. 자기의 거주용 주택용지로 이용하려는 것인 경우

나. 허가구역을 포함한 지역의 주민을 위한 복지시설 또는 편익시설로서 관할 시장·군수 또는 구청장이 확인한 시설의 설치에 이용하려는 것인 경우

다. 허가구역에 거주하는 농업인·임업인·어업인 또는 법령으로 정하는 자가 농업·축산업·임업 또는 어업을 경영하기 위하여 필요한 것인 경우

라. 「공익사업을 위한 토지 등의 취득 및 보상에 관한 법률」 또는 그 밖의 법령에 따라 농지 외의 토지를 공익사업용으로 협의양도하거나 수용된 사람이 그 협의양도하거나 수용된 날부터 3년 이내에 그 허가구역에서 협의양도하거나 수용된 토지에 대체되는 토지(종전의 토지가액 이하인 토지로 한정한다)를 취득하려는 경우

② 의무이용 기간 4년

가. '공익사업을 위한 토지 등의 취득 및 보상에 관한 법률'이나 그 밖의 법률에 따라 토지를 수용하거나 사용할 수 있는 사업을 시행하는 자가 그 사업을 시행하기 위하여 필요한 것인 경우

나. 허가구역을 포함한 지역의 건전한 발전을 위하여 필요하고 관계 법률에 따라 지정된 지역·지구·구역 등의 지정목적에 적합하다고 인정되는 사업을 시행하는 자나 시행하려는 자가 그 사업에 이용하려는 것인 경우

다. 허가구역의 지정 당시 그 구역이 속한 특별시·광역시·특별자치시·시('제주특별자치도 설치 및 국제자유도시 조성을 위한 특별법' 제10조 제2항에 따른 행정시를 포함)·군 또는 인접한 특별시·광역시·특별자치시·시·군에서 사업을 시행하고 있는 자가 그 사업에 이용하려는 것인 경우나 그자의 사업과 밀접한 관련이 있는 사업을 하는 자가 그 사업에 이용하려는 것인 경우

다만, 분양을 목적으로 허가를 받은 토지로서 개발에 착수한 후 토지 취득일부터 4년 이내에 분양을 완료한 경우에는 분양을 완료한 때에 4년이 지난 것으로 본다.

③ 의무이용 기간 5년

가. 관계 법령에 의하여 개발·이용행위가 제한되거나 금지된 토지로서 국토교통부령이 정하는 토지에 대하여 현상보존의 목적으로 토지의 취득을 하고자 하는 경우

나. 그 외의 경우

이용목적의 변경: '토지거래업무처리규정' 제15조

제15조(이용목적 변경)

① 영 제14조 제1항 제3호에 따라 당초의 이용목적을 변경하는 경우에는 규칙 제11조 제1항 각 호의 사항이 기재된 토지이용계획서를 다시 제출받고 허가기준 충족 여부를 판단하여야 한다. 이 경우 농지 또는 임야를 농업 또는 임업경영이 아닌 다른 목적으로 변경하고자 하는 때에는 '농지법' 또는 '산지관리법'에 의한 전용 허가 또는 전용신고를 완료하거나 전용허가 또는 전용신고 요건에 적합한 것으로 확인된 경우로서 관계법령의 규정에 따라 취득자가 당해 토지를 전용하여 이용할 수 있는 경우여야 한다.

② 제1항의 토지이용계획서에 포함될 토지의 개발·이용계획 중 착수일은 목적변경 승인일이 아니라 당초 토지를 취득한 날부터 2년을 초과하여서는 아니 된다. 다만 토지소유자가 당초 이용목적을 위반하여 법 제18조제2항에 따라 이행강제금을 납부한 자로서 이용목적변경 승인을 얻은 경우에는 신규 이용목적에 따른 착수일 은 이행강제금을 납부한 날부터 2년을 초과하지 아니하는 범위 안에서 정한다.

③ 허가를 받아 취득한 토지에 대하여는 이용목적변경을 위한 절차가 완료되지 아니 하면 당초의 이용목적·이용계획과 다른 개발·전용행위의 인·허가 등이 불가 능하므로, 개발·전용행위와 관련된 인·허가신청 등이 있는 경우에는 당해 토지 의 이용목적변경 가능 여부를 사전에 검토하여야 한다.

④ 영 제14조 제1항의 토지이용목적의 변경 승인은 토지를 취득한 이후에 가능하다. 다만 취득 후 상당 기간이 경과하지 아니한 때 이용목적을 변경하고자 하는 경우 에는 당초 이용목적의 허위여부, 이용목적변경 사유의 적정성 등에 대한 검토가 선행되어야 하며, 영 제16조제1항에 따른 이행명령을 받은 경우에는 본인의 귀책 사유가 아닌 사유로 이행명령을 이행할 수 없는 경우에만 이용목적변경을 승인할 수 있다.

⑤ 영 제16조 제1항 제3호에 따라 시·군·구에서 당초 허가목적과 다른 개발·전 용 행위 등과 관련된 인·허가 사항을 처리함에 있어 허가권자에게 토지거래계약 허가의 이용목적 변경승인에 대한 협의를 해올 경우 다음 각 호에 따라 처리한다.
  1. 법 제12조에 따른 허가기준을 준용하여 처리하여야 한다.
  2. 사업부서 등에서 협의가 있을 경우에는 민원인의 편의증진을 위한 원스톱서 비스 차원에서 허가권자는 즉시 의견을 회신하여야 한다.

이용의무 불이행과 이행강제금

당초에 취득허가를 받은 목적대로 이용하지 않는 경우 3월의 이행명령을 부여하고, 명령 불이행 시 취득가액(취득가액은 실거래가를 기준으로 한다.)의 10% 범위 내에서 이용의무 이행강제금을 부과한다. 이행강제금은 최초의 이행명령이 있었던 날을 기준으로 하여 1년에 한 번씩 그 이행명령이 이행될 때까지 반복하여 부과·징수할 수 있으며, 이용 의무기간이 지난 후에는 이행강제금을 부과할 수 없다. 이행명령을 받은 후 그 명령을 이행하는 경우에는 새로운 이행강제금의 부과는 즉시 중지되지만, 명령을 이행하기 전에 이미 부과된 이행강제금은 납부하여야 한다.

- 토지거래계약 허가를 받아 토지를 취득한 자가 당초의 목적대로 이용하지 아니하고 방치한 경우에는 토지 취득가액의 100분의 10에 상당하는 금액
- 토지거래계약 허가를 받아 토지를 취득한 자가 직접 이용하지 아니하고 임대한 경우에는 토지 취득가액의 100분의 7에 상당하는 금액
- 토지거래계약 허가를 받아 토지를 취득한 자가 시장·군수 또는 구청장의 승인 없이 당초의 이용목적을 변경하여 이용하는 경우에는 토지 취득가액의 100분의 5에 상당하는 금액
- 제1호 내지 제3호 외의 경우에는 토지 취득가액의 100분의 7에 상당하는 금액

허가구역에서의 농지취득자격증명 발급

농지에 대하여 토지거래허가를 받은 경우에는 농지법 제8조의 농지취득자격증명을 받은 것으로 본다. 그에 따라, 녹지지역·관리지역·농림지역·자연환경보전지역 농지를 농업경영목적으로 취득하고자 토지거래계약허가를 신청하는 하는 경우에는, 행정관청 내부적으로 농지취득자격증명의 발급요건 적합여부 심사가 동시에 진행된다.

허가구역에서의 매매계약의 체결: 유동적 무효의 법리

토지거래계약이 허가받을 것을 전제로 한 계약이기 때문에 허가를 받을 때까지는 미완성의 법률행위로서 소유권 등 권리의 이전 또는 설정에 관한 거래의 효력이 전혀 발생하지 않는다. 그러나 허가를 받으면 그 계약은 허가를 받은 시점이 아닌 계약시점으로 소급하여 유효한 계약이 된다. 그리고 일단 허가를 받으면 그 계약은 소급해서 유효화되므로 허가 후에 새로운 거래계약을 체결할 필요는 없다. '유동적 무효'의 법리는 1991년 대법원 전원합의체 판결에서 도입되었다.(대판 1991. 12. 24, 91다12243)

허가구역 해제 및 효과

토지거래허가구역에서 해제되면 즉시로 해당토지에 따라다니던 이용의무도 자동 소멸한다.

토지 이용실태 조사: '토지거래허가를 받은 토지의 사후이용관리지침'

토지거래계약 허가를 받아 취득한토지는 다음과 같이 사후관리를 받는다.

제4조(조사대상) 시 · 군 · 구별로 토지거래계약 허가구역의 지정 후에 허가를 받아 거래한 모든 토지를 대상으로 조사하되, 아래의 각호의 기준에 의한다.
1. 지정기간 만료 후 계속하여 재지정 된 경우에는 최초 지정 후 허가받은 토지를 모두 포함한다.
2. 과거에 조사한 사실이 없는 토지를 우선 대상으로 한다.
3. 당해 토지의 개발 및 이용계획서에 착수일을 따로이 정한 경우에는 착수일이 도래한 토지를 대상으로 한다.

제5조(조사시기)
① 정기 조사기준일: 매년 5월 1일
② 조사내용: 토지의 이용의무기간 중인 허가분의 이용실태
③ 정기 조사기간: 매년 5월 1일 ~ 7월 31일(3개월간)
④ 수시조사
   1. 법 제25조의2 제1항의 규정에 의하여 신고 또는 사법기관으로부터 통보된 사항에 대하여는 즉시 조사(현장조사 포함)하고 후속처리절차를 이행하여야 한다.
   2. 시장 · 군수 · 구청장은 농업 또는 임업경영용 토지의 경우에 작물의 특성 등을 고려하여 필요하다고 인정되는 토지에 대하여는 조사시기를 달리할 수 있으며, 조사결과 조치사항은 즉시 처리하되 그 절차는 정기조사와 같다.
   3. 시장 · 군수 · 구청장은 법 제17조 제2항의 규정에 따라 국토교통부장관이 정하는 바에 따라 조사를 실시하여야 한다.

제6조(조사방법)
⑤ 용도별 조사방법
   1. 농업용
      가. 주민등록 등 거주요건 자료와 농지부서에서 매년 실시하는 실태조사 결과를 제공받아 이용목적 위반여부를 1차 심사하고, 실제 농업경영계획을 이행하지 아니하고 있다고 의심되는 취득자의 토지는 현장조사를 실시한다.
      나. '농업경영에이용하지않는농지등의처분관련업무처리요령'(농림축산식품부 예규 제4호)에서 정한 방법에 따라 조사하되, 농업경영계획서를 기준으로 판단한다.
   2. 임업용
      주민등록 등 거주 관련 자료(타 시 · 군 자료 포함)와 산림부서의 의견에 따라 이용목적 위반 여부를 1차 심사하고, 실제 산림경영계획을 이행하지 아니한다고 의심되는 취득자의 토지를 현장조사 한다.

3. 농업 또는 임업영위용 토지의 공동경영에 대한 조사
   농업 또는 임업영위용 토지를 공유지분 등으로 취득하여 공동경영하는 방식으로 허가받은 토지에 대하여는 별도관리를 하여야 하며, 공동경영방식이 이행되고 있는지에 대하여는 각 공동경영자들의 거주요건 등을 고려하여 경영 참여 여부를 1차 확인하고 공동경영이 의심되는 경우는 현장조사를 실시한다.
4. 농업영위 목적 토지의 농업경영에 대한 자경증명 활용
   제1호 또는 제3호의 농업경영 목적 토지의 자경여부 판단을 위하여 농지법 제50조의 규정에 의한 자경증명을 해당관서에 요구할 수 있다.
5. 개발용 토지(복지·편익시설용지 포함)
   개발사업 허가 등 행위허가 부서의 의견(당해 허가 관련 법령에서 정한 후속절차 이행 여부 등)에 따라 이용목적 위반여부를 1차 심사하고, 취득자가 이용목적을 이행하지 아니하는 것으로 의심되는 토지는 현장조사 한다.
6. 자기주거용 토지
   주민등록의 확인 등으로 실제 거주 여부를 조사하되, 시행규칙 제13조 제1항 제1호가목1)의 세대원을 포함한 세대주의 거주요건 예외사항을 적용하여 판단한다.
7. 대체취득 토지
   영 제10조 제2항 제1호의 규정에 따라 대체 취득한 토지의 이용이 당초 대체된 토지의 이용목적과 동일한지의 여부를 조사하여야 하며, 그 이용목적이 다른 경우에는 이용목적 이행에 부적합한 것으로 본다.
8. 기타 용지
   각각 토지의 이용목적과 특성에 따라 합리적인 방법으로 조사한다.

⑥ 용도별 조사 착안 사항
  1. 농업용
     가. 농지의 미이용 방치, 휴경(정부시책에 따른 휴경 포함) 여부
     나. 농지의 임대·위탁영농 여부(농지의 자경 여부의 심사는 농지법 제2조 제5호의 기준에 의함)
     다. 주말·체험영농 등으로 무단 전용 여부
     라. 시설영농 목적으로 농지를 취득한 자의 시설 설치 여부
     마. 주민등록 전입자의 실제 거주 여부
     바. 공동경영의 목적으로 공동 또는 공유지분으로 취득한 농지의 경우에 공유자 각각이 실질적으로 공동경작에 참여하고 있는지 여부
     사. 토지의 형질변경이 수반되는 농업경영방식 변경은 형질변경행위가 정당한 절차를 거쳤는지 여부를 조사하되, 정당한 절차를 거치지 아니한 경우에는

　　　　이용목적 이행에 부적합한 것으로 본다.
　　아. 기타 농업경영계획서 기재사항의 이행여부
2. 임업용
　　가. 임야의 자영 여부
　　나. 주민등록 전입자의 실제 거주 여부
　　다. 공동경영의 목적으로 공동 또는 공유지분으로 취득한 임야의 경우에 공유자 각각이 실질적으로 공동경영에 참여하고 있는지 여부
　　라. 기타 산림경영계획서상의 작업일정 등 기재사항의 이행 여부
3. 개발사업용 토지(복지·편익시설용지 포함)
　　가. 개발사업용 토지의 개발착수 여부
　　나. 건축물 등이 있는 토지의 경우에 허가받은 용도와 다르게 사용하는지 여부
　　다. 기타 당해 토지의 토지이용계획서의 이행
4. 자기주거용 토지
　　가. 실제 거주 여부
　　나. 주거용 건물의 건축 여부
　　다. 기존 주택의 처분계획 등을 소명한 경우에는 그 계획의 이행 여부
　　라. 기타 당해 토지의 토지이용계획서의 이행
5. 기타 용도 토지
　　가. 당해 토지의 토지이용계획서의 이행 여부
　　나. 타목적으로의 무단 전용여부

토지거래계약에 관한 허가대상 도시지역 외 지역 농지

지목	답	면적	3,762㎡
개별공시지가(㎡당)	59,300원 (2025/01)		
지역·지구 등 지정 여부	「국토의 계획 및 이용에 관한 법률」에 따른 지역·지구 등	계획관리지역 (계획관리지역)	
	다른 법령 등에 따른 지역·지구 등	가축사육제한구역〈가축분뇨의 관리 및 이용에 관한 법률〉, 도청이전신도시 개발예정지구〈도청이전을 위한 도시건설 및 지원에 관한 특별법〉, 공장설립승인지역〈수도법〉	
「토지이용규제기본법 시행령」 제9조 제4항 각 호에 해당되는 사항	토지거래계약에관한허가구역		

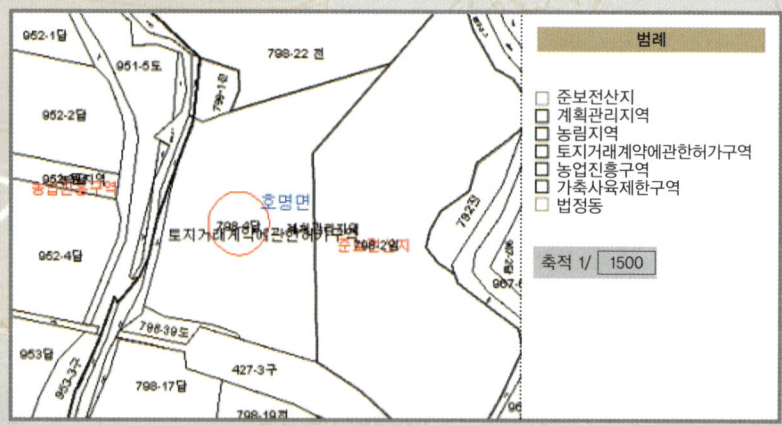

허가대상 여부 판정 기준

사례 토지는 과거 ○○도청 예정지에 있는 토지 중의 하나다.

① 용도지역 기준을 적용할 것인가 지목 기준을 적용할 것인가를 판단한다.

면적을 기준으로 허가 여부를 판정할 때 도시지역 즉, 앞에서 배운 용도지역이 주거지역, 상업지역, 공업지역, 녹지지역인 토지는 용도지역을 기준으로 한 면적 기준을 적용한다. 그리고 용도지역이 도시지역 외 지역인 토지 즉, 관리지역 농림지역 자연환경보전지역 토지는 지목을 기준으로 한 면적기준을 적용한다.

사례 토지는 용도지역이 도시지역 외 지역에 해당하는 계획관리지역이다. 따라서 지목을 기준으로 한 면적기준을 적용하여 허가대상 여부를 판단하면 된다.

② 면적기준을 초과하는지 여부를 판단한다.

관리지역, 농림지역, 자연환경보전지역에서 농지는 $500m^2$를 초과하면 허가대상이 된다. 사례 토지는 관리지역 그중에서도 계획관리지역 농지에 해당하고 면적이 $500m^2$를 초과하므로 반드시 토지거래계약에 관한 허가를 받아서 취득할 수 있다.

농지취득자격증명 발급대상 여부

사례 토지는 농지이지만 허가구역에 해당하는 농지이므로 취득시 토지거래계약에 관한 허가를 받으면 별도로 농지취득자격증명을 발급받지 않아도 된다.

'일단의 토지'에서의 허가대상 여부 판정기준

면적을 산정할 때 일단의 토지이용을 위하여 토지거래계약을 체결한 날부터 1년 이내에 '일단의 토지'의 일부에 대하여 토지거래계약을 체결한 경우에는 그 '일단의 토지' 전체에 대한 거래로 본다. '일단의 토지'란 동일인의 소유로서 서로 인접하여 하나의 용도에 이용될 수 있는 토지를 말한다. '일단의 토지'의 거래에 해당하는지 여부는 다음 각 호의 기준에 따라 판단한다.

1. 여러 필지의 토지소유자가 각각의 필지를 각각 다른 사람과 거래하는 경우에는 각각의 필지별로 허가대상면적 여부를 판단한다.
2. 공유지의 거래는 지분으로 허가대상면적 여부를 판단하되, 공유자 2인 이상이 그 지분 토지를 동일인과 거래하는 경우에는 거래지분 면적을 합산하여 허가대상면적 여부를 판단한다.
3. 부부·가족 등 세대 구성원이 토지를 취득하는 경우에는 동일인이 일단의 토지를 거래하는 경우와 동일한 방법으로 허가대상면적 여부를 판단하되, 세대가 분리되었으나 독립하여 생계를 유지하지 못하는 경우에는 현실적으로 생계를 같이하는 세대주를 기준으로 판단한다.

아는 만큼 보이고, 보이는 만큼
수익이 오르는 지적도의 비밀

용도지역미분류와
용도지역의 중복

대한민국의 모든 토지는 원칙적으로 21개 용도지역 중의 하나로 분류되어 있다. 그리고 부여받은 용도지역을 기준으로 하여 4가지 건축제한을 판단하게 된다. 그러나 실무에서는 21개 용도지역 중의 하나로 분류되어 있지 않고, 과도기의 또는 중복된 용도지역으로 분류된 경우의 토지를 빈번하게 접할 수 있다. 우선 그런 사례로 용도지역의 세분화를 기다리는 용도지역미분류의 토지가 있다. 용도지역미분류의 대표적인 것은 관리지역세분화와 관련된 관리지역미분류의 토지이며, 농림지역 토지가 농업진흥지역에서 해제되거나 보전산지에서 해제되는 경우에 발생한다. 또 하나의 경우는, 하나의 필지에 용도지역이 두 개 이상 지정되어 있는 토지다. 이런 경우는 용도지역선이 필지의 경계선과 불일치함으로써 발생하며, 용도지역선이 지나가는 위치와 면적비율 등을 파악해야 올바른 가치평가를 할 수 있다. 이 장에서 소개하고 있는 이런 경우의 토지를 분석해가는 방법은 토지분석 기법 중에서도 상당히 고급 수준에 속한다고 할 수 있다. 'CHAPTER 4 용도지역'으로 배우는 지적도의 비밀과 함께 반복해서 학습하면 토지를 보는 안목이 크게 넓어질 수 있을 것이다.

관리지역 세분화

1994년 준농림지역의 탄생

1993년 '국토이용관리법'을 개정하면서 10개이던 용도지역이 도시, 준도시, 농림, 준농림, 자연환경의 5개로 단순화되었다. 그리고 1994년 문민정부시절 준농림지역이 탄생하였다. 준농림지역 탄생과 함께 개발행위허가방식도 '금지행위 열거방식'이 적용되면서 5개 용도지역 내에서 개발할 수 없는 내용을 명시하고 그 외의 것은 행위를 완화하는 쪽으로 바뀌었다. 그리하여 준농림지역 내 농지나 임야를 형질 변경하여 건축할 수 있는 길이 활짝 열렸다. 그러나 전 국토의 1/4 (25%)에 해당하는 과다한 지역을 준농림지역으로 지정하면서 탄생과정에서 이미 난개발과 세분화의 문제를 잉태하게 되었다.

준농림 르네상스

준농림지역에서 개발행위를 폭넓게 허용하는 것은 준농림지역 내 농지나 임야를 활용하여 부족한 주거용지·상업용지·공업용지의 공급을 대체하게 한다는 취지였다. 그러나 준농림지역 내 농지나 임야는 무조건 개발이 가능하다는 인식이 만연하게 되었고 토지투자에 있어서 준농림의 전성시대가 도래하였다. 1993년까지 토지투자 대상 1위는 도시지역의 자연녹지지역이었으나 1994년부터 토지투자대상 1위는 준농림지역 내 농지나 임야로 바뀌었다. 혹자는 이러한 현상을 '준농림 르네상스'라고 표현하였다.

2003년 관리지역의 탄생

2003년 1월 1일부터 국토계획법 체계하의 관리지역이 탄생하였다. 즉, 준도시지역과 준농림지역을 합하여 '관리지역'으로 지정하게 된 것이다. 준도시지역의 비중은 미미하기 때문에 결국 준농림의 새로운 이름이 '관리지역'이 된 것이며, 그에 따라 2003년 1월 1일부터 토지투자대상 1위는 관리지역이 되었다. 그리고 관리지역의 세분화가 예고되었다.

2009년 관리지역 세분화

① **토지적성평가**

토지적성평가는 토지의 토양 입지 활용 가능성 등에 따라 개발적성, 농업적성 및 보전적성을 평가하고, 그에 따라 토지의 용도를 분류해 난개발을 방지하고, 개발과 보존의 조화를 유도하기 위해 실시하는 제도다. 토지적성평가 결과를 토대로 하여 관리지역 세분화를 실시하게 된다.

② 관리지역세분화

관리지역세분화는 관리지역을 보전관리지역·생산관리지역·계획관리지역으로 세분화하는 것을 말한다.

③ 2009년 1월 1일 관리지역 세분화 시행

수도권, 광역시 및 광역시 인접 시·군은 2005년 말까지 그 외의 시·군은 2007년 말까지 관리지역을 세분화하여야 했지만, 세분화에 따른 폭주하는 민원으로 인하여 지체하게 되었고 결국 2009년 1월 1일부로 전국 대부분의 시·군이 관리지역 세분화를 단행하게 되었다.

가치가 더욱 높아진 개발적성의 '계획관리지역'

관리지역이 세분화되기 전에는 다 같은 관리지역이었지만, 세분화 이후에는 건축할 수 있는 건축물의 차이에 의해서 관리지역별 가치의 차이가 크게 발생하였다. 개발 측면에서 과거의 준농림지역이나 관리지역의 계보를 계승한 것은 계획관리지역이다. 관리지역을 세분화하면서 계획관리지역의 비율은 시·군마다 차이가 있지만 50% 내외를 차지하게 됨으로써 결과적으로 개발이 용이한 토지의 비율이 줄어들게 되었고 그만큼 가치는 상대적으로 높아지게 되었다.

상대적으로 낮게 평가해주어야 할 '보전 및 생산관리지역'

보전관리지역이나 생산관리지역도 같은 관리지역이지만 개발 측면에서는 과거의 관리지역에 비하여 가치가 현저히 낮아졌다. 건폐율도 20% 이하로 줄어들었고, 무엇보다도 건축할 수 있는 건축물의 범위가 현저히 축소되었기 때문이다. 수도권에서 가장 일반적이고 가치 있는 개발행위는 공장, 일반창고, 일반음식점(가든 카페), 숙박시설 등이다. 그러나 이러한 건축물은 이제 계획관리지역에서만 가능하고 보전 및 생산관리지역에서는 허용되지 않는다.

농업진흥지역해제·보전산지해제와 미세분 관리지역

매매나 경매 물건을 검토하다 보면 관리지역 세분화가 이루어지지 않은 토지를 자주 만나게 된다. 표현방식은 조금씩 다르다. 어떤 토지는 그냥 '관리지역'으로만 표시되어 있고, 어떤 토지는 '관리지역 미분류(향후 세분화예정지역 임)'라고 자세하게 표시되어 있기도 한다. 그렇지만 해석은 똑같이 관리지역이 세분화되지 않은 토지다. 이런 토지는 농지가 농업진흥지역해제에서 해제되거나, 산지가 보전산지에서 해제되어 농림지역이 관리지역으로 편입되는 경우에 발생한다. 농업진흥지역 농지가 농업진흥지역에서 해제되면 용도지역이 농림지역에서 관리지역으로 편입된다. 즉, 토지이용계획확인서의 내용이 '농림지역 농업진흥지역'에서 '관리지역'으로 바뀌는 것이다. 마찬가지로 보전산지로 편입되어 있던 임야가 보전산지에서 해제되면 용도지역이 농림지역에서 관리지역으로 편입된다. 즉, 토지이용계획확인서의 내용이 '농림지역 보전산지'에서 '관리지역'으로 바뀌는 것이다. 그리고 이런 관리지역의 건축제한은 세분화되기 전까지는 보전관리지역에 준해서 적용을 받는다.

미세분 관리지역의 세분화

토지적성평가라는 과정을 거쳐서 보전관리지역, 생산관리지역, 계획관리지역 중의 하나로 세분화하게 된다. 계획관리지역으로 분류되면 토지소유자에게는 최대의 축복이라 할 수 있을 것이다.

 관리지역세분화된
보전관리지역과 계획관리지역

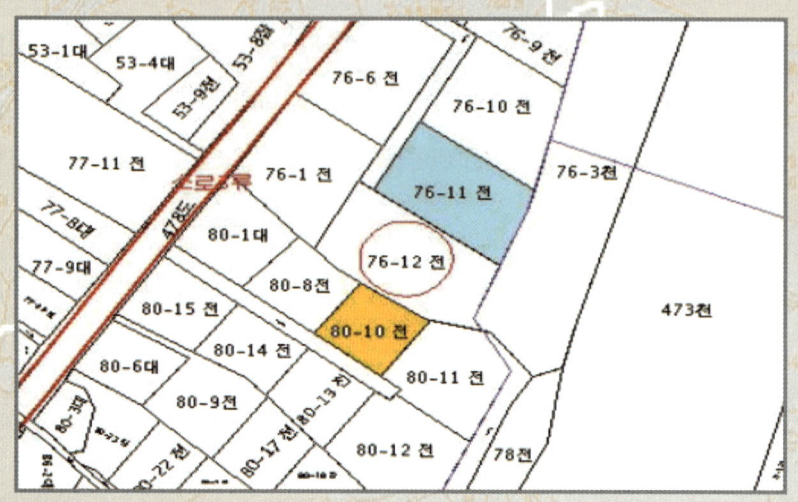

보전관리지역과 계획관리지역의 건축물의 차이

지적도의 오른쪽에 '473천'을 두고 검토대상 두 필지의 토지가 위치하고 있다. 해당 토지의 입지는 천을 앞에 두고 있어서 펜션부지나 일반음식점부지로 적합한 부지다. 관리지역세분화 과정에서 76-11은 보전관리지역으로 편입이 되었고, 80-10은 계획관리지역으로 편입이 되었다. 그에 따라 과거에는 관리지역으로 동일한 가치를 지니고 있었지만, 세분화 이후에는 건폐율과 건축할 수 있는 건축물의 차이에 의하여 가치 차이가 발생하게 되었다.

① **건폐율의 차이**

보전관리지역으로 분류된 토지는 20% 이하를 적용받고, 계획관리지역은 40% 이하를 적용받는다. 즉 1층 면적 200m²의 건축물이 필요하다면 보전관리지역은 1,000m²가 필요하지만, 계획관리지역은 500m²의 토지만 있으면 된다. 그만큼 계획관리지역이 효율적인 것이다.

② **용적률의 차이**

관리지역에서 용적률의 차이가 가격에 미치는 영향은 미미하기로 분석대상에서 제외하기로 한다.

③ **건축물**

토지의 가치에 영향을 미치는 결정적인 차이는 건축할 수 있는 건축물에 있다. 단적으로 이야기하면 해당 입지에서 보전관리지역 토지는 펜션(단독주택)의 개발이 가능하고, 계획관리지역은 펜션(단독주택)에 일반음식점(카페 등 포함)의 옵션을 하나 더 가지고 있게 되는 것이다. 그 외에 보전관리지역과 계획관리지역에서 건축제한은 CHAPTER 4 용도지역으로 배우는 지적도의 비밀을 참조하면 된다.

관리지역세분화로 보전관리지역으로 분류된 공장용지

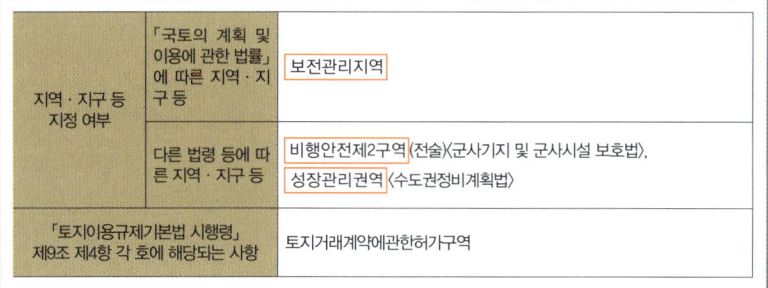

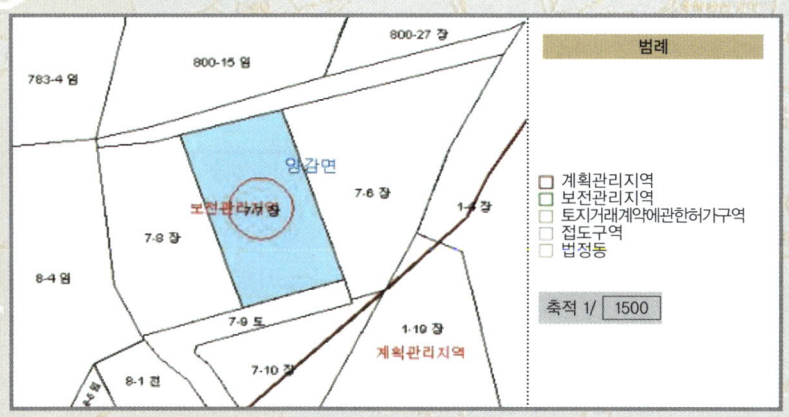

지목

사례 토지의 지목은 제조를 위한 공장용지에 해당한다. 관리지역에서 일반적인 공장은 계획관리지역에서만 입지할 수 있다. 생산관리지역에서는 도정공장, 식품공장, 제재업만이 입지할 수 있으며, 보전관리지역에서는 어떤 유형의 공장도 입지하지 못한다.

용도지역

보전관리지역에 해당한다. 즉, 공장용지가 입지할 수 없는 용도지역에 해당한다.

보전관리지역에 위치하는 공장용지

공장용지가 입지할 수 없는 보전관리지역에 공장용지가 있는 경우는 관리지역의 세분화와 관련되어 있다. 즉, 사례 토지는 보전관리지역으로 분류되기 전인 관리지역 시절에 공장용지로 개발되어 사용 중인 땅이다. 그것이 세분화 과정을 거치면서 계획관리지역으로 편입되지 못하고 보전관리지역으로 편입이 되어 버리는 바람에, 토지의 이용현황(건축물)과 용도지역에서의 건축제한 사이에 불일치가 발생하게 된 것이다. 이런 토지는 신규로 매입하는 사람이 제조업을 영위할 수 있느냐의 문제가 발생한다. 이런 문제점을 해소하고자 보전관리지역에 있는 공장용지일 경우에는 현재 가동되고 있는 업종보다 공해도가 낮은 업종으로의 업종 변경을 허용하는 보완조치를 취하였다.

☞ 사례 토지는 사후에 계획관리지역으로 용도지역이 변경되었다.

도시지역미분류 토지

지목	답전	면적	1,445m²
개별공시지가(m²당)	9,500원 (2025/01)		
지역·지구 등 지정 여부	「국토의 계획 및 이용에 관한 법률」에 따른 지역·지구 등	도시지역, 도시지역미분류	
	다른 법령 등에 따른 지역·지구 등	비행안전제3구역(전술)〈군사기지 및 군사시설 보호법〉 일반지방산업단지(**첨단산업단지)〈산업입지 및 개발에 관한 법률〉	
「토지이용규제기본법 시행령」 제9조 제4항 각 호에 해당되는 사항			

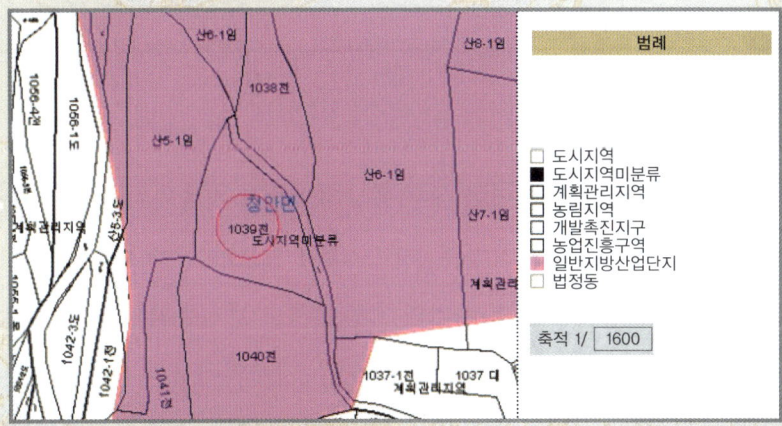

사례 토지는 일단 용도지역이 도시지역으로는 분류되어 있다. 당초에 계획관리지역이었던 토지에 일반산업단지가 지정이 되면서 발생한 경우다. 그러나 도시지역의 4대 용도지역인 주거지역 · 상업지역 · 공업지역 · 녹지지역 중의 하나로는 분류되어 있지 않다. 이런 경우 어느 용도지역을 적용하여 건축제한을 결정하느냐의 문제가 발생한다.

> **국토계획법 제79조**(용도지역 미지정 또는 미세분 지역에서의 행위 제한 등)
> ① 도시지역, 관리지역, 농림지역 또는 자연환경보전지역으로 용도가 지정되지 아니한 지역에 대하여는 제76조부터 제78조까지의 규정을 적용할 때 자연환경보전지역에 관한 규정을 적용한다.
> ② 제36조에 따른 도시지역 또는 관리지역이 같은 조 제1항 각 호 각 목의 세부 용도지역으로 지정되지 아니한 경우에는 제76조부터 제78조까지의 규정을 적용할 때 해당 용도지역이 도시지역인 경우에는 녹지지역 중 대통령령으로 정하는 지역(즉 보전녹지지역)에 관한 규정을 적용하고, 관리지역인 경우에는 보전관리지역에 관한 규정을 적용한다.

이런 경우에는 "도시지역이 세부 용도지역으로 지정되지 아니한 경우"에 해당하므로 도시지역(주거지역·상업지역·공업지역·녹지지역) 중 토지의 등급이 제일 낮은 녹지지역 그중에서도 보전녹지지역의 규정을 적용한다. 따라서 이론상으로는 보전녹지지역에서의 건축제한을 적용하여 개발할 수 있는 것이다. 다만 해당 토지는 일반산업단지로 지정되어 있어서 실질적으로는 개발이 불가능하고 산업단지 준공이 되면 공업지역 중의 하나로 분류가 될 예정인 토지다.

농업진흥지역에서 해제된 관리지역미분류 창고용지 1

지목	창고용지	면적	2,125㎡
개별공시지가(㎡당)	245,000원 (2009/01)		
지역·지구 등 지정 여부	「국토의 계획 및 이용에 관한 법률」에 따른 지역·지구 등	관리지역미분류(향후 관리지역세분 예정지역임)	
	다른 법령 등에 따른 지역·지구 등	국가지정문화재의외곽경계로부터500미터이내의지역〈문화재보호법〉, 자연보전권역〈수도권정비계획법〉	
「토지이용규제기본법 시행령」 제9조 제4항 각 호에 해당되는 사항	토지거래계약에관한허가구역		

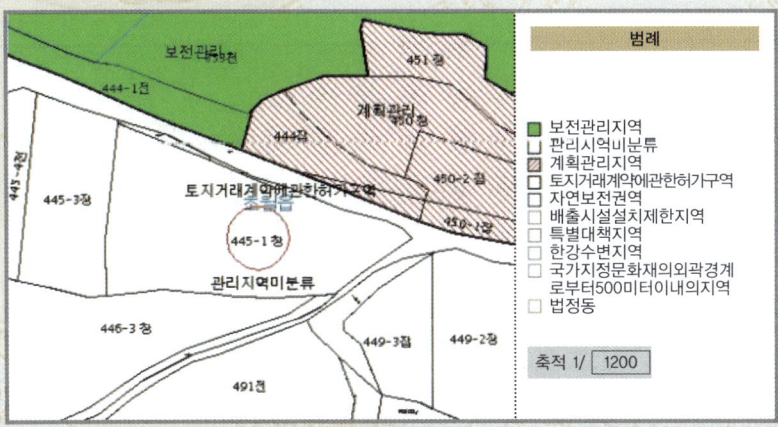

이력추적

고유번호 4161025330-1-04450001		건축물대장총괄표제부				G4C접수번호 20091013 - 75326926		
대지위치	경기도 광주시 초월읍 ***			지번	***	건축물 명칭	특이사항	
대지면적	2,125㎡	연면적	1,052.8㎡	지역	농림지역	지구	구역	농업보호구역
건축면적	1,052.8㎡	용적률산정용 연면적	1,052.8㎡	건축물수	2	주용도	창고시설	
건폐율	49.54%	용적률	49.4%	총호수	0세대.0호.0가구	총주차대수	4	부속건축물
건 축 물 현 황								
구분	건축물명칭(번호)	건축물주구조	건축물지붕	층수	용도	연면적(㎡)	변동일자	변동원인
주1	1호동	일반철골구조	조립식판넬	0/1	창고시설	572.8	2006.01.18	신축
주2	2호동	일반철골구조	조립식판넬	0/1	창고시설	480	2006.01.18	신축

- 이하여백 -

관리지역미분류에 입지하는 창고용지

관리지역미분류가 나타나는 경우는 농업진흥지역 해제와 보전산지 해제의 두 가지 경우가 있다고 앞에서 설명하였다. 그에 따라 관리지역미분류 지역에 창고가 나타나게 되는 것이다. 이런 경우에는 건축물대장을 발급 또는 열람해보면 해당 토지의 용도지역 이력을 추정할 수 있다. 자료의 제시된 내용은 건축물대장의 표제부에 해당한다.

① 용도지역: 농림지역을 표시하고 있다.
② 구역: 농업보호구역을 표시하고 있다. 즉 관리지역으로 편입되기 전에는 '농림지역·농업보호구역'임을 알 수 있다.
③ 건축물의 용도: 창고시설을 표시하고 있으며, 일반창고와 농업용창고의 구분은 하지 않고 있다.
④ 건폐율: 49.54%를 표시하고 있다.
   농림지역의 건폐율은 20% 이하이지만 농업관련시설에 한해서는

광주시도시계획조례로 50% 이하를 허용하고 있다. 즉, 해당 건축물은 농업용창고임을 추정할 수 있다.

⑤ 결론

해당 토지는 '농림지역 · 농업보호구역'으로 농업용창고를 받아 건축된 부지였으나, 2008년 말 농업진흥지역해제 때 해제가 되어 관리지역으로 편입된 토지임을 추정할 수 있다.

☞ 사례 토지는 이후에 계획관리지역으로 세분화되었다.

농업진흥지역에서 해제된 관리지역미분류 창고용지 2

지목	창고용지	면적	2,826m²
개별공시지가(m²당)	151,000원 (2009/01)		
지역·지구 등 지정 여부	「국토의 계획 및 이용에 관한 법률」에 따른 지역·지구 등	관리지역미분류(향후 관리지역세분 예정지역임)	
	다른 법령 등에 따른 지역·지구 등		
	「토지이용규제기본법 시행령」제9조 제4항 각 호에 해당되는 사항	토지거래계약에관한허가구역	

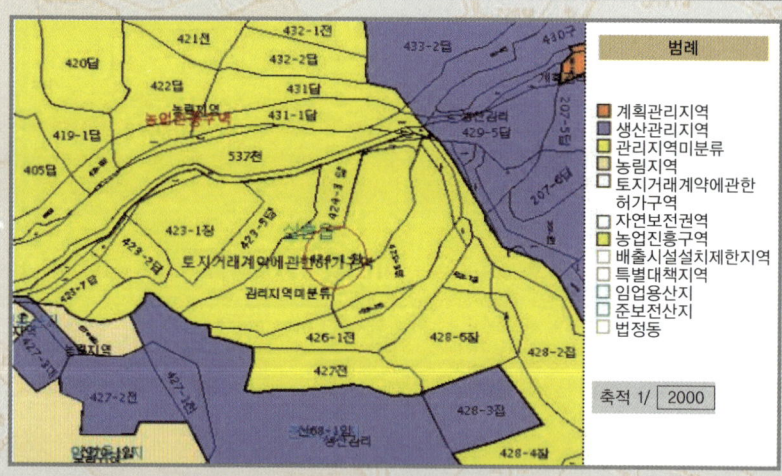

관리지역미분류에 입지하는 창고용지

해당 토지 역시 앞의 사례처럼 관리지역미분류이고 창고용지다. 그렇다면 '농림지역 · 농업보호구역'에서 해제되어 관리지역으로 편입된 토지임을 쉽게 추정할 수 있다. 해당 토지 위로 '537천'이 보이고 그 위쪽은 '농림지역 · 농업진흥구역'이 광범위하게 몸통 모양으로 분포하고 있다. '537천' 아래로 관리지역미분류 토지들이 작은 군락을 이루고 포진하고 있다. 관리지역미분류 토지들의 특징 중의 하나는 공장, 창고, 잡종지 등으로 상당 부분이 전용되어 있다는 데 있다. 이처럼 농업진흥구역의 수질보호와 용수확보의 목적으로 지정된 농업보호구역이 주변 토지와 함께 개발됨으로써 더 이상 농업보호구역으로의 기능을 수행하지 못하게 되었을 때 농업진흥지역(농업보호구역)에서 해제되는 경우가 가장 전형적인 2008년형 농업진흥지역 해제다. 이제 해제된 토지들의 남은 과제는 주변에 생산관리지역이 존재하는 상황에서 어떤 관리지역으로 분류되느냐의 문제다. 토지소유주들의 행운을 빈다.

☞ 사례 토지는 이후에 계획관리지역으로 세분화되었다.

보전산지에서 해제된 관리지역미분류 임야

지목	임야	면적	4,392㎡
개별공시지가(㎡당)	23,700원 (2009/01)		
지역·지구 등 지정 여부	「국토의 계획 및 이용에 관한 법률」에 따른 지역·지구 등	관리지역미분류(향후 관리지역세분 예정지역임)	
	다른 법령 등에 따른 지역·지구 등	준보전산지〈산지관리법〉, 자연보전권역〈수도권정비계획법〉	
「토지이용규제기본법 시행령」 제9조 제4항 각 호에 해당되는 사항		토지거래계약에관한허가구역	

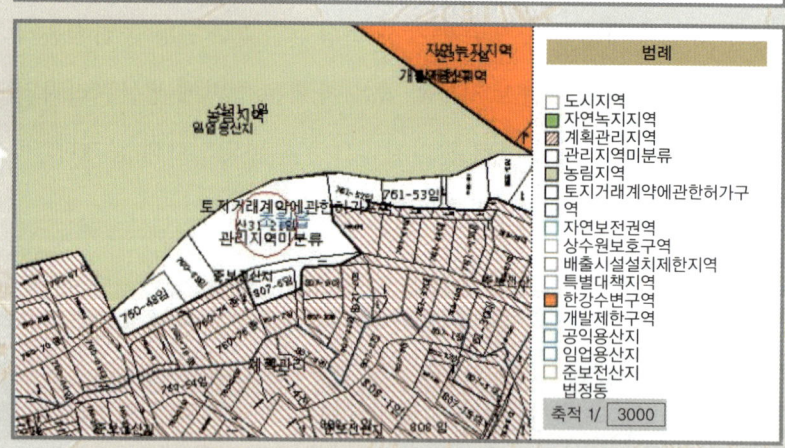

관리지역미분류 준보전산지

관리지역미분류가 나타나는 경우는 농업진흥지역 해제와 보전산지 해제의 두 가지 경우가 있다고 앞에서 설명하였다. 해당 토지도 지목은 임야인데 용도지역이 관리지역미분류이면 보전산지에서 해제된 임야로 쉽게 추정할 수 있다. 해당필지 위로 '농림지역·임업용산지'가 넓게 분포하고 있는 것으로 보아 임업용보전산지에서 해제된 관리지역임을 쉽게 추정할 수 있다. 보전산지 이외의 산지를 준보전산지라고 하기 때문에 토지이용계획확인서에 준보전산지라고 표시되어 있다. 그에 따라 건축제한(또는 행위제한)을 적용할 때 더 이상 산지관리법의 적용을 받지 않으며 오로지 국토계획법상 용도지역만을 적용하면 된다. 개발행위와 관련하여 관리지역미분류는 관리지역 중 가장 낮은 등급의 토지인 보전관리지역에서의 건축제한을 적용받는다. 해당 필지의 하단에는 계획관리지역이 광범위하게 분포하고 있다. 어느 지역으로 분류될지는 장담할 수 없지만 해당 필지의 관리지역세분화의 귀추가 자못 기대된다.

☞ 사례 토지는 이후에 보전관리지역으로 세분화되었다.

필지의 경계선과 용도지역선과의 관계

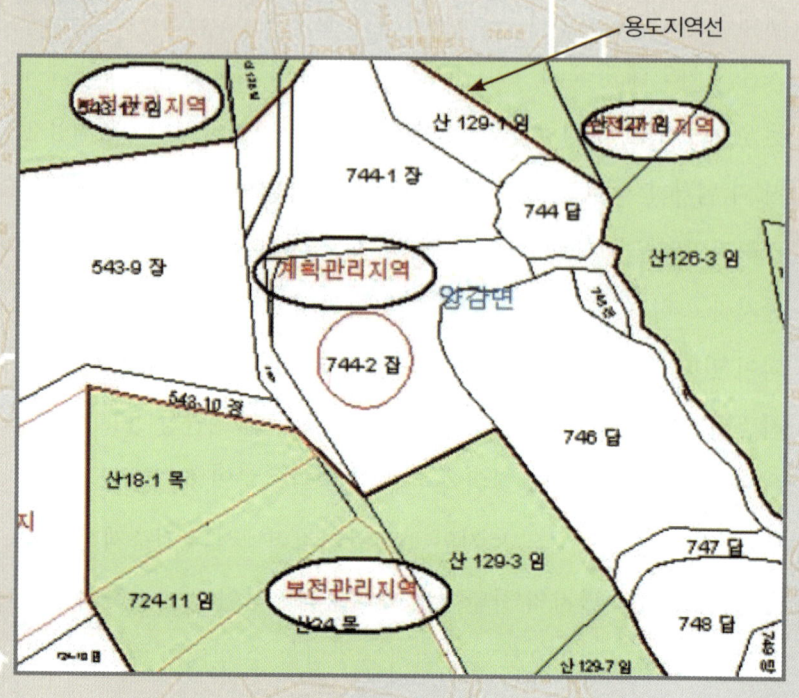

필지 경계선

지적도에서 가장 기본이 되는 선은 필지의 경계를 나타내는 경계선이다. 그리고 나머지 선들은 경계선과 동질성을 가지고 지나가기도 하고, 혹은 필지의 경계선과 전혀 무관하게 지나가기도 한다. 사례의 지적도에서는 대부분의 필지들이 용도지역선과 필지의 경계선이 일치하고 있다. 그에 따라 비교적 필지별 용도지역이 선명하게 잘 구분되어 있다. 그러나 상단의 '산129-1'번지의 토지는 용도지역선이 필지의 경계선과 일치하지 않고 토지의 중간을 가로지르고 있음을 보여주고 있다.

필지 경계선과 용도지역선의 불일치

필지의 경계선과 용도지역선이 일치하면 토지 공부가 훨씬 쉬웠을 것이다. 그러나 야속하게도 용도지역선은 필지의 경계선과 무관하게 설정됨으로써 1필지가 복수의 용도지역에 해당하는 토지가 발생한다. 이것이 지목과 용도지역의 큰 차이다. 지목은 '1필지 1지목' 원칙에 의하여 1개의 번지에는 반드시 1개의 지목만이 표시되는 데 반해, 용도지역은 위에서 언급한 사유에 의하여 1필지에 복수의 용도지역이 표시되는 것이다. 1필지에 복수의 용도지역이 표시되면 해당 토지에서의 건축제한(또는 행위제한)과 관련하여 어떤 기준을 적용할 것이냐의 문제가 발생한다. 토지의 가치평가에 매우 결정적인 사항이므로 여러 케이스의 사례를 통해서 자세하게 설명이 된다.

1필지 복수의 용도지역:
계획관리지역 + 보전관리지역

지목	공장용지	면적	3,501㎡
개별공시지가(㎡당)	176,000원 (2025/01)		
지역·지구 등 지정 여부	「국토의 계획 및 이용에 관한 법률」에 따른 지역·지구 등	계획관리지역 , 보전관리지역	
	다른 법령 등에 따른 지역·지구 등	비행안전제2구역(전술)(군사기지 및 군사시설 보호법), 접도구역(도로법), 성장관리권역(수도권정비계획법)	
	「토지이용규제기본법 시행령」 제9조 제4항 각 호에 해당되는 사항	토지거래계약에관한허가구역	

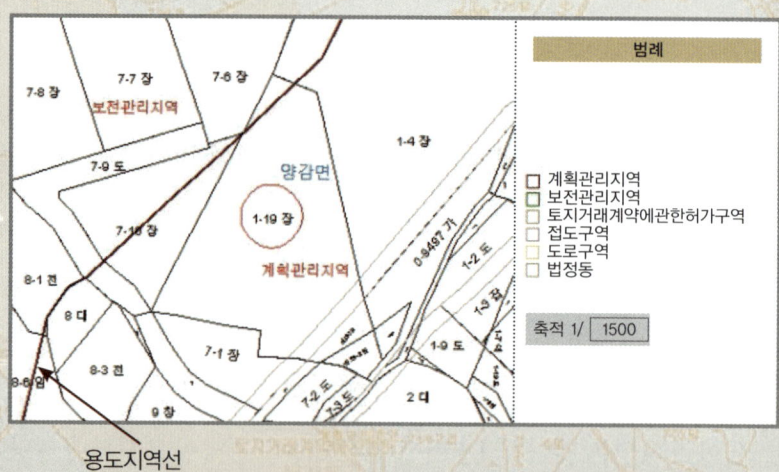

용도지역선

복수의 용도지역에서의 건축제한(또는 행위제한)

하나의 대지가 둘 이상의 용도지역등에 걸치는 경우로서 각 용도지역등에 걸치는 부분 중 가장 작은 부분의 규모가 법령으로 정하는 규모(330㎡를 말한다. 다만 도로변에 띠 모양으로 지정된 상업지역에 걸쳐 있는 토지의 경우에는 660㎡를 말한다.) 이하인 경우에는 전체 대지의 건폐율 및 용적률은 각 부분이 전체 대지 면적에서 차지하는 비율을 고려하여 가중평균한 값을 적용하고, 그 밖의 건축 제한 등에 관한 사항은 그 대지 중 가장 넓은 면적이 속하는 용도지역 등에 관한 규정을 적용한다. 다만, 건축물이 고도지구에 걸쳐 있는 경우에는 그 건축물 및 대지의 전부에 대하여 고도지구의 건축물 및 대지에 관한 규정을 적용한다.

※ 국토계획법 제84조 둘 이상의 용도지역 · 용도지구 · 용도구역에 걸치는 대지에 대한 적용 기준

> **제84조**(둘 이상의 용도지역·용도지구·용도구역에 걸치는 대지에 대한 적용 기준)
> ① 하나의 대지가 둘 이상의 용도지역 · 용도지구 또는 용도구역(이하 이 항에서 '용도지역등'이라 한다.)에 걸치는 경우로서 각 용도지역등에 걸치는 부분 중 가장 작은 부분의 규모가 대통령령으로 정하는 규모(330㎡를 말한다. 다만 도로변에 띠 모양으로 지정된 상업지역에 걸쳐 있는 토지의 경우에는 660㎡를 말한다.) 이하인 경우에는 전체 대지의 건폐율 및 용적률은 각 부분이 전체 대지 면적에서 차지하는 비율을 고려하여 다음 각 호의 구분에 따라 각 용도지역등별 건폐율 및 용적률을 가중평균한 값을 적용하고, 그 밖의 건축 제한 등에 관한 사항은 그 대지 중 가장 넓은 면적이 속하는 용도지역등에 관한 규정을 적용한다. 다만 건축물이 고도지구에 걸쳐 있는 경우에는 그 건축물 및 대지의 전부에 대하여 고도지구의 건축물 및 대지에 관한 규정을 적용한다.

1. 가중평균한 건폐율 = (f1 x 1 + f2 x 2 + … + fn x n) / 전체 대지 면적. 이 경우 f1부터 fn까지는 각 용도지역등에 속하는 토지 부분의 면적을 말하고, x1부터 xn까지는 해당 토지 부분이 속하는 각 용도지역등의 건폐율을 말하며, n은 용도지역등에 걸치는 각 토지 부분의 총 개수를 말한다.
2. 가중평균한 용적률 = (f1 x 1 + f2 x 2 + … + fn x n) / 전체 대지 면적. 이 경우 f1부터 fn까지는 각 용도지역등에 속하는 토지 부분의 면적을 말하고, x1부터 xn까지는 해당 토지 부분이 속하는 각 용도지역등의 용적률을 말하며, n은 용도지역등에 걸치는 각 토지 부분의 총 개수를 말한다.

② 하나의 건축물이 방화지구와 그 밖의 용도지역·용도지구 또는 용도구역에 걸쳐 있는 경우에는 제1항에도 불구하고 그 전부에 대하여 방화지구의 건축물에 관한 규정을 적용한다. 다만 그 건축물이 있는 방화지구와 그 밖의 용도지역·용도지구 또는 용도구역의 경계가 '건축법' 제50조 제2항에 따른 방화벽으로 구획되는 경우 그 밖의 용도지역·용도지구 또는 용도구역에 있는 부분에 대하여는 그러하지 아니하다.

③ 하나의 대지가 녹지지역과 그 밖의 용도지역·용도지구 또는 용도구역에 걸쳐 있는 경우(규모가 가장 작은 부분이 녹지지역으로서 해당 녹지지역이 제1항에 따라 대통령령으로 정하는 규모 이하인 경우는 제외한다)에는 제1항에도 불구하고 각각의 용도지역·용도지구 또는 용도구역의 건축물 및 토지에 관한 규정을 적용한다. 다만, 녹지지역의 건축물이 고도지구 또는 방화지구에 걸쳐 있는 경우에는 제1항 단서나 제2항에 따른다.

계획관리지역과 보전관리지역에 위치한 공장용지

사례 토지는 계획관리지역과 보전관리지역에 걸쳐져 있는 공장용지다. 이미 공장용지로 개발이 되어 버린 토지이지만 해당 토지를 다른 용도로 활용하고자 할 때는 역시 용도지역에서의 건축제한을 적용받는다. 따라서 계획관리지역을 적용하느냐 또는 보전관리지역을 적용하느냐에 따라 해당 토지의 가치가 달라진다.

건축제한(행위제한) 확인하기

① 해당 필지의 경계선을 확인

필지는 지적도의 중앙에서 삼각형 모양으로 위치하고 있다.

② 용도지역선이 지나가는 위치와 면적비율을 확인

해당 필지의 위쪽 좌측에 상하대각선으로 용도지역선이 굵게 지나가고 있다. 용도지역선의 우측은 계획관리지역에 해당하며 필지의 대부분을 차지하고 있다. 용도지역선의 좌측은 보전관리지역에 해당하며 필지의 극히 일부분을 차지하고 있다. 전체 면적이 3,501m^2이며, 보전관리지역의 면적은 330m^2보다 작아 보이므로 작은 것으로 가정하고 설명을 한다.

③ 건축제한(또는 행위제한)과 가치평가

용도지역선이 지나가는 위치와 면적비율에 의하여 국토계획법 제84조를 적용하여 가치평가를 한다. 작은 부분의 보전관리지역 면적이 330m^2를 초과하지 않으므로 해당 토지에서의 건폐율 및 용적률은 면적을 기준으로 가중평균한 값을 적용하고, 그 밖의 건축제한에 관하여는 면적이 넓은 부분인 계획관리지역에 관한 규정을 적용하면 된다. 즉, 건축물의 용도, 높이 등은 계획관리지역에서의 건축제한을 적용한다.

1필지 복수의 용도지역:
계획관리지역+농림지역(임업용보전산지)

지목	임야	면적	18,347㎡
개별공시지가(㎡당)	20,800원 (2025/01)		
지역·지구 등 지정 여부	「국토의 계획 및 이용에 관한 법률」에 따른 지역·지구 등	계획관리지역, 농림지역	
	다른 법령 등에 따른 지역·지구 등	제한보호구역(전방지역: 25km)(08.12.30)(군사기지 및 군사시설 보호법), 임업용산지〈산지관리법〉, 소하천구역(가래울천)〈소하천정비법〉	

용도지역과 산지의 구분

사례의 토지는 국토계획법상 용도지역은 계획관리지역과 농림지역으로 지정되어 있고, 산지관리법상 산지의 구분은 보전산지와 준보전산지로 지정되어 있는 임야다. 우선 용도지역과 산지의 구분을 먼저 맞추어보면 계획관리지역은 준보전산지에 해당하는 것으로 추정된다. 준보전산지는 토지이용계획확인서에 표시되기도 하고 표시되지 않기도 한다. 농림지역은 임업용산지에 해당하는 것으로 추정이 된다. 임업용산지는 반드시 사례의 경우처럼 구체적으로 표시된다.

건축제한(행위제한) 확인하기

복수의 용도지역이 표시되는 토지의 분석은 다음과 같은 단계로 접근하면 완벽하게 토지의 가치를 평가할 수 있다.

① 해당 필지의 경계선을 확인

필지의 경계선은 지적도의 색깔과 오른쪽의 범례를 참조해가면서 대부분 어렵지 않게 확인할 수 있다. 해당 필지는 우상귀에서 좌하귀로 대각선 모양으로 누운 삼각형에 해당하며 면적은 18,347m²이나 되는 대규모 필지다.

② 용도지역선이 지나가는 위치와 면적비율을 확인

숙달된 사람은 지적도만 보고도 쉽게 판단할 수 있다. 해당 지적도는 컬러로 용도지역의 경계를 구분하고 있다. 그에 따라 삼각형 모양 필지의 좌측 위쪽 모서리 부분의 일부만이 계획관리지역·준보전산지에 해당하고, 나머지 대부분은 농림지역·임업용산지에 해당함을 추정할 수 있다. 토지이음에서 지번을 치고 이음지도로 넘어가서 좌측의 범례를 눌러가면서 도면으로 확인해 볼 수 있다. 지적도에 익숙하지 않은 일반투자가는 도시계획과와 산림과에 문의하면 용도지역선과 산지구분선이 지나가는 위치와 개략적인 면적비율을 구두로 확인할 수 있다.

③ 건축제한(또는 행위제한)과 가치평가

용도지역선이 지나가는 위치와 면적비율에 의하여 국토계획법 제84조를 적용하여 가치평가를 한다. 사례 토지의 가치는 계획관리지역의 면적비율이 매우 낮기 때문에, 작은 부분의 면적이 $330m^2$ 이하 여부를 떠나 전체를 농림지역·임업용산지로 보고 평가하여도 무리가 없어 보인다. 결국 임업용산지에서의 행위제한을 적용하여 개발할 수 있다.

계획관리지역·성장관리계획구역으로 지정된 토지

지목	전	면적	6,912㎡
개별공시지가(㎡당)	215,000원 (20250/01)		
지역·지구 등 지정 여부	「국토의 계획 및 이용에 관한 법률」에 따른 지역·지구 등	계획관리지역(계획관리), 국토이용용도지역기타(성장관리계획구역(주거형)), 소로3류(폭 8m 미만) x (접함)	
	다른 법령 등에 따른 지역·지구 등	자연보전권역〈수도권정비계획법〉, 공장설립승인지역〈수도법〉,	

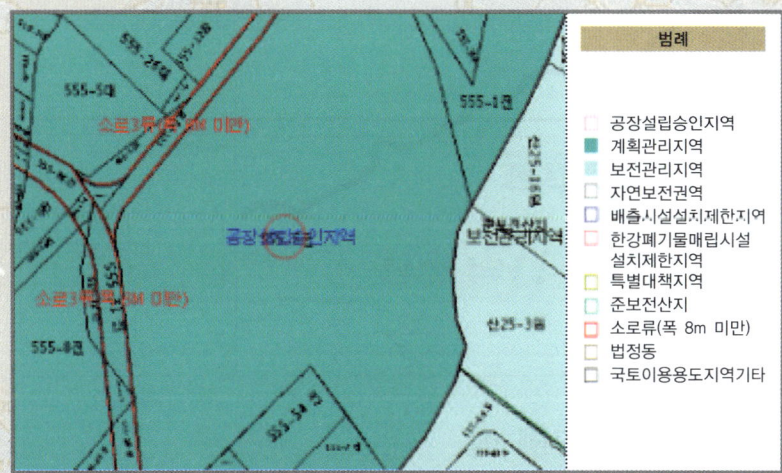

성장관리계획의 확인

시·군의 홈페이지에 접속해서 분야별 정보에 들어가서 도시 부분을 보면 성장관리계획을 확인할 수 있다. '성장관리계획 시행지침'에서 성장관리계획구역에서의 개발행위허가에 대하여 별도로 정한 사항과 건축제한 등을 확인 할 수 있다.

- 성장관리계획 도면

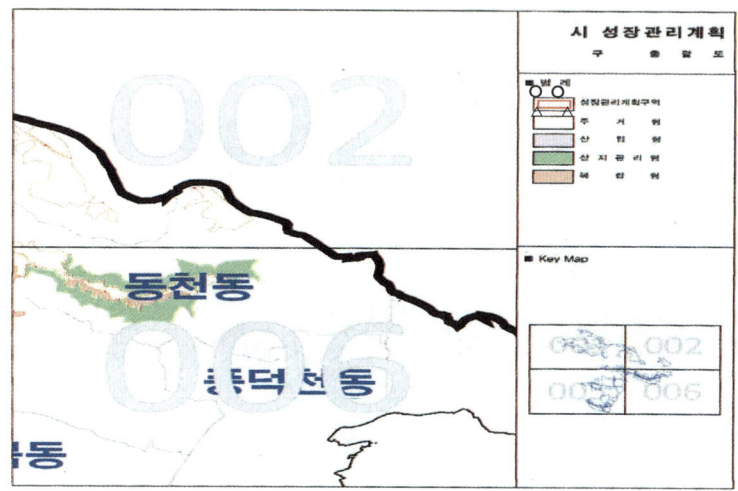

- 성장관리계획 시행지침

건축제한의 도출

사례토지는 계획관리지역 토지이다. 성장관리계획구역으로 지정이 되어 있지 않다면 앞에서 설명한 계획관리지역에서의 건폐율, 용적률, 건축물의 용도, 건축물의 높이를 적용하여 개발해위허가 또는 건축허가를 받을 수 있다. 그러나 토지이용계획확인서에 주거형 성장관리계획구역으로 표시가 되어 있으므로 해당 시·군의 해당 토지에 대한 성장관리계획을 확인하고 그에 맞게 개발행위허가나 건축허가를 신청 또는 처리하여야 한다.

성장관리계획구역(주거형)에서의 건축물의 용도

토지가 소재하는 시의 성장관리계획(주거형)에 의한 건축물의 용도는 아래와 같다.

<건축물 용도계획(유도형)>

- 주거형

구분	용도계획
권장 용도	• 「건축법」 시행령 별표1 제1호의 단독주택(나목 다중주택 제외) • 「건축법」 시행령 별표1 제3호의 제1종 근린생활시설[중로(폭 12m) 이상의 도로에 접할 경우에 한함] • 「건축법」 시행령 별표1 제5호의 문화 및 집회시설 중 박물관, 미술관, 기념관, 문화관 • 「건축법」 시행령 별표1 제11호의 노유자시설
허용 용도	• 「국토의 계획 및 이용에 관한 법률」 시행령 제71조(용도지역 안에서의 건축제한) 및 「광주시 도시계획조례」 제34조(용도지역 안에서의 건축제한)에 따른 당해 용도지역별 건축용도 중 불허용도 외 용도

불허 용도	• 「건축법」 시행령 별표1 제4호의 제2종 근린생활시설 중 제조업소 • 「건축법」 시행령 별표1 제9호의 의료시설 중 격리병원 • 「건축법」 시행령 별표1 제17호의 공장 • 「건축법」 시행령 별표1 제18호의 창고(농 · 임 · 축 · 수산업용 제외) • 「건축법」 시행령 별표1 제19호의 위험물저장 및 처리시설(가목, 나목, 사목 제외) • 「건축법」 시행령 별표1 제20호의 자동차 관련 시설(가목 주차장, 나목 세차장 제외) • 「건축법」 시행령 별표1 제21호의 동물 및 식물관련시설(사목 화초 및 분재 등의 온실 제외) • 「건축법」 시행령 별표1 제22호의 자원순환관련시설(가목 하수 등 처리시설 제외) • 「건축법」 시행령 별표1 제26호의 묘지 관련 시설

계획관리지역에서 허용되는 공장과 일반창고 등이 성장관리계획으로 불허되고 있음을 확인할 수 있다. 아울러, 여기에 다 소개하지는 않았지만 해당 성장관리계획에서는 건폐율, 용적률, 건축물의 높이와 진출입로의 개설방법 등에 대하여도 상세하게 기술하고 있다.

성장관리계획구역과 성장관리계획

① **성장관리계획구역**

"성장관리계획구역"이라 함은 성장관리계획이 수립된 지역적 범위를 말하여, 성장관리계획구역 내에서 개발행위허가나 건축허가의 내용은 성장관리계획의 내용에 맞아야 한다. 성장관리계획은 일종의 약식 지구단위계획이라고 볼 수 있다.

② 성장관리계획구역의 대상지역

시장 또는 군수는 녹지지역, 관리지역, 농림지역 및 자연환경보전지역 중 다음 각 호의 어느 하나에 해당하는 지역의 전부 또는 일부에 대하여 성장관리계획구역을 지정할 수 있다.

1. 개발수요가 많아 무질서한 개발이 진행되고 있거나 진행될 것으로 예상되는 지역
2. 주변의 토지이용이나 교통여건 변화 등으로 향후 시가화가 예상되는 지역
3. 주변지역과 연계하여 체계적인 관리가 필요한 지역
4. 「토지이용규제 기본법」 제2조제1호에 따른 지역·지구등의 변경으로 토지이용에 대한 행위제한이 완화되는 지역
5. 그 밖에 난개발의 방지와 체계적인 관리가 필요한 지역으로서 대통령령으로 정하는 지역

성장관리계획구역과 성장관리권역의 구분

「국토계획법」상 성장관리계획구역과 「수도권정비계획법」상 성장관리권역은 전혀 다른 개념이다. 「수도권정비계획법」에서는 수도권의 인구와 산업을 적정하게 배치하기 위하여 수도권을 다음과 같이 과밀억제권역, 성장관리권역, 자연보전권역으로 구분하며, 권역에 따라서 인구집중 유발시설이나 대규모 개발사업의 차등 규제가 가해진다. 권역은 토지이용계획확인서에 표시되고 있다.

① **과밀억제권역**

인구 및 산업이 과도하게 집중되었거나 집중될 우려가 있어 그 이전 또는 정비가 필요한 지역을 말한다. 서울과 서울을 둘러싼 과천, 안양, 광명, 군포, 의왕, 성남, 하남, 의정부, 고양 등이 과밀억제권역에 해당한다. 과거에 서울의 '위성도시'라는 말을 들으며 제조업이 발달했던 지역이 주로 해당된다. 해당 지역에는 대개 개발제한구역(그린벨트)이 많이 존재한다. 토지개발의 주 대상이 되는 관리지역은 존재하지 않거나 소규모로 존재한다.

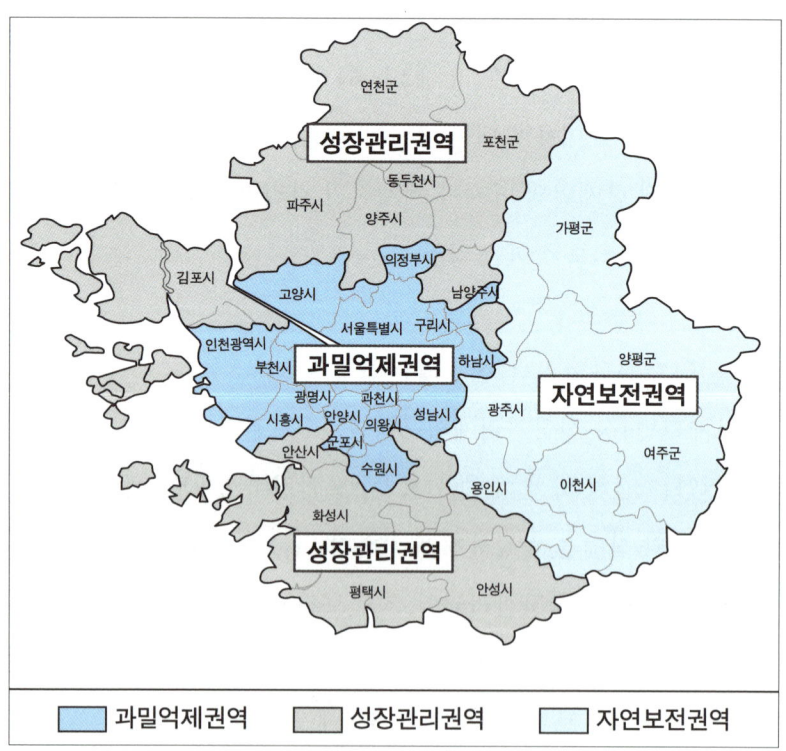

② **성장관리권역**

과밀억제권역으로부터 이전하는 인구와 산업을 계획적으로 유치하고 산업의 입지와 도시의 개발을 적정하게 관리할 필요가 있는 지역을 말한다. 보통 3만㎡ 이하의 개발행위는 성장관리권역에서 많이 이루어지며 그것이 과열되다 보면 난개발의 문제가 발생하게 된다. 1990년대 후반부터 공장, 창고 등의 개발사업이 활발하게 전개되었던 화성, 평택, 김포, 파주, 안성 등이 여기에 해당한다. 해당 지역에는 개발제한구역이 존재하지 않거나 소규모로 존재하고 산업용지나 주택용지로 제공될 수 있는 계획관리지역 또는 관리지역 토지가 광범위하게 존재한다.

③ **자연보전권역**

한강 수계의 수질과 녹지 등 자연환경을 보전할 필요가 있는 지역을 말한다. 광주시, 이천시, 여주군, 가평군, 양평군 등이 자연보전권역에 해당한다. 해당 지역에는 한강 수계와 관련된 상수원보호구역·특별대책1권역·수변구역 등의 규제가 존재한다.

아는 만큼 보이고, 보이는 만큼
수익이 오르는 지적도의 비밀

토지의 개발과
개발행위허가 기준

농지나 임야 형태로 존재하는 토지를 개발하기 위해서 법으로 정한 행위는 개발행위허가를 받아야 하고, 개발행위허가를 받기 위해서는 개발행위허가 기준을 충족하여야 한다.

개발행위허가의 대상

개발행위허가를 받아야 하는 대상은 다음과 같다.

국토계획법 시행령 제51조(개발행위허가의 대상)
개발행위허가를 받아야 하는 행위는 다음 각 호와 같다.
1. 건축물의 건축: '건축법' 제2조 제1항 제2호에 따른 건축물의 건축
2. 공작물의 설치: 인공을 가하여 제작한 시설물('건축법' 제2조 제1항 제2호에 따른 건축물을 제외한다.)의 설치
3. 토지의 형질변경: 절토(땅 깎기)·성토(흙 쌓기)·정지·포장 등의 방법으로 토지의 형상을 변경하는 행위와 공유수면의 매립(경작을 위한 토지의 형질변경을 제외한다.)
4. 토석채취: 흙·모래·자갈·바위 등의 토석을 채취하는 행위. 다만 토지의 형질변경을 목적으로 하는 것을 제외한다.

5. 토지분할: 다음 각 목의 어느 하나에 해당하는 토지의 분할('건축법」 제57조에 따른 건축물이 있는 대지는 제외한다.)
   가. 녹지지역·관리지역·농림지역 및 자연환경보전지역 안에서 관계법령에 따른 허가·인가 등을 받지 아니하고 행하는 토지의 분할
   나. '건축법」 제57조 제1항에 따른 분할제한면적 미만으로의 토지의 분할
   다. 관계 법령에 의한 허가·인가 등을 받지 아니하고 행하는 너비 5m 이하로의 토지의 분할
6. 물건을 쌓아놓는 행위: 녹지지역·관리지역 또는 자연환경보전지역 안에서 「건축법」 제22조에 따라 사용승인을 받은 건축물의 울타리 안(적법한 절차에 의하여 조성된 대지에 한한다.)에 위치하지 아니한 토지에 물건을 1월 이상 쌓아놓는 행위

※ 개발행위 중 도시지역과 계획관리지역의 산림에서의 임도(林道) 설치와 사방사업에 관하여는 '산림자원의 조성 및 관리에 관한 법률'과 '사방사업법'에 따르고, 보전관리지역·생산관리지역·농림지역 및 자연환경보전지역의 산림에서의 토지의 형질변경(농업·임업·어업을 목적으로 하는 토지의 형질 변경만 해당한다.) 및 토석채취의 개발행위에 관하여는 '산지관리법'에 따른다.

개발행위허가의 절차

개발행위허가의 절차는 다음과 같다.

국토계획법 제57조(개발행위허가의 절차)
① 개발행위를 하려는 자는 그 개발행위에 따른 기반시설의 설치나 그에 필요한 용지의 확보, 위해(危害) 방지, 환경오염 방지, 경관, 조경 등에 관한 계획서를 첨부한 신청서를 개발행위허가권자에게 제출하여야 한다. 이 경우 개발밀도관리구역 안에서는 기반시설의 설치나 그에 필요한 용지의 확보에 관한 계획서를 제출하지 아니한다. 다만 제56조 제1항 제1호의 행위 중 '건축법'의 적용을 받는 건축물의 건축 또는 공작물의 설치를 하려는 자는 '건축법'에서 정하는 절차에 따라 신청서류를 제출하여야 한다.

② 특별시장·광역시장·특별자치시장·특별자치도지사·시장 또는 군수는 제1항에 따른 개발행위허가의 신청에 대하여 특별한 사유가 없으면 대통령령으로 정하는 기간(15일) 이내에 허가 또는 불허가의 처분을 하여야 한다.
③ 특별시장·광역시장·특별자치시장·특별자치도지사·시장 또는 군수는 제2항에 따라 허가 또는 불허가의 처분을 할 때에는 지체 없이 그 신청인에게 허가내용이나 불허가처분의 사유를 서면 또는 국토이용정보체계를 통하여 알려야 한다.
④ 특별시장·광역시장·특별자치시장·특별자치도지사·시장 또는 군수는 개발행위허가를 하는 경우에는 대통령령으로 정하는 바에 따라 그 개발행위에 따른 기반시설의 설치 또는 그에 필요한 용지의 확보, 위해 방지, 환경오염 방지, 경관, 조경 등에 관한 조치를 할 것을 조건으로 개발행위허가를 할 수 있다.

개발행위허가의 기준

개발행위허가 기준을 구성하는 주요 요소는 다음과 같이 5가지가 있다.

- 개발행위허가의 규모
- 진입도로기준
- 경사도
- 표고
- 입목축적

이외에 개발해서 분양목적으로 사업을 하고자 한다면 토지개발단계에서 검토하여야 할 사항으로 '부동산개발업등록'의 문제가 발생한다.

개발행위허가의 규모

농지나 임야는 무한정 규모로 개발행위허가를 받아야 개발할 수 있는 것이 아니고 '하나의 개발행위'로 개발할 수 있는 규모가 정해져 있다. 해당 규모를 초과하는 토지는 소유권을 달리하여 별도의 개발행위로 허가를 받는다든지 단지개발사업(지구단위계획, 도시개발사업, 산업단지, 물류단지 등을 편의상 통칭하였음)의 방법 등을 모색하여야 한다.

① **국토계획법에 의한 개발행위허가의 규모**

주거지역, 상업지역, 공업지역, 녹지지역, 자연환경보전지역의 개발행위허가 규모는 국토계획법시행령에 의하여 정해져 있다. 즉, 전국적으로 동일한 적용을 받는다.

- 주거지역·상업지역·자연녹지지역·생산녹지지역: 1만m^2 미만
- 공업지역: 3만m^2 미만
- 보전녹지지역: 5,000m^2 미만
- 자연환경보전지역: 5,000m^2 미만

☞ 보전녹지지역과 자연환경보전지역은 '하나의 개발행위'로 5,000m^2 미만까지만 허가받을 수 있고, 자연녹지지역·생산녹지지역은 1만m^2 미만까지만 허가받을 수 있다는 의미다.

② **시·군의 도시·군계획조례에 의한 개발행위허가의 규모**

관리지역, 농림지역의 개발행위허가 규모는 다음의 면적을 한도로 하여 시·군의 도시·군계획조례로 정하고 있다. 따라서 관리지역, 농림지역의 개발행위허가 규모는 반드시 시·군의 도시·군계

획조례를 확인하여야 한다.
- 관리지역: 3만m² 미만
- 농림지역: 3만m² 미만

※ 용인시 도시계획조례에 의한 관리지역, 농림지역에서의 개발행위허가의 규모

> **제19조(개발행위 허가의 규모)**
> 법 제58조 제1항 및 영 제55조 제1항에 따라 용도지역에서의 토지의 형질변경으로서 개발행위를 허가할 수 있는 규모는 다음 각 호와 같다.
> 1. 주거지역, 상업지역, 자연녹지지역, 생산녹지지역: 1만m² 미만
> 2. 공업지역: 3만m² 미만
> 3. 보전녹지지역: 5,000m² 미만
> 4. 보전관리지역: 1만m² 미만
> 5. 생산관리지역: 2만m² 미만
> 6. 계획관리지역: 3만m² 미만
> 7. 농림지역: 1만m² 미만

☞ 보전관리지역, 생산관리지역, 계획관리지역, 농림지역에서의 '하나의 개발행위'로 허가받을 수 있는 규모를 확인할 수 있다.

③ 면적제한을 적용하지 아니하는 경우

> **개발행위허가운영지침 3-1-1**
> ③ 다음에 해당하는 경우에는 면적제한을 적용하지 아니한다.(영 제55조 제3항)
> 1. 지구단위계획으로 정한 가구 및 획지의 범위 안에서 이루어지는 토지의 형질변경으로서 당해 형질변경과 관련된 기반시설이 이미 설치되었거나 형질변경과 기반시설의 설치가 동시에 이루어지는 경우

2. 해당 개발행위가 농어촌정비법 제2조 제4호에 따른 농어촌정비사업으로 이루어지는 경우
3. 해당 개발행위가 국방·군사시설 사업에 관한 법률 제2조 제2항에 따른 국방군사시설사업으로 이루어지는 경우
4. 초지조성, 농지조성, 영림 또는 토석채취를 위한 경우
5. 해당 개발행위가 다음의 어느 하나에 해당하는 경우로서 시도도시계획위원회 또는 대도시도시계획위원회의 심의를 거친 경우. 이때 시장(대도시 시장은 제외한다.)·군수·구청장(자치구의 구청장을 말한다.)은 시도도시계획위원회 심의를 요청하기 전에 시군구도시계획위원회에 자문을 할 수 있다.
   가. 하나의 필지(법 제62조에 따른 준공검사를 신청할 때 둘 이상의 필지를 하나의 필지로 합칠 것을 조건으로 하여 허가하는 경우를 포함하되, 개발행위허가를 받은 후에 매각을 목적으로 하나의 필지를 둘 이상의 필지로 분할하는 경우는 제외한다.)에 건축물을 건축하거나 공작물을 설치하기 위한 토지의 형질변경
   나. 하나 이상의 필지에 하나의 용도에 사용되는 건축물을 건축하거나 공작물을 설치하기 위한 토지의 형질변경
6. 폐염전을 어업허가 및 신고 등에 관한 규칙 별표4에 따른 수조식양식어업 및 축제식양식어업을 위한 양식시설로 변경하는 경우
7. 관리지역에서 '93. 12. 31. 이전에 설치된 공장의 증설로서 국토의 계획 및 이용에 관한 법률 시행규칙(이하 '규칙'이라 한다.) 제10조 제2호에 해당하는 경우

④ 도시군계획사업이나 도시군계획사업을 의제하는 사업은 개발행위허가대상에서 제외되므로, 개발행위허가규모의 제한도 받지 아니한다.

⑤ 개발행위규모 적용대상은 토지형질변경이므로 조성이 완료된 부지에 건축물을 건축하는 등 토지의 형질변경이 수반되지 않는 경우는 개발행위허가규모의 제한을 적용하지 아니한다.

⑥ 영 제55조 제1항에 따른 개발행위허가규모를 산정할 때에는 무상귀속되는 공공시설(무상귀속 대상이 아닌 도로 등 공공시설과 유사한 시설로서 지방자치단체에 기부채납하는 시설을 포함한다.)은 개발행위 면적에서 제외한다.

⑦ 용도지역용도지구 또는 용도구역 안에서 허용되는 건축물 또는 시설을 설치하기 위하여 공사현장에 설치하는 자재야적장, 레미콘아스콘생산시설 등 공사용 부대시설은 영 제83조 제4항 및 제55조 제56조의 규정에 불구하고 당해 공사에 필요한 최소한의 면적의 범위 안에서 기간을 정하여 사용 후에 그 시설 등을 설치한 자의 부담으로 원상 복구할 것을 조건으로 설치를 허가할 수 있다.(영 제83조 제5항)

진입도로 기준

건축물의 건축 및 공작물의 설치를 목적으로 하는 토지의 개발에 대하여 진입도로기준과 관련하여 개발행위허가 운영지침에서는 다음과 같이 규정하고 있다. 제9장의 설명과 중복되지만 이해의 편의를 높이기 위해 다시 첨부하였다.

> **개발행위허가 운영지침 3-3-2-1 도로**
>
> ① 진입도로는 도시군계획도로 또는 시군도, 농어촌도로에 접속하는 것을 원칙으로 하며, 위 도로에 접속되지 아니한 경우 ② 및 ③의 기준에 따라 진입도로를 개설해야 한다.
> ② ①에 따라 개설(도로확장 포함)하고자 하는 진입도로의 폭은 개발규모가 5,000㎡ 미만은 4m 이상, 5,000㎡ 이상 3만㎡ 미만은 6m 이상, 3만㎡ 이상은 8m 이상으로서 개발행위규모에 따른 교통량을 고려하여 적정 폭을 확보하여야 한다.
> ③ 다음 각 호의 어느 하나에 해당하는 경우에는 ②의 도로확보기준을 적용하지 아니할 수 있다.
>
> 1. 차량진출입이 가능한 기존 마을안길, 농로 등에 접속하거나 차량통행이 가능한 도로를 개설하는 경우로서 농업어업임업용 시설(가공, 유통, 판매 및 이와 유사한 시설은 제외하되, '농어업농어촌 및 식품산업 기본법' 제3조에 의한 농어업인 및 농어업 경영체, '임업 및 산촌 진흥촉진에 관한 법률'에 의한 임업인, 기타 관련 법령에 따른 농업인임업인어업인이 설치하는 부지면적 2,000㎡ 이하의 농수산물 가공, 유통, 판매 및 이와 유사한 시설은 포함), 부지면적 1,000㎡ 미만으로서 제1종 근린생활시설 및 단독주택(건축법 시행령 별표1 제1호 가목에 의한 단독주택)의 건축인 경우
> 2. 건축물 증축 등을 위해 기존 대지 면적을 10% 이하로 확장하는 경우
> 3. 부지확장 없이 기존 대지에서 건축물 증축개축재축(신축 제외)하는 경우
> 4. 광고탑, 철탑, 태양광발전시설 등 교통유발 효과가 없거나 미미한 공작물을 설치하는 경우
>
> ④ ①~②까지의 기준을 적용함에 있어 지역여건이나 사업특성을 고려하여 법령의 범위 내에서 도시계획위원회 심의를 거쳐 이를 완화하여 적용할 수 있다.

⑤ ②와 ③을 적용함에 있어 산지에 대해서는 산지관리법령의 규정에도 적합하여야 한다. 다만 보전산지에서는 산지관리법령에서 정한 기준을 따른다.

경사도

시·군마다 도시·군계획조례로 다르게 정하고 있다. 따라서 반드시 토지가 소재하는 시·군의 도시·군계획조례의 개발행위허가 기준을 확인하여야 한다. 수도권 소재 시·군의 도시·군계획조례에 의한 경사도 기준을 예시해보면 다음과 같다.

○ **용인시**

평균경사도의 경우 처인구 지역은 20° 이하인 토지, 기흥구 지역은 17.5° 이하인 토지, 수지구 지역은 17.5° 이하인 토지로 할 것. 다만 평균경사도가 처인구 지역은 20°, 기흥구 지역은 17.5°, 수지구 지역은 17.5°를 초과하면서 공공·공익 목적으로 시장이 필요하다고 판단한 시설·건축물은 시 도시계획위원회의 자문을 거쳐 허가할 수 있다.

○ **화성시**

경사도가 15° 미만인 토지. 다만, 지목이 임야인 토지가 포함된 경우에는 임야인 토지와 임야가 아닌 토지의 평균경사도를 각각 산정하며, 토지이용계획확인서에 사고지(법령 등을 위반하여 임목을 훼손하거나 지형을 변경한 후 원상회복을 하지 않은 토지를 말한다. 이하 같다)로 등

재된 토지는 훼손 또는 변경 전 평균경사도를 기준으로 산정한다.

○ 평택시

평균경사도가 15도 미만인 임야. 다만 경사도가 15도 이상인 임야에 대해서는 개발행위허가기준 등에 위배되지 않는 범위에서 위원회의 자문을 받아 개발행위허가가 가능한 토지로 인정되는 경우에는 제외한다. 이 경우 경사도 측정 및 산정방식은 「산지관리법 시행규칙」별표 1의3을 따른다.

표고

표고란 수준기준면으로부터 지표 위 어느 점까지의 연직거리를 말한다. 즉, 한국의 국가 수준기준면인 인천만의 평균 해면으로부터 개발하고자 하는 토지까지의 연직거리를 말한다. 개발행위허가 기준과 관련하여서는 '표고'만을 기준으로 사용하기도 하고, 시·군마다 '기준 지반고'를 설정하여 놓고 해당 '기준지반고로부터 몇 m 미만에 위치한 토지'의 형태로 규정하기도 한다. 수도권 소재 시·군의 도시·군계획조례에 의한 표고 기준을 예시해보면 다음과 같다.

○ 화성시

아래의 지역별 기준 지반고를 기준으로 **50m** 미만에 위치한 토지. 이 경우 기준 지반고는 지형도 기준으로 한다.

　가. 우정읍, 장안면 기준 지반고: 해발표고 15m

나. 마도면, 송산면, 서신면 기준 지반고: 해발표고 20m

다. 진안동, 병점1동, 병점2동, 반월동, 기배동, 화산동 기준 지반고: 해발표고 30m

라. 향남읍, 양감면 기준 지반고: 해발표고 40m

마. 봉담읍, 남양읍, 비봉면, 팔탄면, 정남면, 새솔동 기준 지반고: 해발표고 45m

바. 매송면 기준 지반고: 해발표고 40m

사. 동탄1동~9동 기준 지반고: 해발표고 50m

○ 이천시

기준 지반고를 기준으로 표고 50m 미만에 위치하는 토지에만 개발행위 허가를 할 수 있다. 이 경우 기준 지반고는 시행규칙으로 정할 수 있다. 다만 시장이 개발행위가 필요하다고 인정하여 도시계획위원회 심의를 거친 경우에는 허가할 수 있다.

※ 이천시 도시계획 조례 시행규칙 제4조(기준 지반고의 산정)

① 조례 제21조에 따른 기준지반고는 다음 각 호와 같이 정한다.
  1. 장호원읍: 기준지반고 해발 100m 기준으로 50m 미만에 위치한 토지
  2. 부발읍: 기준지반고 해발 90m 기준으로 50m 미만에 위치한 토지
  3. 신둔면: 기준지반고 해발 130m 기준으로 50m 미만에 위치한 토지
  4. 백사면: 기준지반고 해발 110m 기준으로 50m 미만에 위치한 토지

5. 호법면: 기준지반고 해발 90m 기준으로 50m 미만에 위치한 토지
6. 마장면: 기준지반고 해발 110m 기준으로 50m 미만에 위치한 토지
   단, 회억리, 장암리, 해월리는 120m 기준으로 50m 미만에 위치한 토지
7. 대월면: 기준지반고 해발 90m 기준으로 50m 미만에 위치한 토지
8. 모가면: 기준지반고 해발 100m 기준으로 50m 미만에 위치한 토지
   단, 산내리는 150m 기준으로 50m 미만에 위치한 토지
9. 설성면: 기준지반고 해발 105m 기준으로 50m 미만에 위치한 토지
   단, 대죽리는 150m 기준으로 50m 미만에 위치한 토지
10. 율면: 기준지반고 해발 100m 기준으로 50m 미만에 위치한 토지
    단, 산성리는 120m 기준으로 50m 미만에 위치한 토지
11. 창전·중리·관고·증포동: 기준지반고 해발 90m 기준으로 50m 미만에 위치한 토지

② 시장은 제1항에도 불구하고 자연경관 및 공익을 위해 필요한 경우 이천시도시계획위원회의 자문을 거쳐 제한할 수 있다.

○ 평택시

평택도시기본계획 개발가능지 분석에 따른 해발 50m를 기준지반고로 하며, 기준지반고를 기준으로 50m 미만의 토지

입목축적

입목이 존재하는 토지에서의 개발행위허가 기준과 관련하여 입목축적이 적용되고 있다. 당초 '산지관리법'에서 산지전용허가의 기준으로 사용하고 있는 입목축적 기준을 '국토계획법'에서 개발행위허가 기준으로 차용하였으며, 구체적으로는 시·군의 도시·군계획조례에서 개발행위허가 기준으로 사용하고 있다.

① 산지의 입목축적 기준

산지를 전용허가를 받기 위해서는 전용하려는 산지의 헥타르당 입목축적이 산림기본통계상의 관할 시·군·자치구의 헥타르당 입목축적의 150% 이하여야 한다. 다만 산불발생·솎아베기·벌채를 실시한 후 5년이 지나지 아니한 때는 그 산불발생·솎아베기 또는 벌채 전의 입목축적을 환산하여 조사·작성 시점까지의 생장률을 반영한 입목축적을 적용한다.

② 개발행위허가 기준의 입목축적

수도권 소재 시·군의 도시·군계획조례에 의한 입목축적 기준을 예시해보면 다음과 같다.

○ 용인시

입목축적의 적용은 '산지관리법'을 따른다.

○ 화성시

입목축적의 적용은 '산지관리법'을 준용한다.

○ 평택시

1. 입목축적 조사는 임야를 대상으로 하며, '산지관리법 시행규칙' 제4조의2 별표1의 산정방식을 따른다.

　　가. 유보용도 지역(자연녹지, 계획·생산관리지역)은 시 평균 입목축

적의 120% 미만인 경우

　나. 보전용도 지역(생산·보전녹지, 보전관리, 농림, 자연환경보전지역)은 시 평균 입목축적의 100% 미만인 경우

시·군별 개발행위허가 기준 알아보기

지금까지 배운 개발행위허가 기준을 활용하면 시·군별로 도·시군계획조례로 정한 개발행위허가 기준을 어느 정도 이해할 수 있을 것이다. 수도권 일부 시·군의 개발행위허가 기준을 예시하면 다음과 같다.

① 용인시 개발행위허가 기준

> **용인시 도시계획조례 제20조(개발행위허가의 기준)**
> ① 영 별표1의 2 제1호에 따라 시장은 다음 각 호의 요건을 모두 갖춘 토지에 대하여 개발행위를 허가할 수 있다.
>   1. 입목 축적의 적용은 「산지관리법」을 따를 것
>   2. 평균경사도의 경우 처인구 지역은 20도 이하인 토지, 기흥구 지역은 17.5도 이하인 토지, 수지구 지역은 17.5도 이하인 토지로 할 것. 다만, 평균경사도가 처인구 지역은 20도, 기흥구 지역은 17.5도, 수지구 지역은 17.5도를 초과하면서 공공·공익목적으로 시장이 필요하다고 판단한 시설·건축물은 시 도시계획위원회의 심의를 거쳐 허가할 수 있다.
>   3. 제2호의 경우 경사도 측정 및 산정방식은 「국토의 계획 및 이용에 관한 법률 시행규칙」에 따를 것
>   4. 삭제 〈2021. 9. 27〉
>   5. 수지구 성장관리방안 대상지역(고기동, 동천동, 신봉동, 성복동, 풍덕천동을 말한다) 내의 성장관리방안이 미 수립된 녹지지역에 대한 개발행위허가의 기준은 시장이 고시한 성장관리방안의 '산지입지형'을 준용할 것
>   6. 「산지관리법」, 「산림자원의 조성 및 관리에 관한 법률」 및 그 밖의 관계 법령을 위반하여 임목이 훼손되었거나 지형이 변경된 후 원상회복이 이루어지지 않은 토지

(이하 "사고지"라 한다)가 아닐 것
② 제1항은 주거지역, 상업지역, 공업지역, 지구단위계획구역(지구단위계획이 수립된 경우에 한한다)과 제24조 및 제25조에 따라 개발행위를 허가하는 경우에는 적용하지 아니한다.

② 안성시 개발행위허가 기준

안성시 도시계획조례 제20조(개발행위허가의 기준)
① 영 별표 1의2제1호에 따라 시장은 다음 각 호의 요건을 모두 갖춘 토지에 한정하여 개발행위를 허가할 수 있다.
  1. 대상토지의 입목축척이 시 헥타르당 평균 입목축척의 150% 미만인 경우. 다만, 판매를 목적으로 재배하는 나무는 입목축척 산정 시 이를 제외한다.
  2. 경사도가 25도 미만인 토지. 다만, 자연경사도가 25도 이상으로서 공공·공익 목적으로 자치단체가 필요하다고 판단한 시설·건축물은 시 도시계획위원회의 자문을 거쳐 허가할 수 있다. 이 경우 평균경사도 산정은 「산지관리법 시행규칙」 제10조제2항제1호아목에 따른다.
  3. 기준지빈고(운동장, 경사가 시작되는 평지, 산지락 등의 낮은 평지) 50m 미만에 위치한 토지
  4. 제1항제1호부터 제3호까지에도 불구하고 「전기사업법」에 따른 태양광발전설비의 허가기준은 다음 각 목의 기준에 적합하여야 한다
    가. 「도로법」이 적용되는 도로의 경계 및 관내 주요관광지, 공공체육시설로부터 200미터 안에 입지하지 아니할 것
    나. 「농어촌도로 정비법」 및 법에 따라 개설된 도로의 경계로부터 100m 안에 입지하지 않을 것
    다. 「전기사업법」에 따른 태양광발전설비 부지 경계로부터 다음 각 세호에서 정하는 인접 주택의 최소 이격거리 이내에 입지하지 아니할 것
      1) 5호 미만: 부지 경계로부터 직선거리 200m 이내
      2) 5호 이상 10호 미만: 부지 경계로부터 직선거리 300m 이내
      3) 10호 이상: 부지 경계로부터 직선거리 500m 이내
    라. 「전기사업법」에 따른 태양광발전설비 간 이격거리는 200m 이상으로 할 것

마. 경지정리, 농업용수개발 등 농업생산기반시설이 정비되어 집단화된 농지 안에 입지하지 아니할 것
바. 가목부터 마목까지의 규정에도 불구하고 다음의 어느 하나에 해당하는 경우에는 태양광발전시설을 허가할 수 있다.
1) 국가 또는 지방자치단체 및 공공기관이 공익상의 필요에 따라 설치하는 경우
2) 안성형 태양광 모델 구축 사업 등에 따라 설치하는 주민참여형 태양광 사업의 경우
3) 자가 소비용 목적으로 설치하는 경우
4) 건축물 위에 설치하는 경우로서 일조, 통풍, 조망, 경관 등 주변 토지 이용과 건축물의 안전, 재해 예방 등에 지장이 없다고 인정되는 곳에 설치하는 것(버섯재배사, 곤충사육사 등 이와 유사한 시설의 경우에는 건축물대장에 등재되고 재배, 사육, 판매 등 일련의 생산과정에 직접 이용되고 있는 시설로 한정한다. 이 경우 판매실적은 당초 사업계획서에 제출 된 생산량의 50% 이상(2년간) 판매실적이 있어야 하며, 사업계획서가 없는 경우에는 농림어업인 등이 일반적으로 생산하는 단위면적당 표준생산량의 50% 이상(2년간) 판매실적이 있어야 한다)〈신설 2021.05.21.〉

② 제1항은제23조및제25조에 따라 개발행위허가를 허가하는 경우에는 이를 적용하지 않는다.

부록

■ 개발제한구역의 지정 및 관리에 관한 특별조치법 시행령 [별표 1]

건축물 또는 공작물의 종류, 건축 또는 설치의 범위(제13조제1항 관련)

시설의 종류	건축 또는 설치의 범위
1. 개발제한구역의 보전 및 관리에 도움이 될 수 있는 시설	법령참조
2. 개발제한구역을 통과하는 선형 시설과 필수시설	법령참조
3. 개발제한구역에 입지해야만 그 기능과 목적이 달성되는 시설	법령참조
4. 국방·군사시설 및 교정시설	법령참조
5. 개발제한구역 주민의 주거·생활편익 및 생업을 위한 시설	가) 가목 및 나목의 경우에는 개발제한구역에서 농림업 또는 수산업에 종사하는 자가 설치하는 경우만 해당한다. 나) 가목의 시설의 종류와 규모는 관할구역의 여건을 고려하여 시·군·구의 조례로 따로 정할 수 있다. 이 경우 시설의 종류는 가목에서 정하는 시설의 범위에서 정하되, 시설의 규모는 각 시설 면적의 20퍼센트의 범위에서 완화하여 정할 수 있다. 다) 이 영에서 정하는 사항 외에 축사, 작물 재배사, 육묘장, 종묘배양장 및 온실의 구조와 입지기준에 대하여는 시·군·구의 조례로 정할 수 있다. 라) 축사, 사육장, 작물 재배사, 육묘장, 종묘배양장 및 온실은 1가구[개발제한구역(제2조제3항제2호에 따라 개발제한구역에서 해제된 집단취락지역을 포함한다)에서 주택을 소유하면서 거주하는 1세대를 말한다. 이하 같다]당 1개 시설만 건축할 수 있다. 다만, 개발제한구역에서 2년 이상 계속 농업에 종사하고 있는 자가 이미 허가를 받아 설치한 축사, 사육장, 작물 재배사, 육묘장, 종묘배양장 및 온실을 허가받은 용도대로 사용하고 있는 경우에는 시·군·구의 조례로 정하는 바에 따라 영농계획에 부합하는 추가적인 건축을 허가할 수 있다.
가. 동식물 관련 시설	법령참조
나. 농수산물 보관 및 관리 시설	법령참조
다. 주택(「건축법 시행령」 별표 1 제1호가목에 따른 단독주택을 말한다. 이하 이 호에서 같다)	신축할 수 있는 경우는 다음과 같다. 가) 개발제한구역 지정 당시부터 지목이 대인 토지(이축된 건축물이 있었던 토지의 경우에는 개발제한구역 지정 당시부터 그 토지의 소유자와 건축물의 소유자가 다른 경우만 해당한다)와 개발제한구역 지정 당시부터 있던 기존

다. 주택(「건축법 시행령」 별표 1 제1호가목에 따른 단독주택을 말한다. 이하 이 호에서 같다)	의 주택[제24조에 따른 개발제한구역 건축물관리대장에 등재된 주택을 말한다. 이하 나) 및 다)에서 같다]이 있는 토지에만 주택을 신축할 수 있다. 나) 가)에도 불구하고 「농어업·농어촌 및 식품산업 기본법」 제3조제2호가목에 따른 농업인에 해당하는 자로서 개발제한구역에 기존 주택을 소유하고 거주하는 자는 영농의 편의를 위하여 자기 소유의 기존 주택을 철거하고 자기 소유의 농장 또는 과수원에 주택을 신축할 수 있다. 이 경우 생산에 직접 이용되는 토지의 면적이 1만제곱미터 이상으로서 진입로를 설치하기 위한 토지의 형질변경이 수반되지 아니하는 지역에만 주택을 신축할 수 있으며, 건축 후 농림수산업을 위한 시설 외로는 용도변경을 할 수 없다. 다) 가)에도 불구하고 다음의 어느 하나에 해당하는 경우에는 국토교통부령으로 정하는 입지기준에 적합한 곳에 주택을 신축할 수 있다. ① 기존 주택(공익사업의 시행으로 개발제한구역에서 해제된 지역의 기존 주택을 포함한다)이 공익사업의 시행으로 인하여 철거되는 경우에는 그 기존 주택의 소유자(해당 공익사업의 사업인정 고시 당시에 해당 주택을 소유하였는지 여부와 관계없이 같은 법에 따라 보상금을 모두 지급받은 자를 말한다)가 자기 소유의 토지(「건축물관리법」 제30조제1항에 따라 건축물의 해체 허가를 받거나 신고를 한 날(해체예정일 3일 전까지 건축물의 해체 허가를 받거나 신고를 하지 않은 경우에는 실제 건축물을 해체한 날을 말한다) 당시 소유권을 확보한 토지를 말하되, 공익사업의 시행을 위하여 기존 주택을 존치하는 경우에는 기존 주택의 소유권 이전 당시 소유권을 확보한 토지를 말한다]에 신축하는 경우 ② 기존 주택이 재해로 인하여 더 이상 거주할 수 없게 된 경우로서 그 기존 주택의 소유자가 자기 소유의 토지(재해를 입은 날부터 6개월 이내에 소유권을 확보한 토지를 말한다)에 신축하는 경우 ③ 개발제한구역 지정 이전부터 건축되어 있는 주택 또는 개발제한구역 지정 이전부터 다른 사람 소유의 토지에 건축되어 있는 주택으로서 토지소유자의 동의를 받지 못하여 증축 또는 개축할 수 없는 주택을 법 제12조제1항제2호에 따른 취락지구에 신축하는 경우 라) 가) 또는 다)에 따라 신축한 주택 및 법 제12조제1항제2호에 따라 이축한 주택이 「도시 및 주거환경정비법」 제2조제3호에 따른 노후·불량건축물에 해당한다고 시장·군수·구청장이 인정하는 경우에는 한 차례에 한정하여 신축할 수 있다.
라. 근린생활시설	증축 및 신축할 수 있는 시설은 다음과 같다. 가) 주택을 용도변경한 근린생활시설 또는 1999년 6월 24일 이후에 신축된 근린생활시설만 증축할 수 있다.

라. 근린생활시설	나) 개발제한구역 지정 당시부터 지목이 대인 토지(이축된 건축물이 있었던 토지의 경우에는 개발제한구역 지정 당시부터 그 토지의 소유자와 건축물의 소유자가 다른 경우만 해당한다)와 개발제한구역 지정 당시부터 있던 기존의 주택(제24조에 따른 개발제한구역건축물관리대장에 등재된 주택을 말한다)이 있는 토지에만 근린생활시설을 신축할 수 있다. 다만, 「수도법」 제3조제2호에 따른 상수원의 상류 하천(「하천법」에 따른 국가하천 및 지방하천을 말한다)의 양안 중 그 하천의 경계로부터 직선거리 1km 이내의 지역(「하수도법」 제2조제15호에 따른 하수처리구역은 제외한다)에서는 「한강수계 상수원수질개선 및 주민지원 등에 관한 법률」 제5조에 따라 설치할 수 없는 시설을 신축할 수 없다. 다) 나)의 본문에도 불구하고 기존 근린생활시설(공익사업의 시행으로 개발제한구역에서 해제된 지역의 기존 근린생활시설을 포함한다)이 공익사업의 시행으로 인하여 철거(시장·군수·구청장이 공익사업의 시행을 위하여 존치할 필요가 있다고 인정한 후 공익사업 시행자에게 소유권이 이전되는 경우를 포함한다)되는 경우에는 그 기존 근린생활시설의 소유자(해당 공익사업의 사업인정 고시 당시에 해당 근린생활시설을 소유하였는지 여부와 관계없이 같은 법에 따라 보상금을 모두 지급받은 자를 말한다)는 국토교통부령으로 정하는 입지기준에 적합한 자기 소유의 토지[「건축물관리법」 제30조제1항에 따라 건축물의 해체 허가를 받거나 신고를 한 날(해체예정일 3일 전까지 건축물의 해체 허가를 받거나 신고를 하지 않은 경우에는 실제 건축물을 해체한 날을 말한다) 당시 소유권을 확보한 토지를 말하되, 공익사업의 시행을 위하여 기존 근린생활시설을 존치하는 경우에는 기존 근린생활시설의 소유권 이전 당시 소유권을 확보한 토지를 말한다]에 근린생활시설을 신축할 수 있다. 라) 나) 본문 또는 다)에 따라 신축한 근린생활시설 및 법 제12조제1항제2호에 따라 이축한 근린생활시설이 「도시 및 주거환경정비법」 제2조제3호에 따른 노후·불량건축물에 해당된다고 시장·군수·구청장이 인정하는 경우에는 한 차례에 한정하여 신축할 수 있다.
1) 슈퍼마켓 및 일용품소매점	
2) 휴게음식점·제과점 및 일반음식점	가) 휴게음식점·제과점 또는 일반음식점을 건축할 수 있는 자는 5년 이상 거주자 또는 지정당시거주자이어야 한다. 나) 휴게음식점·제과점 또는 일반음식점의 소유자는 해당 시설부지와 서로 맞닿은 토지 또는 폭 12미터 미만의 도로, 도랑, 소하천 등으로 분리된 토지(해당 시설과의 연결을 위한 토지의 형질변경이 필요하지 않고 시장·군수·구청장이 토지와 해당 시설을 일체로서 인정하는 경우로 한정한다)를 이용하여 300제곱미터 이하의 주차장(건축물식 주차장은 제외한다)을 설치할 수 있다. 다) 휴게음식점 또는 일반음식점을 다른 용도로 변경하는 경우에는 주차장 부지를 원래의 지목으로 환원하여야 한다.
3) 이용원·미용원 및 세탁소	세탁소는 공장이 부설된 것은 제외한다.

	4) 의원·치과의원·한의원·침술원·접골원 및 조산소 5) 탁구장 및 체육도장 6) 기원 7) 당구장 8) 금융업소·사무소 및 부동산중개업소	
	9) 수리점	자동차전문정비업소, 자동차경정비업소(자동차부품의 판매 또는 간이수리를 위한 시설로서「자동차관리법 시행령」제12조제1항에 따른 자동차정비업시설의 종류에 해당되지 아니하는 시설을 말한다)를 포함한다.
	10) 사진관·표구점·학원·장의사 및 동물병원 11) 목공소·방앗간 및 독서실	
마. 주민 공동이용시설		법령참조
바. 공중화장실		
사. 야영장(제1호타목에 따른 야영장은 제외한다.)		법령참조
아. 실외체육시설(제1호 라목에 따른 실외체육시설은 제외한다)		가)「체육시설의 설치·이용에 관한 법률」제3조에 따른 체육시설 중 배구장, 테니스장, 배드민턴장, 게이트볼장, 롤러스케이트장, 잔디(인조잔디를 포함한다. 이하 같다)축구장, 잔디야구장, 농구장, 야외수영장, 궁도장, 사격장, 승마장, 씨름장, 양궁장 및 그 밖에 이와 유사한 체육시설로서 건축물의 건축을 수반하지 아니하는 운동시설(골프연습장은 제외한다) 및 그 부대시설을 말한다. 나) 부대시설은 탈의실, 세면장, 화장실, 운동기구 보관창고와 간이휴게소를 말하며, 그 건축 연면적은 200제곱미터 이하로 하되, 시설 부지면적이 2천제곱미터 이상인 경우에는 그 초과하는 면적의 1천분의 10에 해당하는 면적만큼 추가로 부대시설을 설치할 수 있다. 다) 승마장의 경우 실내마장, 마사 등의 시설을 2천제곱미터 이하의 규모로 설치할 수 있다. 라) 마을공동, 10년이상거주자, 지정당시거주자(개발제한구역 지정 이전에 설치된 실외체육시설에 부대시설을 설치하는 경우에는 해당 시설의 소유자로 한다)만 설치할 수 있으며, 각각의 시설에 대하여 각각 1회로 한정한다. 다만, 공공사업에 따라 철거되거나 기존 시설을 철거한 경우에는 그러하지 아니하다. 마) 설치할 수 있는 시설의 수(시·도별 총 시설의 수는 관할 시·군·구 수의 3배 이내로 한다)는 시·도지사가 관할 시·군·구의 개발제한구역 면적, 인구 수 등 지역 여건을 고려하여 수립·공고한 시·군·구 배분계획에 따른다. 바) 임야인 토지에는 설치할 수 없다.